【红色文化丛书】

北京师范大学附属女子中学

教育叙事（1949—1966）

The Girls' School Affiliated with Beijing Normal University

Narratives of Education: 1949—1966

王本中 主编

Chief Editor Benzhong Wang

华忆出版社

Remembering Publishing, LLC

Copyright © 2023 by Remembering Publishing, LLC. USA

ISBN:　　978-1-68560-058-7　（Print）
　　　　　978-1-68560-059-4　（eBook）

Remembering Publishing, LLC
RememPub@gmail.com

The Girls' School Affiliated with Beijing Normal University
Narratives of Education: 1949—1966
Chief Editor Benzhong Wang

北京师范大学附属女子中学

教育叙事（1949—1966）

王本中　主编

出　　版：美国华忆出版社
版　　次：2023 年 3 月　第一版，第一次印刷
字　　数：339 千字

All rights reserved.
No part of this book may be reproduced in any form or by any electronic or mechanical means including information storage and retrieval systems, without permission in writing from the publisher. The only exception is by a reviewer, who may quote short excerpts in review.

作品内容受国际知识产权公约保护，版权所有，侵权必究

目 录

无序之序　　王本中 I

自　序 V

第一章　1949—1966 师大女附中十七年语文教育的变迁
　　　　　冯敬兰 1

　　前　言 1
　　第一节　辞旧迎新——建国初期的语文教育 2
　　第二节　"红领巾教学法"催生了现代语文教育的模式 19
　　第三节　"汉语、文学分科教学"，是一场重大的
　　　　　　语文改革 23
　　第四节　语文教学在"反右"和"大跃进"运动中
　　　　　　寻找方向 42
　　第五节　突破性的语文教学改革——"周学敏教学法" 55
　　第六节　贯彻"五十条"，语文教学回归本位 65
　　结　语 75
　　附一　1949—1966 年期间任过语文课的老师名单 77
　　附二　关于语文汉语、文学分科改革的背景 77

第二章　数学教育——坚守师大女附中（实验中学）
　　　　　优质教育的前沿　朱晓茵 81

　　前　言 81
　　第一节　数学教育：教育的重要基础 83
　　第二节　"老带新"光荣传统：保证了强大师资队伍
　　　　　　绵延不断 118

第三节	重视教学与课改实验：不愧"实验"称号	130
第四节	良好的师生关系：促使学生成才的必要条件	148
结　语		162
附一	1968年前数学组教师名单（34人）	163
附二	本文所引师大女附中教学档案目录	164

第三章　浅谈师大女附中六十年代的思想政治工作
——"阶级斗争教育"成为主旋律　　罗　治 165

前　言		165
第一部分	六十年代思想政治教育简述	167
第一节	形势教育	167
第二节	思想政治教育	182
第三节	阶级斗争教育	197
第二部分	阶级路线在我校的表现	211
第一节	阶级路线把学生分为三六九等	211
第二节	阶级路线在升学、入团中的体现	227
结　语		239

第四章　师大女附中的体育教育　　李红云 241

前　言		242
第一节	1949年前女附中的体育教育	243
第二节	建国初期女附中的体育教育（1949—1952）	270
第三节	1953—1956年女附中的体育教育	293
第四节	社会主义建设时期女附中的体育教育（1957—1966）	314
第五节	女附中的体育运动成绩	331
结　语		342

第五章　音乐课的集体记忆（1949—1966）　吴德棻 等..........346

　　前　言 346
　　第一节　音乐课教学总结..........347
　　第二节　吴德棻老师谈音乐教学..........351
　　第三节　同学们谈音乐课..........361
　　结　语 367

第六章　师大女附中劳动教育一瞥　刘　进..........368

　　前　言 368
　　第一节　民国时期女附中劳动教育点滴..........369
　　第二节　学校计划（1951—1965）中关于劳动教育的内容....374
　　第三节　劳动教育17例..........382
　　结　语 417
　　附　"文革"中上山下乡人数统计及通信地址（1973）..418

第七章　新旧巨变时期（1949—1950学年）的女附中
　　　　教学概况　刘　进..........421

　　前　言 421
　　第一节　1949年前后的北平和女附中..........421
　　第二节　1949—1950学年的教学计划..........429
　　第三节　1949—1950学年的教学总结..........451
　　结　语 480

后　记 481

无序之序

王本中

2017年，上世纪60年代毕业于北京师范大学附属女子中学（现名附属实验中学）的多位校友，在百年校庆即将到来之际，写了一本名为《教育叙事》的书。这本沉甸甸的书，凝聚了她们很多心血。我很为她们对母校的深情所感动。一所中学，沧桑百年，这在我们这片国土上，并不多见。承蒙同学们不弃，请我做主编，要我为书作序。我想，恭敬不如从命，就拉拉杂杂随手写下这些话。

北京师大女附中的前身，是北京女子师范学校附属女子中学，1917年3月成立。女子高等师范学校须办女子附属中学，是民国教育总长蔡元培先生首推，是为实现全民教育，达到教育强国目的而做出的特别规定。从此，中国女子才能真正系统地接受正规教育，成为新时代的女性。这所学校的首任校长是留日学生欧阳晓澜女士。我们应该记住这位创办者和奠基人的名字。

1931年，学校正式归属国立北平师范大学，"师大女附中"校名始定。1932年，时任师大校长的黎锦熙，为女附中题写校训"勤肃信毅"，新式女校建校十几年后有了办校宗旨和校则依归。近百年来，一批批献身教育的智识精英，先后走进这所学校，为授业解惑、笃志树人而殚精竭虑。他们培养的学生，也有些毕业后毅然留校，承继前辈的事业，薪火相传，绵延不绝。

师大女附中随着时代变迁，隶属关系、校名校址也屡有调整，但大格局和老传统始终未变。直至1949年1月，北平和平解放，校名仍为"师大女附中"，却开启了一个新的时代。

我是1963年从北京师范大学数学系毕业的，那时一切听从党的安排，是我们的信条。我放弃做一名"华罗庚式的数学家"的梦想，到北师大实验中学的前身——师大女附中任教，一干就是40年，直到2003年退休。也许是身处激烈变革特殊时期的缘故，这40年的教育生涯，留给我的记忆，是12个字：酸甜苦辣，喜怒哀乐，一言难尽。

1963年中至1966年初，对我来说是充满阳光的30个月，也是我非常舒心的30个月。那些岁月，尊师重教，教学相长，师生之谊，绵长悠远。

1966年的4、5、6三个月，"四清"运动波及女校。风起于青萍之末，我赶紧主动向我做班主任的高二（2）班学生，就"白专"道路作了"深刻检查"，希望得到同学们的批评，并重新赢得党的信任。

接着是"文革"狂飙突起的"红八月"，那段时间发生的一幕幕惨剧，像一场噩梦，至今想起，还令人心悸。胡志涛校长被打断脊骨，卞仲耘书记更是被群殴致死。原工作组时期的革委会成员刘进等人向北京市委书记吴德报告，得到的回答竟是"死了就死了……"。我后来听说这个情况，不禁愕然惊悚。一个忠诚于党的教育事业的老共产党员，被学生活活打死，这么惨烈的事件，市级最高领导竟给予如此冰冷的回应！我的第一反应是，这到底是怎么了？虽然这一念头转瞬即逝，但由此，也让我的思想发生微妙变化。

我暗自思忖，这场无产阶级文化大革命要打倒一切牛鬼蛇神，我们的老师、校长都是牛鬼蛇神吗？

我们常说"无条件地服从党""做党的驯服工具""做共和国永不生锈的螺丝钉"。现在，全国乱成一团，我们还得无条件地服从指令，去乱上添乱吗？

学校，是一块培养心灵和塑造灵魂的净土。教育与政治、经济、文化，虽然有着必然的联系，但毕竟不是政治，不是经济，不是文化，而是具有独立品格的另一个领域。教育成为政治的附庸，沦为政治的奴仆，岂不是要把青少年纯真的理想、炽热的激情引向歧途，引向恨与仇的深渊！

我们允许历史的悲剧重演吗？当然不能。

但如何才能做到这一点？

必须反思，必须深刻反思！

这本书不是由局外人在对当年各个学科有关资料进行寻找、收集、整理后撰写而成，书中的每位作者都是"文革"前曾经在这里就读的学生，她们都不是专业的教育学者，但每篇文章都渗透着她们对教育、教学的重新认识和思辨，尤其是充满了深刻的反思。这就让人感到欣慰的是，我们女附中的一些同学，已走得更远些。她们不仅深刻反思了她们在文革中的作为，而且以实际行动，为卞仲耘校长塑像，并公开向受害的老师们表示了道歉和忏悔。我以为，这是不可小觑、非常重要的一件事。这也是我愿意担任主编并为本书作序的最根本的原因。

著名教育学家顾明远先生对于这个学校和这本书，给予了这样的评价：他称女附中为"中国女校之先锋，培育新女性之摇篮"。提到北京师大附中和北京师大女附中这两所学校是我国最早的现代国立中学校，"在我国基础教育改革和发展中起着领头羊的作用。尤其是北京师大女附中，是我国最早的国立女子学校，培养了大批中国新女性。"

他还说："中学时代对人的一生来说，是奠定世界观、人生观、价值观最重要的时期。我想许多北京师大女附中的校友也会有这种回忆。……"女附中"有百年历史，传承历史，以史为鉴，是学校文化建设的重要内容。"这本书"虽然不是一部校史，但它记录了从1917年建校，尤其是1949年到1968年招收男生前半个世纪间女校的教学、教育。这无论对于保留历史遗存，还是以史为鉴，对今后的学校发展都是会有重要意义的。"

当今社会教育资源的配置多有不公。无须讳言，女附中/实验中学在中等教育体制中，始终处于"宝塔的顶尖"。正是由于资源充沛，这样的学校对社会的责任也就更重。本书既有具"精英"学校"特色"的内容，也包含大量对中学教育带有普遍参考价值的材料。无论哪方面，它们或许都能对当下社会有所启迪或警示。

书中特辟了"阶级路线在我校的表现"这一内容，讲述了女附中上个世纪六十年代的阶级斗争教育，以及当年"阶级路线"在学校的贯彻执行。其中不但大量引述原始资料，也收入了一些学生的回忆与反思。

至于我本人，也有一点想法和同学们分享。我觉得，我们这代人，乃至我们的子子孙孙，必须坚决地、彻底地抛弃"与天斗，与地斗，与人斗，其乐无穷"的所谓"斗争哲学"。斗争哲学是建立在"以阶级斗争为纲"的错误理论基础上的邪恶哲学，是毁灭哲学，必须视之如蛇蝎，弃之如敝屣，与之彻底决裂。斗，其乐"无"，其途"穷"，斗来斗去，斗来的是穷困潦倒，是穷凶极恶，是穷途末路。这是已被历史证明了的一条铁律。

我们已经选择了一条正确的道路，那就是坚定不移地走"改革、开放、和平发展"之路！

我们要化对抗为合作，化冲突为和合，化干戈为玉帛。不延续恨，不积累仇。让善扎根心灵，让美撒遍大地，让爱洋溢人间！

是为无序之序。

2023 年 1 月

自　序

呈现在读者面前的这本《北京师范大学附属女子中学教育叙事》（以下简称"叙事"）是几位年逾古稀的女性作者辛勤劳动的成果。她们都毕业于同一所中学——北京师范大学附属女子中学，简称为"师大女附中"（以下简称"女附中"）。

女附中，即今天的北京师范大学附属实验中学，是一所具有百年历史的名校。她创立于中国社会变革、现代教育启蒙的1917年。当时的校名是"北京女子师范学校附属中学校"，后又经过了几次易名，1948年10月使用的名称是"国立北平师范大学附属女子中学"，1949年后使用的名称是"北京师范大学附属女子中学"和"北京实验中学"。

女附中自建校后一直是北京乃至全国最著名的中学之一，1955年还是全国唯一隶属于教育部的中学。自1949年后政府实行重点中学制度后，女附中就是北京市的重点中学。

另外，女附中耀眼之处还在于她的"红色"。1949年之后，来自解放区的华北育才中学女生部并入女附中，给她的底色开始注入红色。接着，许多第一代党和国家领导人及高级干部的女儿们进入该校学习。从此，"红色"更加耀眼。

本书主要讲述的是该校在1949年至1966年期间，几门课程的教育教学情况，即着重于"文革"前的十七年。

"文革"前"十七年教育"体现了新中国教育的基本矛盾、冲突、价值和特质。其主要特征是：新中国成立初期全面移植苏联模式；规定"教育为无产阶级政治服务"，特别是阶级斗争以及革命接班人的教育。由于过分强调意识形态，使当时尚处于求知时期的中学生们对"革命""政治""阶级""阶级斗争"的认知有着特别的热情与偏爱，甚至有些畸形和盲目。

当一场称为"无产阶级文化大革命"（简称"文革"）的政治运动爆发时，这些中学生们喊着高亢的口号，带着激昂的情绪投入到这场"史无前例"的运动中。他们做出了一些狂热的、荒唐的、错误的行为，有些人甚至实施暴力，对公民和社会造成了极大的伤害。而发生在女附中的"八五事件"就是其中一个明显的例子。

1966年8月5日，被认为是"走资派"的党总支书记兼副校长卞仲耘在校园内被学生殴打折磨致死。这是"文革"初期发生的一起引人关注的暴力事件。

为什么一群出类拔萃的女生会做出如此伤天害理的事情，原因很多，但与她们所受的教育肯定有关。这是我们选择对曾经受过的教育进行研究的最初考虑。

时间来到了21世纪，当年的中学生已经走过了自己的青年、中年，开始步入了老年。随着社会的发展，年龄的增长，知识的增加，对历史和社会认知能力的提高，我们开始对自己所经历的过往进行思考，尤其是对发生在女附中校园的"八五事件"进行反思。"直面历史，拒绝遗忘"是我们在反思中提出的口号。

许多校友对这起事件进行了调查、思考，并写下了许多文章。2007年，校友们发起募捐，为卞校长树立纪念塑像，以示纪念、反思与警示。2014年1月，我们终于有机会与当年教过我们的老师们坐在一起，向他们真诚地表示了歉意，为我们当年的无知、鲁莽、偏激、错误，尤其是没有法治观念，向他们道歉。在女附中（实验中学）百年校庆之前的2016年，我们将自己编写的有关怀念母校和反思"文革"的文章编写成一本书——《远去的女附中》准备出版。后又将更多的文章和资料编辑成"岁月女附中丛书"三本：《口述春秋》《教育叙事》和《史料文存》，作为献给母校百岁生日的礼物。这几本书受到了许多老师、校友的好评，社会反应热烈。

遗憾的是，这几本书并未能正式出版。

令人欣慰的是，有关女附中"八五事件"的回忆、反思与争论的一套三册书终于在2020年8月由华忆出版社正式出版。这本书的出版让我们看到了希望，于是我们期待对原来的《教育叙事》进行修订后交由华忆出版社正式出版。

建议一出，原作者们尤其是原主编王本中老师积极响应。于是就有了这本《北京师范大学附属女子中学教育叙事》。

这本书主要的内容是结合我们的亲身经历，对女附中十七年教育的几个方面做一梳理和总结。根据我们的能力和目前掌握的资料等情况，我们仅选择了六门基础课程：语文、数学、政治思想、劳动教育、体育、音乐，进行了专题研究。参考文献包括学校的档案资料、工作笔记，还包括现有的研究成果，如公开发表的文章、著作。此外，我们还克服困难进行了口述访谈。在大量原始资料的基础上，我们经过认真的分析，力求对那个时代该校的教育情况做了客观、详细的描述和总结。至于如何评价这十七年的教育，我们的研究仅仅是初步的，尚未做出成熟的结论。但我们希望通过这本书，留下一些资料，供后人研究。

在写作过程中，我们尽量做到客观、全面、资料翔实，注意使用原始资料。

本书共七章，前六章为对不同课程教育的论述和研究。考虑到1949—1950年为新旧社会的变革时期，这一时期的教学有其特点，于是增加了第七章。

除第五章"音乐课的集体记忆"外，其它各章均由一位作者单独完成。

本书称为"叙事"，旨在较全面地描述上述几个方面女附中的教育教学情况，包括教师对学生成长的影响。同时揭示那个时代教育的特点、效果及对学生成长的影响，以及其中的问题。

本书并未采用统一的体例，而是由撰稿人选择自己擅长的写作方式，但注意了学术性和资料性。

本书的独特性在于三点。其一，本书作为"红色文化"系列研究中的一本，选取女附中教育作为个案进行研究具有重要意义，因为女附中可以作为十七年中学教育的典型代表。其二，本书所有的撰稿人均为女附中十七年教育的亲炙者，也是女附中"八五事件"的研究者。其三，本书的研究还具有女性的特点。研究的内容是女子中学的教育，撰稿人也全部为女性，我们研究的视角会或多或少带有女性的特点。因此，我们所讲述的本校教育，不但是理性与感性的自然结合，而且具有强烈而明确的反思性质。这可能是我们做同类研究的天然优势。

女附中是历史的产物，她的每一段经历都离不开她所依附的那段历史。教育反映的不过是历史的一个侧面。我们做这项研究的初衷是，真实记录女附中在那个时代（1949—1966）的教育情况，指出这种教育思想的旧弊沉疴，为中国将来的教育改革和未来的发展提供经验和教训。这或许也是我们的责任。当我们逐渐老去的时候，为后人留下一些记录了我们那个时代的文字，供他们研究参考。

必须承认，本书的写作过程异常艰难，主要是作者们大都没有做过学术研究，没有教育学研究的学科背景，但是我们努力在干中学，想尽办法查找原始的教学档案，走访老师和校友，收集原始资料。从图书馆、中国期刊网等网站收集参考文献，然后对这些文献资料进行分类筛选。尽管我们遇到了很多困难，甚至承受了很大的压力，但是，我们选择了坚持。一路走来，有汗水，有泪水，有感动，也有收获和喜悦。

本书是集体劳动的结晶，除撰稿人之外，还有很多校友参与了本书的编辑及校对工作，还有些校友对本书的完成做出了贡献。她们是：王民培、郭莲莲、高忆陵、于羚、陈琨、郝新平、叶维丽、黄光光、许容、牛立。在此向她们表示诚挚的感谢。

另外，还要感谢那些帮助了我们的老师们和校友们。

在《教育叙事》的写作过程中，实验中学也给予了帮助和支持。在此向他们表示我们的谢意。

最后，还要感谢华忆出版社的编辑和朋友们，特别感谢启之先生一直以来对我们的支持和帮助。

坦率地讲，我们撰写这本书还有一个目的是：揭示十七年教育与"文革"的关系。但是，由于这方面的参考文献明显不足，国内几乎没有这方面的专著，档案资料也开放不够，加之我们水平有限，目前还达不到这一目标。但我们希望这本书能给后人的研究带来一些启迪，留下一些资料，期望他们在此基础上继续努力。

本书的缺点和错误在所难免，真诚地希望读者朋友们不吝赐教。

本书撰稿人

2023年2月4日（立春）

第一章

1949—1966 师大女附中十七年语文教育的变迁

冯敬兰

前 言

1949年5月，建校32年的北京师大女附中迎来了与华北育才中学女生部的合并，随后又接收了私立文华女中。这是一个巨大的改变，校领导、教工团队、学生群体都与从前不一样了，教育方针、教材教法，也发生了根本的改变。从此，北京师大女附中进入学校发展史上的新阶段。

1949年12月23日至31日，刚成立不久的新中国，在北京召开了全国教育工作会议，时任教育部长马叙伦在会上阐明了新民主主义的教育方针。他说新中国的教育"应该是反映新中国的政治经济，作为巩固与发展人民民主专政的一种斗争工具的新教育"，即民族的、科学的、大众的教育，要以老解放区新教育经验为基础，吸收旧教育有用经验，借助苏联经验，建设新民主主义教育（《新编中国现代史》第54页，江西人民出版社1987年版）。这一方针，也成为新中国建立后最初几年的语文教育的指导思想。[1]

作为北京师范大学的教学实验基地和北京市传统名校的师大女附中，正在循着这个新的教育方针探索前行。语文教育自然不能自立于外，在教材选取上，依据的是老解放区的语文教育规制；在教法上，以苏联的母语教学经验为蓝本。在这个基础上，发展稳定的教师

---

[1] 摘自《北京市中小学语文教育五十年》（北京市语文教育研究会编）第3页。

队伍，探索语文教学改革，建设全新的语文教育，在热烈的气氛中度过了最初的几年。然后，是陆续的、不间断的改革——1953年的"红领巾教学法"，1955年的"汉语、文学分科教学"的改革实验，1958年激进的教育大革命，1963年前后以"周学敏教学法"为代表的语文教育改革实验和语文教育逐渐回归正常秩序，直到1966年"文革"爆发，学校停课。

中国语文教育具有深厚悠久的历史渊源。自有汉文字记载的历史以来，就有了集文史哲等人文教育于一身的汉语教育。不过，现代语文的教育却是百年来和白话文一起出现的，语文与数理化等科目构成了现代教育的基本体系。因为听说读写伴随每个人的一生，所以语文课自然是一切课程的基础。语文既是实用性无所不在的基础工具，又是表达情感和想象力的精妙艺术。同时，没有哪一门课程像语文那样，成为时代变化最典型的晴雨表。17年的经验教训告诉我们，社会的变革，政治的动荡，都会对语文教育产生不可估量的影响。

本文仅对师大女附中1949—1966的语文教育，试作概括性陈述。

第一节

辞旧迎新——建国初期的语文教育

【提要】 1. 教员，接受新的思想体系，进行以爱国主义为主旨的政治教育和培训；2. 教法，学习苏联凯洛夫"五段教学法"，实行苏联教育系统的"五级评分制"；3. 教材，采用陕甘宁边区教育厅编的《中等国文》，及在此基础上编写的第一套统一语文教材。

三校合一的师大女附中，新校长是参加过八一南昌起义的女革命家彭文。彭校长1951年调离，由苏灵扬接任，江雪、丁丁为教导主任，刘漠为校长办公室主任，卞仲耘、胡志涛等为教导员。她（他）们都是中共党员，拥有革命经历。

一、面对着"百废待兴"的局面，首先要对教员实行政治、业务的培训，建立一支稳定的、高水平的师资队伍

解放前的教师是自由职业者。"各种教学是各自为政，没有统一的要求。特别是语文教学，都是由教师自选教材，喜欢什么就教什么，教师可以随心所欲地进行教学。"（刘学仁《五六十年代的中学语文教学》）解放前也没有官办的出版社编写、出版统一的教材，没有教学研究机构领导和管理教学，也没有中考、高考这种省市、甚至全国的统一考试。在这种情况下，语文怎么教，只有教师说了算，而语文教师对语文科的目的、功能的理解也不会很一致。[2]

《人民教育》1950年第一卷第二期发表了董纯才同志（时任教育部党组书记）的一篇文章，题目是《改革我们的中学国文教育》，文章在分析了当时东北的中学国文教师的三种类型及其在教学中的不同表现之后说："从前面所讲的情况可以看出一个问题，就是国文教员对国文教学的目的还缺乏一致的明确的认识。因此，有些人单纯着眼于语文技巧的教学；另外有些人，只偏重于国文课中的思想教育问题，各走极端。"

语文教师徐瓒武先生在1951年教学计划中谈到以往自己的教学方法，说：

过去每讲一课为让同学彻底了解起见，尽量地从各方面收集材料，有时注意到了材料的丰富，忽略了同学的吸收能力、消化能力。收集的材料难免杂乱无序不成系统。在上年度第一学期同学们也给我提了意见，在第二季已经差不多纠正了这个偏差。

由于对语文课的教学目的不明确，徐瓒武老师尽管收集了丰富的参考资料，讲课时旁征博引，也感到力不从心，事倍功半。

同样是"自由发挥"，受到几代校友爱戴的刘秀莹老师记忆里，她的语文老师是这样的：

---

[2] 根据《北京市中小学语文教育五十年》（北京市语文教育研究会编）第8页。

马芳吾先生教我们时尚未婚（原文如此——作者注），已经四十五六岁，与老母同生活，相依为命。马先生博学多闻，口若悬河。她讲《吊古战场文》，一面跺脚一面泪流满面，悲痛欲绝，全班同学为之唏嘘！可当马先生讲《滕王阁序》讲到"落霞与孤鹜齐飞，秋水共长天一色"时，我们仿佛都来到了鄱阳湖畔，真叫一个引人入胜。马先生给我们出了一道作文题是"君子忧道不忧贫"。她批改作文十分认真，评点作文的课大家都喜欢听。她常讲一些野史、轶事，生动活泼。如有一次讲纪晓岚，她说纪晓岚写了一幅字"黄河远上白云一片孤城万仞山羌笛何须怨杨柳春风不度玉门关"，明显丢了一个"间"字。"黄河远上白云间，一片孤城万仞山，羌笛何须怨杨柳，春风不度玉门关。"纪晓岚说，我写的是一首词，"黄河远上，白云一片，孤城万仞山，羌笛何须怨，杨柳春风，不度玉门关"。纪晓岚的绝顶聪明，马芳吾先生顺水推舟，讲起标点符号的作用。先生对自己心爱的学生溢于言表，学生给先生的高足送一个雅号叫"马氏大坎肩儿"。1947届的孙亚英、陈遇春，堪得此头衔。孙亚英一生教中文，陈遇春是北师大二附中有名的语文教师。在师大女附中学习六年，受语文教师的教诲和熏陶，大家都做到了不写错别字，写短文通顺流畅，信手拈来。

刘秀莹 1949 届高中

马芳吾先生是高二语文教师。博学多才，经验丰富。先生在古代文学和书法上造诣颇深。要求严格，倾注全心于教学，讲课的每一字句都是精心准备的。讲课如同朗诵诗篇，音韵起伏缭绕；板书如同挥笔杰作，笔锋潇洒豪放。这样的师长世上难求。先生讲授的多篇古文名作大都气势磅礴，格调高雅，提高了学生的古文鉴赏水平。至今每当想起这些课文的精华之处，先生的音容依然在学生的记忆中。先生不辞辛苦地为学生们批改作文，圈圈点点，有表扬，有批示，有评语。她的辛勤耕耘的精神令学生敬佩。慧如说马先生在连续讲课后的晚间难以成眠。先生为教育事业呕心沥血，贡献出了她的一切。

杜淑敏、张慧如 1950 届高中

课堂上的马芳吾老师，既激情澎湃、旁征博引，又深谙语文课的特点，讲课出神入化，无疑已居于当时国文教育的高峰。然而看上去举重若轻的马芳吾老师，连续讲课后也要累得失眠。由此可见，没有统一的教学大纲，教师各行其是，普遍备课辛苦。授课效果如何，则与老师的知识储备、口才、性格等个人因素有很大关系。

当然，无论马芳吾还是徐瓒武，他们都要适应新社会的思想体系和教学规则了。

女附中1950学年下学期教学大纲里规定：

1.学校对于目前教师参加的市、区的学习，必定协同党支部和工会组织统一的学习委员会负责督促检查，校长、教导主任、学委负责人，要定期参加教师学习会。2.校长、教导主任要负责经常为教师介绍《人民教育》《教师月报》及报章杂志有关业务学习的文章阅读，必要时并组织讨论。3.适当地、有计划地组织教师学习苏联先进教育理论，基本上采取讲解方式。另外组织少数教师较有系统地来研究课堂教学法。4.组织临时性的政治时事问题的报告和座谈会，由学委会负责。

1950学年下学期教育计划大纲规定，本学期教学工作的中心任务，一是继续巩固深入爱国主义与国际主义教育，二是统一教学任务、教学效果、教学进度，进一步提高教学工作，三是学习苏联课堂教学法，四是进一步改善学生健康状况与加强体育、卫生教育，贯彻政务院关于改善学生健康状况的决定。大纲细则里要求，在各科教学中贯彻教学目的与抗美援朝的爱国主义教育。普遍展开学习"苏联课堂教学法"，并在教师自愿原则下组织少数教师比较系统地学习"苏联课堂教学法"。在校长领导下，成立"苏联课堂教学法"学习研究小组。为了保证教学任务的实现，做到层层负责。各教学研究组组长由学校聘请，以加强组长的责任。

1951学年度下学期教育计划大纲（根据上学期计划修订），本学期中心任务与上年度保持一致，具体实施内容中关于贯彻爱国主义与国际主义教育：

1. 首先教师本身建立爱国主义的教学思想、教学态度，用马列主义、毛泽东思想来改造自己，武装自己，使自己成为一个爱国主义者。2. 教师要成为一个爱国主义者，必须要热心参加政治活动，注意时事，对新鲜事物要有敏锐的感觉和强烈的兴趣，积极研究先进的教育理论，展开批评与自我批评，从政治上、业务上提高自己。3. 更有系统地、恰当地加强各科爱国主义、国际主义教育，使爱国主义、国际主义教育成为各科教学的基础，改进教学的根据。4. 加强对课外活动的指导，通过课外活动加强爱国主义、国际主义教育。5. 鼓励同学积极参加政治、社会、体育活动，教育同学成为身体健康，品学兼优的新青年。

1952学年度上学期工作计划大纲，依然强调系统学习马列主义、毛泽东思想来改造自己，武装自己，工农同志要加强学习文化，消灭文盲。要学习苏联先进教育经验，钻研本科业务。更恰当地进行爱国主义教育，并进一步注意进行共产主义前途的教育。

1952年教学计划中提到，有计划地培养优秀教师，进一步完整、系统地学习并运用苏联课堂教学法。

以上历史记忆虽然与语文教学没有直接关系，却让我们看到，建国之初的几年，女附中的政治环境始终围绕着爱国主义、国际主义教育，号召教师学习马列主义、毛泽东思想，改造自己，武装自己。这是语文教育的基本方向。

二、教育制度、课程设置、教学方法都努力向苏联学习，在广大教师中，普遍提倡学习凯洛夫[3]教育法，凯洛夫提出的五段教学法和五级评分制在学校得到贯彻推行，语文课是典型的试验田

五段教学法就是把一课时分成五个阶段，每段有时间限定，听到下课铃声要立即下课。一节课的时间分配，一般如下：

①组织教学1分钟。②导入新课3分钟。③进行新课约34分

---

[3] 凯洛夫，苏联教育家。

钟。④巩固新课4分钟。⑤留作业3分钟。一节课，如果打铃拖堂不能下课，评议时要算一项较大的失误。这种做法对建立课堂新秩序确实起到了规范作用。

老教师张静芬先生大学毕业就来到学校任教，并长期任教语文课。她在一篇文章中回忆道："解放初期我校推行的是苏联的五段教学法，即：一、组织教学；二、复习提问；三、讲授新课；四、巩固新课。五、布置家庭作业。要求课前写有详细的教案，定有本课时的教育目的和教养目的，在全校还组织过教案展览。钻研教学的空气非常浓厚。讲究教学的诸原则，如直观性原则、科学性原则、量力性原则、思想性原则、巩固性原则等等。"[4]

张老师所说"教育目的"，即指思想教育的目的，"教养目的"即指听说读写等语文能力的培养。

关于五级评分制，语文组在1953年度的总结中提道：

本学期实行五级评分制，对提高教学有很好的作用，我们每一个人实践中体会到它的优越性，这不是单纯的方式方法问题，实质上是影响整个教学的。通过经常的、各种各样的成绩考察，我们能及时了解教学效果、发现问题，进而积极地改进教学。学生方面讲，这种办法对她们也是一种督促，一种鼓励。正由于这些教学效果普遍提高，学生的成绩也普遍提高，学生获得的知识也就更加牢固了。五级评分制方面，由于刚刚实行，认识不够，经验也少，以下的问题，尚待继续研究解决。一是怎样才能多有采分？只有多采分才能起督促教育作用。也只有这样才能客观、真实地评定学生的成绩。可是，目前我们还觉得有困难。二是对评分标准还不能很好掌握，因此在课堂上立刻给分会感到困难，尤其是四分与五分之间很难区别。三是怎样使采分评分更有教育意义，也需研究。

4　张静芬：《百年校庆赞》。

三、在教材上，1949年下半年北京市中学用的是陕甘宁边区教育厅编的《中等国文》课本。选文的内容，政治性都比较强，如歌颂共产党、毛主席，讲土地改革、翻身闹革命，讲抗日战争和解放战争，讲社会主义和共产主义的光辉前景等等

教材在任何国家都是国家意志的体现。在解放初期特殊的政治形势之下，语文课偏重于政治思想教育的倾向比较突出，是可以理解的。也正是因为如此，语文基础知识和语文基本技能的教学被忽视，尽管教师非常努力，但语文教学质量不高。[5]

以初中为例，从目前保存的女附中1949年的教学计划中，可以清楚地看到语文教育新的目的和功能。

初中一年级的教学计划（1949.10）开宗明义：国文为一切文化学科的基础，并为树立新人生观、改造旧意识的有力武器。因此对于初中一年级学生国文教学，要有计划有步骤的想法增进他们的阅读能力，提高他们的思想。

（一）国文教育在一年级应达到的具体目标：1.阅读方面：要求能读懂人众（原文如此，或为大众——笔者注）日报上的一般消息和通讯报告，流行的大众文艺和通俗的科学书籍。2.写作方面：主要是写通记叙文及日常应用文字，如简单报告、书信、记录通讯稿件，能尽力写明白。3.养成追求真理，以便改造思想，由客观地看问题和分析问题、正确地解决问题，建立初步的革命人生观，加强劳动观点和学习观点，并摆脱旧意识。4.写字要正规，尽力消灭错别字，写字要清楚整齐。

教材：《中等国文》第一册，共选授21课，篇目为：

1.接待"贵客"/2.彭德怀的故事/3.列宁和炉匠/4.红军中的小鬼们/5.夜莺之歌/6.大众并不如读书人所想象的愚笨/7.寒号鸟/8.它支持着大众的脚/9.天府之国的意义/10.桂公塘/11.被霸占的

---

5 根据《北京市中小学语文教育五十年》（北京市语文教育研究会编）第9页。

土地/12. 爱迪生/13. 警卫英雄李树槐/14. 寓言/15. 一堵墙/16. 南征散记/17. 几页日记/18. 给颜黎民的信/19. 詹天佑/20. 围村/21. 农民的歌

初中二年级基本方针：主要是通过课文的讲解，使学生获得和课文有关的一定知识，逐渐具备无产阶级思想与观察、分析、处理事务的能力，获得阅读和作文的基本能力。

教材：《中等国文》第三册

举例1：

第一组课文（2周）：1. 毛泽东同志的实际精神/2. 学习朱总司令/3. 一个意志力惊人坚强的人。学习目的：使同学了解认识并学习毛主席、朱总司令、列宁同志的全心全意、实实在在为人民服务的精神及其工作方法，并贯彻到行动中去。

举例2：

第二组课文（2周）：1. 鞋子不见了——使同学了解解放区的军民关系/2. 刘二宝扇汗/3. 剥皮老爷——使同学了解地主对农民的压迫和剥削的情况，使其认识是穷人养着富人还是富人养着穷人。

举例3：

小二黑结婚（2周）——使同学了解，只有在人民政府、共产党领导下，人民才能得到真正的民主、自由，旧社会的残余势力在民主政府领导下，虽然能存在一时，但最后仍然是被彻底打垮的。

初中三年级是初中学习告一段落的时期，因之在教学上应该照顾到，给同学奠定一定的国文水平，以便升学或工作。规定上学期要完成的任务（1949.8）中提道：国文首先应该配合政治课进行思想教育，通过国文课达到政治上的一定要求。不应单纯地玩弄文字技巧，文章的好坏是不能以文字的华丽为标准的。因此，在选文和讲授时要特别注重文章的主题、思想内容。

通过国文课，树立同学正确的学习态度和写作观点。一是丰富她们的阶级感情和生活知识，养成对各门科学知识有普遍的爱好，关心周围的事物,并且有用自己的文字表达出来的冲动。二是写作上要反对无病呻吟、风花雪月的空洞文章,使能开始用朴素的文字,写生活的实际,使文章有内容,有分量。三要在国文教学里贯穿走群众路线的精神,注意启发同学的思想,防止填鸭式、注入式的方法。

教材:中等国文第五册

1949学年的高中语文教学与初中不一样的是,从几位任课老师的教学计划中,得知尚无合适教材。

胡立老师在"高中一年一期国文教学计划"中,明确记述"教材以新华书店出版的高中国文为课本"。

高中二年的马芳吾老师记述,在新教科书未出版前,从高中国文第三册中选教,并自己补充活页课文,篇目是:《人民教育家陶行知》——使学生了解人民教育家生活教育的重要;《论通讯员的写作和修养》——介绍学生通讯写作的方法;《学习刘伯承同志的革命品质》——认识和学习现代革命领袖的特长。

高三年级韩文佑老师在计划大纲里同样提到,"高二、高三还没有适当的课本,只好暂选一些活页。"

高三年级徐绪昌老师在教学计划中,第一句话就是"本学期因为教材关系没有方法做一个详密的计划"。

因为没有像初中那样意识形态色彩强烈的课本,老师们的教学计划多以谈语文知识、能力和文学的教学为主。[6]

---

[6] 据光明网载:建国初期,为了迅速替代国民党政府统治时期的旧教材,中央人民政府出版总署以解放区教材为基础,改编了建国后第一套语文教材,时间是1949年至1951年。随着人民教育出版社成立,语文室再以这套教材为基础改编为中学语文教材,于1951年至1956年在全国中学使用。这套教材将以往的"国语""国文"统称为"语文",首次提出语文教学应该包括听话、说话、阅读、写作四项内容,并将"思想政治教育"的任务明确纳入语文学科。——笔者注

四、尽管强调了政治思想教育，强调语文课配合政治课进行思想教育，通过语文课达到政治上的一定要求，但语文的教学目的依然没有脱离语文科目本身，即语文知识和能力的培养

我们可以从高中两个年级的教学计划中，看到语文教学的目的和任务是非常清楚的。

举例1：

1951年学年度高中一年级语文课教学目的——强调通过课文及课外读物达到下列思想教育：1.认识祖国的伟大、新民主主义的优越性。2.介绍苏联生活，指出新中国的建设前途。3.明确阶级立场，分清敌友，培养仇视美帝的情感。4.培养科学的世界观，为人民服务的人生观。5.培养文艺兴趣及对于祖国语言文学的热爱。

教法：学习苏联教学法。

教材：采用高中第一册语文课本13篇，外加两篇文言文组成八个单元。

1. 《孟祥英翻身》赵树理
2. 《我的老婆》董迺相
3. 《中国人民政治协商会议第一届全体会议开幕词》毛泽东
4. 《社戏》鲁迅
5. 《鲁迅逝世周年大会上的演说》毛泽东
6. 《16年前的回忆》星华
7. 《雨来没有死》管桦
8. 《新事新办》谷峪
9. 《鼓励新事新办》茅盾
10. 《清晨》安托诺夫
11. 《同青年朋友谈谈旧影响》丁玲
12. 《一位向自然索取东西的人》冯明
13. 《我在美国》罗伯逊
14. 《祭妹文》袁枚

15.《赤壁之战》

举例2：

1951年学年度高中二年级语文教学计划——全学年的任务是整理巩固语文规律的知识；加强文艺教学，通过文艺作品进行爱国主义教育；培养初步的文言知识。具体规定上学期的教学目的是，着重整理、巩固语文规律的知识，开始加强文艺教学和文言教学，在文艺教学中培养学生对苏联和现代中国的文艺作品的阅读兴趣和欣赏能力，培养学生对我国古典文艺作品的爱好。

第一学期的课文主要篇目：

1.《改造我们的学习》毛泽东
2.《苏联人》丁玲
3.《苏联人民的光荣女儿》加里宁
4.《韩非子》寓言三则
5.《睡冰》袁静/孔厥
6.《下乡和创作》孔厥
7.《海上风暴》矫福纯
8.《走向一条路》蓝光
9.《新制布裘》白居易
10.《林冲与鲁智深》（《水浒传》节选）
11.《谈水浒的人物和结构》茅盾
12.《反攻之前》
13.《卓越的战斗锻炼》
14.《为了忘却的记念》

课外阅读部分，指定《论共产主义教育》《新儿女英雄传》《水浒传》《恐惧与无畏》为课外必读书。指定《绞索套着脖子时的报告》《东欧杂记》为精读书，适当地利用课内时间进行阅读方法的指导和思想内容的分析。经常介绍报章杂志上新发表的作品。

高二的第二学期以文艺教学为主。

五、语文教师在教学中的新面貌

语文教育的目的、教法、教材有了统一规范以后,经过政治学习和培训的语文老师,正在适应新的变化。笔者有幸看到老师们用钢笔、手写、繁体字的教学计划和教案。尽管辨认困难,穿越近70年的时空,我依然看到了老师们对待母语教学所持的执着、勤谨、专注的职业态度,和大步走进新社会的热忱。

举例1：

这是1951学年度初中三年级语文老师互助组的教学计划。

（一）教学目的——进一步加强爱国主义和国际主义教育,培养学生的思考能力,从思想内容、表现方法等五方面提高并使之掌握语文的基本规律。

1. 听——培养学生在课堂听讲和听一般报告,能听全部内容,抓住中心环节和主要纲领,并使学生养成耐心听讲的习惯。

2. 读——培养学生爱好文艺作品及一般的政论和短评,并在阅读文艺作品时把自己的思想感情融化在工农兵的思想感情里,而得到一定的感受,逐渐培养学生对于文艺作品有分析批判的能力。

3. 说——培养学生大胆发言的习惯,并注意说话的条理性。

4. 写——使学生具有一般文章的写作常识,培养严肃的写作态度,文字方面要求做到通顺、干净,逐渐减少并消灭错别字,会使用标点符号,内容方面要写的真实,表达主题要明确,笔记力求清楚正确,听写能抓住重点和纲领。

（二）本学期课程安排（笔者略）

（三）教法——尽可能地采取苏联课堂教学法,发挥教师的主导作用,加强教学的计划。在进行有系统、有重点的讲解时,注意适当地启发,防止变成说教。

（四）教材,以下分五个单元

《我们在世界上抬起了头》老舍

《平常的人》杨朔

《缺席者的故事》卡西尔作汤××译

《马铃薯甲虫和蜜橘》冯至
《历史降落在美国的大门口》乔治·乌奇尼奇原作
《一件小事》鲁迅
《任弼时同志二三事》李庄
《批评和自我批评》丁浩川
《古代英雄的石像》叶绍陶（叶圣陶）
《学习白求恩》毛泽东
《在上海驻军欢迎苏联文化艺术工作者代表团大会上的演说》西蒙诺夫
《林教头风雪山神庙》（《水浒传》节选）
《石秀探庄》魏晨旭等集体创作
《形式主义者》克尼斯尼次基作计之译

（五）复习和检查（笔者略）

（六）课外指导——本学期除有计划有步骤地精读一本作品（《李有才板话》赵树理著）以外，其余环绕课文知识的需要，并在不影响各科自习时间的原则下，适度地介绍略读参考书，每月必须读一本100页至200页的文艺作品。本学期计划至少读三本（包括小说、戏剧、诗歌等形式，并定期检查，每六周检查一次）及杂志、报纸的短篇通讯，一般的批评文章等。

对于精读书的具体指导方法如下：1. 启发报告。2. 略读。3. 提出问题。4. 漫谈（初步地解决问题）。5. 进行精读（做读书笔记，进一步发现问题）。6. 归纳问题，作出讨论提纲。7. 写出发言提纲。8. 开讨论会。9. 总结。

（七）作文

1. 出题——本学期共作文八次，结合课文联系实际，配合社会活动出题，其中自由命题一次。

2. 批改用眉批、腰批和总批。精细、具体、负责地批改。

3. 发文，总结一般的优缺点，做分析报告，并把典型的优秀作品当堂朗诵，分析研究、指出特点。必要时做个别指导。

举例2：
这是初三（1）班刘致平老师写的教案[7]。
《雨来没有死》第二三段教案（1953年5月12日）
一、目的
1.使同学认识抗日战争时期党对民主抗日根据地广大人民的坚强领导。
2.使同学认识环境对人物性格形成的重要性。
二、步骤
1.组织教学，预备作业本。（1分钟）
2.检查作业，提问：从上节课文中分析雨来有哪些特点？（4分钟）朗读本节讲授课文（5分钟）。
3.新课范讲重点（30分钟）①通过"夜校"，说明党在紧张艰苦的战争环境中，对文化教育仍然非常重视。②通过女教师，说明党对人民的爱国教育，是人民战胜日寇的精神力量的源泉。雨来的全部人格是由党的教育启发而形成的。③通过雨来父亲的谈话，说明党的伟大的组织力量。④通过雨来协助李大叔躲避鬼子一段，说明在党的教育下雨来人格的形成。⑤小结：分析雨来性格发展的过程，说明环境对人物性格形成的重要性。
4.巩固新教材（3分钟）提问：党对抗日民主根据地广大人民的坚强领导表现在哪些地方？
5.留作业（2分钟）
作者怎样写女教师和雨来父亲的？

本课共分六节讲授，第一节，讲时代背景，介绍作者，朗读全文；第二节，范讲第一段；第三节，范讲第二、三段；第四节，范讲第四段；第五节，范讲第五、六两段；第六节，总结、分析主题和写作技巧。

通过本文讲授，达到以下两个目的：一、使同学认识日本侵略者的凶残面目，加深同学对小英雄雨来的热爱感情，学习他的爱国主义

7　刘致平曾任女附中副校长、校长。

精神。二、使同学初步知道人物的共性与个性的关系。

课文《雨来没有死》共分 6 节课讲授，本教案仅是第三节课的内容。毫无疑问，刘致平先生这份教案严格执行了苏联五段课堂教学法，堪称范本。虽然节奏拖沓，设置刻板教条，恰恰也说明了当时的语文教员怎样适应政治要求，努力跟上新时代。老师们拥抱新社会的热情，也传递给了学生们。从初二（4）班文学小组可以看到同学们丰富的课外语文活动，她们对革命作家的崇拜，对语文老师的爱戴，正是那个时代一个单纯、热情的缩影。[8]

1952 年秋季开学后，初二（4）班的陶维季、林葆安、史清琪、宋毓芳、田惠芬、萧雨芳六位热爱文学的同学，自愿组成了文学小组，选出史清琪同学当组长。她们制定了 6 项活动计划：一是经常与作家联系，争取作家的帮助；二是用一年或二年精读书、讨论、做笔记；三是每天记日记，经常练习写作，给《中国青年报》《少年报》及本校黑板报投稿；四是写诗、写剧、写小说，练习朗诵，了解作家丁玲；五是学期末，计划联系其他小组，举办一个晚会，总结成绩；六是在取得一定成绩后，向学校请求正式命名。这个学期她们举行了十次文学活动，内容丰富多彩，很有创意。其中一次活动是给老舍、张天翼、玛拉沁夫、魏巍、艾青、丁玲、高玉宝七位作家写信，每封信都热情洋溢，充满了孩子的天真单纯和对文学的热爱、对作家的崇拜。而作家们收到信都写来了内容诚挚的回信。譬如给玛拉沁夫（代表作长篇小说《茫茫的草原》）的信里写道：

上学期我们曾听过您的报告，知道您从前一面和敌人斗争，还一面学习和写作。您这种英勇、好学及为人民服务的精神，是值得我们每一个人学习的。

玛拉沁夫不久后给孩子们回了信，她们又登门访问玛拉沁夫，请他讲自己的革命经历，讲怎样写作（他是怎样选材的），讲如何写诗，如何朗诵。朗诵自己作的诗，让先生给提出意见等等。

---

[8] 有关文字根据《远去的女附中》第 199 页，初二（4）班文学小组文章的内容缩写。

第一章　1949—1966师大女附中十七年语文教育的变迁

譬如举办丁玲作品专题朗诵会，请语文老师丁裴若先生介绍丁玲的生平和作品。然后，她们给丁玲写信，信中说："丁玲同志，我们师大女附中初二（4）班文学小组全体组员向您致以最热忱的敬礼！上周的活动，我们要求了解作家，而您是最伟大的作家，我们就决定了解您。这次活动后，我们更加热爱您，一致要求和您联系。您一定不会拒绝的。"

给高玉宝（代表作短篇小说《半夜鸡叫》）的信写道："我们知道您——伟大的人民战士、学习的模范……您耕耘苦学的精神非常值得我们学习。"

给老舍（代表作长篇小说《四世同堂》等）的信写道："我们读过您的很多作品，您在作品里，用人民大众的口吻反映了劳动人民的生活，用幽默的笔法痛骂旧社会的黑暗，您是真正的人民艺术家。"

给魏巍（代表作报告文学《谁是最可爱的人》）的信写道："我们都喜欢你写的《谁是最可爱的人》……我们看了这些作品，就好像真的到了朝鲜一样，并且使我们更热爱志愿军叔叔了。"

譬如给张天翼（代表作《大林和小林》《宝葫芦的秘密》）的信写道："我们想和您经常建立联系，因为我们看过您的作品《罗文应的故事》《他们和我们》等等，对我们的帮助很大。"

1952年12月18日文学小组的第九次活动是访问张天翼同志。下午3点多的时候，我们到了东单。大雪纷纷，我们踏着大雪前进，来到了中央文联。我们见到了张天翼同志，他是那样的和蔼可亲，他给我们糖果，让我们随便坐，这时我们一点也不拘束了。我们很舒服地坐着，随便谈话，我们看到墙上有很多画片，桌子上有"小狗""小鸡""书架上有很多书"。张天翼给她们讲怎样朗诵，还讲到写作不要拘束范围，想写什么就写什么。开始写不要写小说，要写日记，选择题材时要选择最感兴趣、最感动、印象最深的事情。你们组里每个人都写，写完后在活动时念，让大家帮助评判，提出优缺点，这样就会帮助我们进步。经常这样做，慢慢就能写东西了。小组活动的成绩可以介绍给别的组，应该和别的组联系，交流经验，这样进步就更快。最后，作家让大家写下自己的姓名，他很和蔼地念着每一个名字，还留大家吃了饭。

文学小组还把苏联作家 M·普列热耶娃的小说《同志们和你在一起》（写一个苏联的七年级生在犯了错误后，同志们帮助他认识到这个错误，最后他成了共青团员）改编成话剧，在班里排练演出。

语文教师、辅导员丁斐若先生不仅多次参加学生们的活动，还给予热情指导和鼓励。文学小组的活动中有这样的记录，"我们热爱的语文老师丁斐若先生"在一次文学活动后做总结，她说：

祖国的语言是多么优美啊，它是这样简洁、准确，词汇丰富，并且形象化。我们热爱祖国，首先要热爱祖国的文字。参加文学组，能够更好地研究几千年来的文化遗产，丰富自己的语文知识。要知道，在苏联把语文得五分的（学生）派到最重要的岗位上去。这也就是说，语文是非常重要的。我们祖国伟大的十年建设就在眼前了，我们每个人都有一个美好的理想，有的希望亲手设计建筑美丽的楼房，也有的人要做教育工作，还有的人要做个飞行员，做个海员……但是，不管做什么，都需要语文知识。祖国的建设在等待我们，努力吧，同志们！

学期期末，她们认真总结了本学期文学组的活动情况，还给教务主任胡志涛先生写了一封信：

敬爱的胡主任：

我们是初二（4）班的文学组全体组员，你也看过我们的活动记录，上面写着到学期终了，命名为某某某小组这是有一定意义的，也可以鼓舞我们把活动搞得更好，使我们更热爱知识。所以，现在我们想以我们最接近最热爱的儿童作家——张天翼同志作为我们的组名。特此向您申请。

请予以批准为荷！

初二（4）班文学组全体组员上
1953.1.3

两天后，胡志涛主任批示："你们小组能团结友爱、坚持到底，并且已做出一定成绩。现在同意你们的命名申请,希望在原有基础上做出更好的成绩来!"

(一九五三年元月五日)

第二节

"红领巾教学法"催生了现代语文教育的模式

【提要】 旧的语文教法是基于讲古典文的方法,即逐字逐句的串讲、注入式的教法。"红领巾教学法"推动了教学方法的改革。

新中国建国之初,对于中学语文课本中选入的语体文(白话文)究竟教什么,怎样教?教育主管部门没有统一规范,给老师们带来一定困惑。白话文自"五四"运动以后进入语文教材,解放后在中学语文课本中所占比重更大了。白话文通俗易懂,这些课文学生阅读后,已对内容有了大概的了解,而大多数语文教师讲课时依然采用文言文逐字逐句串讲,注入式的教学方法。于是,学生听得不耐烦了,有的在课堂上做别的功课,有的开小差儿想事儿,有的趴桌子打盹儿。老师的积极性也受到很大挫伤。

1953年6月26日,初一语文互助组在《教学中间的几个问题和建议》中,讲到教学中串讲和苏联五段式课堂教学法的矛盾,"比如词汇、标点、表现方法等等,由于教材性质不同,串讲中间语文知识的贯彻,究竟如何安排常常掌握不好。有的先生对这个概念还不够完全明确,因而在串讲中间有时缩手缩脚。时间分配有时也因之受了影响,留作业也有些困难。如每一课的第一、二节问题,还没交代清楚,不能留问题,语汇也没着重解释,也不能留这方面的作业。因此,经常是一课书的一、二节无作业可留,这也是目前还未得到解决的问题。"尽管说的是不同性质教材的授课难题,问题仍是串讲的教法。

总之，老师的逐句串讲、满堂灌的教法，不仅让自己疲劳，也增加了学生的厌学情绪，阻碍了语文教学的发展。

一、苏联教育专家对语文教学的要求

1953年5月，北京师范大学教育系学生在教育实习中举行了一次语文教学观摩课，当时在该校指导工作的苏联教育专家普希金教授也应邀参加。讲课老师是女六中的吴健英，教学内容是初中语文课本第二册中的一篇课文《红领巾》（小说节选），教师采用的教学方法主要是讲述法、讲解法。这节课的结构是由组织教学、检查作业、进行新教材、巩固新教材、布置作业五个环节组成的。

普希金教授在课后的评议会上做了总结发言。他首先对语文教师的政治文化素质提出了要求：①必须很好地掌握本门业务；②必须很好地掌握本门学科的教学方法；③教学中不要只是传授知识，要有教育性；④要有足够的教育学知识；⑤要有足够的思想政治水平；⑥要有足够的文化水平。

针对《红领巾》一课的教学，普希金教授也表达了严厉的批评：

1. 课文各节分配不恰当

不到7页的一篇课文，用了4个小时尚未教完，估计还要讲两小时。这样的速度是不可想象的，通常研究高深的哲学，也用不了这么长的时间。不合理地使用时间，是把宝贵的光阴浪费了。而且，这样分段讲解，不可能让学生对整篇作品获得完整的印象。教学作品，不管篇幅长短，都应该给予学生完整的印象，不应该把课文割裂成一段一段地去教。应正确估计学生的生活经验，不要把他们当作学龄前的儿童看待。这种教法是把课文逐字逐句地咀嚼得像粥一样烂，然后喂入学生嘴里。

2. 课堂上老师一味地讲，不给学生说话的时间，师生没有交流

在语文课中这样的比例是绝对不可以的，应该让学生多说，老师少说。

3. 语言和文学的因素过少

组成语文课的因素是朗读、复述、分析课文。分析课文"也应该让学生做，让学生形象地描述人物的性格，教师予以启发、引导、补充和提高。"但是，我国语文教学中，这些工作都由教师来做了，"教师过高的积极性，使学生的思维处在睡眠状态中。"

4. 关于语文课承担的思想政治教育问题，普希金提出，语文课变成政治课，妨碍了语文的发展

而且"进行思想政治教育不应当形式地要求每堂课都是一样的。必须记住：在某些课里进行的多，在某些课里进行的少，有的甚至没有，这也是正常现象。"[9]

普希金教授对于旧的语文授课方式的批评，即便放到今天，也依然具有说服力。

二、"红领巾教学法"

北师大中文系三年级的学生依据普希金的意见对《红领巾》重新进行了教学设计，5月21日开始在师大女附中试教。试教共用了四节课，第一节介绍课文来源，先让学生默读，老师讲解生词，由学生讲述故事梗概，教师补充；第二节范读全文，分析课文，学生画出表现人物性格、品质的句子，教师在课堂上列出人物性格表；第三节划分段落，写段落大意；第四节讲写作技巧，文体特点，学生朗读。四节课每节都是由学生先讲，再由教师引导、启发，最后概括总结，二、三、四节老师与学生的互动运用了谈话法和讲解法，获得了专家们的好评。

由《红领巾》观摩教学而引发的这场语文教学改革，是新中国成立后第一次以教学方法为主要内容的改革，对我国语文教学的发展有一定的推动作用，主要表现在以下两方面：

第一，"红领巾教学法"推动了教学方法的改革。促进了对语文教学的深入研究，促进了语文教学的整体改革。彻底地改变了由文言

9　根据《北京市中小学语文教育五十年》（北京市语文教育研究会编）提供内容摘编。

文教学法沿袭而来的教师讲、学生听的僵化局面，使语文教学特别是现代文教学有了生动活泼的局面。

第二，"红领巾教学法"推动了建立现代文教学基本模式。"五个环节"：（1）题解，作者介绍、时代背景等。（2）范读，讲解生字生词、学生质疑问难等。（3）分析课文，结构分析、人物形象分析、重点难点分析等。（4）总结主题思想。（5）研究写作特点。这种方法对普通教师特别是经验较少的教师掌握教学常规、大面积提高教学质量有非常重要的意义。

但是，由于当时对"红领巾教学法"的宣传和对专家意见的介绍存在一定问题，所以这种真正要学习的东西没有很好传播开去，以至于人们对"红领巾教学法"的认识产生了一些误差，将"红领巾教学法"等同于"谈话法"。这种认识上的误差，使"红领巾教学法"的传播走上了一个错误的方向，对语文教学的发展产生了一些不利影响。导致"红领巾教学法"走偏的另一个原因，就是对《红领巾》教学过程的机械模仿。在教学改革过程中，有些教师把北京师范大学实习生教《红领巾》的过程、方法"认为是教任何年级、任何一课而皆准的公式，因而照样搬用。""大多数教师都是搬用了这样的一套方法，时间也分四节，每节重点也同样，第三节的分析也画一个表。北京的某些中学如此，广东的某中学也如此；东北的如此，西南的也如此。"这就完全陷入了形式主义的泥淖，造成了阅读教学的公式化和形式主义。[10]

初一语文教师互助组在听了师范大学学生试讲后认为：

这学期一（4）班师大试教同学接受普希金教授的意见，创造新方法教《红领巾》收到了一定的效果。虽然教学中间存在着一些缺点，如词汇交代得不够清楚，表现方法方面的优点，同学们体会得不够深刻。但这些都属于技巧问题。肯定地说这种新方法是好的。对一篇文艺作品，这样教，完整性强。不串讲，从分析入手，以同学们的

10　参考百度百科"红领巾教学法"。

接受能力来说，是完全可以领会、理解的。因此，我们想以后遇到文艺课时，再做试验。同时，这也给了我们很大的启发：性质不同的教材、体裁不同的文章，究竟用怎样的方法教学适宜，这都有待我们细心钻研大胆地去创造。这是我们今后努力的方向。

由此可见，老师们并没有盲目地视"红领巾教学法"为唯一可取的教法，性质不同的教材，体裁不同的课文，用什么教法，还要细心钻研大胆创造。

高文鸾老师在《回顾北京师大女附中》一文中对"红领巾教学法"也有简要介绍：

1953年5月，苏联专家普希金对女六中一堂教学观摩课《红领巾》的评议，尖锐批评了我国长期流行的"先生讲、学生听"的语文教学法，引发了建国后教育界第一次以教学方法为主要内容的改革。"红领巾教学法"风靡全国。同年，我校也推行了"红领巾教学法"。

总而言之，"红领巾教学法"对于传统的注入式教学法是一次有力的冲击，启发式教学法从此进入了语文教学。

第三节

"汉语、文学分科教学"，是一场重大的语文改革[11]

【提要】 "汉语、文学分科教学"，不仅是教材教法的重大改革，也是建立完整的学科体系、对语文教育从宏观上如何认识的一次改革尝试。起于1955年，止于1958年3月。

如果说"红领巾教学法"是语文教学的第一次重大改革，那么，

---

11 请参看文后附录二：关于语文汉语、文学分科改革的背景。

"汉语、文学分科教学"，则不仅是教法的改革，也是教材的重大改革。

初一语文互助组在《教学中间的几个问题和建议》中谈到教材问题，指出：

目前的教本中有些课文虽然有一定的思想内容，但内容比较枯燥，如《进京日记》《重庆一〇一钢铁厂职工给毛主席的信》等，因此很想找些文字优美、有一定思想内容并且适合于少年儿童年龄的诗歌、童话等作为补充教材。但一学期以来，没有找到一篇合适的，并且常为找教材花费好多时间，结果也没找到。这是个困难，可能下学期的教本仍没什么改动，请领导帮助解决这个问题。

赵静园老师在《对于语法教学的一点体会》（1953.7）一文中也谈到了教材不足的问题：

所遇到的最大困难是没有合适教本。一年级学生语法究竟要学到什么程度？现在各家讲语法的，不但术语不统一，词的分类法也不一样，应该听谁的呢？她们有的在小学已经学过一点了，有的从家里父母兄姐也听到一点儿，虽说一知半解，其中互有差异，先入为主，时起争论，我们应该怎样批判啦？吕叔湘本较新，其中偏重指摘错误，不是系统地讲语法规律，所举例子太长太难，只能供参考，不适于教学采用。上次小组里规定一年级先生看第一册、第三册，我们也没仔细看完，因为可以取用的太少，反不如多看其他语法。

语言教学没有统一的教材、合适的教本，给教学带来很大的困难，成为掣肘的问题。1954 年，北京市委作出了《提高中小学教育质量的决定》，简称《五四决定》。第一条就是"必须使提高教育质量的工作成为学校中广大师生共同努力奋斗的目标"。北京市中小学教学参考资料编辑委员会中学语文组编出了《中学语文教学计划纲要》。1955 年北京市教育局下发通知，要求从秋季开学，中学各年级增设"语法基本知识"课。同年，一项酝酿已久的改革实验出台了，这就是汉语、文学分科的改革实验。既然是汉语、文学分科教学，自然就有两个教学大纲。

以初中为例。

一、汉语教学大纲关于教学任务是这样规定的

教给学生有关汉语的基本科学知识，提高学生理解汉语和运用汉语的能力，是初级中学汉语教学的重要任务。初级中学毕业的学生应该明了现代汉语普通话的基本规律，掌握足够的词汇，学会标准的发音，养成正确地写字和正确地使用标点符号的技能、技巧和良好的习惯，具备熟练的阅读能力和正确地表达自己的思想的能力。应该结合初级中学汉语教学进行爱国主义思想教育，培养学生的民族自豪感和爱国主义热情。汉语教师应该通过自己的教学使学生认识祖国语言的丰富优美和雄伟有力，从而使学生热爱自己的语言和创造它的伟大的汉族人民。

二、文学教学大纲关于教学任务，分为"教养"和"教育"两部分

初级中学文学的教养任务，是在小学语文教学的基础上：（1）指导学生学习更多的文学作品，领会思想内容和艺术形式。（2）结合文学作品的教学，讲授某些必要的文学理论常识和文学史常识，帮助学生更好地领会文学作品。（3）指导学生在学习文学作品的过程里，丰富语言知识，并学习用口头语言和书面语言明确地表达思想。

1. 通过教学，提高学生阅读、理解和欣赏文学作品的能力和运用语言的能力，养成阅读文学作品的兴趣和习惯，扩大对社会生活的认识。学生从文学作品认识社会生活，又根据从生活和学习里获得的经验和知识来领会和评价文学作品，就会知道社会是怎样不断地变化和发展的，人的思想和生活是怎样变化和发展的，就会知道自己应该怎样去掌握变化和发展的规律，应该怎样对待生活。

2. 初级中学文学的教育任务，是帮助学生树立社会主义政治方向，培养辩证唯物主义世界观，培养共产主义道德，特别是爱国主义精神、共产主义劳动态度、集体主义精神、自觉地遵守纪律的精神，爱护公共财物和坚韧、勇敢、谦逊、诚实、简朴等品德，热爱祖国语言和文学的感情，提高认识能力，发展想象能力，培养正确的审美观点，特别是在社会生活中，能明辨是非，有善恶观念和爱憎分明的感情。

北京市语文教育研究会编纂的《北京市中小学语文教育五十年》认为，汉语、文学分科教学在我国的语文教育史上是一次有益的尝试，有许多经验需要认真的加以总结。但从研究语文科的目的、功能来说，这次尝试又从一个方面偏离了语文科应以培养学生语文能力为主的目标。[12]

1953学年度第一学期语文组的教学工作总结（手写20页，钢笔、繁体字，因时间久远，纸张和墨水氧化，在录入电脑时，辨识困难，个别语句字词难免有误——笔者注）中，分别详细谈了高中与初中的语文教学问题，涉及"红领巾教学法"和"汉语、文学分科"教学。从这份资料得知，女附中的语言和文学分科教学开始于1953年学年度，比北京市的试点改革提早了两年。工作总结在简要回顾了上年度教学工作后，着重谈了高中和初中的语言、文学分科教学问题。

1953学年度第一学期语文组的教学工作总结

为了更稳步地前进，我们在本学年教学组的工作计划中曾明确规定："这一学年的任务是巩固过去语文教学中的成绩，并继续克服缺点，给往后进一步改进教学奠定牢固的基础。"学期过去了，我们应该来检查这一阶段的工作；研究一下下学期该怎样改进。

总的说，这学期的工作做得较有计划，有步骤。这是由于我们加

---

[12]《北京市中小学语文教育五十年》（北京市语文教育研究会编）第11—12页。

强了工作中的计划性，使各年级的教学都各有明确的任务和周密的计划。在开学之初，大组就提出了"各年级教学计划的基本内容"，并具体地分配了各年级的语言教学（包括语法、一般性文章的写作方法等）、文学教学和写作说话训练所占的时数。这样，就使得教学计划有了一定的规格，同时也保证了教材的比重，可以避免偏重偏轻的现象。教学计划再也不是订完了就完事，而成了我们工作的指南和依据。另外，本学期实行五级分制对提高教学也起了很好的作用。我们每一个人都从实践中体会到它的优越性，这不是单纯的方式方法问题，实质上是影响整个教学的根本问题。这是由于通过经常的各种各样的成绩考察，我们就可能及时了解教学效果，发现问题，进而积极地改进教学。对学生方面讲，这种办法对他们既是一种督促，也是一种鼓励。正由于这些，教学效果普遍提高，学生的成绩也普遍提高，学生获得的知识也就更加牢固了。本学期的互助组计划在保证教学上也起了更大的作用，表现在：业务研究已经形成制度了。当然，这首先是由于行政规定了一定的活动时间。

我们认为下学期在全组的工作方面要注意以下几点：

（一）继续加强工作中的计划性，各组要在开学前定好下学期的教学计划，计划要定得更周密些。

（二）五级分制方面，由于我们刚刚实行，认识不够，经验也少，因此以下的几点尚待继续研究解决：

1. 怎样才能多採分——只有多採分才能起督促教育作用，也只有这样才能客观地切实地评定学生的成绩。可是，目前我们还觉得有困难。

2. 对于评分标准，还不能很好掌握，因此在课堂上立刻给分感到困难。尤其四分与五分之间很难区别。

3. 怎样使採分评分更有教育意义也需研究。

（三）在互助组活动方面存在的主要问题是怎样提高工作效率。现在有些组个人的钻研性发挥得不够，业务研究就陷入讨论一些枝节问题，因之花费很多时间而效果不大。譬如有的组凑在一起，东一句西一句地写教案，或者互相询问词字的意思。下学期必须纠正这一偏向。要在发挥每个人的创造性、钻研性的基础上,来发挥集体互助的作用。此外,根据可能,希望各组参照本学期初三组的办法(按月确定要研究的教学上的问题,然后由一位同志去实行,大家去■■,回来之后共同研究)结合自己组的教学需要,组织一些问题研究或业务学习。这样做比全大组更灵活些,也更切合实际些,易于收到很好的效果。

现在分别就高中、初中两部分来谈一谈教学工作:

高中部分

一、关于语言教学方面

从高一到高三都选了一定的教材,如高一选了《毛主席在人民政协第一届会议上的开幕词》《谈修改文章》《读新事新办》等。高二选了《庶民的胜利》《非攻》《散文不散》《谈修辞》《谈水浒的人物及结构》等。高三选了《斯大林在苏联共产党第19次代表大会上的演说》《廉颇蔺相如列传》《五一前夕在德累斯顿》等。并结合这些作品讲了一些语言和逻辑、修辞、论文和叙事文的写作方法等知识。其中尤以高二年级做得较好,从教材上看,体裁多样化,古今都有;从内容上看,也比较切合高二年级的教学要求,而且做到了与文学作品的讲授单元相结合。如:讲五四时期的文学就结合讲李大钊同志的《庶民的胜利》,讲《大闹野猪林》之后,就讲《谈水浒的人物及结构》。这样就不至于使一般性文章和文学教学割裂开来,反而相得益彰。这一点值得各年级参考。

根据苏联的经验,高年级选授的一般性文章,是密切结合文学教学的。如像说明文学进程的各个发展阶段的概述性文章,或专门讨论某一作家的创作文章(列宁、斯大林所作关于文学问题的讲演和论文、革命民主主义者们的文艺批评论文之类),这是今后在选材上可以借鉴的。

此外,在教法上高二年级在总结中提出,教一般性的文章不宜旁征博引,如讲《非攻》只把它当做一篇说理的文章讲就够了,不宜涉及先秦诸子以及墨子学说等许多知识。这个意见也可以作为我们今后研究教法问题的参考。

总之,通过一般性文章,应怎样才能更好地进行语言教学,还需要我们今后共同研究,继而积累较多的经验。下学期希望在教材上要仔细斟酌,并使之占一定的比重。

二、关于文学教学方面

首先谈教材问题——根据过去的经验,这学年我们重新划分了各年级的范围和规定了教学任务,并且强调提出"在教材选编上总的精神要以作品为主,多让同学接触作品,要注意选各个时代代表作家的代表作品",同时还提出"结合作品讲文学史或文学理论的知识时,在分量上要注意掌握。应防止分量过重,占去了讲作品的时间"。这些意见,这学期的工作都贯彻了。以高三年级为例,过去文学史和理论知识讲的过多,讲的作品过少,体裁也仅限于小说,这学期就开始克服了这一缺点。苏联文学每一发展阶段都选了,具体作品有诗歌、有小说,也有特写,概述部分也做到了精简扼要。

在这方面目前存在以下各个问题:

1. 高二、三年级要更进一步研究,概述和作品之间怎样才能取得更有机的联系。高三年级个别作品的内容和概述内容,有些不合拍,如讲社会主义建设时期的文学作品时,却在讲"保尔·柯察金"(作品内容主要是反映国民经济恢复时期的情景)。因此,概述就不能更好地帮助同学去理解作品,这是今后要避免的。

2. 高一年级在结合作品讲文学理论时,理论知识的分量、深度究应如何,要缜密研究。高一组在总结时提出"材料较多,进度快,部分学生感到吃力",这是值得注意的。例如在讲《小二黑结婚》一课时,教师就征引了过多的材料,差不多把有关赵树理创作的论文以及许多文选上的理论问题都引来了。这样,教师要很花一番功夫,可是学生不一定能得到什么实惠;同时也会产生另外一个偏差,就是"语文知识方面进行较粗糙"(总结里的话)而高一年级不应该在这方面多下功夫的。

3. 教材的体裁应力求多样化，不要有所偏废。高二高三这学期都没有选戏剧，高二年级许是限于时代范围不好选，高三年级是应该可以选些的，当然这样做并不妨碍以小说为主。

此外，高二年级小组认为，这学期所选教材基本上是恰当的，如普希金的诗《致西北利安囚徒纪念碑》，果戈理的小说《塔拉斯·布尔巴》，鲁迅的《药》和《祝福》《水浒传》等都受同学欢迎，教学效果很好，因为他们都是代表性的杰作。但郭沫若的《我想起了陈胜吴广》和《老残游记》中的《明湖居听鼓书》，两篇效果不太好，应该另选篇目代替。《老残游记》可以《儒林外史》代替，至于郭沫若的诗总是应该选的，至于选什么为好，应仔细考虑。高三年级的教材，也都很好，有的只是时期安排的不妥当，如《保尔·柯察金》。有的时期应增选作品，如内战时期应选《铁流》，社会主义建设时期应选《时间呀！前进！》，卫国战争时期应选入剧本《俄罗斯人》。另外，有必要增选战后为和平而斗争的作品，如果可能，可附选一篇西欧的文学作品，以扩大眼界。假若这样做教学时间不够，可以设法缩减评论和概述的时间。

其次，谈教法问题——怎样讲授文学作品，我们是积累了一些经验的，可是仍旧有很多缺点和问题。这学期，各年级都有些经验，也都有些体会，其中高一年级在讲授小说这一单元时，曾下过一番功夫，无论效果如何，这种钻研精神仍是可贵的。现在分以下几个问题来谈：

1. 高年级常常要讲长篇的摘选。因此怎样介绍全书，是一个值得研究的问题。这学期，高二年级介绍了《塔拉斯·布尔巴》，高三年级介绍了长诗《列宁》《钢铁是怎样炼成的》《被开垦的处女地》《收获》等。这些工作中我们体会到，介绍的好，就能发挥文学的感染作用，给学生以深刻的印象。不但给她们学习摘选部分打下了基础，同时也引起她们去阅读全书的兴趣，而且也具备了欣赏全书的基本观点。过去介绍全书偏重于叙述，像电影说明书似的，这样故事是有了，可是人物性格并不鲜明突出。这学期，林莽同志（即陈洪涛，后面还提到——笔者注）在介绍《被开垦的处女地》时，用了新的办法，就是根据全书矛盾的发展，找出几个重点场面，可以绘声绘色地展示出人物的活动和心理状态，从而最后归结出全书的主题。这样做时间不多，而效果很好。当然，人物、场面的选择要服从于摘选的需要和便于说明全书的主题。

2. 在讲授作品中应怎样研究文学语言，是值得特别重视的。在上学期总结中，我们提出"讲文学作品时，适当地进行语言知识的教学是必需的"，因为只有研究作品中的语言，才能更深刻地了解作品，脱离了语言就没有了形象。这学期，有的年级和有的先生做得较好，一般讲，我们做得还不够。高三年级在讲《被开垦的处女地》三十六章的风景描写时，在讲《保尔·柯察金》的人物对话时，都注意了分析这样具有特征性的段落，使学生从语言分析中体会更深了解更多。

不能说分析形象，就可以忽视分析语言。恰恰相反，要很好地分析形象，就必须从分析语言入手。

3. 怎样启发学生运用思考，是一个很大的问题。无论在认识上、方法上都存在着不同的意见。我们认为，在教学中要善于启发学生运用思考，这只是总的原则，在这一原则下，方式方法是多种多样的，不应该拘泥于一定的格式（如"红领巾教学法"之类）。应该依据学生的修养、作品的内容深浅、艺术特点等的不同，而用不同的方法。我们也不应该光从形式上去看问题，学生发言热闹不一定就有了思考，相反学生一言不发，不一定就没有思考。关键仍在于老师自己的主导作用。只有从学生的知识水平和生活经验出发，从具体到抽象，从已知到未知，才能真正启发学生的积极性。

高一年级在单元学习时，让学生独立思考，把学过的知识加以整理。高二年级依据同学原有的知识发问，然后教师做总结。高三年级在讲作品时多用谈话法，这些都是要在下学期深入研究的。

第三谈我国古典文学教学问题。

本学期初，在讨论教学范围时一致同意重新划分，各年级范围如下：高一年级讲宋词元曲、明清小说。高二年级讲汉魏乐府及唐诗。

高三年级讲诗经和楚辞。至于古典散文,由各年级自由选定。根据这一原则,再就各年级过去的教学情况,这学期高三讲了诗经,高二讲了水浒等小说,高一讲了宋词、元曲。

高一年级总结中反应,"同学们都非常喜欢古典文学,学习情绪都很饱满,甚至下了课还要求多讲点。她们主动去背诵,并能恰当翻译出来。大家还要求增加古典文学的教学钟点",证明古典文学是深得同学喜爱的。高一组还总结了他们的讲授步骤:概述、介绍作者、时代背景,曲牌的来源(戏曲的故事梗概)、朗诵、解释词字典故,最后逐字逐句地讲下去。并且还提出:要掌握作者的情绪,确切表述词的意境,讲完要求学生背诵和讲解。这样的讲授步骤,基本也是可以的,但是应该怎样更仔细地做思想情感的分析,意境风格的体会,以及语言的运用,把这些方面提高到理论上来分析认识,还待更进一步研究。

三、写作指导

这学期,同学们在写作上有很显著的提高,大多数同学写作态度严肃认真。高二、高三的文艺论文有长达十几页作文纸的。不少同学能对长篇作品做全面、中肯的分析,错别字大量减少。这些成绩的取得,主要是由于我们加强了指导工作,尤其是加强了写作前的指导工作。这样做就不光是防御和补漏洞,而是做到预防和鼓劲工作了。这样,在写作方面就贯穿了思想上的指导。

首先,在写作前应该了解学生的思想情况,及时发现问题,解决问题,以鼓舞其写作情绪。例如:高三年级布置一次文学习作——描写自然景物,学生们反应"写景很无聊"。老师于是引证苏联学生怎样重视写景的事例来说明,对祖国自然景物的爱,正是一种爱国主义的情感。同时,还用具体作品来提示大家,应如何观察和描写自然风景。此外并带领同学做实际观察。这样同学的认识提高了,写作情绪就高涨了。

高二年级,在每次写作前说明这次写作的要求及应注意事项,也是必要的,有好处的。

在批改时，除教师改正之外（教师的改正有示范作用），有些突出的、明显的错误，可以标出，用腰批和眉批说明理由。这种说明要带有启发性，然后由同学自行改正，最后教师再予以修正，对高年级学生这样做能收到好效果。

发文后，由学生写批改心得，本学期各年级试行后，证明确有效果。这样学生可以巩固收获，教师的批改意见又从学生再次实践中，真正成为她们自己的东西了。要做到好处，老师的讲评很要紧，因为老师的讲评是对于一般的优缺点的分析，同学就能从中找到自己文章的优缺点，从而知道怎样去分析。

此外还要注意，批改心得不是悔过书，因此应该要求学生从分析自己作品的优缺点及其原因中去找经验教训。我们希望下学期尽可能多做批改心得

在写作方面，诚如刚才所说的，同学们的情绪是高涨的，但是写作对于他们仍是一种负担。许多同学整个星期日都在写作文，有些甚至三星期才写好一篇议论文，还有的睡觉也在想作文，做梦也在作文，这种现象值得我们严重注意。要解决这个问题，有必要教育同学多写短篇的东西，在写作时间上要做一定的限制。

初中部分

一、语言教学方面

1. 语法教学：培养学生正确地阅读、书写及口语的技能和熟练技巧。语法教学，在整个语言教学中占着极重要的地位。

要想把语法教学进行好，一定要独立系统地进行。从这学期起，我们就是这样做的，初一、二两个年级每周固定一节作为语法课，规定了两个年级全年的教材内容，明确地做了分工（初一是字词单句，初二是复习初一所讲并研究复句的构造及其规律）。这样做是非常必要的，半年来经验证明，这样做不仅能使学生获得系统的语法知识，而且也引起了师生双方的重视。

这个学期的教学过程中，先生们发挥了钻研创造精神，取得了一定的成绩。下面重点谈收获。

（1）语法教材的编制

先生们根据本组制定的黎刘二氏合著的《怎样教学中学语法》为蓝本，适当地参考了黎著《中国语法教程》《国语文法》等语法书，根据教学计划所规定的教学任务，自己编成一套切合实际的教案。这项工作在目前来说是有很大的实用价值的。先生们这种克服困难的精神是值得提倡的。不但解决了今年语法教学的困难，而且也给今后的语法教学打下了稳固的基础。

（2）课堂教授方法

一般地都注意了从具体到抽象，从感性到理性这一重要原则。大部分例句是从课文中摘选来的，讲的时候先举出一些摘来的例句启发引导同学，来认识它们的规律而不是机械的灌输定义。这样讲，最容易使同学理解和记忆。

2. 在进行讲授时能随时注意复习，联系旧知识和新教材来比较。

比如初二年级讲主从复句时就联系等立复句，讲主从复句的时间句就联系条件句和原因句。初一的课堂结构也是如此。特别值得提出的，是初一年级的语法期末总复习课，用了砌宝塔法，由小到大由简到繁把一学期所讲的知识在一节课之内复习完了，使同学把所讲的各个部分有机地联系起来，得到一个全面的认识，加深了理解，训练了同学的分析比较能力，而不致使所讲的各部分孤立开来。

同学觉得语法是一种科学的东西，老师也深深地体会到语法课是在把一种科学规律教给学生，认识到语法的训练也正是一种思想的训练，训练学生逻辑地去认识事物的规律。（初一的体会）

3. 教师在教学时，时刻不忘理论联系实际，让同学掌握了语法规律，就去实际运用。

训练学生灵活地应用，不是死背定义。教师要求学生堂上会，堂下也会，教师讲过的例句会，换个同类句子也会。先生们觉得这一点是很重要的，只有做到能具体运用才算是有用，才算是真的掌握了语法规律。

除了上述各项优点以外，在语法教学中，还应注意改进以下各点：

①语法教学是独立进行的，在课堂讲授中也在相当程度上联系实际。这是上面说的优点，但是范围还应当扩大，不仅在语法课上进行，而且在文选课上也要进行；即在适当的时机，用已讲的语法规律来分析文选课课文的一些词句，使学生更正确、更深刻地理解这些语句。

在批改作文等书面作业时，也应适当地联系语法知识，指出学生语法错误。让学生自己亲自动脑动手，来找出错误所在，进行改正，这也是很重要的。

无论是运用到课文上或各种作业练习中，都是很重要的。只有通过反复的练习，学生才能把所学的语法规律巩固下来。

②语法中所举的例句，有时太简单，如"风息了，雨住了"，这只是照顾了例句的易懂，但是不够优美，不能通过语法的分析加深同学对祖国优美的语言有更深的认识，也不能更好地通过语法提高同学们的写作。

③在讲授语法的同时，应尽可能结合讲解标点符号，有的先生已经这样做了，但是还没有引起普遍的注意。

④初三应当结合课文，适当地用初一、二所讲的语法知识来分析文中语句。上学期做的没计划，只是结合复习分号提了一下复句。下学期要注意加强这项工作，希望初三年级在下学期的计划中考虑到这一点。

以上四点是我们在语法教学上做的不够或不完全够的地方。我们既经发现就应注意改进。

4. 通过讲授一般性文章进行语言教学的情况

这学期在语言教学方面是加强了，有些成绩应当肯定下来。

①加强了语文规律知识教育的计划性。各年级都选定一定篇数

的记叙、说理等一般性文章,来作为语言课的教材,并按照全年计划的要求,确定出每一个语言课单元的知识讲授重点。这些知识包括辨字、析词、标点符号、写作知识和各类体裁的知识等。

半年来,在这方面各年级都取得了一些成绩,先生们总的感受是语言因素增多了,不像过去上政治课一样了。

辨字、析词的工作各年级都较以往重视了。每讲一篇文章都能找出一些笔划复杂的字或同学常错写别写的字在黑板上扩大,并拿形体相近容易混淆的一些字来与之比较。这对于学生辨认字的形音义方面是有很大帮助的,减少了作文里的错别字。

析词方面也较前重视了。主要是研究一些词的意义和用法,通过讲解、举例、比较和同学的练习,不断扩大学生的词汇占有量。

在这个工作中,我们先生们都着重地注意了同义词和反义词的分析工作。比如初三讲《批评与自我批评》一文时就结合书上"检讨"一词,让同学举出许多第一字是"检"的复音词,如检查、检验、检点,等等,并让同学举例区别它们在表达事物时的细微不同处。

这项工作是非常重要的,我们这样做对逐渐丰富学生的词汇量收到了一定效果。标点符号也是较前重视了,初一、二的单元计划中都把讲解某个标点符号列入语言知识来进行。初三是系统复习一、二年级所讲全部标点,本学期结合论说文这一单元复习了冒号、分号、引号的用法。

再如讲文章作法(篇章结构的写作知识)也有些成绩。初一、二年级根据纪纯著的《写作方法》公开讲授"开头结尾"、"怎样安排""交待照应"等等。初三年级也根据这本书,把初一、二年级所讲复习了几项,开头、结尾、怎样过渡、怎样分段,下学期仍继续复习。结合具体文章讲写作知识,对提高同学的阅读和写作能力都起了相当大的作用。比如现在,同学一般的都能在读一篇文章时认识到哪些是过渡段、过渡句,以及它们在文章中表达思想感情所起的作用。写作的时候,由于先生讲了开头要接触主题的原则(怎样开头),下笔千言离题万里的现象是大大减少了。

②在讲解课文的方法上也有了一些改进，改变了过去千篇一律的串讲方法。各年级都采用了一些新的方法来讲解语言教材。有的边讲边分析结构（用图解法），有的逐段分析内容，点清文章脉络，最后在总结时用图表分析全篇组织结构，有时附带分析标点符号。这种表解结构的办法是个好办法，能帮助学生更清楚地理解全文思想主旨，掌握全篇精神和各段内容及其间的逻辑关联。同时，也能训练同学分析综合推理的能力。

我们在语言课一般性文章的教材计划和教授方法上虽然有了以上的一些改进，但是还有做得不够的地方，需要下学期再做进一步的努力：

1. 各年级都普遍感到语言教材干巴巴的，不能引起同学的兴趣。当然，这是课本的问题，在课本没改以前，我们尽可能地来改变这种缺点。今后选编教材时，要多注意选些文字优美、艺术性较强的文章来做语言课教材。不要把好一点的文章，都选为文学课教材，剩下来给语言课。如果课本上的教材不满足我们的需要，可以自选适合学生程度的生动优美的文章，只要选到合适的好教材，我们可以拿来讲解，不一定受课本的限制。

2. 在制定上学期的计划时在语言教学这一部分是比较过去加强了些。

浅近的文学知识结合辨字来进行，从下学期也适当进行一点，这是先生们的一致意见。考虑到这方面我们没有经验，希望各年级先生们，发挥创造精神，摸索积累一些经验，学年终了咱们再进行总结。

二、文学教学方面

半年来，初中各年级的文学教学有一些改进，获得一定的成绩，这是由于先生们在苏联先进经验的指引下，在普希金专家的启示下，不断努力钻研的结果。我们的体会和收获，主要表现在下列各方面：

1. 我们进一步明确了文学教学的任务，是通过教材的讲授，使同学理解各类体裁的文学和一些浅近的文学理论知识，从而培养同学的艺术想象力、欣赏力和表现力,并在教养的基础上进行思想政治教育。

这一点(文学教育的目的性)特别是学习了苏联教学大纲(文学阅读部分)之后更加明确了。

2. 在贯彻这一任务时,我们比以往又进一步地明确了在讲授文学教材时,应当从分析形象入手,来使学生理解作品的思想内容和表现思想的艺术技巧,以感染学生、教育学生、提高学生对文学作品的分析能力和阅读文艺作品的兴趣。使学生学习如何运用优美的语言来表达自己的思想感情,不应脱离作品本身的形象分析工作,去找很多课外材料或生拉硬扯地联系学生实际,来进行思想教育或文学知识的教育。在讲解文学知识时也尽量结合具体课文,避免过多空洞理论。

这一点(文学教材上课方法的基本精神)是在实践中逐步提高了认识。当然,学习苏联教学大纲给我们的启示也是很大的。

3. 各年级在具体运用上述方式时,创造了一些经验,逐步地改变了过去逐字逐句串讲的教学方法。根据普希金专家指示的主要精神,对不同的教材采取了不同的讲授方法。

比如初三在讲《解疙瘩》时,起始课之后先布置预习作业,让同学阅读原文,熟悉故事情节。第二节课上来就带领同学一起分析作品中的人物形象,使同学明了他们中间的关系和结疙瘩的症结所在,以及疙瘩如何解开等,帮助同学把主题分析出来。第三节课是分析故事的场面、结构和语言。第四节课让同学进行朗读练习(用半节)。这篇文章一共讲了三节半课。我们认为,这篇文章这样教法的基本精神是对的,没有用过多的时间去串讲,把字句嚼烂了喂给同学吃。这一课,完全是给同学们以新的知识,能引起同学的兴趣,启发同学去积极思考,而不是坐待教师灌注知识。

再如讲《雨来没有死》,是按照文学理论知识的次序来组织教学的。先分析雨来的性格,由性格的分析讲解典型问题。其次再分析雨来性格的成长环境,阐明环境对人物性格形成的重要作用,使同学初步接触典型环境中的典型人物等浅显的文艺理论知识。以上是两节课完成的。最后总结全文，分析主题及本文的表现技巧，同学进行朗读练习。

讲完《雨来没有死》之后，我们普遍征求了同学的意见，除一部分同学觉得不深（不如串讲）以外，大部分同学都欢迎这种讲法。初二在讲《赶走穷困》一文时，曾布置说故事的作业，帮助学生对课文的理解，也训练了学生说话的能力。尽管在分析的技术上还有缺点或不够熟练，但是这种做法是符合普希金专家的指示的主要精神的，应当肯定下来。

总体来说，文学教学方面是有成绩的，但我们还做得不够，今后应当再接再厉、刻苦钻研，不断向苏联教师学习，向校外教师学习，把文学教学的质量提到应有的水平。下面重点提出一些改进的意见。

如何让同学去思维、去想象，从中受到感染和教育，用什么样的教学方法才能使学生理解并学习运用作品中优美的语汇（艺术语言）和表现手法，以逐步提高同学的艺术欣赏力和表达能力，这是我们初中各年级下学期在文学教育中应努力的地方。为了更好地做到上面所说的一点，我们必须从深入体会课文入手，有的先生说要想把文学教材教好，能充分感染学生，教师就必须反复研究教材、熟悉课文，这是非常深刻的体会，应当引起我们严密的注意。

三、对下学期改进课堂（语言和文学）教学的三点意见

1. 语言和文学分开教学是苏联提供给我们的先进经验。二者分开进行同时又密切地联系着，是改革我们教学的一个先进经验的依据。各年级要认真地研究这方面的问题。

在编制下学期的教材单元时，一定要明确把语言教材和文学教材分成两大部分，每一部分再按体裁组成单元。具体规定单元的教学内容，对学年计划中所规定的教学任务，上学期没完成的，应在下学期完成。没有充分完成的，应当充分完成，同时在编制新学期计划时要注意语言和文学两方面的配合。

2. 先生们都感到语言教学不够充实，特别是词汇教学没有系统，这是我们教学中的缺点，应当引起足够的重视。我们应当向苏联

中学里一样，语文规律知识的教育，在语言课上进行，但也应当在文学课上进行。既在语言课上着重研究词句的构造及其规律，在文学课上也学习文学词句的优美范例，帮助学生更深刻地理解作品的内容，理解祖国语言在表达民族思想感情时的精密、准确、丰富、优美，以便激发学生热爱祖国语言的情感。进而要求自己正确地说出、写出纯洁而健康的语言，增加了学生学习语文的动力。

3. 语文课的教学像其他各门课程一样，必须是理论联系实际的，因为只有这样才能使学生把所学到的知识应用到实践中去，才能在不断的实践过程中发展学生的思维能力，培养其正确的听说读写的技能和熟练技巧。

半年来，我们加强了朗读、说话、书面作业等各种练习。如初一在每节课都用一定的时间用提问来巩固新教材，但总的说来还是不够的。富有启发性的各种各样的口头或书面作业，还没有普遍组织到每位老师的教学中来；布置作业时往往没有使学生明确老师的意图，有时要求不够具体、不够严格。每篇文章讲完后的复习工作，重视不够，没有计划出一定的时间，来提出一些重点的、全面性的复习作业，让学生进行练习。有的年级有时怕耽误进度，甚至连学生的朗读课文都给挤掉了，等等。这种情况造成的结果是，学生不会思考问题，分析综合的能力差，期末温课时很多同学依赖老师说标准答案。对语文学习的劳动态度不够好，眼高手低，等等。

下学期起，一定要改变这种情况，多增加课堂上下的练习，重视复习课。这就要求我们更好地组织课堂教学，加强计划性。讲解教材重点突出，要客观地掌握五级分评分标准，严格要求学生。只有这样，才能通过语文教学把学生培养成一个会读、会说、会写、会想的有实际本领的青年。

四、说话训练和写作指导方面

1. 说话训练

三个年级除了加强学生课堂上的说话以外，有计划地组织了说话课。初一、二年级是组织全班学生练习说话，一学期平均每生轮到一次。初三组织了一次诗朗诵练习,由于老师的事前指导帮助和事后的总结评奖,学生的收获是很大的。初三的学生通过这次有组织有准备的诗朗诵,进一步知道如何去朗诵诗歌,对诗歌发生了兴趣。初一、二的说话对培养学生(动手)找材料、(动脑)组织材料起到了很大作用。也通过说话训练,训练了同学听和说的能力。

2. 写作指导

这学期除了在课堂教学方面加强各种书面作业的练习和指导以外(如轮流收阅作业本),也加强了作文的指导工作,并取得了一些经验,如下。

(1)事前的指导工作是极其重要的。先生们体会到主导的好,同学写的就好。事前的指导工作,包括下列各方面——①在堂上结合教材讲授某类文章的写作方法,出作文题时和所讲的配合起来。②不能配合课堂教学的作文,一定要事先占堂上时间布置,提出具体要求,讲明如何去做才好。③要求同学根据教师的布置写出作文提纲,计划出一定的时间让学生拟提纲。④作文差的同学要个别指导,可以减轻学生精神负担,由于事前的帮助,再经过写作实践,可以提高学生的写作水平,避免了以往放马后炮的缺点。

(2)事后教育同学仔细看自己的作文是很必要的。只有这样,教师的批改劳动才起到最大的效用。初一年级在批改时不给分,学生把错别字改正以后,先生参考学生修改情形,然后评分。这个办法对督促学生看自己的作文是有很大作用的。初三有的先生在发文后,组织同题材的学生互相交换看作文,也是很好的经验。

(3)在发文时结合评讲的问题进行思想教育,是很好的经验,例如初二组,在评讲标点符号时就讲了有关标点符号的故事,斯大林对标点符号重视的情景。评讲错别字时就讲了"我们要热爱祖国的语言文字","斯大林对俄文非常重视的故事","因错别字而闹笑话的故事"等。

下学期,各组在指导写作方面注意吸收上述的经验,并不断创造新的经验以便更好地指导学生写作。

(全文完)

这份一万多字的语文教学计划与总结，从教育目的、教学方法、教本内容诸方面，既把握了宏观的方向，又详尽地展示了操作的细节，是解放后女附中语文教育第一次重大改革的一份精彩、珍贵的范本。它的意义不仅留存于历史，我相信也对今天的语文教学具有并不过时的指导价值。

据1942年大学毕业来校任教的老教师高文鸾回忆，北京市有师大女附中、女一中、女四中、四中、汇文中学、三十七中、四十中共七所中学成为这项实验的试点学校。北京市语文教学研究会编的《北京市中小学语文教育50年》一书中记载是九所中学参与了先期实验。

1956年9月，新学期开始，汉语、语文教改实验在北京市全面铺开。

第四节

语文教学在"反右"和"大跃进"运动中寻找方向

【提要】 在1957年的"反右派运动"中，全校12位老师被戴上"右派分子"的帽子，其中语文老师6位；1958年"教育大革命"，全校师生掀起劳动和写诗热潮。

1957年在全国范围开展的反右斗争和全民整风运动，深刻地影响到大中学校，影响到语文教学。"1957年下半年，领导上强调语文教学要配合阶级斗争和生产斗争，并且把政治思想教育作为语文教学的首要任务。"[13]

很显然，语文教学的目的发生了根本的改变，政治思想教育首次"作为语文教学的首要任务"。语文的汉语知识教育和文学教养、教

13　引自《关于语文教学的几个调查材料》（北京市委教育部22中调查组，1961.8）。

育的功能黯然失色，语文的意识形态色彩变得空前强烈。1956年刚刚全面铺开的汉语、文学分科的教改于1958年3月被教育部终止，分科教材被作废。人民教育出版社新编了"中学语文课本"，是年9月全面使用。

著名教育家吴伯箫先生在《关于教材的几点意见》中说：

现在许多人怀念、留恋那套课本（即汉语文学分科课本）。但是那套课本在少数学校试用一年之后，被康生给否定了。他质问：为什么报纸社论不编进课本？并一口判定"这套课本最多只能培养小资产阶级思想意识"。以致课本在尚未编完出齐，也没有普遍使用就夭折了。[14]

1957届校友张晓风在回忆文章《难忘母校女附中》（《远去的女附中》P292）里写道：

前几年教育界在反思现在的中学语文教学时曾提到：我们那三年的语文课本（那时叫"文学"课）为编得最好的一套。那是从《诗经》起，循着中国文学发展的道路，精选各阶段的优秀范文——《诗经》《左传》《论语》《史记》，唐诗、宋词、元曲、白话小说等（这一套课本我一直珍藏着，有时还要翻翻它）。高一时的语文老师我已记不得姓什么了，只记得她讲古诗时绘声绘色地朗诵讲解，把我们都带到了诗句体现的境界里去了，听她的课可真是一番享受。虽然我看过的文学书籍够多的了，但对中国古典文学却不了解，如没有这样的课堂学习，就不会有起码的中国古典文学修养。

学校1957学年的工作总结中有这样的记述：关于贯彻政治思想教育的情况。总的情况是重视贯彻不够，历史课做了些。前几天清华26位校友的来信，感到我校一般的政治思想教育是好的，但在对许多问题讨论中，能发表正确意见，而对不正确的却不会批判。她们感到大学中"革命史"的教学对她们帮助很大。这提醒我们如何联系实

---

14 《中学语文教学》，1981年，第一期。

际，贯彻政治思想教育是值得我们重视的。例如文学课是进行思想教育极重要的一门课程。目前教材编选很多人有意见。古典作品选材达不到让学生认识生活的目的，过多的儿女情长的作品，挖揭得不深，不加以一定的批判是有副作用的。固然思想教育隔断历史不能扎根儿，但为了以共产主义教育青年，是应当对一些作者作品有批判的。因为青年缺乏批判能力，而文学又是通过潜移默化影响人的。大纲和资料，在这方面都有缺点。而这正是我们备课时应当注意研究的问题。

总结里更是用严厉的语调提到语文教研组情况：集体较涣散，肃反中斗过的人较多，党员有些宗派情绪，团员模范作用不够，一般表现为文人相轻，但在业务上是很努力的。

反右运动中，实验中学教员约百人，12人被戴上"右派分子"帽子。语文组受到重创，其中6人被打成"右派分子"，他们是：唐初（中共候补党员）、陈洪涛（曾被评为优秀教师）、冯淑良（女、中共党员）、丁斐若（女）、谭丽都（女）、洪绍麟，后三位都是共青团员。[15]

1957届高中生吕智敏（曾任北京社会科学院文学所所长）在回忆文章《我的文学领路人》一文中，谈到被打成"右派"的丁斐若和洪绍麟[16]二位老师，摘选如下：

我初二时的语文老师是洪绍麟先生。这是一位刚从云南大学毕业不久的年轻男老师。他操着一口不标准的普通话，讲课不拘教条，非常潇洒。别看他年轻，可知识渊博，讲课内容丰富，绝不局限于课文，更不是照本宣科，总会插入很多相关的知识，旁征博引，兴味盎

---

15 见《口述春秋》分册，朱学西老师访谈《坎坎坷坷是书生》。
16 据当年反右运动亲历者回忆，为了凑指标，校领导要求在三位老师中选一个右派分子，A老师老实巴交，因家庭出身好，父亲是火车司机，属于产业工人，得以幸免；B老师的丈夫已经被打成右派，她没有与丈夫离婚，也许是决策者的恻隐之心，她也得以幸免；C即洪绍麟老师，年轻、大学毕业不久，单身，父亲在云南家乡一茶叶店当店员，云南解放时老板跑了，他留下看店，被当成了老板。就这一点让儿子戴上右派分子的帽子，之后一生坎坷。——笔者注

然。常常是大家听得正带劲,不知不觉就下课了,没过瘾的我们围上洪老师,问这问那。洪老师从来不烦,一一回答我们的问题,满足大家的求知欲望,甚至聊到语文之外的问题,就像一位和蔼的大哥哥。从洪老师那里我学到了许多东西,特别是扩大自己的阅读面,丰富了自己的课外知识。

丁斐若老师(本文第一章"文学小组"中提到——笔者注)是我初三时的语文老师。对学生写作能力的培养更是丁老师的特长。她经常让我们自由命题,写自己最熟悉的人和事。这样,我的作文选材就有了更广阔的天地——写老师,写最要好的朋友,写假期和同学到农村劳动,写丰富多彩的课余生活……总觉得有写不完的题材。丁老师给同学们的作文评语更是一绝。她从不限于指出错别字、病句等纯技术问题,更不会落入什么"主题明确,段落分明……"等不疼不痒的俗套,而是把自己放在写作者的地位,设身处地地提出这篇作文在选材、构思、手法,甚至如何转折、如何结尾、如何用词更妥帖等方面的问题。有时是指出毛病让你思考,有时又是提出修改建议供你比较鉴别,从来都不会怕麻烦而随便敷衍几句。每到发作文,我最急切看到的甚至不是那篇首的成绩,而是篇尾那字字珠玑的评语。一次,丁老师给我的评语甚至达两页半之多,红红的一大片。从那些笔走龙蛇的漂亮字迹中,我感受到丁老师对我的殷切期望。(她的叔叔是著名诗人、翻译家萧三,最早的《共产党宣言》与《国际歌》的中文译本,都出自他之手。)

1958届校友贺凯芬在回忆语文老师,1957年被打成右派的唐初先生的文章中(《远去的女附中》第383页)说:

一个大后方的进步青年。怀着救国和追求理想社会的激情,奔赴延安。先生的专业其实是英语,在延安又在集训班里进一步提高。新中国成立后来到北京,组织上征求他关于工作安排的意见,先生说我想到学校去教书(集训班里的其他人都到了外交部)。……

1961年,这些老师(被打成右派)经过几年劳动后返校时,有一次作者远远望见他们在食堂的一隅吃饭，认出两位曾经的班主任，其中一位就是唐先生。她默默地走过，以至几十年后再见到老师都没有勇气问，先生当年是否看见了她。

可是先生待我们，却是一如既往，半个世纪过去了，在他的眼里我们似乎是一群永远长不大的孩子。对于我们这个在他身陷囹圄之前最后带的一个班级，先生说起来更是倍感亲切：当年谁谁家里经济困难，需要申请补助，谁谁在家挨了训，需要家访做工作……好像那些都是昨天才发生的事。对于今天的生活，先生毫无怨言。问到是否可报销一些学习资料费用，他笑呵呵地说，落实了离休干部的待遇，钱都花不完。最后三个字，拖长了音调依然是浓重的川音。

1958 年，毛泽东主席在一次讲话中提到"教育必须为无产阶级政治服务，必须同生产劳动相结合。"这年 9 月，中共中央、国务院发布了《关于教育工作的指示》，制定了"教育为无产阶级政治服务，与生产劳动相结合"的方针，引发了"1958 年教育大革命"。

1967 年 6 月，以青年教师为主体的"解放"战斗队联合其他三个小组编写的《北京师大女附中 17 年来两条路线斗争大事记》[17]里如此描述大跃进时期的女附中：

在毛主席亲切关怀下，我校广大师生也掀起了一个教育为无产阶级政治服务，教育与生产劳动相结合的高潮。不少师生下乡拜工农为师，虚心向工农学习，自力更生，白手起家，搞了一些小工厂，如酒精厂、硫酸厂等。但旧市委要借口原料供应困难，破坏教育大革命，致使工厂不能投入生产。在东楼后有农业劳动园地，师生员工大搞深翻土地，种了蔬菜、小麦等。暑假开学后，高中同学和老师满怀激情，到顺义深翻土地，进行劳动锻炼。校内劳动已发展到采取与附近工厂挂钩，订立劳动合同的办法，如到西城低压电器厂、强生电器

---

[17] 见《北京师大女附中 17 年来两条路线斗争大事记（初稿）》手抄本，系北京师范大学青年学者范世涛博士在北京潘家园旧书摊上发现、购得。他将复印件送给我们。

厂、广播事业局等工厂劳动。后来广播事业局的部分车间迁入我校，同学分班参加劳动。全校师生意气风发，干劲十足，掀起教育大革命的热潮。入冬后，广大师生员工，又投入了伟大运动——大炼钢铁。他们夜以继日，废寝忘食地找原料，建土炼钢炉，为年产钢1070万吨而奋斗。广大师生，为贯彻教育为无产阶级政治服务，冲破了课堂教学的框框，写诗做歌，诗歌满墙，歌颂我们伟大领袖毛主席，歌颂三面红旗。

高二、高三年级的学生，为了歌颂大跃进，写了许多诗传单，到处张贴。譬如：

人民公社是桥梁，／走过桥梁进天堂。／小猪小羊赛过象，／一个豆角七尺长。／天山顶上翻麦浪，／北冰洋上稻花香。（《共产主义是天堂》）

困难好像一座山，／越嫌难来路越远。／困难好像一条河，／越害怕来越挨淹。／工人农民有窍门，／敢想就是火箭，敢干就是龙船。（《敢想敢干》）

我跟冬瓜压压板，／一下儿把我撬上天。／我站在上头扭秧歌儿，／咚咚锵锵满头汗。／冬瓜坐在那一头，／纹丝不动安如山。／我问冬瓜打哪来？／它说它是江西产。（《大冬瓜》）

蓝蓝夜空一火龙，／火龙飞舞在天空。／巨头穿过九云霄，／尾巴拖在钢炉中。／

火龙不是红钢水，／赶过英国立大功。（《火龙》）

小小年纪个不高，／马路两旁站得牢。／手里拿着喇叭筒，／背上背着小书包。／

嘹亮的声音空中荡，／红色的领巾胸前飘。／这是红色宣传员，／党的政策执行好。（《红色宣传员》）

在轰轰烈烈的大革命气氛中，学习也成为突击性的活动。高三某班在"送五九、迎六零，向党献礼"的活动中，人人自制十天奋斗目标。

举例1：献礼人第一组×××

献礼内容：

学习——在十天内把一般的形容词、名词的各格弄清。

思想——党把我抚养成人，我热爱党，信任党，但我的实际行动不够，我要在这十天内检查出原因，使行动跟上来，做积极分子。

具体措施：

学习，每天要抽出一些时间，例如早晨没上自习时，晚上回宿舍的道上，等等都背背。把变格表抄在袖珍本上，抽空看看。

思想，找出哪些行动做得不够，好好想想，参考有关文件，提高认识，认清干劲不足的本质，对自己提出更高的要求，在实际中真正的行动起来，取得团组织的帮助。

完成情况：

学习俄文订的指标完成了。思想方面，找出了原因，没有事事把党的利益放在个人利益之上。正在大力克服个人主义。

举例2：献礼人第四组×××

献礼内容：

一、在现有"破"的基础上继续大"破"（引号为笔者所加）。整理总结出反右斗争以来自己的思想活动，找出问题所在，依靠组织和同志分析、认识、提高。

二、帮助周围同志改进一种学习方法，提高听讲效率。

具体措施：

一、系统仔细地回忆反右斗争以来各次政治运动中我的思想动态。毫不隐蔽地向组织暴露。正视问题，不怕疼痛。取得组织、同志、政治先生帮助，能提到高度、本质上来认识、分析、批判这些问题。认真阅读文件，联系思想实际。

二、每天利用零碎时间跟一些同学谈听课心得，互相帮助，改进方法。动员别人也这样做。

三、完成情况 1.进行了检查，分析出过去进步不快的原因，进一步认识自己所存在问题所在。2.帮助同学改进听讲效率，定计划。

举例3：献礼人第一组×××

献礼内容：

1.制订一个完整的，切实可行的计划。在新的一年里，如何更好地与家庭划清界限，站稳无产阶级立场，解决自己现存的问题。

2.攻几何和俄文。

具体措施：

1.更系统完整地了解一些情况。配合订计划，看一些有关的文章、书。分析家庭对自己的影响，并考虑如何从自己的身上去掉它。依靠组织帮助。

2.把落课一段的课文背下来。记清本学期所有单词。熟练掌握落课时所学定理的证法及应用。

完成情况：

1.学习上的基本完成。

2.订计划：①认清家庭问题比以前提高一步。②找出了自己缺点的存在原因，明确必须和家庭划清界限。③体会到了必须依靠团组织。

可以看出，同是高三年级的学生，因为家庭出身不同，她们在反右运动和大跃进、教育大革命熏陶下，思想和心理表现也不尽相同。例1是"党"养大的，住校生，她的计划就是背背单词，克服一下个人主义。例2对个人思想的批判已经相当严厉，但是她有资本，应该学习很好，可以帮助同学搞好学习。例3的计划始终离不开和家庭划清界限，可见家庭出身不好对她的心理压力。

由此可见，大跃进影响下的"教育大革命"使得学校中正常的教学秩序受到严重破坏，学生的思维方式、心理走向也开始被扭曲。语文教学继续向"左"的方向发展。这一时期，"为政治服务"成了语文教学的唯一目的和功能。

但是，实验中学毕竟是以优质教学而闻名的。运动中过多的政治学习和劳动影响了老师的备课、读书、作业辅导，导致教学质量有所下降，有的科目统考落后四中10分左右。政治学习与教学如何平衡，是个问题。怎样安排才能更好地解决？

主要是开会要不要千篇一律、统一要求？可否除马列大框、时事政治外，自愿结合？总之如何扎扎实实地备课、扎扎实实地改作业、扎扎实实地看点儿书？有人问如何跃进？和工农业不同，（教育）跃进的目的是提高质量，提高质量的关键，是教育者本身的提高。提高的关键在于学习，要鼓足干劲，搞好学习！要形成刻苦钻研的教学风气！总之，大家来出主意，鸣放一下，究竟如何提高教育、教学质量，如何才能有效地进修。究竟有些什么要求、希望、困难的，大家出主意想办法，不要有什么顾虑。（摘自当年校方总结）

为了提高语文的教学水平，1958年9月到任的校长孙岩指示语文组走出去、请进来，拜访名家，请专家讲课。语文老师和景山学校语文老师成立互助组，互相切磋，交流经验，学习景山学校的先进教学经验，还请童大林、俞平伯、冯至、吕叔湘等做报告，开阔大家的眼界。语文教师张静芬在一篇文章中回忆，为了教好语文，语文老师曾经走出去，请教前辈，譬如曾到徐特立老人家中拜访，请教如何教好语文。他向我们介绍了日本的教育教学情况。曾请人教社的资深编辑吴伯箫等来校讲过课。大跃进中，张静芬和夏秀容两位老师每周2次骑车去景山学校，和那里的老师一起备课。她俩都是晚饭后一起骑车去景山学校，9：30一起骑车回家，了解学习了他们的教学情况。

语文组赵静园老师积多年的教学经验认为：

词汇教学在语文教学中很重要，词汇贫乏，和用词不当，能使文章枯燥无味，或者不通。为了使学生正确地表达思想，在阅读文章时没有语言的障碍，必须使他们正确地掌握词汇。汉字和拼音文字不同，有的一个字就是一个词，有的一个字是一个词的组成部分。词用错了，往往是由于用错了字，因此正字正音是很重要的。

她的《字词教学的点滴经验》发表于1959年12月5日出版的《教育通讯》中学版语文第六期，彰显了在动荡的教学环境中，语文教师恪守职业本色、认真钻研母语教学的精神。

1959年12月,北京市召开了语文教学会议,提出了要全面提高语文教学质量,其中包括阅读能力、写作能力、加强思想教育和基本训练。这实质上是在开始纠正曾经在语文教学目的上的"左"的偏向。

经历了政治运动的震荡后,1959—1960学年度第二学期语文组工作计划,再次展示出"在业务上是很努力的"。

一、总的要求

正确地贯彻语文教学的目的,任务:使学生系统地掌握语文基础知识,培养提高学生的阅读、写作能力,通过教学进行思想政治教育。当前继续加强语言教学,加强■■教育,要大力提高学生的写作能力。各年级联系学生语言实际,有计划地加强语文基本训练;讲读课研究推广通过语言、结构分析思想内容的■■,培养学生认真读书的习惯,注意联系学生的写作实际,加强作文教学计划性,加强作文指导,提高批改讲评效果。(■■为缺字,因资料为油印,年久挥发——笔者注)

二、工作重点

(一)大力加强语言基本知识训练

1. 要求

结合学生作业中出现的错误,经常地、反复地对学生进行语言基本知识的训练,不靠突击,避免期末大补课。

2. 措施

①根据不同情况,要求学生每周练习写小字(抄写简化字或课文)。

②作文及答题本,统一格式,严格要求学生做到分行、分段、空格,字迹工整。

③结合课本上的语法修辞短文,把改错句、运用标点符号、消灭错别字,分别组成若干单元,反复练习。每单元时间可安排二至三周。每节课都要适当做一些练习。语法知识欠缺的年级,在不影响教学进度的情况下,酌情抽一二节时间补讲一些必要的基础知识。但以

帮助学生减少写作上的语病为主。

要求学生使用简化汉字时,以国务院公布的简化汉字为标准。

④讲选词语做到"两会纠正":纠正误笔、误用形近字和同音字;纠正形近误读,了解一字异读。根据课文要求,适当增加词语练习,如听写、默写、填空、改错、比较、连词造句等。注意关联词的运用。

⑤培养学生口头表达能力,消灭学生中的口头语,培养学生对讲过的课文能朗朗上口或表情朗读。训练学生叙述全文梗概或分析课文的内容时,要做到条理清楚,语言干净;背诵时要纯熟,能表达语气。

(二)提高备课质量

1. 要求

反复钻研教材,深入领会课文的精神实质,研究如何通过语言因素进行思想教育。充分发挥互助组的作用。提前备好两周的课,写好教案,严格做到"有备、超前、统一、有效"。

2. 措施

①三月中旬写出通读教材的简单笔记,内容包括教材中的重点、难点、写作方法和本学期应掌握并理解的字、词、词组、句子。

②以教学参考资料为主,按照目的要求,做到深入理解,灵活运用。并适当阅读其他有关参考资料。

③备课前了解学生的思想实际,写作实际,克服主观主义的教学。

④■■备课时着重研究:教学目的、教学方法、作业要求、课时分配等。

(三)提高课堂教学质量

1. 要求

根据教学目的,通过课文的语言因素讲透课文的思想内容。每课每节都有明确的目的要求,以提高学生的阅读写作能力。

2. 措施

①讲授课文时,把主要的、最本质的问题讲深讲透,精简不必要

的环节，（如某些时代背景或作者等）。腾出时间反复练习和巩固学过的知识。

②讲课时引导学生积极思维，培养学生的独立分析和归纳能力。

③讲写作方法时，注意联系学生的写作实际，不空讲理论。

3.几种分析课文时的途径（仅供参考）。

①讲读论说文时，通过论据、论述方法、结构、语言的分析，阐明论点论据的科学性、文章的中心意思及教育意义。

②讲读文学作品时，通过典型环境、情节结构、表现方法和语言的分析，揭示作品中所刻画的形象。

③讲读抒情作品时，正确地、深刻地分析作品中的感情，产生这种感情的■■根源和思想基础，这种思想的代表性和教育意义。

④讲读古典文学时，要讲清作品中的虚词、实词和特殊的句式，对作品的思想内容要给予恰当的评价。

（四）加强作文教学

1.要求

加强作文教学的计划性，循序渐进。一学期有目的地教会学生掌握一种或两种写作技能。

2.措施：

①各互助组订出一学期作文教学的计划，拟出大小作文的种类、要求、题目及辅导重点。

②每次大作文都要互助组讨论研究，写成教案，有重点地指导和评讲。

③经常地定额批改，按时发文，不积压。

（五）加强课外指导[18]

仅就语文组这份学年计划，可以看出反右运动和教育大革命带来的疾风暴雨式的影响，已经有所式微。语文教学的目的，旨在使学生系统地掌握语文基础知识，培养提高学生的阅读、写作能力，通过

---

18 以下因字迹模糊，不能辨认，略——笔者注。

教学进行思想政治教育。而不再是把政治思想教育列为语文教育的首要目的。

1960年冬，中共中央决定对国民经济实行"调整、巩固、充实、提高"的方针，开始总结大跃进中的经验教训。教育战线也在逐渐摆脱"左"的影响，认真总结"教育大革命"中的经验教训。

1961年12月初，中共北京市委在调查研究的基础上召开了北京市语文教学座谈会。座谈会着重讨论了语文教学的目的任务问题。明确指出：

1.语文教学的目的是教学生正确掌握语言文字，逐步提高学生的阅读能力和写作能力。

2.语文课进行思想教育在学校思想教育中是一个重要方面，是一种重要的途径。语文课进行思想教育，应当根据课文内容，不能外加、不能生硬地联系实际，思想教育和语文知识教学是统一的。

这是第一次对语文教学的目的和语文课中的思想教育问题做出正确的解释。[19]

（据光明网载：语文教材第三套：1958年至1961年，"大跃进"版中学语文教材。受各条战线"大跃进"的影响，当时，语文被认为是"反映社会现实，进行阶级斗争、生产斗争的有力工具"，语文教学的首要任务是"用总路线精神教育学生""兴无灭资"。因此，这一时期的教材突出强调思想政治教育，不重视基础知识、基本能力的训练和培养，几乎把语文课变成了政治课，给教材建设留下了深刻教训。语文教材第四套：1961年至1963年，新编十年制中学语文教材。1959年6月起，上海《文汇报》开辟专栏开展"关于语文教学目的任务的讨论"，语文教学的"文道之争"拉开序幕。1960年10月，人教社启动十年制语文教材的编写。这套教材强调"文道统一"，编辑意图明确，教学要求层次分明，对前一套教材有了很多的发展。）

19　参照《北京市中小学语文教育五十年》。

第五节

突破性的语文教学改革——"周学敏教学法"

【提要】 开设实验班的挑战；对业已僵化的苏联教学法的颠覆性实验；以作文为中心的教法改革；因材施教、因人施教。

语文教育的目的是什么？始终是个问题。

教师对教法、教材的不断探索，是语文教育保持活力的基础和保证。语文老师从逐字逐句串讲、满堂灌的教法到分时段教学、师生互动的"红领巾教学法"，是一个很大的进步。从集人文教育于一身的语文到汉语、文学分科教育，开创了教材改革的先河。

从 1949 以来短短的十几年时间，语文教育一直在探讨中前行，尚没有形成系统的成熟的经验。语文组的周学敏老师结合语文教学的实际，摸索出一套中学作文教学的经验，曾被概括为"周学敏教学法"。北京市语文教学研究会在《北京市中小学语文教育》一书中，提到了北京景山学校"分批集中识字"的经验，北京实验一小王企贤老师的小学高年级词汇教学、王有声老师的小学作文的经验，师大附中时雁行老师的文学作品教学经验和师大女附中周学敏老师的中学作文教学的经验，认为在北京乃至全国都是有影响的。"这些宝贵经验，对以后尤其是新时期多元化的语文教学改革来说，既是良好的开端，同时也奠定了坚实的基础。"[20]

1961 年 9 月，师大女附中开始招收两个"五年制实验班"，一直到 1965 年 9 月，招收新生六个班全部改为五年一贯制。1963 年，学校分配周学敏老师去教已经升为二年级的实验班的语文。中学六年的语文课程要在五年里教完，如果说一年级尚在开蒙，二年级就要起跑啦！

---

20 《北京市中小学语文教育五十年》第 5 页。

主持学校全盘工作的副校长（孙岩校长调走后，校长一直缺位）胡志涛，是一个头脑冷静、意志坚定的人，她36岁那年（1956）开始担任副校长，1958年，因为对《五四决定》的有关内容提出不同意见，受到残酷斗争，降职降级被发配离校劳动改造。随后教育系统纠正"左"的错误，她又回到原来岗位。据原教导主任刘秀莹回忆（《远去的女附中》第402页）：

师大女附中有一个不成文的规定，要求学校抓教育教学的干部或兼课，或兼班主任。每人要深入一个年级，深入一个教研组。胡校长深入语文组，她参加年级备课活动，有时索性把办公室搬到语文组去。她听每一位语文老师的课，听课后又和老师们研究教学方法，她亲自总结语文老师教学的经验。她对教学改革，有自己的看法。她说不做"花样翻新派"，今天提一个口号，明天又提一个口号，结果哪一个口号也不落实，只是玩弄词句。她还说，也不能做"人云亦云派"，不能一哄而起，一哄而散，什么也抓不到。她又说，要搞改革实验，一是要有针对性，二是要真抓实干，不断总结，抓出切实的经验来。在中宣部张磐石副部长领导下，她在师大女附中用几年的时间抓周学敏老师语文教学方法的改革实验，并和刘致平副校长一起抓"开设英语班""文科理科五年制实验班"的实验，都取得了很好的成绩。

胡校长让周老师在关键的时候出任实验班初二年级的语文教学，是有她的考虑的。周学敏曾经学过医，不是科班出身的语文教师，头脑中没有程式化的禁锢。她1949年参加工作，先在北京鲍家街小学做教员，同年8月，调卧佛寺街小学任校长。1952年10月以来，先后在北京28中和女附中做语文教师，有教学经验和统筹能力。胡校长看上了她，相信她能打破陈规，教好实验班（兼其中一个班的班主任）的语文课。

对周老师来说，这是一个挑战。她在1964年12月的一篇文章

《语文教学改革中的几点体会》[21]里谈到:

　　前些年我对语文教学的目的、任务认识不明确,因而教学内容是多而杂,教学方法是生填死灌,学生只会死记硬背、生吞活剥,学的知识不会运用于实际。教学效果很不理想,比如到工厂的学生,来信说不会写广播稿、大字报,工人批评她说:"你老描写干什么?有什么说什么多干脆!"因此她感到很苦恼。到农村的学生,替老乡写封信都有困难。这促使我考虑到语文教学非改进不可。恰好去年学校分配我教五年制的实验班初二语文。领导上向我提出希望,并鼓励我想办法按照党的教育方针,在(学制)缩短一年的条件下提高学生的读写质量。通过一个阶段的学习和实验,我开始认识到改进教学不光是改方法,更重要的是必须明确培养什么人。也就是说社会主义教育一定要为培养社会主义革命事业的接班人服务。

　　周学敏老师在更早一些的《改进语文教学的几点体会》[22]一文中,回顾了自己在语文教学中曾经走过的弯路。她也按照苏联"五段教学法"的程序进行教学,譬如讲《龟虽寿》,曹操的一首四言乐府诗,56个字,先要把曹操的生平、著作、甚至曹氏家谱大讲特讲一通,然后是分析内容、总结写作方法、归纳中心思想、留作业。每一课都这么讲五段,忘了一段没讲还要补上。她发现这个"五段教学法"已经变成了僵化的教条,学生对教师的滔滔讲述反而不感兴趣,因而轻视语文课。1953年,她在试用"红领巾教学法""谈话法"过程中,课前准备一些问题,上课时总是捏着一把汗,唯恐学生答不出来,造成课堂上的尴尬。主题归纳不了,学生也很苦恼,不知怎样才算说对了先生的心思。后来汉语、文学分科教学,文学课备课时不仅要研究时代背景与作者生平,还要旁征博引,很烦琐。教师是在掉书袋而不是在教语文课。失败必然反应在学生的作文中。她们的作文言之无物,错别字连篇,词不达意,语句不通,标点则一逗到底。为改变这

---

21 《教育通讯中学版语文》,1964年第29期。
22 《人民教育》1964年第3期。

种现状,曾有一度加强了语言因素教学,因此又使(文学)课文被分割得支离破碎。再后来,"加强政治思想教育"成为语文教学的首要目的,语文课上大讲政治,语文知识教育变成了次要的。学生反映"老师把语文课讲成政治课,可是不如政治课有意思"。

1962年教育部制定了《中学暂行工作条例(试行草案)》,即"五十条",明确了"语文是从事学习和工作的基本工具,必须教学生学会使用这个工具。"明确了"不要把语文课讲成政治课"这个原则。周学敏老师认为,"五十条"明确了语文教学的目的、任务,也让自己明确了方向。语文是从事学习和工作的基本工具,语文老师的任务是教会学生识字、写字、阅读、作文。她心里有了底。

为了让实验班的学生学好语文课,周老师提前做好一切功课,下的功夫就比别人大。

为了针对学生的实际情况进行教学,了解学生原有的语文知识基础是很重要的。我教初二两个实验班,在开学前就把学生从小学一年级到初中一年级学过的14册语文课本做了系统的分类和分析研究。我从他们学过的18课文言文当中,了解到一般的虚词学生已学过不少,只是句法简单一些。短议论文也学过13课,像《帝国主义和一切反动派都是纸老虎》这样的课文已学过了,学生已有初步阅读简单议论文的能力。他们还学过一些长诗、短诗和小说节选,以及20余篇简单的说明文。后来还研究了优、中、差三类学生过去几年的作业和作文,并调查了学生过去阅读过哪些课外书,使我初步知道了学生的写作水平和阅读中存在的问题。这样便可以把当前使用的全部教材和学生的知识状况结合起来通盘考虑,分清主次、难易、轻重,安排讲练次序,才能有计划、有步骤地提高学生的语文水平。

语文是学生学好其他各科的基础。为了了解学生学好其他各科所需要的语文知识和运用知识的能力,我拿出了一些时间听了其他各科的课,读了读她们正在学习的其他各科教科书,这样我就了解到她们究竟有些什么知识,她们需要什么样的阅读能力和写作能力,以及怎样教，语文就可以为学好其他各科知识打好基础。[23]

周学敏老师的语文教学法到底有什么不同？

一、讲读教学和作文教学有机结合

1. 怎样讲白话文

五年制实验班教材原本是按内容划分单元，周老师在安排学期教材讲授计划时，把整本教材打散重新归类，按体裁划分单元。这是对教材颠覆性的改变。

周老师认为，同类体裁的文章内容不同，就有不同的写法，集中教容易比较，便于启发学生学习。集中教同一体裁文章，突出重点，便于做到对学生由扶——半扶——不扶。集中教，便于结合讲读教学进行写作练习，给学生加深印象。在具体教学中，要结合学生实际通盘考虑，分清主次、难易。哪些课文可以在老师提示下，让学生自己独立阅读，写阅读笔记；

哪些课文可以当堂由学生读、练；哪些课文可以让老师举一反三讲一课带两课；哪些课文很难理解，需要教师重点讲解，多做指点。教师不要反复讲那些学生已经懂得的东西，教这一课要让学生学会什么，目的要单纯明确，不能全面开花。老老实实学会一二点，总比什么都学，什么都没学好，效果高得多。比如《社戏》一文，可学的太多了，但教师只抓如何描写不同孩子不同特点的写作方法这一点，学生比较容易学。至于景物描写，以后遇到景物描写突出的课文，返回来再集中学、再巩固，这样把同类课文归为一单元进行教学，有很多方便。

2. 怎样讲文言文

根据不同深度的文言文，采取了不同的教法。过去讲文言文，老师讲，学生听，省事又节约时间，学生满意，大家欢喜。但是有一次听到学生议论学习语文问题，她们说："高中毕业后，不论参加生产

---

23 《教育通讯中学版语文》，1964年29期。

或上大学,都需要独立阅读文言文,真恨我在初中时没自己好好读几篇!"学生的自责使周老师十分惭愧。怎么培养学生具有初步阅读文言文的能力呢?比如《荔枝图序》很短,也简单,她就先由学生自己讲讲。《冯婉贞》较长较难,就先让学生查字典看注解。进行教学时,她首先解决难点,然后由学生译讲,学生普遍反映比老师一个人讲效果好、有兴趣,从而提高了学生阅读文言文的能力。

课本上有一些课文指定为阅读课文,但阅读课文与讲读课文有什么不同,应怎样区别对待?阅读课文比较浅显,在教师的启发下学生能独立阅读,比如讲《缺席者的故事》一文前,周老师提出了三个重点和写读书笔记的要求,让学生用一课时自己写读书笔记,然后选写得好的贴出观摩,学生很感兴趣,鼓舞了学生阅读的信心,提高了自己读书的能力。

1960年,周老师教初三语文,有个班作文水平很悬殊。开头几次作文,老师单从加强讲评做起,但效果不大。她想起参加劳动时,师傅先来指导,把着手教各种工具的用法,给大家示范,随时不会随时问。她想学习作文何尝不是如此呢?最初她只帮助差的,作文前找来一起聊聊,效果比较好。不过这样做,却出现了几个人的作文内容、写法雷同的问题。为了避免这些情况,周老师课上用一课时做指导,介绍同一内容不同写法的文章,指导如何审题、构思,结果学生反映很好。后来以《我爱——》为题作文,周老师找了15篇同类内容不同写法的短小散文,编一期剪报壁报,每一篇都附上说明。壁报一出,大受欢迎。学生说看了这些散文,脑子里想的事物多起来了,我懂得老师说要爱得有意义,爱得有立场的要求了。指导课上,有学生把看壁报后的想法写出来,互相启发。这样指导使学生思路开阔,感兴趣,写出来的作文就丰富多彩。全班46篇作文,就有38种题材,表达的技巧也不同。这使周老师体会到,让学生先模仿再独立写文章,是合乎学习写作的规律的。

由于初步改进了教学方法,周老师的教学时间比过去少,效果却好了。1963年度上学期,她教的两班,每周七节语文课,四节用于讲读教学,三节用于作文教学。全学期在课堂上做了18篇作文。教完了课本中的 30 篇课文和写作知识短文，以及语法知识，教学时间还有富余。学生背诵了 21 课（白话文 9 课，其中 3 课背全篇，6 课背一段或数段；文言文 12 课，其中 10 课背全篇，2 课背一段）。这些背诵的课文，学生一般是在课堂教学时间里就读熟的。

二、抓住学生的特点，因材施教，因人施教

1. 周老师认为，担任哪个班级的教学工作，就应马上研究这个班级学生的特点。

一个语文教师遇到完全相似的班很少，因此，备课时必须按照班级情况分别安排教学计划，不能一般化，否则会犯主观主义。例如初二（1）班的特点是肯钻研、踏实、基础好但学习方法上欠灵活。初二（3）班的特点是接受能力强、学习方法灵活、记得快但忘得也快、怕困难、不刻苦、比较浮躁。同样是讲《延安作风万岁》，对初二（1）班要多启发、多追问为什么。作文指导课也是一样，初二（1）班多给一些短文阅读，多指点、启发思考，这样做她们很喜欢。对初二（3）班就要强调先查字典、看课文，督促她们踏实练习，反复巩固。只要稍一启发，她们就会写得很开阔。但必须做切实的指导，一定要具体地、扎实地要求她们。

2. 周老师认为，教师要深入学生生活，学习他们的语言和思想感情，教学从实际出发。比如《社戏》中的"我的很重的心忽而轻松了。身体也似乎舒展到说不出的大"这一句，学生是不易理解的。周老师从他们的生活体验出发，问：当你们日夜渴望的事情忽然实现了的时候，是怎样的心情呢？刚一提问，立即纷纷举手抢着回答——有的说我解出了一道很难的代数题，忽然觉得心轻松了，身体像长大了。有的说有一次忽然听到下乡劳动的消息，我就一气跑到教室里抱着同学跳啊、喊啊，那时，心头的感觉也是轻松的涨大了千万倍的。这些体会被课文的一句话表达出来了。这句话，学生是不会忘记的。又比如孩子们做作文常常爱学大人话，表达不出自己真实感情，周老师给他们读了女作家刘真的《长长的流水》，该文用的是儿童语言表现了

儿童的生活感情，她们很喜欢。由于周老师经常注意引导，她们逐渐都能用自己的话写自己的生活了。

3. 周老师认为，教师应该掌握十四五岁孩子的心理。十四五岁的女孩子，记忆力强，对新事物敏感、好动、热情、善变，好奇心较强，爱幻想、上进心强。这些心理特点，周老师不是从心理学书上抄下来的，而是从实际体会到的。譬如背诵鲁迅先生的《社戏》写景一段，首先要引起学生对这一段生活的兴趣。周老师让全体学生合上书，听老师朗读。要求听后能背着述说这一段的大概意思，看谁在述说时用上作者在这一段所写的一些词句。于是他们就高度集中精神听老师慢慢朗诵，用最大的能力去记忆。所以当老师刚刚读完就会看到过半数人举起手来，跃跃欲试要求背述。在这样基础上背诵当然就容易多了。

周老师从教学实践中体会到，这个年龄的学生在作文选材时常常要想一些古怪的和别人不一样的材料，于是就利用这一儿童心理出《最——的——》《——的联想》等作文题，总之只要把年龄特点引导到正路上去，就会产生很大效果。

4. 周老师认为，教师要发挥主导作用，具体地帮助学生。

孩子们正处于一知半解的年龄，需要教师发挥主导作用，帮助她们。教师的主导作用不等于上课时滥讲。帮助要具体落实，比如对作文差的学生就要时常关心她们，和她们交知心朋友。周老师常常在下课后和她们一起玩儿，一起谈天，一起步行回家，她们就会把困难告诉老师。有一次，周老师出了作文题后，和一个作文较差的学生一路回家，看她的表情有困难似的。这个学生平时不爱说话，周老师便讲起去年新年前，同学们怎样准备节目、画贺年片、互赠贺年片。听了周老师的话，她马上想起来她送贺年片的一件事。周老师听她讲完以后说，这不是很好的材料吗？还帮助她安排材料。这个学生的文章写出来后，得了五分，还在壁报上刊登出来。她高兴极了，以后作文一篇比一篇好。

启发要适当。看话剧《年轻的一代》以前，周老师想叫学生写一篇观后感。但是这么长的话剧，让初二的孩子抓哪个重点写呢？全面要求又太笼统。所以在没看之前,周老师就出了很多小题目让学生一边看剧一边思考,决定自己的作文写什么、怎样写。

5. 周老师认为,教师要多鼓励、激发学生学习的积极性。

要把鼓励和夸奖区分开。夸学生是天才,这不是鼓励,只能助长骄傲。天才出于勤奋,在一定的要求下鼓励,这就不是夸奖,比如作文讲评时差的学生只要有一点儿进步,周老师就抓住表扬。在优等生作文中的一点儿优点,算不得什么,可是这一点若出现在写作能力较差的学生作文中,就是最令人欢欣的成功。周老师主张对差的学生要一点一点要求。这一次作文可以只要求她卷面干净,把字写端正,做到了就鼓励,给较高的分,下一次再提出别的要求。这样一步一步地引导,先学会走,再学会跑,一步一个脚印,追上优等生。只有这样才能把学习较差的学生帮助好,使她赶上。

周老师在批改作文时比较注意文道统一。比如《我和我的家》这篇文章,有的学生给有错误思想的父母扣大帽子,有的学生给有错误认识的人加上修正主义的帽子。不管文章写得如何,这些情况都必须及时纠正。因为三言两语解决不了,她就找学生面谈。后来找她谈思想的人很多,她深深体会到语文教师必须注意提高学生的思想觉悟。

周老师还改变了作文评分的办法。作文每次一个要求,达到要求的给高分,但要扣除错字、界面不整洁、标点错误、病句等等基本功的分数。如果一篇作文可达90分,错了四个字扣4分,病句一个扣3分,标点错两个扣2分,最后评为81分。这样评的结果,学生在达到要求的情况下,知道应该注意哪一项基本功。如果错字多,就要集中突破这个难关。她认为批改作文最好从正面启发诱导,多鼓励,圈圈点点,因势利导,同时也要指出缺点,给予适当的批评。有一次在作文卷子上,周老师发现学生乱涂作文批语,比如在"太啰唆"的批语周围,学生打了很多问号,叹号,说明老师的批语学生不服气。以后她就改变语气,比如"这样改一下好吗?""为什么呢?""把改过的这句再写一遍,然后和原句比较一下看"等等,一下子拉近了和学生的距离,受到学生喜欢。当年实验班的学生丁东红在一篇文章(《远去的女附中》第411页)中,深情回忆道:

周老师的作文课进行教改实验,我们的作文习作多了,很多人都开始写日记和小作文。周老师的作文讲评课非常生动,全班同学的写作积极性都被调动起来,上作文课的兴致十分高涨。我记得那时特别爱看周老师写的作文评语,她总是以欣赏的口气,品鉴你的优点,及时表扬点点滴滴的进步,对于不足之处的点评也很风趣。班上的墙上,常常是作文挂得琳琅满目,大家兴趣盎然地互相观摩,热烈讨论。

周学敏老师善于学习别人的经验,从不因循守旧。比如出作文题的范围比较宽,学生写起来思路就活,也爱写。周老师认为经验不发展就会变成包袱,因而并不执着于自己的经验。如果认为教过的课文再教就轻松了,是不妥当的。越是教过的课文越要注意失败的教训和成功的经验。比如教《荔枝图序》一课,过去是教师讲给学生听,一堂课讲完,留的作业学生要在课下用一课时多完成。后来是引导学生讲、学生读,当堂背、默写一堂课全完成了。过去教《唐诗三首》两节讲完,后来只用一节课教,还要学生当堂会背、会讲、会写。

周老师大胆地创造、改进教学方法,使"周学敏教学法"完全摆脱了学习苏联教学法过程中形成的刻板、教条和千篇一律的程式化,建立了生动活泼的课堂新秩序,为语文教学开辟了有自己特色的新天地。她在实验班的语文教学改革,从一开始就得到了胡志涛校长的坚定支持。胡校长不仅经常听她的课,自己也带实验班教课。她多次组织"周学敏教学法"的校内外听课、观摩活动,接待北京乃至全国的语文教师前来交流学习,希望借此让周老师先进的教法能被广为了解和传播,促进语文教育的健康发展。《人民教育》《光明日报》等曾多次发文介绍。

遗憾的是,"周学敏教学法"没有来得及广泛推广,"文革"就爆发了。胡校长和周老师在文革初期都受到了残酷斗争和野蛮折磨。胡校长在回忆文章中谈到这段经历:

最先揭发我的所谓的罪行"是胡志涛树立的黑样板——周学敏语文教学经验必须彻底批判!"这使我更不能理解了,周学敏改革语文教学的经验，是全市教师学习的好典型，怎么会是"黑样板"？我当时也兼着一个实验班的语文课。……学生在大字报上点名批判我，说我这样的教法是把学生引向修正主义。[24]

胡校长的女儿丁东红在回忆母亲的文章（《远去的女附中》第411页）中，写到了周老师之死。

"文化大革命"开始后，周老师的语文课教改受到了严厉批判，甚至被说成是阴谋。周老师的丈夫是23中的校长，也同时受到批斗，这对她的打击非常大。周老师身体不好，每天拎着一个药罐子，来学校头也不敢抬。妈妈为此事特别担心，多次跟我说，周老师有什么错？这样折磨她！真想跟她说几句话，但又怕连累了她，只能通过关注的眼神给她一点力量，希望她一定要挺住啊！但是不幸的事情还是发生了，周老师由于不堪忍受而在自己的家里含冤自尽。[25]

第六节

贯彻"五十条"，语文教学回归本位

【提要】 语文教学的目的，回归本源。山雨欲来。

1962年教育部制定了《中学暂行工作条例（试行草案）》即"五十条"后，1963年公布了《中学语文教学大纲（草案）》，明确规

---

[24] 胡志涛：《"八五祭"——一场史无前例的教育大摧残》，《生活教育论》，安徽教育出版社，1996年。
[25] 1964年，北京教师进修学院语文教研组于暑假开办"周学敏教学经验展览"。预展后，因为在本校语文教师中展开一场尖锐激烈的争论，致使展览未正式开幕。1966年"文化大革命"开始后，周学敏老师的语文教改被指控为胡志涛校长推行修正主义教育路线的罪行之一。胡校长受到长时间的非人折磨和斗争，周学敏老师也因不堪忍受批斗和侮辱，于1968年9月的一天含冤自尽，年仅47岁。

定了"中学语文教学的目的,是教学生能够正确理解和运用祖国的语言文字,使他们具有现代语文的阅读能力和写作能力,具有初步阅读文言文的能力。"同年4月,在中共北京市委主持下,再次召开中学语文教学工作会议。大家联系北京市中学语文教学实际,深入讨论了语文教学的目的任务等问题。会议指出,脱离语文教材内容,片面强调思想政治教育,或把语文课单纯讲成文学课都是不正确的。语文教学必须提高学生的读写能力,并认为这就是为无产阶级政治服务。要改进教学,讲求实效,实事求是地总结语文教学经验,努力提高教学质量。这是对以前语文课讲成政治课或文学课的纠正。从此,北京市的语文教学逐步走上了正轨,直到"文化大革命"。[26]

从下面《北京师大女附中1962学年度第二学期语文组工作计划（1963.2）》可以看到,语文的工具性体现得很到位,政治思想教育不再作为语文教学的首要任务。可以说,语文教学有了一个本质的回归。具体如下：

一、本学年语文教学的中心要求：

继续加强基础知识和基本训练的教学,培养学生灵活运用知识的能力,大力提高学生的写作水平。

二、工作重点：

1. 加强作文教学,研究如何提高学生的写作水平。

2. 加强学生的课外文学活动。

3. 做好实习工作,结合实习研究怎样贯彻语文教学的目的、任务。

4. 有计划地帮助新教师熟悉业务,提高教学质量。

三、具体措施：

1. 讲读教学

① 依据上学期进行基础知识和基本训练的教学情况,结合本学

---

26 《北京市中小学语文教育五十年》第14页。

年的课本,并分析各年级学生的实际水平,订出具体要求,有重点、有目的地提高学生的阅读和写作水平。

——各年级订出基础知识教学的重点和要求;

——各年级继续整理出本学期的全部背诵篇目。

②各年级酌情增添文言文若干篇,于期初提出篇目,交领导批准。

③就大组范围结合实习,分高初中举行观摩教学各一次,研究怎样贯彻语文教学的目的任务。(高中课文教学,初中作文教学)

④各互助组继续就本学期的课本提出难点、重点的篇目,作为研究提高质量的试点。

⑤各互助组于备课时,抽出一定时间研究课文后面的练习题,研究如何培养学生灵活掌握知识的能力。(以初一、二的试验班为试点)

⑥初一年级补授汉语拼音。

⑦实验班按上学期的质量分析,订出简单的提高质量的计划。

2. 作文教学

①着重加强基本训练,按照教学工作基本要求严格要求学生,培养良好的写作态度和写作习惯。

②按上学期修改的作文要求,继续实践,各年级的作文教学务必做到心中有数,循序渐进,逐步提高。

③本学期学生间周做作文一次,平均每周划出两课时作有关写作的练习,各互助组按要求订出本学期的作文计划,除拟出全学期的作文题目外,并研究如何加强各种书面练习。

④每位同志自选一个班级,按上学期期中分析质量的结果,期初订出提高学生写作水平的计划,期中开一次经验交流会。

3. 继续初一、二的习字训练,办法与上学期同。

4. 开展学生的课外活动:

①贯彻因材施教的原则,以年级为单位,成立年级文学小组,由互助组负责指导,并将活动计划及执行情况向大组汇报。间周出墙报一次,由年级文学小组轮流担任编辑。

各年级文学小组必读书目：初一《李有才板话》《西游记》初二《钢铁是怎样炼成的》《水浒》初三《母亲》唐诗 100 首高一《欧也妮·葛朗台》《三国演义》高二《阿Q正传》《红楼梦》高三《子夜》《史记》选

②各年级继续抄留优秀作文，墙报中开辟习作专栏经常展出。

③"五一"举行一次征文。

④"五一"举行一次习字展览会。

⑤初一、二举行一次讲演比赛。

这份工作计划，把语文教学的目的、任务、具体措施和要求，一一列出，清楚明白，操作性强。

校方 1962 学年度第一学期教学工作小结中称：

语文组普遍重视了字、词的正确讲解，在讲古文时注意字字确切落实，拟订了各年级背诵篇目，加强了背诵。在作文和书面作业上，要求学生书写清楚、正确，讲求行款格式。为了激发学生写作兴趣，展览了优秀作文，举行了全校性的作文比赛，参加的学生有 736 名，评选结果有 73 名得奖，99 名受到表扬，有 6 个班获集体奖。在年级互助组里采取了重点难点课集体研究、互相观摩的方式，以提高讲课的质量。全组交流了如何提高学生写作水平的点滴经验，个别同志期末还写出了有关习字、作文教学方面的书面小结。

1963 年 3 月，语文组 8 位教师访问了北京市委文教书记邓拓，邓拓就语文教学问题做了指示，他说："要改进语文教学，当前迫切的任务就是千方百计地提高语文基本知识，包括阅读和写作能力，全面提高语文水平，这是中心任务，思想教育都得围绕中心任务服务。"他还说："多读比少读好"，读古文要"多背诵""要沉入到古文意境中去""对古文不能硬贴标签""语文课每篇课文都讲成政治课文，是不可能的。"写作"要用自己的语言，不要人云亦云"等。老教师张静芬也在回忆文章中谈到和同事一起拜访邓拓同志的事。

学校教学工作计划（1963.10）中的语文部分规定：

认真研究和运用近两年的作文教学经验。并加强应用文、说明文的写作练习；进一步提高学生的写作水平。改进讲读教学，讲清字、词、句、篇章结构，注意文道统一，并做到多读多练，加强朗读、背诵、默写；教会学生使用一般工具书和汉语拼音，以提高学生的自学能力；继续办好"学园"壁报、出版学生作文选。

从学校的教学计划中，笔者第一次看到"文道统一"的提法，即政治思想教育（道）不再是语文教学的首要任务，也不是贯穿其中的口号，语文课中进行"道"的教育，主要是在听说读写训练过程中，提高思想素养，陶冶情操，所以，"道"是语文教学的人文内涵，而不是外加的东西。

教育的目的明确之后，教师就是决定教学质量的关键因素。语文老师们严谨的教学态度、博学多闻的专业修养和过人才华，不仅留在历届学生的记忆里，也让后辈教师受益终生。

1962—1964年间，北师大中文系应届毕业生王章伍、刘超尘、李启华、杨俊芝和青年教师曹治国等先后来校执教语文课。1962年秋，北京师范大学中文系助教李启华被中宣部教育改革办公室派往女附中进行中学语文教材实验，她被分配到初二（1）班担任班主任并教语文课。因为以上几位大学毕业不久，没有教学经验，学校请两位资深语文老师做他们的辅导老师。李启华老师在《我的第二大学》（《远去的女附中》第46页）一文里深情回忆了老师们：

我的第一位老师是语文组的王荫桐先生，听说原是傅作义的文字秘书，起义后到女附中任教。王先生当时已五十多岁了，口音带河南腔，瘦高个子，背微驼，很和蔼，对我们这几个"特殊学生"（还有三个青年教师），像个老爹一样慈祥。我们的读本是《古代散文选》。每周授课一次，布置自读篇目。他学识渊博，讲课语速较缓，但清晰准确，易懂易记。同一篇作品，在大学已读过，但他却能开掘出新的知识点。像《郑伯克段于鄢》，他知道我们能读懂，就舍弃通讲，只用训诂学方法将其中一些古汉语的词语的演变和用法讲明白，还介绍了先秦时期诸侯国的历史典故、人文传统，使我们跳出了书本的铅字,如身临其境地观看郑伯与其母斗智斗勇,享受到《左传》记叙语言之美。

另一位是教高中毕业班的夏秀容先生。她是北京市优秀教师,全国高考语文命题教师之一。课堂上,她教学语言干净准确传情。板书字体漂亮,文字概括简练,逻辑思路清晰,不足百字,就把课文内容和结构条缕分析透彻,再现到黑板上。夏先生课堂教学节奏明快,轻重缓急、起伏收束有序。如果按凯洛夫教育学讲的教学组织环节的几个步骤衡量,夏先生的课中规中矩,但她却不死套,节奏在行云流水间展开。从先生走上讲台的瞬间,教学组织过程就开始了。提问回答,复习旧课同时新的知识传授已衔接上。引领着学生学新课,课文的逻辑段落与讲授的逻辑节奏同一。边读,边讲,边启发学生思考,边讨论,边分析归纳,学生的笔记本上,教室的黑板上都记录下这一过程。布置完作业,下课铃声就响了。整堂课流畅得像一首歌。……听夏先生讲课,总有一种美的享受。常使我想起庄子的《庖丁解牛》。庖丁解牛的技术熟练,游刃有余,解牛的过程有音乐节奏,可叩节起舞;也使我想起古文学家们文章结构的起承转合之美。夏先生对我很坦诚,开放她教学过程的每个环节,很认真耐心地教我、带我,使我学到很多教学方法,尤其是阅读分析、作文辅导、教学组织方面的。有些教诲在潜移默化间进行,可意会不可言传,像教师的意识、态度、气质、风格等,对我的教学风格的养成影响深远。

多年后,离开女附中教师岗位的王章伍老师也写文章回忆了初到女附中的情景:

主管教学工作的胡志涛校长,是一位能打善拼锐意改革的好领导。不仅组织我们认真研究工作,及时总结经验,还亲自到我们班登上三尺讲台给学生授课。我清楚记得,在第一节课上,她对同学们表示,要根据毛主席的《实践论》,亲口品尝梨子的滋味,进行教改,她谦虚地对学生说:"以后,我来配合王老师上咱班的语文课。我不是科班出身,有可能出现差错。如果我弄不好砸了锅,没关系,那就请王老师来补锅吧"("文革"中一张大字报称我为"补锅巧匠"

乃脱胎于此）。这话立刻引起同学们的一阵掌声和笑声，课堂便活跃起来。

胡校长在百忙中亲身教学，每节课前，都认真写教案，条清理晰，字迹工整。写好后拿出来参加我们的集体备课，真心实意地让我们提建议，出主意。她不止一次地鼓励我：青年人嘛，不要缩手缩脚畏首畏尾的，要敢字当头，敢闯敢干敢革敢负责，还要破除迷信，增强自信。[27]

在学校的精心培养下，几位青年教师很快就独当一面，成为语文教学的新生力量。

1964年6月，为了贯彻教育部制订的《中学暂行工作条例（试行草案）》（即"五十条"），学校组织各教研组制订了"三年规划"。语文组的这份三年规划，应该是1965年完成的，看上去写得简单粗糙，空话很多，详如下：

语文组1964—1966年工作规划

前 言

我组依据学校提出的三年规划（草案），经过全组1964、1965年两次大讨论，确定了全组努力的目标如下：

1. 认真学习毛主席著作，努力提高政治觉悟和政治理论水平，用毛主席的思想指导我们的工作，正确贯彻党的教育方针。

2. 虚心认真地吸取校内外有关语文教学方面的各种经验，大力改进教学方法，及时总结点滴经验，不断提高教学质量。

3. 争取在三年内基本上解决我组在作文批改标准和批改方法上、政论文教学上以及基础知识基本训练上存在的问题。

4. 争取在三年内，我组成为一个政治空气浓、钻研风气盛、教学

---

27 见《口述春秋》分册，王章伍：《不可弥补的遗憾》。

方法活、同志团结紧的教研组。

一、政治思想方面

努力方向：认真学习毛主席著作，带着问题学，活学活用，提高政治觉悟，改造思想，解决实际问题。

要求：

1. 深入学习《实践论》《矛盾论》《在延安文艺座谈会上的讲话》及有关时事政策的文章，改造思想，改进教学。

2. 树立比学赶帮的风气，树立批评与自我批评的风气，加强小组团结，加强大组团结。

3. 做好学生思想工作，做好分配自己的社会工作，积极参加各项重大的社会活动和义务劳动。

二、讲读教学方面

努力方向：大胆改进教学方法，加强学生基本功的训练，提高学生的灵活运用知识和独立阅读能力。

要求：

1. 加强基本功的训练：经常注意正音、正字、写字、辨词、用词造句，运用标点符号和查字典词典的训练，经常注意背诵、熟读、有条理的思考问题、回答问题的训练。注意培养学生读书和写作的习惯。

2. 减轻学生课外作业负担，培养学生活学活用知识的本领。

3. 以课本中毛主席著作为纲，深入研究教材，提高政论文的备课质量和教学质量，探索政论文教学的基本规律，提高学生阅读政论文的能力。

4. 积累有关政论文的教学笔记和基本功训练方面的经验。

三、作文教学方面

努力方向：因材施教，讲求实效，改进批改工作，培养学生作文的兴趣和良好的写作习惯，提高学生的写作水平。

要求：

1. 认真钻研，全面贯彻我组作文教学总结中的精神，灵活应用"总结"中提出的各种措施，并在实践中不断地进行探索，创造新的教法。

2. 集中力量改进作文批改工作，确定批改的标准，研究切实有效的批改方法，及时交流并推广经验，定期总结。

3. 积累有关作文指导方面的资料和经验，年级组或个人可订出专题研究内容，定期总结，大组依据同志们的总结进行整理汇编。

四、业务进修方面

努力方向：根据年级特点，教好各类文章，指导好各类文章的写法，在此基础上并能熟练地掌握好一种文体的教学艺术。

要求：

1. 学好语文基础知识，练好基本功，缺什么补什么。

2. 按个人需要，参考学校拟订的语文自学篇目系统地学习，每年初步熟悉一种，争取三年到五年全部学完。

3. 每学年写出有关语文教学的专题总结和体会心得。

五、锻炼身体方面

加强身体锻炼，积极参加校内各项体育活动。生活纪律化，合理安排作息时间，提高工作效率。

六、工作安排

第一年：①小结政论文教学经验②总结作文批改经验③整理第一批教学笔记④收集有关基本功训练的资料⑤建立初一部分学生语文学习档案⑥学习《在延安文艺座谈会上的讲话》。

第二年：①总结政论文教学经验②整理有关基本功训练的资料③汇编第一批语文教学专题总结及政论文教学笔记④建立初二部分学生语文学习档案⑤继续学习《在延安文艺座谈会上的讲话学习》《实践论》。

第三年：①总结讲读教学经验②汇编有关基本功训练的资料和经验③汇编第二批语文教学专题总结及教学笔记④建立初三部分学

生的语文学习档案⑤小结指导课外活动的经验⑥学习《矛盾论》。

　　笔者根据自己的经历（1963年女附中初一学生）认为，又一轮政治风暴1964年已初见端倪，大力学习毛主席著作，用毛泽东思想武装自己的头脑，成为最大的政治。由此可以猜想，教育战线的整个气候再次进入紧张多变的趋势，语文作为这个变化的晴雨表，老师们已经感觉到了。

　　1964年，毛主席在中央召开的春节座谈会上，对教育工作做了最全面系统的指示："现在的学制、课程、教学方法、考试方法都要改，这是摧残人的。""现在的办法是摧残人才，摧残青年，我很不赞成，读那么多书，考试是对付敌人的办法，害死人，要改变。"3月10日，毛主席在给铁路二中《关于学校课程和讲授、考试方法问题》的批示中进一步指示："现在学校课程太多，对学生压力太大，讲授不甚得法，考试方法以学生为敌人，举行突然袭击。这三项，都不利于培养青年们在德、智、体诸方面，生动、活泼、主动地得到发展的。"11月3日，学校把主席批示的一部分传达给教师。[28]

　　1965年1月10日，刘致平副校长给教师做教改问题报告，宣布女附中"从本届初一起，都改为五年一贯制，3、2分段。分段以后，6个班级，搞一个文科班，文科班的目的是更好地培养马列主义理论队伍的后备力量，培养干部。"1965年6月19日，胡志涛校长做《关于教育政策的报告》，提出教改目的是"全面正确地贯彻教育方针"，强调"教学政策是长期任务，也是当务之急。""当学制改革、课程内容改革还不能马上进行的时候，教学方法的改革便显得特别重要。"1965年11月17日，胡志涛校长从上海参观回来，向全体教师作外地教改情况的报告，介绍上海育才中学段立佩校长教语文的经验。她说，段校长用启发式引导学生主动学习，学生对语文很感兴趣，作文内容丰富多彩。他让好、中、差同学各自从自己原有的基础出发，起步学习。他还打个生动的比喻说"这好比让学生飞的飞，

28　摘录自《北京师大女附中17年来两条路线斗争大事记（初稿）》。

走的走，爬的爬。"胡校长兼任中四（3）班的语文课教学，对于好的教法充满喜悦。[29]

1966年5月7日，毛泽东主席在给国防部长林彪寄来的一个报告（1966年5月2日总后勤部关于进一步搞好部队农副业生产给中央军委的报告）回复中，这样评价了17年的教育，信中说："学生也是这样，以学为主，兼学别样，即不但学文，也要学工、学农、学军，也要批判资产阶级。学制要缩短，教育要革命，资产阶级知识分子统治我们学校的现象，再也不能继续下去了。"[30]

1966年6月，"文革"从教育口爆发，自此，全国大中小学全面停课。直到1968年中小学才开始陆续招收新生，直到1972年，部分高校才开始招收"工农兵学员"。1977年恢复高考，1978年以后，大中小学校教学秩序才逐渐得到真正恢复。可以说，教育在"文革"中遭到了全面的破坏。

结　语

笔者在写这篇语文教育叙事的过程里，不断地与老师们在往昔岁月里相遇。出现在学校或"语文组"教学计划里的名字，胡立、马芳吾、韩文佑、徐绪昌、徐瓒武、丁斐若、洪绍麟、谭丽都、冯淑良、唐初……每一个都不熟悉。笔者在数千张翻拍的资料图片中，仔细辨认他们几十年前留下的教案和心得，那都是用蘸水钢笔写的繁体字，我深信字如其人。于是我走近了他们，试着去理解他们。老师们也用沉默的力量，一次次鼓舞着我，把这篇"力所不逮"的文章努力完成。

女附中"文革"前17年的语文教育，在曲折中不断探索教学法

---

[29] 胡志涛：《"八五祭"——一场史无前例的教育大摧残》，《生活教育论》，安徽教育出版社，1996年。
[30] 毛泽东主席在1966年5月7日给国防部长林彪寄的这个报告，在"文革"期间被称为"五七指示"。

的改革和进步，在奋争中不断追寻着语文教育的真谛。据我所知，"文革"结束后，再次更名为北师大附属实验中学的女附中，又走在了语文教育改革的前沿。在校领导的支持下，由沈心天老师主持的语文教材教法改革，在30年里陆续编纂了三套新教材，得以在北京市乃至全国的中学系统推广使用。仅《九年义务教育初中语文试用教材》（大纲版），10年中就印了500余万册。新教材"以人为本"，工具性与人文性有机统一，应该说回到了语文教育的本源。

我又想起本文第一章写到的马芳吾老师。七十多年前，她在学生毕业纪念册上写下了这样一段话：

> 虽然我不敢希望你们个个都成就一番伟大的事业，个个都成为数一数二的伟人，但我愿你们毕业之后，利用你们的聪明与智能，努力做人。做人就要工作，入大学也好，做事也好，处家庭也好，只要办什么像什么，不要事事无成游手好闲，辜负了十几年来的教育，父母的心血，社会的热望，而去做一个消耗者，社会上的蠹贼。我对你们的希望很大，尤其是你们班，聪明能干的人很多，只要肯努力，我相信，你们的前途一定不可限量。还有一点应该注意，就是数年之后我们再见面时，愿你们依旧保持着这种简朴纯洁的美德，活泼愉快的精神。最后，希望你们记住我的话：干什么就像干什么，挺起胸膛，要担当起责任来，简单说三个字就是"顶得住"！

"努力做人""顶得住"！

马老师掷地有声的叮嘱，穿越了几十年的时空。教育——语文教育的真谛，就在这里。

优秀的语文教师是民族灵魂的塑造者。致敬，语文老师们！

2017年3月25日

附一　1949—1966年期间任过语文课的老师名单

胡　立	马芳吾	韩文佑	徐绪昌	徐瓒武	丁斐若	任熙宁
洪绍麟	白　鸥	刘致平	谭丽都	冯淑良	唐　初	陈洪涛
张静芬	陈云澂	王荫桐	邱锡恩	赵静园	柯　莱	夏秀蓉
李植人	娄　幻	郑巨才	杜梦鱼	周学敏	万年梅	郑锦章
刘　霄	祝　宽	青　林	谭雪莲	李　宁	丁玉英	吴凤华
陈宝琳	陈　俊	余钟惠	王淳圭	沈心天	王瑞光	曾　恬
刘超尘	王章伍	杨俊芝	李启华	曹治国		

附二　关于语文汉语、文学分科改革的背景

汉语文学分科、教材分编的改革是从1951年初开始酝酿的。最初是由胡乔木（时任中共中央宣传部副部长、政务院文化教育委员会秘书长、中共中央副秘书长）提出来的。张毕来先生曾回忆说：汉语文学分科教学，这是党中央决定的，是毛主席决定的。然而起因仍在下边，是广大的教育工作者和广大的中小学语文教师的要求。新中国成立，全国各方面人士都富于改革精神。都要打破旧框框、寻找新的道路，文教界就出现好些大改革，例如院系调整。在全国改革形势的影响下，中学语文教学方面也是热气腾腾、议论纷纷、要求改革。大家一来不满于现状，二来有外国的榜样好学，就主张汉语和文学分科教学。在这个问题上，胡乔木同志，起了相当大的作用。

1951年3月17日教育部召开第一次全国中等教育会议，讨论各科教学大纲。胡乔木同志在会上做了一个报告，主要讲中学各科教学如何进行爱国主义教育的问题。胡乔木同志认为应该把爱国主义教育贯彻到全部课程中去。国文的内容包括两个部分，二者所担负的任

务不同，不能相互代替。

胡乔木同志说，教育的任务是使学生从文学作品中了解人民生活。命运、幸福、痛苦，引起学生对劳动人民发生感情，对文学发生兴趣，爱好文学。文学教学在进行爱国主义教育上有很重大的作用。说到具体的教学内容，还提出了一些具体的意见。他认为文学课，应以本国文学为主体，老师应该指导学生阅读和欣赏中国文学，爱好文学作品，并对中国文学有足够的估价和正确的认识，使学生从作品中的人物和环境的描写，以及生活和斗争等等，受到影响，养成高尚的人格。

语言教育的任务，是使学生懂得语言的规律，能正确地掌握和运用这个规律，正确地说，正确地写。通过语言教学，使学生热爱自己祖国的语言，为祖国语言的完美而奋斗。这也是语言课所进行的爱国主义教育。语言和文学是两种东西，语言教育和文学教育可联系，但不能混淆。混在一起，如当前这样，又没有明确规定文学教育是要培养学生完美的人格，在教学中又往往只是咬文嚼字，不仅把文学作品的意义都失掉了，还使学生中学毕业了还不能正确地运用语言，写不出通顺的文章，没有了文学，也没有了语言。

1957年6月6日，人民日报发表社论《正确地使用祖国的语言，为语言的纯洁和健康而斗争》，社论讲到学校语文教学问题，当前学校无论小学中学和大学都没有正式的内容完备的语文课程。

1951年下半年，各地的语文教师纷纷举行座谈会，讨论语文教学的分合问题。1952年7月，教育部中小学各科教学大纲起草委员会提出《关于中小学教学大纲的意见》已是分科的打算。

1953年，分科问题基本上决定下来。当年4月教育部向中央政治局报告工作，提出改进中小学语文教学的问题。毛主席指示：语言和文学可以分科教学，并且指定胡乔木同志负责建立一个组织来指导解决语文教学。根据中央这一指示成立了中央语文教学问题委员会，胡乔木同志为首。12月中央语文教学问题委员会向中央写了《关于改进中小学语文教学的报告》，明确提出"应当把中小学语文一门课程分为语言和文学两种独立的学科进行教学"。

1954年2月1日，报告获得中央政治局扩大会议批准，并责成政务院文委党组办理。1954年6月政务院发布了《改进发展中学教育的指示》，明确指出，"从全国发展的观点来看，中学语文教学也必须给予学生以一定的语言教养与文学教养，而不允许再用过去的陈旧方法来进行教育了"。教育部依照中央的决定，责成人民教育出版社拟定中学文学教材的编辑计划。着手编订文学教学大纲、编写文学课本和教学参考书。同时由教育部邀请在北京的语言学家，研究中学语法教学的体系，据以编订汉语教学大纲，编写汉语课本和教学参考书。与此同时，还指定了试教区和试教校。

1955年6月，教育部副部长叶圣陶在《关于语言文学分科的问题》的报告中指出："语言文学分科问题的提出，是因为社会发展的需要，生活的需要。要求我们的学校提高语文教学质量，把语言和文学混在一起教，其结果无论从语言方面看，从文学方面看都是很大的失败。由于没有教给学生系统的语言规律、基础知识和能力训练，在写作中形成语法、修辞、逻辑上的严重混乱，贻害很大。语言和文学性质不同，语言是一门科学，文学是一种艺术，性质既然不同，知识体系就不同，教学任务也有所不同，所以必须分科。"叶圣陶的讲话，是当时主张文学、汉语分科的理论依据：①语言是科学，文学是艺术，二者学科性质不同；②语言教学培养学生运用语言能力，文学教学扩大对社会生活的认识，培养学生的文学欣赏能力，二者教学任务不同；③语言教学有语言理论基础：语汇、语法、修辞；文学有文学理论系统：文学史、文艺学、文学批评，二者理论体系不同。因此语言和文学应该分科。

"胡乔木还有一个比方，他说语言和文学的不同，就好像几何作图与美术画图不同一样。在这样的思想指导之下对现状不满，对改革抱着很大的希望，主张分科教学的人当时是很多的。"（张毕来《语文分科教学回忆》）

1956年至1958年，汉语、文学分科教材。以1951年3月胡乔木在全国中等教育会议上的讲话为标志，中学语文界开始汉语、文学分科教学的讨论、研究、准备和启动工作，人民教育出版社中语室亦分为汉语、文学两个编辑室，并从 1954 年 3 月起策划并拟定汉语、文学的教学大纲，同时开始编写教材。汉语课本用于初级中学，教学内容包括语音、词汇、语法、修辞、文字、标点符号等 6 项，语法部分即是以张志公先生主持制订的"暂拟系统"为基础编写的，吕叔湘先生参与了教材的审校工作；文学课本包括初级中学和高级中学，初中文学课本以单篇的文学作品为基本内容，高中文学课本中国文学部分则以文学史为线索按专题进行编排，由张毕来、王微等先生主持，叶圣陶、吴伯箫等先生参与了审校工作。1958 年 3 月，国务院第二办公室召开座谈会，决定将"文学、汉语合并为语文"，汉语、文学分科实验中断。

本资料节选、缩编自《北京市中小学语文教育 50 年》一书，北京市语文教学研究会编，开明出版社，1999 年 9 月版。

王民培 编校

第二章

数学教育

——坚守师大女附中（实验中学）优质教育的前沿

朱晓茵

前　言

如果说语文是时代变化的晴雨表，那么，从算术题"1+1=2"到"数学是研究空间形式和数量关系的科学"，数学早已成为一条源远流长的历史大河。正如罗杰·培根所说，"数学是科学大门的钥匙，忽视数学必将伤害所有的知识，因为忽视数学的人是无法了解任何其他科学乃至世界上任何其他事物的。更为严重的是，忽视数学的人不能理解他自己这一疏忽，最终即将导致无法寻求任何补救的措施。"

1949—1950学年，在北京师大女附中（以下简称女附中）的数学组教学计划里，对数学的教学总目的是这样阐述的："1.使学生获得各种计算能力，以供日常生活和工作上的应用。2.使学生明确认识数学是随着人类社会生产需要而发生发展的科学。3.研究客观事物间的数量与形的性质和互相关系，打下学习自然科学和高深数学的基础，并使每个同学能有参加新民主主义社会建设工作的能力。"

几十年后，国家教育主管部门在初中数学教学大纲里规定的教学目的，则把"数学的研究对象是空间形式和数量关系"放在前面。高中数学教学大纲规定的教学目的，首要任务也是"研究空间形式和数量关系"。中学数学教学已经从简单的能力培养升华到"能够处理数据和信息、进行计算和推理，可以提供自然现象、科学技术和社会系统的数学模型"，并强调随着社会的发展，数学的应用越来越广泛，它已经成为人们参加社会生活、从事生产劳动的需要。它是学习和研究现代科学技术的基础；它在培养和提高思维能力方面发挥着特有的作用；它的内容、思想、方法和语言已成为现代文化的重要组成部分。

推动女附中/实验中学数学教育从智力启蒙和简单的能力培养，到思考和探讨空间形式和数量关系的进程，并引导这种深刻变化的主体，必定是所有从事数学教育的老师们。在纪念女附中/实验中学百年校庆之际，王明夏、张玉寿、关秉衡和于宗英四位先生的名字一再被后辈提起，她们的大师风范被历届学生怀念。王明夏和张玉寿是北京市最早的特级教师，她们与关秉衡三位先生是将终身与女附中融为一体的人。于宗英先生则来自解放前的文华女中。1949年她们一道成为三校合并后的女附中的数学教师的中坚。她们带来的不仅有独树一帜的教学方法，还有深厚的数学修养和对学生的爱。她们成为典范，成为后辈教师学习的楷模。

有了教师的诲人不倦，才有学生的智力开发和成长。他们"学为人师，行为世范"，薪火相传，成为一支作风强健、能力超群的队伍。这个队伍一直是我校的先进教研组。有了这样一个教师群体，才有学校数十年中始终保持的优质数学教育。

21世纪，数学学科的基础性与开拓性愈显重要。数学教育的四个中心议题可以是：什么是数学？为什么教（学）数学？教（学）哪些数学？如何教（学）数学？这是老师和学生面前永恒的主题。

女附中/实验中学数学教育几十年来的深刻变化，包含着教材、教法的不断创新和进步，包含着一代代教师的辛勤劳动和智慧奉献。

作为百年的女附中/实验中学，我们亲历和所了解的仅仅涉及1948—1968这一时段，我们的记录远远不足以反映全貌；我们对数学专业的理解和领会，难以使我们对数学教育加以专业评说。繁花似锦的数学园地和辛勤耕耘的园丁们的面貌，经我们的心和手尽可能真实地勾勒出来，奉献给大家，是否这已经足够感动和震撼读者了？百年老校的教育思想、优秀教师们极宝贵的教育经验，能够为后人提供些许借鉴，我们就释然而无憾了。

王明夏　　　　张玉寿　　　　关秉衡　　　　于宗英

第一节

数学教育：教育的重要基础

爱因斯坦说过，"数学之所以比一切其他科学受到尊重，一个理由是因为他的命题是绝对可靠和无可争辩的，而其他的科学经常处于被新发现的事实推翻的危险"。

《现代汉语词典》中为数学下的定义："研究现实世界的空间形式和数量关系的学科，包括算术、代数、几何、三角、微积分等。"

《简明不列颠百科全书》中为数学教育下的定义是："把教育学和数学联系起来的一门学科。从事数学教育的有：中小学数学教师，培养他们的大专数学教师，以及较少量的研究工作者。数学教育是一种应用领域，从数学以及晚近的计算机科学和统计学派生出它的内容，从教育学派生出它的方法，从心理学、社会学、哲学和人类学派生出它的理论。"

数学是自然科学研究的基础，又是一门应用面最广的学科。

数学教学法是数学教学思想的体现，是研究数学教学的基本特点及其规律的科学。数学教学方法以教学实践为出发点和归宿，教学方法的研究与教学的三个基本因素（教师、学生、教材）密切相关。

教师是教学活动的设计者，学生是接受教学的对象，教材是教学的媒介。现代数学教学方法的改革，在充分发挥教师主导作用的同时，发挥学生的主体作用，提高思维质量和课堂效益。

教师，是对教育教学起着决定性作用的。女附中/实验中学的数学教师以他们突出的才华和优良的素质肩负起了学校数学教学的重担，长期以来，数学教学成果都稳居学校优质教育的前沿；他们也成为一个深受学生敬重和爱戴的优秀群体。

数学教师们的教育思想和教学经验非常需要记录下来并大书特书，因为这不仅仅是他们个人的功绩，也是母校的成就与骄傲，是我们永远受用不尽并值得永远传承下去的宝贵财富。

一、培养能力，数学教学的终极目标

从师大女附中 1950 年 10 月的《数学组教学大纲》，可以看到当时学校已经有着明确的数学教育的总目的。

1. 使学生获得各种计算能力，以供日常生活和工作上的应用。

2. 使学生明确认识数学是随着人类社会生产需要而发生发展的科学。

3. 研究客观事物间的数量与形的性质和互相关系，打下学习自然科学和高深数学的基础，并使每个同学能有参加新民主主义社会建设的能力。

在《1949—1950 学年数学教员教学计划情况简表》中，当年女附中的老师们都将教学目标清楚地列出。

研究各种事物间数量的相互关系的性质和各种计算的方法，再把它们运用到解决实际问题中去。（李振纯初中算术）

发展学生思考、分析、推理、判断等能力,建立研究科学之初步基础。(徐慧英初中算术)

巩固小学算学的基础,学习基本方法与运算道理,熟练掌握其演算技能,以作为学习其他科学的工具。(田大猷初中算术)

使学生了解算术与代数的关系,知道代数符号和利用公式的普遍性,以及用代数式解应用题。(关秉衡初二代数)

代数是继续算术做进一步研究,解决算术中难解决及不能解决之问题;训练灵活和有系统的思想,做高等代数之准备。(张国珩初二代数)

使同学彻底了解点线面的基本概念;研究平面几何图形的各种关系,进而解决实际问题,为学习理工科建立基础;培养同学的思考与判断能力。(张国珩初三平面几何)

使同学彻底了解平面图形的各种关系与性质,进而联系并解决实际问题,以培养同学的思考与判断力,并为学习理工科奠定初步基础。(于宗英初三平面几何)

研究平面几何图形的各种性质,为学习理工科建立基础;培养推理、判断和分析的能力。(李振纯初三平面几何)

使学生了解一切物质"数""量""形""位置"的联系性;学会精密分析问题、处理问题的方法及不同方法的不同角度。(王卓亭高一平面几何)学习推理方法,认识几何基本观念和客观存在的关系及实用价值。(王笑房高二立体几何)

1)培养学生具有所学数学水平、能力;2)认识形数关系及中学数学相互间的关系;

3)衔接初中数学,有敏捷的计算能力和作图技能。(王明夏高三代数)

以上凝结了老师们真知灼见的言论,令我们对他们肃然起敬。在那时,教师们已经摆脱了传统的数学教学思想的束缚:重教轻学、重知识轻能力、重结果轻过程、重外因轻内因、重模仿轻创新等。他们已经将"培养学生解决实际问题的能力""培养推理、判断和分析能力""为学习理工科建立基础"作为培养学生的目标,没有大而空的口号,只是踏踏实实地在数学教学中完成培养国家需要人才的使命。

王明夏老师在1950年1月的"教学工作总结"中,极为精准和深刻地谈到了数学课程的重要性:

> 数学这门科学是把事物的质撇开,单独将量的关系加以抽象研究。数学中研究的规律,是当作与一切具体的质都没有关系的纯量的规律来看的。正因此,它又可以普遍应用于一切事物,不因个别事物的具体的质的不同而影响它的正确性。然而,这种数学普遍适应规律的认识,并不是普遍最高真理的认识。因为这种适用性只限于量的范围,它本身是抽象的量的规律。现实事物的量,都是具体的量,是与一切定质相结合在一起来研究,才有实际的意义。但是,高中数学是高深数理化的理论基础,与日常运用毫无联系,与实际很少联得上。

> 正因为数学有其普遍适用的规律,又是研究自然科学的基本知识,我们不能不重视它,用它来培养学生的思考方法,熟练演算作图的技能,使其于深进研究中能有所创造发明。这是数学课程中不容忽视的问题。

数学教育应努力全面体现数学的价值。教师首先要向学生提供参与社会生活与建设必要的数学基础知识和基本技能;其次要帮助学生体会数学的基本思想,向学生提供思维工具,提高思维水平,让学生表达清晰,思考有条理;进一步向学生展示数学对于社会发展的多方面的作用,让学生认识到数学在人类社会发展中独特而重要的作用,使学生具有实事求是的态度和锲而不舍的精神,具有应用意识和创新意识;使学生学会用数学的思考方式解决问题、认识世界。

张继林老师把数学教学的目标归纳为:

(1) 培养学生学习数学的兴趣;
(2) 激发学生学习数学的源动力;
(3) 磨炼学生克服困难、坚忍不拔的意志;
(4) 培养学生的探索精神;

(5) 培养学生的元认知能力；

(6) 提高学生的"建构"，并形成良好的认知结构；

(7) 培养学生具有一定的数学思维能力，并形成正确的数学观；

(8) 使学生具有优良的思维品质，培养他们的创造意识，发展其创造能力。

以上总结，将培养目标具体化，并提高到了一个新的高度。马成瑞老师说：

什么是数学教学？50年代认为数学教学是传授知识的过程，80年代认为是传授知识和培养能力的过程，后来又提出传授知识、培养能力和促进发展（个性品质）的过程，几经变化和更新。现代数学教学思想集中体现在目的观、结构观、质量观和发展观等方面，更新数学教学思想是数学教学改革的关键和前提。

现在总结起来，中学数学的教学目的就是给学生"所必需的数学基础知识和基本技能，培养学生的运算能力、逻辑思维能力和空间想象能力，以逐步形成运用数学知识来分析和解决实际问题的能力。"

运算能力，是一种综合能力，在处理数量关系方面，它不可能独立存在和发展，而是与记忆能力、理解能力、推理能力、表达能力以及空间想象等其他认识能力，相互渗透、相互支撑形成一种综合能力，运算能力的基本要求是准确，在此基础上要求迅速、简捷。

思维能力，是智力因素的核心，思维品质是一个学生智力层次高低的标志。敏捷性、灵活性、深刻性、独创性和批判性，是思维品质的五个特征。数学思维分为逻辑思维（包括分析思维和类比思维）、辩证思维和直觉思维。逻辑思维的理论基础主要是形式逻辑，它包括综合与分析、间接思维和类比思维等思维方式。

空间想象能力，是数学学科所要培养的重要能力之一，也是立体几何课要达到的主要教学目的。

上述三种能力即是"运用数学知识来分析和解决实际问题的能力"。

马成瑞老师所说的这些，恰恰是我国的教学大纲所要求的。有了明确的教学目的，即教学大纲所规定的这些内容，接下来便是如何教学以实现这些目的了。

二、数学的教学方法：培养兴趣，"授之以渔"

1. 概述

在如何提高课堂教学效率上，王明夏和张玉寿老师一起总结出上课应该做到"五不"："不讲废话，不写废字，不擦黑板，不晚下课，不灵机一动"。"四忌"：一忌新课平铺直叙；二忌讲定理开门见山；三忌就题论题；四忌复习课简单重复。

以上这些都是至今仍然行之有效的好方法。张玉寿老师在她的1950年"教学工作总结"中归纳出以下几点：

1. 讲课时要尽量可能地由具体出发。教学本身是抽象的，它的本质是公式定理。一切公式定理包含着丰富内容，有紧密的联系贯穿，但它的构成是由具体抽出来的。所以我们讲解时可能的话，最好由具体出发，容易使学生概念明确。

2. 养成学生分析研究能力。我们证明一个定理或公式时，最好先不把定理按部就班地给学生证出，要由特殊例子归纳出这个定理或公式来，再普遍地证明它（这方法不是任何定理公式都能用的）。为要证明它，指示学生先分析这问题，欲证明此，必先证明彼，要达到最后证明，应如何下手？要启发她们想问题，思考，使步骤简便。"为什么这样做"，"为什么那样做"。

3. 经常要提醒学生易犯的错误，纠正她的错误，最好引她自觉。

4. 态度不要过于严肃，以致影响教学效果。

张玉寿老师在总结中又说：

在备课方面，我从前虽然也很认真，但很多时候是在脱离学生实际情况下进行的，政治思想性也很差。我备课常常只是从教材内容出发，很少结合学生的学习基础、志趣、爱好，去研究如何帮助他们学习，启发他们的学习自觉性。现在备课我就尽量争取在充分了解学生的基础上来进行，注意联系生产和生活中的实际，也注意新的知识的结合，甚至复习提问的内容和对象，以及一个问题要如何提法就更能启发学生的积极思维，我也要周密地反复考虑。

在批改作业方面，我过去只抽改少数卷子，后来为了督促学生，就全部收查，部分批改。但是近来我感到这样做仍很不够，因为在数学课中，作业不但是学生学习活动的极重要的部分，而且也是教师经常了解学生掌握知识情况的重要手段，既然想教好每一个学生，就不能放过任何一个学生的错误，因此，我近来极力争取做到对作业的全收全改，对每个学生的作业都加以审查，作出记号，使学生知道自己的问题和错误在什么地方。

在过去，我对于教学效果的检查是不够重视的。近年来在迫切要求提高教学质量的愿望下，我逐渐重视了效果检查。检查之后，还分析试卷，统计成绩，总结学生所犯的错误及错误产生的原因，研究改进办法。这样做，确实有利于教学质量的不断提高。

1950年1月数学组在"教学总结"中谈到，对数学教学的态度应该是这样的：

（1）教学态度不用过于严肃，要温和，有耐心，感情充沛。
（2）接受学生反映，不用自以为对的教法。
（3）表扬学生的进步，使变为自觉的努力。
（4）对学生有限度的多鼓励，增加其学习信心。
（5）课外多与学生联系，了解其生活及学习情况与困难。
（6）多与级任、班长、小组长取得联系。
（7）为帮助成绩较差学生，堂上对他们多问问题，堂下另找时间讲解照顾，发动小组互助。
（8）不生硬地与政治思想名词联系。
（9）师生间建立感情，使学生认识了考试的真实意义，打消学生视数学为困难科目的观念。
（10）取消学生对数学狭义实用的要求，培养他们学习自然科学的基础和训练思考的工具。

从以下《1949—1950学年数学教员教学计划情况简表》的内容中，可明显地看到，那时，老师们就都强调"启发式"，强调"不要死记硬背"，强调"照顾全班水平""学生之间互助"等等。这就是说，终身学习是当今社会发展的必然趋势，数学课上可以做到的是，让学生学会与人合作交流，并保持乐观的进取精神。

上课时首先用分析法讨论上次所留习题；讲定义要画图形、举实例；讲定理首先画图形，由同学研究图上所看到的关系，再做分析并归纳为定理；单元复习，重在找出联系。（李振纯）

堂上除讲授外，注重启发、问答和自学辅导，利用小组互助互勉和小组挑战，实行短时间抽考、速算比赛，对易犯错误要反复练习，临时测验和定期考查结合，训练整齐、心细、耐心习惯，提倡自动学习，鼓励学习兴趣，一扫依赖、虚伪之积弊。（徐慧英）

了解和检查学生的实际程度，有计划、有方法、有步骤做好教学方案和教授，建立自动学习"打开脑筋"，利用小组，提倡互助，去除不好的习惯。（田大猷）

第一堂课师生共同商讨学习计划；平时上课据前次习题结果提出问题，由同学口答或板演，全班共同订正。由启发式兼讲演式的方法逐步解析归纳，直到全班透彻明了。（关秉衡）

多用启发式，使儿童多用心思学、理解，不要死记，明白了道理，自然能做习题和实际应用。用眼前的事物引起几何观念，用折纸法配合实验，使同学认识几何的基本定义、公理、定理，以为推理根据；用问答法和启发式引出定理内容、证法。（张国珩）

基本公理、定义、定理用讲演法以介绍；普通定理及难题用问答法以启发，引导同学自行思考、自动研究，而最后归纳之，以作出明确之结论。（于宗英）

多提示证法，多举例题，归纳同类问题，集中讲解；照顾全班水平，讲授方法，留有思考余地；按组批阅作业，一组批阅一本，讨论纠正一般错误。（王卓亭）

课前预习；课上讲授照顾全班成绩水平，优、差在堂下有限度照顾；学生组成学习小组；作业全交，不全批改，以使学生将易犯错误不重犯为原则。（张玉寿）

根据学生程度及意见，把握适当进度及教学方法，利用模型、挂图及实物，启发学生并讨论问题，批阅作业并将不适当处在班上提出纠正。（王笑房）

针对学生存在问题和心理，深入浅出把问题讲解明白；与各科课程配合取得联系，且配合社会活动进行教学；着重课堂教学，配合小组活动，启发其自觉性与积极性。准备预习、课堂讲授、辅导自学。（王明夏）

王明夏老师在她1950年的"教学工作总结"中说："关于数学课程中的理论与实践联系，暂时只能应用到课文中的理论，学生如何在演算习题的实践中来应用。我们一定提醒他们做到下列几点：1. 不要只记得原书中的结论和公式，而要了解这结论、公式是怎样得到的。2. 不要只知道这问题里是怎样怎样说的，而要知道这里面为什么这样说。3. 不要为书中所讲许多东西困惑住了，而要想明白这许多东西是如何贯穿在一起的。"

她给学生提出几点要求：1. 演算数学题不能用讨论方式，必须每个人自己单独演算，以检查对这个问题的认识程度。有不明白的地方，可以询问同学或教师，了解以后再动手作题。2. 大家把题做完了以后，可以对答案，或者有较难的问题，可以互相讨论其中的关系和方法。3. 发动小组互助。4. 作业必须按时交。

以下是从1950年7月1日《数学、理化博物、政治、体育、美术、音乐、劳作教学总结》中摘录数学部分的内容：

各位先生根据上一学期的教学总结，大半都明确了群众路线在教学中的重要性，大半都体会到在教学中"实事求是"比"自以为是"的效果要好，所以这一学期的教学工作在走群众路线这一方面做得特别好。现在把数学组和理化博物组的教学情况在这里介绍一下。教学中群众路线，除了表现在上面的吸取学生意见、主动接近学生、耐心教育学生以外，还表现在照顾全班学生、个别指导学生，和课堂启发学生方面。

关于批改作业，王明夏先生认为应该有重点，指出每个学生马上应克服的毛病，她说："批阅的重点不仅结果正确，而更在乎她们所用的方法简明，注意经常爱犯的毛病，告诉她们做题的进展过程：第一步是正确，第二步是敏捷，第三步是整洁。"

李振纯老师认为：

教师如果对于功课做过缜密的准备，他就能自信地进行工作，而能达到应得的成就。因之在思想上认识到了备课与教案的重要性，在实际工作中，也曾体会到，没有一个细致的教案不能教好一节课，因此在1952年学年开始时提出"做好教案"的要求，以便使它对教学起着决定性的作用。在写教案之前，仔细地熟读课本和参考资料，应当怎样教这一节，然后写教案的内容，一是目的，包括教育目的与教养目的。二是过程，包括检查复习提问的问题，启发新课的问题，讲新课的思考路线与过程，简练的总结巩固提问的问题或板演的问题最后留作业。至于黑板上的排列次序也在课前计划一下。这样做了一年纸质证明它对教学改革起了很大的作用，使我在讲课时是胸有成竹不慌不忙地完成每节课，基本上消灭了当堂乱抓的无计划现象。学生们的反映是计划性强，能启发她们提问题。

任孝娟老师则介绍说：

备课我总是想得特别周到，必须把讲的内容都弄好理顺才去上课。每堂课把难度一层一层展开，一层一层延伸，最后再讲一个难题，偏重训练灵活性和思考方法这方面的，由浅入深，慢慢地让学生们明白。

我从心里特别喜欢学生，心里总想要教好他们，一定要多教他们一个方法，多练一道题，所以学生的成绩都比较好。有一次，老师集体判卷子，一个老师说："看，各个老师讲的还是不一样，学生掌握的方法也不一样，任老师这班用行列式来解题特多。"那时候初三还没讲到行列式，我想多讲点方法，让学生灵活使用，我就讲了，没想到学生还掌握了，很多人用这个来解三元一次方程组。这是我作为一种方法教给他们的。我课上常常多给学生讲一点点东西，找点课外书讲得深一点。

张国珩老师在她的"初二教学总结"中谈到对搞好教学的体会：（1）全面了解情况，照顾大多数同学；（2）帮助个别同学；（3）纠正学习态度，培养独立做作业能力；（4）不要"就是这样么"，而要"为什么"。

1966届初三（1）班的鲍园园回忆说：

1963年至1966年，我在女附中初中学习三年，讲授数学课的有马成瑞、储瑞年、李光华、金元和张锦斋等几位老师。他们的教学各有千秋，风格不一，但是作为数学老师，又有着一个共同的特点，就是科学严谨，逻辑性强，条理清晰，善于思考和分析问题，在听课的过程中，这一点给我留下了非常深刻的印象，我觉得数学老师是一些最会思维的人。

老师们在教学中努力培养我们对于数学的兴趣，让我们爱学。同时他们特别重视对于学生思维能力的培养，循循善诱，帮助我们形成正确思路，掌握科学的逻辑思维方法，让我们会学。女附中的数学课不仅仅是教给了我们一种应用工具，而是培养了我们科学思维的能力。

"文革"爆发，我们被迫中断学业，上山下乡去当农民。我在内蒙古生活了11年，29岁才回到北京。虽然没读过高中，但是凭着女附中老师给予的坚实基础和科学的学习方法，我通过自学，上了大学，后来又考上了研究生，一直在高校任哲学课教师。学生们认为我的教学科学严谨，逻辑性强，条理清晰，1999年我被评为北京市优秀教师。女附中各位恩师的教育培养，让我受益终生，能够传承他们教学的真谛是对恩师最好的回报。

据储瑞年老师介绍，1966届初三（6）班有一个同学叫孔荟，她是下乡插队的，后来考大学的分特别高，考上了北医，毕业后接着又上了研究生，她回来就跟同学讲："我只是一个初中毕业生，参加高考能够很顺利地被录取，就是因为有这么一个好底子。"她说的这个好底子就是女附中给的，不仅仅是知识的基础，更重要的是学习的方法，会思考，而且会思考这些有关学科的问题，这一点是咱们学校教育当中最具特色的表现。

时任教导主任丁丁的文章《提高中小学教育质量工作中的问题和改进意见》[1]中特别讲到研究改进教学方法的问题：

在过去一年里，许多地区在钻研教材的工作上取得了不少成绩。但是，对于改进教学方法的工作，也有不少地区没有足够的重视。

只要求教师努力工作，不指导教师改进教学方法，是过去学生负担过重的原因之一。钻研教材不应和改进教学方法脱节，如果只钻研教材而不去研究如何把这些教材传授给学生，那连一半的教学任务也没有完成。钻研教材不单是为了教师懂得透彻，更重要的是为了使学生学得更好。教师要把自己钻研出的成果教给学生，就不能不考虑教学方法问题。中小学的教师不是研究员，他们受人尊敬不是因为学识高深，而是因为他们对学生的教育好。如果评判教师创造精神的话，主要是看他教育学生的成绩和教学法上的成就，也就是看他在全面发展教育上的效果，而不能把他的学识高深当作主要条件。钻研教材和改进教学方法是一个整体，就像形式和内容的关系一样，取消了形式，内容也就无法表现，取消了内容，形式也就毫无意义。作为一个中学或小学，如果没有研究教学法这项工作，那它很难成为一个好学校，或者说只能成为一个不像样子的学校。

苏联专家安德洛索夫同志在我国视察了几个地区的学校，他所看到的课堂教学，几乎全是教师讲学生听的老一套讲授法。他认为这种千篇一律的讲授法，妨碍了学生学习的主动性和积极性。他说："一个好教师，应能唤起学生学习的积极性和学习兴趣。学生的头脑

---

[1] 丁丁：《提高中小学教育质量工作中的问题和改进意见》，《光明日报》，1955年10月12日。

不是稻草袋，不能像装草似的尽量往里装知识。"确实，在我们的教学工作中，教师考虑学生的接受能力太少了，启发学生的积极性也很不够，有些在教学方法上有新的创造的教师还没有引起领导上足够的重视，形式主义的课堂教学还普遍地存在着。许多学校的学生由于课堂听不明白而在堂下花费很多力量去搞作业，许多学生由于教师课堂教学不好而减低了学习的兴趣。为了减轻学生的过重负担，为了提高教育质量，各级教育行政机关和学校，应把研究改进教学方法的工作提到工作计划中来。研究改进教学方法，应结合钻研教材进行，应根据各科特点进行，应在了解学生的年龄特征和不断检查教学效果的基础上进行，不可凭空地去臆想创造，不可孤立地为教学方法而研究教学方法。

这里提到的钻研教材、启发学生的积极性、教学方法上要有新的创造、了解学生的年龄特征和不断检查教学效果等等，都是十分重要的教学方法，对教师很有启发。我们还可以从 1967 年《北京师大女附中 17 年来两条路线斗争大事记（初稿）》（以下均简称《17 年大事记》）中看到相关描述：

1959 年 9 月，在组织学生学习八届八中全会公报与决议时，广大同学群情激昂，校领导却提出"反右倾，鼓干劲，提高学习质量"的口号，要求学生要"听课好，作业好，复习好"，大抓"刻苦、踏实、细致"的学习风气，改进学习方法，加强组织性教育等。

1960 年 11 月，校领导就提出"学习教育方针，干劲落实，提高学习质量"的口号，要求同学"勤学苦练，牢固掌握知识"。学校还大力开展科技活动，组织了超声波、无线电、原子能、半导体等小组，组织花样繁多的比赛活动，书法比赛、作文比赛、数学比赛等等。训练学生"能写会算""能说会道"的本领。

卞校长在数学组蹲点，强调教改要走自己的路，不要搞花样。她说"外面热一点，咱们冷一点"，也就是说不能跟风，她强调要总结经验，抵制形式主义的"语录进课堂"。[2]

《17年大事记》中的这些内容，从另一个角度看出，当年校领导为了加强教学，提高教育质量，是在真抓实干！

2. 如何培养学生的学习兴趣

华罗庚先生说，"要培养学生兴趣，要追求简洁，要重视直观，要学会抽象，要不怕计算"。在他的这"五要"中，第一位的就是要培养学生兴趣。

李振纯先生和于宗英先生在讲课时，是根据学生已有的知识，一步一步地让学生们自己推出他所要讲的定理。正像于宗英先生所说的："我知道了仅止于'清楚明白''平铺直叙'的讲解是不够的，学生们是多么希望她们的老师能更巧妙地提出问题哟！希望能启发她们的思想，使她们亲身体验研究的过程，自己去发现，自己去推理。"

先生们既然这样地想尽一切办法来使学生学好，学生们的学习情绪自然也就高涨起来，自然也就表现出学习的主动性和自觉性。关秉衡先生说："现在每个学生的学习态度都是很好的，遇有困难，决不愿意请先生代解，而是高兴地自己去钻研。"

张玉寿先生也有同感："学生自觉是搞好学习的有利条件，就像高二（1）学生过去的成绩比较好的只六七个人，这学期堂上回答问题和做作业大多数都有了进步。因此，我对这个班搞好有了信心。一方面，专有时间帮助较差的学生，一方面对她们多加鼓励，大部分学生都对代数发生兴趣了。"

任孝娟老师记得："有一个学生，考了个100分，看见我就喊起来：'老师，我从来没有得过满分，这是我第一次得满分，以后你可得老教我啊！'那个高兴劲儿给我的印象特别深。我觉得学生们的确学得好，中考的各个班级的平均分也是挺高的。"

2　师大女附中《解放》《肯登攀》《众志成城》《放眼量》大事记编写小组：《北京师大女附中17年来两条路线斗争大事记（初稿）》，1967年6月。

这里可以看出，学生的兴趣是老师培养出来的。一旦他有了兴趣，爱上你的课，成绩的提高就是自然的了。1967 届高中毕业生罗治记得：

> 储瑞年老师也是 1963 年从北师大毕业来到女附中的年轻才俊，不知道储老师有什么魔法，让我们那么喜欢几何课。他用一层层的"已知、求证"把我们带入逻辑思维的天地。储老师最为巧妙的讲解是添加辅助线，看似一盘"困局"的题目一经加了一条不长的辅助线，顿时云开雾散。每当上几何课时我们就像吃了兴奋剂，不知道老师给我们施了什么魔法，老师刚一布置例题，我们就立即开动大脑，争相举手。后面的同学唯恐老师看不见，干脆站起来，那种劲头完全没有了女孩子的斯文，我们活跃的思维就在老师的启发诱导中爆发了。你的解法直接，我的解法更为巧妙，愉悦的"PK"是课堂上最美好的时光。十四五岁女孩子的独立思考、理性思维，就是这样逐渐被培养起来了。

张玉寿老师在担任学校数学教研组长时，开展了生动活泼的教研活动以启发学生学习兴趣。如"每周一题"的数学板报就经常吸引着一批批学生。

再如，1953 年 12 月 19 日下午，在数学组老师的倡导和主持下举行了全校的数学晚会[3]。会场两壁挂着同学们画的中外数学家祖冲之、程大位、罗巴切夫斯基、切彼雪夫、基谢辽夫等的画像，贴着醒目的、有鼓励性的标语，如："如果你想参加伟大的生活，那么你的脑子里就要尽可能充满数学知识——加里宁"。

简单介绍一下晚会的内容，都是学生自编自演的节目：有朗诵、结合图表的讲述、舞蹈、数学游戏、相声、快板等等。这次数学晚会是一个新的尝试，它是教师和同学们的一种集体的创造性的劳动，因此颇受大家欢迎。第一个节目是朗诵，"数学——研究科学的武器"：

3　师大女附中数学教研组：《我们的数学晚会》，《光明日报》，1954 年 2 月 18 日。

在通向社会主义的大道上，国家要工业化，科学水平要提高！
没有数学，就攻不下科学的堡垒，
没有数学，就缺少一把打开科学宝库的钥匙！
数学是研究一切科学的武器，
掌握它，会精通科学，会创造奇迹，
在祖国大规模进行经济建设的今天，
在祖国需要各种人才的今天，
让我们为更牢固、更灵活地掌握这一科学武器而努力吧！

台下许多同学说："好美的一首诗啊！听了它，使我们认识了学习数学的重要性。这首诗启示我们要努力去掌握这把科学大门的钥匙。"

第二个节目是介绍我国古代数学家的一些成就，这是结合图表用讲述方式演出的。讲述的同学系统地介绍了我国在数学方面光辉的创造和历代著名的数学家。

1. 我国古代的计数法和九九歌诀。

2. 春秋时代两部非常有名的古算学书：《周髀算经》和《九章算术》。这两部书不但总结了春秋以前我们祖国数学的天才创造，更给以后数学的光辉成就奠定了基础。

3. 秦汉之间几个有名的研究和注解《周髀算经》和《九章算术》的人：张苍、耿寿昌、郑玄、赵君卿等，还介绍了后汉的一位数学家张衡。

4. 三国时代杰出的数学家刘徽。

5. 由宋至明的几个杰出的数学家：沈括、秦九韶、杨辉。

第三个节目是七巧舞。

第四个节目是数学游戏，用说相声的方式演出。游戏说明了理论和实际结合的问题。

第五个节目是讲述圆周率在中国的发展。

第六个节目是讲关于发明尺算法的于振善的故事。

第七个节目是快板。在快板中,首先指出了同学在学习数学中常易犯的一些错误。

早在1953年,我校就举行了这样大型的活动。这次活动至今仍然在一些中老年教

师脑海中记忆犹新。这是一个内容丰富多彩,形式多种多样,激发学生学习数学的兴趣,开拓知识面,锻炼能力,很新颖的活动。

另据1986年第7—8期《北京教育》杂志载:"1979年3月的一天下午,实验中学高中毕业班的一个教室里座无虚席,讲台上一位头发花白的长者,正在向同学们讲授微积分的初步知识。老师不时地在黑板上写着讲授的要点,不时地举起自制的教具进行阐述和演示,学生们怀着对老师的敬爱之情,聚精会神地聆听着,思索着,还做着笔记,这位长者,就是当年已近七十高龄的张玉寿老师。"[4]

微积分初步知识,在当时还没有编入教材,许多教师对这部分内容不熟悉。执教几十年的张玉寿老师,看得高远,她利用课外小组活动,对学生进行了启蒙教育,微积分初步知识引起学生极大的兴趣。为了开阔学生的思路,提高学生的能力,同时也为了给中青年教师做个示范,她不顾高龄,亲自制作教具。在高考竞争最激烈的年月,张老师却在毕业班开辟了"第二课堂",这就不难看出张老师在教书育人上所具有的远见卓识和强烈的事业心。张老师说:"教师工作,需要我们贡献出全部心血和毕生精力。"

3. 热爱每一个学生

任何学校、任何班级都会有学习成绩较差以及偏科的学生,女附中也不例外。如何对待这样的学生,帮助她们改变现状,提高她们学习数学的积极性呢。怀着热爱每一个学生的强烈责任心,数学组老师想方设法帮助她们,使她们受到鼓励,感受到老师的温暖,这些学生学习成绩得到了提高。

50年代,数学组在介绍了他们工作情况时说:"本期召开了九

---

[4] 马成瑞:《余热倍升辉,再续育人篇》,《北京教育》,1986年7—8期。

次小组会，经常交流经验，推行领导上号召。同仁们改变了教学观点，不用主观教学方法，针对全班成绩水平，不硬性地只顾进度，偏向优等生的同时也照顾设法提高成绩较差的同学了。"

以下文字节选自1950年7月1日《数学、理化博物、政治、体育、美术、音乐、劳作教学总结》：

李振纯先生为了照顾学生们问问题的困难，每星期一、六早自习到一部，二、三、四、五早自习到二部，给她们提问的机会。

初二（7）班的韩、高两同学上学期请病假，有两章没有学，张国珩先生就利用早自习的时间给她们重点地补习，两星期后就赶上了，并且成绩很好。孟、刘、李三人的基础差，开学时讲分解因式，因前章的乘法公式有些不会，接受不了，张先生也在早自习时给她们补习，她们慢慢地都能理解了。

初三（3）的殷同学几何课耽误得很多，有一次测验交了白卷。后来，经于宗英先生帮助补习，再测验时能做对一半以上的题。李同学的几何成绩本来很好，因考坏了一次月考而怪怨起来，经于宗英先生了解，她是满足于自己的"一看就懂了"，而忽略了学习的彻底深入，于先生和她谈了几次话，现在又恢复了以往好的成绩。

于宗英先生在她的"平面几何教学总结"中这样讲述如何对待学习上有困难的学生：

较差的学生是不肯接近先生的……她们常有一种自卑的心理，认为自己成绩不好，先生一定不喜欢她，不爱和她接近的。就因如此，也影响了她的学习情绪，当然更谈不上学习兴趣。她会一天天地对着科目感到生疏、憎恶或惧怕，以至于产生了放弃心理。所以我认为，在教课中，我们最该关心的却是那些较差的同学。我们要尽可能地不给她们任何打击，更在教好学好的原则下，接近她、了解她、说服她、鼓励她，使她感到亲切，感到鼓舞，使她在美好的情绪下，培养她的学习兴趣。

张继林老师有他的具体办法：

对于数学成绩较差的学生，我分成四步，第一步是抱着走，即许多难一点的题，我都讲过，让他们把测试当着一次学习的机会，检测他们是否已经学会我讲过的内容和方法；第二步是扶着走，对于较难的题目对他们做过一些提示，看他们是否能联想和全部完成一个数学问题的解答；第三步是看着走，在测试前向他们提供具体的测试范围和与测试题相关联的课上我讲过的例题，看他们是否能用类比法完成测试；第四步是放开手，让他们与其他同学用同等的条件来参加测试，看他们的数学水平是否真有所提高。在这种做法下，这些差生在每一阶段的数学测试都能达到及格的水平，这对于在高一和高二两年数学从来没有及格过的学生来说，在心理上起到了极好的作用，对他们来说是一种安慰，也是一种鼓励。

王明夏先生在1950年1月的"教学工作总结"中说：

一阶段有一阶段的教材、内容、重点，照顾成绩差的学生能没有限度吗？现在的学生对先生的要求应该"高"，但是"高"应该是"质"的提高。无原则、无限度的照顾差的同学对于全班进度、教师质量、时间有什么用处呢？

要热爱每一个学生。要喜爱功课好的学生，也从不嫌弃功课差的学生，张玉寿老师认为，"教师不恰当的嬉笑怒骂都是不利于教育教学的，真挚含蓄的情感往往更容易使学生受到感染，引起他们强烈的内心共鸣。"这是多么富有哲理的经验之谈，确实，张老师的一生就是这样做的！

4. 教给学生正确的学习方法

许多教育专家认为，将来的"文盲"，不再是目不识丁的人，而是一些没有学会如何获取知识，不会自己钻研问题，没有预见力的人。这就要求学生不仅要掌握知识，更重要的是必须学会如何学习。科学的方法是点金术，是通向成功的桥梁。尤其是在知识更新日益加速的今天，掌握科学的学习方法，具备独立获取知识的能力显得特别重要。一个只能被动学习，不会主动探求知识的学生，在他们日后的工作、学习中必将遇到许多麻烦，甚至完全无法适应周围的环境。只有既学到了知识，又掌握了科学的学习方法，才能适应社会的飞速发展，并能为社会做出创造性的贡献。

教师不仅要教会学生知识，还要教会学生获取知识的方法，而更重要的是在学生获取知识的过程中，培养学生许多优秀的品质，比如脚踏实地、勤勤恳恳、诚信求是、谦虚谨慎、不畏艰难、勇攀高峰等等，这也是我校教师教书育人的优良传统之一。

张继林老师体会到：

思想教育绝不能离开数学学科本身，数学学科有它自身的特点：高度的抽象性、严密的逻辑性、应用的广泛性；数学中还有丰富的方法论内容，即有许多现代科学方法；

数学中还有被称之为数学观念的内容，它能使学生形成科学的思维方式。科学性与思想性是统一的，科学性是思想性的前提和基础，思想性是科学知识的内在属性。在教学中正确地解释和说明客观世界，传授科学的文化知识，其本身就具有巨大的教育意义。一直以来，我就把数学学科的思想性作为数学育德的主要内容。将来当学生把我所教的具体的数学知识，具体的数学题目都忘记的时候，学生留下来的就是数学教育。数学思想、数学意识、数学观念已经融入学生的思想意识之中，数学教育将使学生一辈子受益无穷。

教学的主导思想，就是教师要教给学生思维的方法，不仅要让学生学会，更重要的是还要让学生会学，这样学生可以终身受益。

储瑞年老师指出："教学的危机就是'讲招不讲理'，只教给学生你这样的题怎么做，把题目分成若干种题型，然后把每个题型形成一个固定的模式，学生的任务就变成是单纯记忆加机械模仿。数学要这么教魂儿就没了，学生都成了做题机器。"他谈了对教学方法认识：

孔夫子的一个教育观点"教无定法";后来有人又给他补充了一句话,叫"贵在得法"。这个教育理念才是放之四海而皆准的真理。女附中的优势就在于它针对不同年级的学生开展教学。比如关秉衡老师,她一辈子就教初中,非常清楚初中学生的思维规律,能够把每句话都说到学生的心里,学生的脑子会怎么想她一下子就点破了,然后再分析这里面有什么问题,什么是对的,什么是不对的,学生很欢迎。但是高中生希望你课堂效率高,能够给他尽量多的知识,你再用这样的方法,学生可能会觉得是把我们当小孩看,并不欢迎。所以必须针对不同学科、不同的教学内容以及不同学生的年龄特点,来选择最科学最适合的教学方式。

教学有法,教无定法,因材施教,讲求实效。各种教学方法关键在于一个"活"字,要因时、因地、因人而有所变异,使教学效果最佳。

张继林老师总结了教育学生学习方法的要点:

(1)学习必须循序渐进。学习任何知识,必须注重基本训练,要一步一个脚印,由易到难,扎扎实实地练好基本功,切忌好高骛远,前面的内容没有学懂,就急着去学习后面的知识;基本的习题没有做好,就一味去钻偏题、难题。这是十分有害的。

(2)学习必须勤于思考。中学是一个重要的学习阶段。在这个期间要注意培养独立思考的能力。要防止那种死记硬背,不求甚解的倾向。学习中要多问几个为什么。一个问题可以从几个不同的方面去思考,做到举一反三,融会贯通。

(3)学习必须一丝不苟。学习切忌似懂非懂。例如,习题做错了,这是常有的事,重要的是能自己发现错误并改正它。要在初中乃至小学学习阶段就要培养这种本领。这就要求我们对解题中的每一步推导能说出正确的理由,每一步都要有根据,不能想当然,马马虎虎。

(4)学习必须善于总结。学完一章,要做个小结;学完一本书,要做个总结。总结很重要,不同的学科总结方法不尽相同。常做总结可帮助你进一步理解所学的知识，形成较完整的知识框架。

（5）学习必须持之以恒。俗话说"水滴石穿""一口吃不成胖子"。因此，最好制订一个学习计划，常常自我监督，严格要求，每天分阶段或自己或让父母检查，是否完成了学习计划，为什么没有完成，怎样补救等等。总之，学习不能只凭热情，"三日打鱼，两日晒网"是做不成大事的。

（6）学习方法要因人而异、因学科而异，正如医生用药，不能千人一方。同学们应当从实际出发，根据自己的情况，发挥特长，摸索适合自己特点的有效方法。

张继林老师还归纳了培养学生能力的主要内容是：

（1）正确使用算理、算律，提高运算的准确性，通过合理、简捷的运算，提高运算的速度。

（2）培养逻辑思维能力，所谓逻辑思维主要是指使用形式逻辑的思维方式进行判断和推理的思维过程，包括观察、比较、分析、综合、抽象、概括、归纳、演绎、类比等。训练逻辑思维时所使用的思维方法很多，如分析法、综合法、类比法、归纳法等。在我的实践中，突出综合分析法和加强文字表达能力的训练，收效较好。

（3）空间想象能力的培养侧重在识图、画图和添加辅助线的训练；同时重视图形的转化训练，即立体图与平面图的相互转化以及复杂图形向简单图形、基本图形的转化。

（4）分析问题和解决问题能力的培养，实际上贯穿于复习的始终。我给学生解题的基本过程是：认真审题，常规解题，加强探索，合理分域。在教学的实践中我体会到，对学生进行阅读、理解能力的训练十分重要，它是正确地理解题意、选择合理的解题途径的前提。在加强探索性问题的训练中，突出综合分析法解判断型问题，突出归纳法解猜想型问题；在分类与讨论问题的训练中，突出分类的原因、方法和步骤；在数形结合问题的训练中，突出基本图形的画法和图形给我们的启示；在代数、三角与几何的综合问题的训练中，突出综合题所包含的"三基"内容，即基础知识、基本方法和基本能力的训练等。

张老师的归纳，包括了能力训练的全部内容，而且不仅有内容，还有能力培养的全部方法。这实在是张老师几十年教学经验的宝贵结晶。

张继林老师曾写了一篇谈学习方法的文章，他在分析了学生的年龄特点和高中的学习特点之后，系统地归纳了高中的学习方法，而且指出他讲的是"通法"：

（1）打好扎实的基础。

数学基本功要扎实，一般的定理、性质和公式要能够熟练应用。

（2）培养兴趣。

一个对数学毫无兴趣的人自然学不好数学……但是学理科的如果不把语文学好，那么深入学习数学就很吃力，我比较喜欢数学，在中学每当我独立做出一道难题时，那种油然而生的成就感无形中成了推动我继续学习的动力。兴趣是学好每一门功课的必要条件。

（3）提纲挈领。

我们平时做的题肯定不少，当我们做完一种类型的题后，应善于总结并提取出做这种题的一个基本的思路，这样以后再遇到这种类型的题时，用这个基本思路一套就行了。其实学习之道，不外乎记忆和理解两个方面。

一般人学习数学总要付出艰辛的劳动，但若方法得当，会收到事半功倍的效果。好的方法是：

（1）知识的提纲挈领，即经线。

（2）方法的融会贯通，即纬线。

（3）要做相当数量的习题，并能把学习钻研书本知识和解答问题联系起来。

无论如何，对于基本的知识及知识间的关联，必须加以足够的重视，而且必须学会再做习题的时候有意识地复习学过的知识，巩固并且找出知识间的联系，特别重要。如果能够形成清晰的概念，辅以一定量习题的训练,就能够达到相当的水平。反之,如果闷头做题,不懂得总结归纳,做题的效率就会大打折扣。

(4) 多学多问。

首先,不要失望和气馁,要树立信心。

其次,要改进学习方法,适应高中学习的特点。一方面要花点时间摸索高中的学习规律;另一方面虚心学习周围同学的学习方法和经验。就学习过程而言,不仅要求听懂、记住,更重要的是会用。这就要求我们在每阶段的学习中要落实这三点,尤其是"会用",它是听懂、记住的目的,更要重视。不少学习佼佼者在总结经验时特别提到在"懂""记""用"三个过程中要始终抓住"理解、消化",只有这样才能转化为"能力"。他们还总结出了"课前预习找出问题,课上听讲解决问题,课下复习消化问题,阶段复习整理问题"的四过程问题解决法。他们把学习过程看作是发现、解决问题的过程。你也可用这种方法试试。有了决心,又有了良好的方法,你的成绩会迅速赶上来。

再其次,在树立信心与改进学习方法的同时,从实际出发制定一个奋斗目标和切实可行的计划。当你树立了信心,改进了学习方法,摸索了学习规律,又能不断实现一个个目标时,你就会从失利的苦恼中摆脱出来。

学习基本知识与技能以外,应该十分重视培养数学思维能力。因为在培养这种数学思维能力的同时,一方面会使得学生更深和扎实地掌握数学;另一方面,这种能力对于学生处理日常生活以至将来的工作或研究时,会大大地提高他们的工作水平,这样他们既不会在思维方式上犯浮夸和刻板的毛病,又能准确地抓住事物的本质,得出符合实际的有创见的认识。

马成瑞老师对思维能力的培养做了高度的概括:"思维是培养创新能力的核心。数学思维可以分为抽象(逻辑)思维、形象(直感)思维和辩证思维。所谓创造性思维能力,在一定意义上说,是抽象(逻辑)思维、形象(直感)思维和辩证思维的统一,并常常是以形象（直感）思维作为突破口。中学数学教学中要致力培养的数学思维能力，是以严格推理为主的严格推理和非严格推理的统一，是抽象（逻辑）思维、形象（直感）思维和辩证思维的统一。"

高中毕业生陈蔚回忆了王成名老师：

他教我们几何三角，他让我们在课前要预习学习内容，反复读，一个字一个字地读，不是等到上课时被动地听老师讲，而是自己主动将其读懂。上课是带着问题去听，去提问，做到深刻理解，完全搞懂。从那时起，我知道了什么是自学，怎样自学。王老师教导我们，数学定理要熟记熟背。怎么背呢？绝不是像背天书似的死记硬背，而是在理解的基础上记忆。当时，我把上数学课当成了一种享受，上课主动举手背诵定理，没有丝毫死记硬背的不快，而是陶醉在边想它的实质含义边背诵的过程之中。课后又沉浸在做题的愉悦里，感觉那一条条定理就是一个个颠扑不破的真理，只要用得巧，用得准，没有解不了的数学题。做题像做游戏一样，百做不厌。

王老师培养了我这种认真读懂、灵活运用的学习态度和方法，使我日后在人事、人社工作中，注重找准问题的焦点，精准运用法律法规，同志们对我的评价是爱学习，具有逻辑思维能力。

张锦斋老师总结了实验中学教学工作指导思想：

（1）面向全体，因材施教，使学生基础扎实，学有特长。

（2）源于大纲，高于大纲，源于教材，高于教材。

（3）教学方法灵活，贵在得法；教学手段现代化，贵在恰当；教学过程情感化，贵在默契。

（4）在打好基础的同时重视能力培养；在发展智力的同时，重视心理素质的培养；在传授知识的同时，重视基本视点与基本方法传授；在研究教材同时，重视研究学生。

（5）"爱"字出发，激励为主，在充满尊重、信任的气氛中开展教学活动。

5. 高考复习中的教学思想

我校数学教师都有着良好的素质和基础，学校引导教师在一个新的高度上去实施教学和备考，最后的效果是花的时间比其他学校少，考试成绩却比他们高。学校从来不搞题海战术，因为抓到根上了，把规律找出来了，不用搞题海，学生不费劲，上了大学以后，还有继续提高的潜力。题海战术害人，把数学都搞成了分散的知识点，把学生培养成一个个"操作工"，光会做那几道题。学生进了大学以后，遇到新知识就不会了，没有后劲。创新时代要求学生必须会思考、会动脑，而不仅仅是进行单一的操作。

高中数学总复习应该以"全日制中学数学教学大纲"和"普通高等学校招生全国统一考试数学学科说明"为依据，参照教材，联系学生实际，制定全面的复习计划。复习分为三个阶段：基础复习阶段；专题复习阶段和综合训练阶段。

特别要重视基础复习，"三基"（基础知识、基本技能、基本思想方法）的复习要与能力训练基本同步，具体做法是：抓住知识主线、理顺知识脉络、揭示内在联系、认识基本规律、筛选典型范例、突出思维训练。能力的培养不是短期就能奏效的事，是需要经过长期的、反复的训练，而逐渐形成的。

数学课究竟教学生什么，它不只是传授知识，更重要的是教给学生一种科学的思维方法。我们的老师的课好就好在不仅仅局限于传授数学知识，更重要的是启迪学生的思维，培养了人的独立思考能力。

储瑞年老师从多年的教学中总结出经验：

高考是要考能力的，要把知识转换成为能力，就需要在第二学期进行第二轮复习。

这个阶段采用的是专题复习方式，我们设计了四个专题复习的方案：

第一个专题是揭示内在联系，构建知识网络，就是把知识串起来。教学只讲知识点不行，那是知识碎片化。数学学科本身是一个内在联系非常密切的体系，必须要有一个总体认识才能够真正把握学科的本质和精髓。我们就设计了一个知识网络，把高中数学内容分成六个知识板块，把它们之间的内在联系和交汇点给学生说清楚。

第二个专题是，注重数学思想，优化思维策略，就是重点培养学生的思考能力。数学是一门思维的科学，思维能力是数学学科能力的核心。思维能力的提高也需要借助各种科学的方法，没有方法空谈思维是不可能的，那么这些方法包括：联系和变化、数形结合、分类与整合、转化与化归、特殊与一般，等等。

第三个专题是提升数学能力，增强运用意识。

第四个专题是探索思维规律，关注情境设问。数学基本上是逻辑思维，现在把辩证思维的东西也加进来了，确实提升到了一个新高度。

我们这四个专题中又包含若干小专题，采用案例分析方法，选取最典型的例题进行剖析，让学生明白高考试题究竟是要考你什么。就像破案一样，层层深入，到达中心，让学生经过两轮复习在循环中提高数学水平和能力。

高考要求学生对于高中数学十五章全部基础知识，有的要了解，有的要理解，有的要能应用，有的要能灵活应用；它要求学生掌握高中数学中体现的多种数学思想和数学方法；它要求学生具备一定的运算能力、空间想象能力、逻辑思维能力、分析问题和解决问题的能力；它还要求学生无论是在平时复习或者在考试中遇到挫折时具备应付能力、百折不挠的意志力和克服困难的决心和勇气。

这一总结十分全面地将学生必须掌握的知识进行了分类，将学生必须具备的素质进行了总结，特别是提出了提高应对挫折的能力、克服困难的意志力等非智力因素这一重要内容。

数学教学方法以教学实践为出发点和归宿，现代数学教学方法的改革，在充分发挥教师主导作用的同时，发挥学生的主体作用，提高思维质量和课堂效益。主要特点是：以发展智力为出发点，培养学生的创造性思维能力，以及分析解决实际问题的能力；研究学生和学法，充分发挥师生双方的积极性，让学生在学会的过程中逐步达到会学；重视非智力因素（兴趣、情感、动机、意志品质）在数学教学中的作用，尽量发展学生认识的潜能以及探索和创造精神。

三、教学中著书立说

我们的数学老师不仅做好教学工作，还注意积累教学经验，著书立说，为的是能够将教学经验更好地传承下去。从老教师开始，就注重这点。我们看到了王明夏、张玉寿、于宗英老师的多篇著作。

（1）特级教师王明夏和张玉寿于1948年曾合作出版过一本《高中三角学》教本，仔细翻看，觉得这本书真是二位老师的杰作。既有归纳总结，又有典型例题分析。这在建国初期，非常缺乏数学教本的情况下，真是解了燃眉之急，无疑这是一本难得的好书。马成瑞老师至今还珍藏着这本宝贵的书。

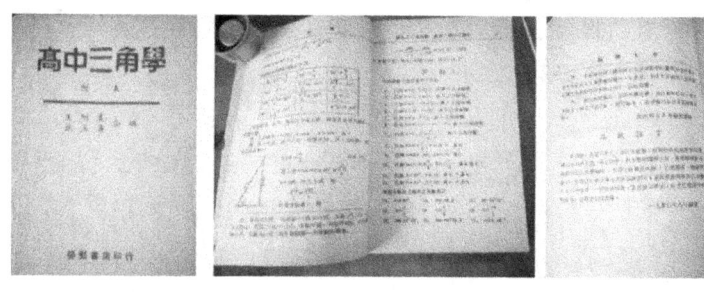

当年此书出版时销售的盛况在二版志言中可见一斑："本书第一版印行不久，即完全售罄。原拟依最近教育部精简纲目详加修正后，再行出版；但本学期开学在即，数学标准教本教育部尚未统筹编印，经诸友好敦促再版，以应需要。因时间仓促，暂时仅将航海及造表法部分删去；其余应删部分附以星标*，以备参考。一俟将来续版，当再详加修正。尚望采用诸同志对本书一切详加批评指导。（一九五〇年八月编者）"

于宗英老师在紧张的教学工作之隙，曾经想将她倾心钻研多年的几何学科的心得介绍给学生，起名《几何入门》，并拟就好以下提纲：

一、几何图形无所不在
  1. 自然界、日常生活举例
  2. 趣味几何问题举例
二、演绎推理并不陌生
  1. 从算术、代数谈起
  2. 几何推理的基础
  3. 入门"难"在哪里
  4. 分析法和综合法
  5. 代数法和图形转换
三、"一线千金"提法对吗
  1. 尺规作图的几何用语
  2. 添加辅助线的钥匙在哪里
四、"两大宝藏"你知道吗
  1. "勾股定理"的多种证法
  2. "黄金分割"艺术的构型
五、运动变化永无止境
  1. 非欧几何与黎曼几何的简介
  2. 罗素的逻辑诡辩

看过此提纲，我们感觉于老师真不愧被人们尊称为几何大师。几何的本质内容她真可谓烂熟于心，信手拈来已是头头是道，无一遗漏，而且文风亲切、风趣。正如马成瑞老师所说，"她的教学风格跃然纸上"。只可惜因为种种原因未能见到于老师的这一大作，而马成瑞老师将其提纲原件珍藏至今，令我们有幸欣赏到大师的经典之作的架构与轮廓。

（3）在特级教师张玉寿的一篇文章《谈谈高中毕业班的数学复习教学》中，详细地介绍了高中数学复习方法。张老师针对片面追求升学率的思想和做法，反对"以解题为纲，以技巧为重"，强调按教学规律办事，注重揭示概念的本质特征。下页图为张玉寿老师《谈谈高中毕业班的数学复习教学》一文中几页。

北京师范大学附属女子中学　教育叙事（1949—1966）

谈谈高中毕业班的数学复习教学

北京师范大学附属实验中学特级教师张玉寿

做好高中毕业班的复习教学，是整个中学阶段教学工作中不可缺少的一环。如何在短期内，通过总复习，使广大学生获得系统、完整而牢固的知识和技能，这确实是一件不容易的事。但只要我们方向对头，从实际出发，那么通过总复习，学生驾驭知识的能力，一定会提高一步。为此，我就数学这一科的复习工作，结合自己教学实践的体会，谈几点看法。

一、方向明，目的清，始于实际

近年来，我们常听到一种议论："复习就是为了升学考试"；也常见到一些作法："以解题为纲，以技巧为重，题目数量多，难度大、综合性强"。对于这种议论和做法，我想多数老师是持否定态度的。以前，我教过多年高中毕业班，未曾想着单纯是为了学生应付高考而讲课再复习。那时，也没有出现这么多的"复习资料"。主要是根据教学大纲由任课老师列出复习提纲，提前发给学生准备，上课时老师重点讲解，课后组织学生自己复习，老师辅导答疑，重要练习题则贴出答案，供学生参考。当然，今天的学生和过去已有很大的不同了，我们必须从现在的实际出发，最大限度地调动学生的积极性、主动性，按教学规律办事，才能

点。"三法"即配方法，待定系数法，换元法。这样的复习方法：学生先看书，能提问，会总结。学生的主观能动性在复习中得到了充分的发挥，复习的效果会更好。

2. 抓好概念复习

中学数学里，包含着大量的数学概念。这些概念是学生学习中较以正确思维的基础，没有概念就没有思路。概念教学是数学教学的基础，也是复习课中必须的基本环节。学生学过的东西，或当时就投学好，或有的遗忘混淆，或有了变化和发展，但认识还停留在原来的基础上，复习中应予以弥补、系统化并提高。关于对基本概念的复习，我主要是从以下三个方面着手的：

（1）注意揭示概念的本质特征

为了使学生正确理解概念，可用分类、对比、反例等方法揭示概念之间的内在联系，使他们在比较、鉴别中抓住概念的本质属性。

例如，我讲数、式、方程、函数的分类时，是按其运算范围的扩充，以列表的形式出示给学生的，说明它们内涵和外延的关系。这样体系清晰、属性突出、外延明确，学生能抓住概念的本质，加深认识。参阅下表：

集合 类别	加、减、乘	加、减、乘、乘方	加、减、乘、除、乘方、开方
数	整数 — 有理数	无理数	实数
式	整式方程 — 有理式	分式	代数式
方程	整式方程 — 有理方程	分式方程	代数方程
函数	有理整函数 — 有理函数	分式函数	代数函数

这是中学数学中比较抽象但又是一个很重要的概念，它清楚地揭示了命题的条件和结论的内部联系，又是贯穿于整个教材内容之中，也是学生今后学习高等数学必须要掌握的数学知识。但目前学生对这一概念普遍掌握得不好，如有这么一道题："设多项式$f(x)=4x^3-4px^2+4qx^2+2P(m+1)x+(m+1)^3(p\ne 0)$，求证：$f(x)$ 恰是一个二次三项式的平方的充分必要条件是 $p^2-4q-4(m+1)=0$"。我让七九届高中毕业生去做，不少学生却不知所措。像这样重要概念的逻辑关系，不能不教给学生。复习时，教师可以结合学生的生活实际，在讲清命题的四种形式的基础上，引导学生进一步研究区别三种不同类型的命题；充分而不必要条件，必要而不充分条件以及充分必要条件。一定要让学生弄懂充要条件这一概念。过去是这样小结的：题设是题断的充分条件，题断是题设的必要条件，原命题真，逆命题亦真，互为充分必要条件。

例如，已知方程 $x^2-ax+b=0$ 的二根不等，试证：方程 $y^2+(a^2-3ab)y+b^3=0$ 两根相等的充分必要条件为 $b=a^2$。

证：若"$\Longrightarrow$ 必要性"
若 $y^2+(a^2-3ab)y+b^3=0$ 两根相等
则 $\Delta=(a^2-3ab)^2-4b^3=0$
即 $a^4-6a^2b+9a^2b^2-4b^3=0$
分解因式得 $(a^2-b)^2(a^2-4b)=0$
又 $x^2-ax+b=0$ 两根不等，即 $a^2\ne 4b$
$\therefore a^2-b=0$ 即 $b=a^2$
"$\Longleftarrow$ 充分性"
若 $a^2=b$

（2）注意揭示概念的变化发展

中学数学课里，有的概念的建立是由简单到复杂，由个别到一般的不断深化、发展的过程。复习时要注意揭示这个变化及其带来的影响。例如：角、绝对值、指数，它们分别代表着变化发展的三种不同类型的概念。一种是随着变化发展，概念越来越完善，一种是后来的概念包括前面的概念，一种是增加了不同的新的涵义。

角：在平面几何中，是"从同一点引出的两条射线所组成的图形"，是孤立静止的定义。在平面三角中是"射线围绕着它的端点旋转所成的图形"，由静到动，由正转负。在立体几何中又有"异面直线所成的角"，这样从平面到空间，角的概念就逐渐完善了。

绝对值：实数 a 的绝对值 $|a|=\begin{cases}a & (a\ge 0)\\ -a & (a<0)\end{cases}$
复数 $a+bi$（a、b 为实数）的绝对值 $|a+bi|=\sqrt{a^2+b^2}$。前者是后者的特殊情况，可以统一于后者。

指数：正整指数幂 $a^n=\overbrace{a、a……a}^{n\text{个}}$（$n$ 为正整数）；
零指数幂 $a^0=1$（$a\ne 0$）；
负整指数幂 $a^{-n}=\dfrac{1}{a^n}$（$a\ne 0$，n 为正整数）
分数指数幂 $a^{\frac{m}{n}}=\sqrt[n]{a^m}$（$a\ge 0$，$m$ 为正整数，n 为大于1的整数）；
$a^{-\frac{m}{n}}=\dfrac{1}{a^{\frac{m}{n}}}$（$a>0$，$m$ 为正整数，n 为大于1的整数）；
无理指数幂 a^α（$a>0$ α 为无理数；$a^{\alpha_1}<a^\alpha<a^{\alpha_1'}$，$\alpha_1$、$\alpha_1'$ 是 α 的过剩近似值和不足近似值）。每一次扩充，前

从该书中摘录几句重要的提纲挈领的话:

总复习不是简单的课本内容的重复,而应当着力于知识的深化和能力的提高。

所谓"深化",就是将过去几年来学过的数学知识,从全局的高度进一步分析、提炼,达到"温故知新""知新化故"的作用。

所谓"能力",不是要学生做很多习题,而是要在"精练"上作文章。所谓"精练",就是要从广泛的知识和技能中提炼出最主要、最起作用的东西,集中精力,反复实践,达到提高能力的目的。力求做到于双基中见综合,通过综合练双基,使其相互促进、相辅相成。

总复习不是简单的课本内容的重复,而应当着力于知识的深化和能力的提高。

所谓"深化",就是将过去几年来学过的数学知识,从全局的高度进一步分析、提炼,达到"温故知新""知新化故"的作用。

所谓"能力",不是要学生去做很多的习题,而是要在"精练"上作文章。所谓"精练",就是要从广泛的知识和技能中提炼出最主要、最起作用的东西,集中精力,反复实践,达到提高能力的目的。……应力求做到于双基中见综合,通过综合练双基,使其相互促进、相辅相成。

要抓好概念复习,注意揭示概念的本质特征;注意揭示概念的变化发展;注意揭示概念之间的区别和联系。要抓好运算的基本功。中学的数学内容,主要是运算和推理两大部分……该记忆的要记住、可比较的要类比、需注意的要提醒。

重视"规",示以"巧"。"规"是基础、是重点、是雪中送炭,"巧"是提高、是难点、是锦上添花,不能喧宾夺主,本末倒置。首先必须引导学生把主要精力用在掌握系统的规律性知识上来,同时对课本内有关技能技巧性的问题也要注意。教师应从全局上着眼,在大"规"大"巧"上下功夫,在小"规"小"巧"上不糊涂。[5]

---

5 张玉寿:《谈谈高中毕业班的数学复习教学》,载《特级教师谈中学数学教

文章用几个十分典型的例题来讲解了应该如何掌握好几个主要的逻辑关系。如四种命题及其相互关系、充分必要条件、分析法和综合法等。在讲解了如何精选习题、例题时提出，千万不能搞"题海战术"，以数量代质量，要在"精"字上下功夫。要有利于学生从正反等多个方面巩固概念；有利于新旧知识的联系和融会贯通；有利于开阔眼界、灵活思路，从而鼓励学生见"生"题也敢放手去探索。

文章接着讲了概念的综合、方法的综合、一题多解和多题同律。仔细看来，这里所举的例题真是那么贴切、那么经典，不禁令人拍案叫绝。这本书真是一本不可多得的好书，是特级教师积大成之作！

（4）马成瑞老师有多部著作，发表于《人民教育》《数学通报》《课程·教材·教法》《北京教育》等杂志，并有多部著作出版，如《以人为本，关爱每一位学生——两种思维的理论与道德理想教育浅谈》（教育科学出版社），《四点导学·数学》初一至高三共6本书（中国少年儿童出版社）。1993年，她与方珊老师合写的论文"高考数学试题评析"发表在《数学通报》第5期上，该文曾被考试中心推荐为优秀论文。她的论文《浅谈数学思维能力的训练和发展》等，也曾发表在北京市西城区办的《西教通讯》上。

（5）特别要提出的是在马成瑞老师最近出版的《中学数学两种思维结合学习论》（脑科学·思维·教育丛书），教育科学出版社出版。在这部30万字的著作中，马老师倾尽全力将毕生几十年的教学实践的经验，以及她所参加的"开发右脑，发展形象思维"的科研课题研究成果总结成文，有理论，又有具体实例，包括经典例题，笔者读后非常受益。

这本书以温寒江先生的脑科学和两种思维相结合理论为指导，系统阐述了她在数学引趣、教书育人、概念

学》，水利出版社，1982年。

数学、解题数学、数学复习、思维训练、能力培养等方面所进行的思考。为数学教研提供了一些理论与实践方面的参考。马老师说：热爱学生，这是创造的源泉。我国传统的教学原则有因材施教、循序渐进、温故知新、学以致用、教学相长等。我对"教学相长"体会特别深。没有任何一种职业，像教师职业这样受到最严格的监督，学生用自己的眼睛、心灵感受着每位教师的工作，并给自己的老师以很多帮助。我的所有论文、编著，其内容无一不是师生共同劳动创造的结晶。

"学为人师，行为世范"，当我铭记母校北京师范大学的校训走上讲台时，暗下决心要让我的学生德、智、体全面发展，留下一段充实、温馨、值得回忆的时光。

（6）以下两本书是时任学校书记王本中和时任校长张锦斋二位在北京市召开的校长教育思想研讨会上的文集。他们多年来的教育思想和管理思想的总结体现其中，是十分宝贵的资料。读后我们深深地为学校能有这样的决策者和领路人而骄傲。

有专著的老师还不止这些，比如储瑞年与高三老师一起，整理成总量50万字的资料；数学组组织编写了多种课外学习指导书、课外补充练习题、多种初高中复习资料；还有许多老师的论文刊登在报刊、杂志上。如西城区教研中心《西教通讯》发表储瑞年老师文章《数学教学应把发展学生的数学思维放在首位》，等等。我们仅仅举出以上几个例子，足以展现数学老师们的教育理念和教学功底。

四、教师间的互助合作

数学组从组长到老师，团结一致，互帮互学，全身心投入到数学教学中，不断改进教学方法以提高教学质量，1959年，数学组集体被授予"全国三八红旗集体"称号。

1959年，我校数学组荣获全国三八红旗集体称号后的合影。前面蹲着左起为朱佩兰、任孝娟，二排左起为张玉寿、王明夏、贺凯芬、庄雅先，三排左起为张国珩、王旭、关秉衡、金元、金莉荣、于宗英，后排左起为阎绍华、童直人。

在1953年6月30日田大猷、杨敏、刘秀莹三人的《算术互助组总结》中有这样一段话：

过去，我们常习惯于个人备课，我们在一块主要是谈谈教材和教学进度，其他问题是谈得很少的。后来才慢慢认识到集体备课的重要，所谓的三个臭皮匠合成一个诸葛亮，在集体备课中，关于教学上的每一个问题都考虑得比较周到细致……为了全面地对学生、对祖国负责，应该认真地备好每一堂课。在责任感的驱使下，我们每个人的思想都起了剧烈的斗争，终于认识到集体备课不但不会抹杀个人的智慧，而且能把个人智慧更好地集中起来。在这样的认识之下，我们组内的同志开始了在个人充分准备的基础上进行集体备课。

首先，各人谈谈个人做教学计划时所遇到的困难或有什么新的创见。当研究教材时，都能深入研究每一堂的教学目的、重点、方法和家庭作业。在原则上取得一致，根据原则各人可以充分发挥教学上的创造性。关于考试题的拟定，我们也先商量出出题的范围和原则，然后大家分别出题，谁的题目出得好就采用谁的。或由一人出题大家来修正补充。所以我们的考试题是完全一致的。

关秉衡先生在 1950 年 6 月她的《初二年级代数总结》中的重点之一是互助，她说：

以前我教了这么多年书，就没听说过互助这一说，我自己常想，我教书的方法，除去毕业时的参观实习那点片段的学习外，也就是自己由书报、杂志上琢磨着改进些。虽然自己觉得教的不差，但是自己有时疑惑起来，也很想找人问一下，或参观一下别人的，或有人来看看我教，来替我校正一下。但是那时的教育当局，并没有这样的领导，互相观摩是绝对不可能的。有疑惑去找人问，更是办不到。听人家说，同行是冤家，除相知的朋友外，我也就不敢去问人了。如果我真的问了，人家真的就会或许讽刺你两句，还未必告诉你，背地里或许谈论着我是怎样的笨。所以在这 20 多年，我是摸索在黑暗中的，自己也不知道自己是好是坏的教育的。

自从去年我们学习小组中成立了互助组，我们可以互相听课，可以到校外听课，互相观摩的目的达到了。学习了别人的教法，别人也替我改正了错误。比方前次听课，王明夏告诉我，那一小时教的教材太多，恐怕学生消化不了，我以后自然就该妥善的分配教材了。尤其是个人的互助，同年级教课的张国珩，我们都是有什么说什么的人，经常要谈进度、教法、考查成绩、帮助成绩稍差的同学的各种方法。我自己疑惑我自己的教法不好时，我就大胆去问她，她一定把她用的好方法告诉我，她觉得有点问题也来和我谈。我们都是知无不言、言无不尽的，再融合了我们自己原有的方法，使得教法更加巧妙了。这样的互助使得我感觉很快乐，很有兴趣。

现在先生学生都是抱着教好学好的态度，每个学生学习态度都是很好的。比方以前的学生，你想启发她，她自己不肯用脑去想，遇到难题，只想先生替她讲解，甚至替她演算出来完事。但是现在就不然了。遇有难题，绝不愿意请先生代解，而是高兴自己去钻研，钻研出一部分或全部来以后，还要拿一种道理推出其他一种道理来，一个应用题往往就可能的想出几种解法来，一个式子的运用，也能由已知道的一种运用法，推到其他一种运用法。

在1950年1月张玉寿老师的"教学工作总结"也讲到互相听课可以提高教学水平，这位受人尊敬的老教师在发掘其他同仁的长处时，谦虚之极。

互相听课时期，普遍的情况都感到紧张、不自然。说来亦奇怪，外人来校参观都不感觉紧张，同事熟人却会如此。每个人都说改变了常态，不太满意。但我看来，各人有各人的长处。其中王卓亭先生讲的几何作辅助线法，说得非常明白，有系统，有重点，举出些课本以外的不同例子，教态轻松愉快。王明夏先生讲解析几何，亦是清楚有系统，板演是那么清楚、整齐、有条理。于宗英先生的初中几何，亦是那么精彩，启发学生找结论，联系得那么恰当。其余各位先生，亦都各有所长。虽然我不能都学习得到，可是有形无形中对我是有益的。

第二节

"老带新"光荣传统：保证了强大师资队伍绵延不断

在女附中/实验中学数学组，不仅有着"国宝级"教师王明夏、张玉寿等，同时，还有着这样一串名字：如本文将介绍的王本中、张锦斋二位老师。他们曾是教学成果显著、深受学生爱戴的数学老师，先后走上了学校领导岗位，成为实验中学的领路人和教育教学改革的带头人。还有几位与他们先后毕业于北师大数学系的高才生，张春条、马成瑞、储瑞年和后来调离的李松文老师均被评为特级数学教师,张继林和张锦斋老师获北京市劳动模范称号,马成瑞老师被评为全国优秀班主任……几位女附中高中毕业留校任教的金元、李令倩、李光华等一干女将们,同样以她们的精彩教学表现为历届学生津津乐道。还有数学组的蔡晓东老师,至今还在学校领导岗位上尽心尽责。

这里虽不能一一列举所有数学老师的名字,但是他们的名字和身影已永远定格在女附中(实验中学)百年数学教育的历史长廊里(见文尾附 1948—1968 年数学教师名单)。有着这样一些名师的数学组一直是我校教研组集体的先进榜样,数学组教学成绩斐然,1959年 2 月,数学组被评为全市文教战线先进集体并被授予"全国三八红旗集体"。这里还是一个大熔炉——凡是来到数学组工作的老师,不管是高校毕业生,还是本校的高中留校生,个个都能迅速成长为独当一面的优秀教师。

究其原因,一方面,青年教师均是从高校选拔来的或留校的佼佼者,他们爱岗敬业、勤奋努力、钻研业务、虚心好学;另一方面,在老教师崇高品德熏陶下,以及老教师的积极热情、毫无保留的"传帮带"中,青年教师迅速成长。

本章试图努力追寻新老教师传承的轨迹。

一、教师的培养与成长

教师的专业成长是伴随教师职业生涯个体社会化的过程。在与教育环境的互动过程中,教师不断调整自己的思想观念、价值取向,丰富专业知识技能,满足自身各个不同时期不同层次的需要,从而表现出与特定职业发展阶段相适应的教师角色行为。

《1960 年北京实验中学简况(总结)》专门谈了培养青年教师问题:

我校老教师较多,青年教师较少。几年来在培养青年教师方面主要依靠老教师带徒弟。对高中毕业留校教师由学校和教研组指定老人负责指导业务工作。一般是老教师辅导青年教师备课,审阅教案,听试讲课，进行试讲评议，在课表上把青年教师的课排在同年级有经验教师的后面，以便能逐堂听课，教研组组织教师有计划地听青年教师的课，学校在安排课程中注意有经验教师和青年教师的配备。这样通过两三年培养，青年教师都能独立担任起教学工作，目前有8人是我校高中毕业，经过两三年培养起来的。

另外，对于大学毕业程度，可培养为教学骨干的教师，学校指定要他们听教学经验丰富的优秀老教师的课，以便继承老教师的经验。

对不够师专程度的教师的业务进修，主要依靠进修学院举办的训练班和函授大学。学校给予时间上和工作上的保证。

对青年教师的培养工作，我校还没有一个较长远的规划。同时过去由于属师大领导，师资有来源，因此重视不够，几年来迫切感到这方面工作的重要性，需要有一个全盘计划，在培养青年教师工作中，我校对思想工作抓得不够，因此，有的青年教师有自满情绪，影响进步。

以上是一年来工作情况一个简单轮廓，我们感到形势发展很快，而学校领导力量和水平都已赶不上形势的需要，在教学工作中贯彻多快好省的方针还不明确应如何进行。学校老师虽较多，但多年老，且工作量也较重，如果在师资条件稍富裕的情况下，可以更好地利用这批力量来培养青年教师。

1960年4月《跃进中的北京实验中学数学教研组》一文中是这样说的：

为了教好每一堂课，教会每个学生，数学组同志们深入了解学生思想、学习情况，反复钻研教材，认真备课，即使是有三十余年教龄的老教师也认真细致地写教案。组内同志间的相互听课是经常的，而且争取一切机会，到外校学习先进经验，来改进教学。高年级老教师总要参加低年级备课，提出明确的要求。青年教师拜老教师为师，老教师耐心细致地带徒弟，全面关心青年教师的成长，使年轻教师得到不断的提高。我校1956年高三毕业生金元，在教了两年历史之后改教数学，现在已由初二教到高一。原来学外语的王旭先生，从初一算术教到初一代数、几何。老教师对青年教师的帮助，从有计划的业务水平的提高，直到各课中写教案，都加以帮助和指导。他们还认真进行课外辅导和作业批改，组内充满了不断提高教学质量的钻研气氛，他们要求自己第二天的课比第一天好，第二节课比第一节课好，明年比今年好。他们不但相互学习，向外校学习，更可贵的是他们能向学生学习，把从同学中得来的各种各样解题的方法，加以总结提高，再教更多的同学掌握。

为了为国家培养出合格的质量高的毕业生，高三的数学教师总是在经常的教学过程中，发现和弥补学生过去知识中的缺陷和不足，严格要求每一个学生，慎重地制定总复习计划，积极设法使他们的知识巩固灵活，真正紧紧把着最后的一关。

由于他们的团结互助，虚心学习，把每个同志的教学质量看成是全组的教学质量，把每个同志的优点尽量发扬成为全组的优点，我们的教学质量几年来不断有所提高。

以上可见，我校培养青年教师的工作向来都是经过周密计划的，并且由来已久。尤其是数学组在这方面形成了好的传统。

二、老教师的"传帮带"

张玉寿老师在1960年3月1日北京日报上文章《为党的教育事业贡献我的一生》中说：

为了进一步办好党的教育事业，培养共产主义的建设人才，争取共产主义早日建成，这不是一个人或几个人的力量所能做到的，尤其在目前师资还很缺乏的时候，迅速地建立起来一支强大的又红又专的教师队伍，是多么迫不及待的事情啊。在这方面我是极力想贡献我的力量的，因此，我努力争取既要搞好个人的教学工作，还要搞好全组的教学工作，我自己要走红专道路，也要帮助其他教师走红专道路。一年来我在教研组工作上更多地注意思想工作了，在党的教导下，我逐步认识到，做一个教研组长绝不能只管业务，所以我努力团结组内同志，共同做好工作。我们组里上学期留下来的高三毕业生，我和别的老教师都能在党的指示下诚心诚意地帮助他们。经过半年的培养，他们现在基本上能独立进行教学工作了。我们组里共十四位教师，其中有九位是高中生或原来不是学数学的，但是在教研组的集体互助中和这些同志的自觉努力下，大家都勤勤恳恳，要求进步，要求尽力做好工作。组内有四人在这次被评为先进工作者，而我们的教研组也被评为先进集体。

经过这两年的教育工作的大革命，我们深切体会到教师之间团结协作是十分重要的。有人把教师比作园丁。教师对学生的精心培养和园丁对花草的精心培植确实有些相似。但是一位独立的园丁能培植出繁茂的花果，而一位单独的教师，却培养不出一个有社会主义觉悟的、有文化的劳动者。我深深地感觉到在无产阶级的教育事业中教师的劳动已经不能是个体劳动了。每一个未来的国家干部。未来的共产主义建设者的成长，都是教师们集体劳动的成品。我们教师们要在党的领导下，坚决为党的教育事业作出更大的贡献。

张继林老师说：

谈到了女附中老教师的言传身教。我感受最深的是，老教师们永远把学生放在第一位。这说起来简单，我却用了几十年的时间才认识到的。教师是主导，学生是主体。这才是老教师留给我们的最正确的师生观。把学生放在第一位，这是师德的最重要的一方面。这是女附中老教师留给我们的最宝贵的财富。它需要我们用一辈子的时间来体会和实践。

张春条老师深有体会：

女附中有传统，新来的指定一位老教师为其指导教师，王明夏老师是我的指导教师，我系统地听王老师的课，王老师讲课不快不慢、十分严谨，追求完美，板书堪称一绝，一节课下来重点、难点都写在黑板上，让学生记下来便于复习。我看过王老师学生时代的笔记和作业，没有一点涂改，是一件逻辑思维完美的艺术品。如果是思维混乱的人是写不出来的，我自愧不如。我还听特级教师张玉寿老师的课，张老师的课容量大，例题配备多样灵活；于宗英老师是几何专家，书写秀美、教态和蔼可亲；阎绍华老师的三角课教材极其纯熟；童直人、张国珩老师高三复习课重点突出；关秉衡老师是初中代数专家，令人特别感动的是批改作业极其认真，把学生出的错记在"病案本"上，便于上课有针对性提问。老教师的学识、工作态度和人品令人万分感动，我一直把这些老师作为榜样。

数学组狠抓基础知识和基本数学方法的教学，组织编写多种课外学习指导书、课外补充练习题，组织班级的百题竞赛，还编写了多种初高中复习资料。请有经验的老师作"示范课"、组织各种"研究课"、青年教师做"汇报课"，通过讨论、说课，提高教学的科学水平和教学艺术。数学组老师思想觉悟高、业务能力强，能人很多，各有特长，大家团结协作共创数学教学的辉煌。这都是数学组老组长王明夏、张玉寿、于宗英老前辈们留下的光荣传统。

马成瑞老师是1963年来女附中的，她这样回忆起当时：

我们北师大毕业的七个人一起分配到师大女附中工作，而且这几个人基本都在实验干到了退休，好几个都是特级教师。王本中、张锦斋后来担任了校领导。张锦斋和张继林还是北京市的劳模。我们的成长和当时女附中的"传帮带"分不开。

对我们当年的这些"小老师"，女附中的传统做法是指定一名老教师负责"带"，就是在教学上负责指导，遇到问题帮助解决。我刚来时，带我的是金莉荣老师，后来是任孝娟老师。她们非常耐心地传帮带。带我的老师还都非常照顾我。金老师曾对学生说，我原来是要留在北师大的，是女附中非得要我，才把我要来的。这件事真实与否我没有求证，金老师的用意是帮助我在学生中树立威信。她经常告诉我，当老师就要襟怀坦白。校领导也关心我们，胡志涛校长亲自到课堂听我的课。一次下课后，她指出我在黑板上有一个字写错了，把"商"字里面的"八口"写成了"十口"。她要求我下堂课一定要公开向学生道歉，一定要改过来。我当时有顾虑，怕影响自己在学生中的威信，也觉得不好意思。但胡校长坚持要我一定要这样做。在胡校长的鼓励下，我在课堂上公开承认写错了字，并且把正确的写法告诉了学生。学生对我的做法非常欢迎，我们的关系也没有受到影响。

金元老师是1956年高中毕业留校的。她说：

张玉寿、王明夏老师听说我因为家庭困难而不再想上大学时，表示愿意出钱资助我上大学，要为国家多培养一个人才。两位恩师的善举让我十分感动，上大学也是我最最向往的，但是作为家里最大的孩子，我最终还是决定参加工作，分担家庭压力。卞仲耘校长找我谈话，分配我教初中数学，领导又给我指派了两位师傅：代数是关秉衡先生指导我，几何是跟着王旭老师学习。

当时好像有个小小的拜师会，定了个合同，什么事是归我的，比如刻钢板我来做等等。关先生是位老教师，一辈子在女附中教书。记得她坐在她的床上，耐心地告诉我，课应该怎么上，没有一句废话。她说，"你先备课，再看我的教案，看看有什么可以补充你的，就抄一些……"就这样无私地帮我。她把这个年龄段孩子的思维特点都摸透了，不管多难的题她都能循循善诱，在关键的地方一点拨，让你轻轻松松就学会了，一点不觉得累。有些公式和定理不好记，她就给学生编口诀，带着大伙念上几遍，效果特别好。有时刚讲完一个新的公式或定理，同学还没掌握好，作业里出现了错题去问她，关先生并不急着告诉你正确答案，而是先了解你的思路，她会问你，这道题你这么做，是不是这样想的啊？学生一听说是啊，我就是这么想的。这时关先生就会帮你分析你的思路在哪儿出了岔子，再教给你正确的思路是什么。对于初学者容易犯的错儿，她是一说就准，比神医号脉还灵呢。我上初中时，代数课就是她教的，当时我们都觉得这老师简直太神了，怎么一下子就能把我们的心思全看透了呢？殊不知人家是几十年的经验积累啊！这样的老先生是教学大家，她教给学生的不是具体结论，而是思维方法。

关先生一辈子不图名利，默默耕耘，她也没有什么特级教师称号，就像红烛春蚕一般，为教育事业奉献了终生。能够得到她的真传，使我受益无穷。

王旭老师带我的几何。她为人很和善，也给了我不少指导和帮助。王老师也是拿着自己备好的教案让我看，然后一段一段地讲给我听，让我再写好自己的教案，一板一眼地去上课、在二位师傅的悉心指导下，一个学期以后我基本熟悉了教学，一年以后我教的班级数学统考成绩就和其他班级不相上下了。我没有感到什么困难就开始了数学教学生涯。

储瑞年老师说：

我到学校来以后，有两个老师曾经做过我的师傅，一个是关秉衡老师，这个女老师最擅长的是教初中，她那个教态啊，老是笑眯眯的，学生上她的课，觉得特别轻松。她给学生讲题，不只是讲正确答案。她经常会说，这个题我想你们中间可能会有人这么想或是那么想。学生听了以后觉得，这老师太神了，她怎么知道我们会在什么地方出错。其实关老师早就把教学内容吃透了，把初学者的思维特点也吃透了。我觉得印象最深刻的是她的教学主导思想，就是老师要教给学生思维的方法，不仅要让学生学会，更重要的是还要让学生会学，这样学生可以终身受益无穷，关老师的突出特点就是教给学生会学习、会思考。

另一个师傅是于宗英老师，她在全国和北京市都是赫赫有名的，我特别佩服这个老师，于老师的课没有一句废话，语言清晰，逻辑性强。板书漂亮，字迹清秀。时间掌握精准，所以有雅号"大怀表"。这都是老师多年磨炼出来的功夫！所以我自己也研究和学习于老师的经验，来变成我自己教学奋斗的目标。

储老师还讲了一件事。那年，王明夏先生去上海出差，特意来到他家里"家访"。储老师的父亲问王明夏先生，同时从北师大分到女附中的老师，为什么有人教高中，而让他教初中，是不是因为他工作表现不够好？王明夏先生的回答是：培养出来一个好的中学老师，需要12年的时间，教初中或者教高中，都是培养的一部分。储老师的父亲这才放心而释然。他心想，12年！比美国专科医师住院医训练期还长一倍！

任孝娟老师说：

女附中的老师们真是太好了！老师之间的关系特别好，尤其是党员，一点私心都没有。张玉寿、王明夏老师特别正直，特别公正，特别仁义善良。传统的力量对一个学校来讲确实是很了不起，它潜移默化地影响每一个人，不仅影响学生，而且还影响到年轻老师。老教师对年轻教师、新来的老师手把手地教，在生活上也体贴入微，关怀备至。唐山地震那年，张玉寿老师怕我住四楼有危险，叫我到她自己家里住。数学组是一个团结友爱的大家庭，是个模范团队。幸运的是我得到了数学组老师们的很多帮助和照顾。

李光华老师是1959留校的，她还记得：

1959年，数学组被评为"全国三八红旗"集体，这里的好多老师都是教过我的，我留校后，有幸王明夏、张玉寿、于宗英、张国珩、王旭等老师都做过我的师傅，他们教我备课、讲课，就跟教学生一样耐心。在数学组我就像被她们保护的孩子，有什么难事都有老师可以让你信赖，帮你解决。这些老师以高度的敬业精神、高尚的人格，告诉我什么是好老师，给我做出了榜样。

王本中老师记得：

我1963年来校时的导师是朱佩兰。朱老师明确地和我说，要跟她学习。开始时，我的每堂课她都听，每次的教案都看，她还给我提出问题。比如，你为什么留这些作业？为什么留填空题？我说，书上习题太多了，挑着做就行了，老师说，你为什么留1、3、5不留2、4、6？你做了吗？指导得就这么细致。第二位老师是关秉衡先生。记得她的课40分钟讲完，就拿出一沓小条，分成四个组，做的是不同的题目。当堂做完就收回。下节课上课，把上次做的题点评一下。就是当堂巩固、精讲多练、及时反馈的传统理念，也就是现在的微课、翻转课堂等等新名词。第三位老师是张玉寿。直到张老师晚年，还坚持去听青年教师上课，听45分钟的课，会花1个半小时给青年教师细细讲评，乐此不疲。这样做不仅是教方法，还渗透她的教育思想，"以人为本"的思想，遵循教育规律，也符合时代精神。这是数学组的传统！

我到校没多久，我首先把数学组老师的课全部听完，然后再听其他学科老师的课，包括物理、化学，以及语文、历史等，凡是校内知名老师的课我都听了。然后到外校去听，四中周长生老师、一附中韩满庐老师的课都听了。听后比较他们的讲课风格、特点。各校讲课风格是不一样的，周长生老师讲课的风格对我影响最大。我后来讲数学课说到由零售到批发的概念，就是由他而来。意思是说先把数学整体框架结构介绍出来，再讲细节，就像北京，先看鸟瞰图，有了整体概念，再进小胡同……我回来以后思考周老师的课，精髓就是从具体到抽象。后来，我到一附中听韩满庐老师讲二项式定理，与女附中王明夏老师、张玉寿老师的课做比较，张玉寿老师讲课非常严谨，一步一步往下推。王明夏老师讲课突出思想方法，那叫通性通法。以后我在讲课中就从抽象开始，先给出一个大的框架结构，再讲具体内容。我后来带青年教师时，就给他们提出要求，说你能不能把这三年的数学课用一小时讲出来？半个小时讲出来？十五分钟讲出来？这就看你的概括抽象能力。

1966届高中毕业生张英伯，她从小学开始就和三姨（张玉寿）、王姨（王明夏）一起生活，但她并没有得到她们在数学方面给自己开的"小灶"。她说：

每天我看到的只是她们怎样把年轻教师叫到家来，给他们一点点地辅导，又怎样手把手地教学生；看到了学生们都怎样喜爱她们，毕了业的学生还经常来看望她们……我看到她们整天地忙碌，从小我就觉得人生就该这样度过，我也就只知道天天学习。

她们的严谨治学从授课、备课都可见一斑，只可惜她俩的备课笔记等等都没有留下一本！"文革"家被抄，书、笔记等被洗劫一空。现在想从她们的笔记中寻找些难得的无价之宝已是完全不可能了！

现在我仍然在北师大工作，当博士生导师，教学一直受到学生们的欢迎。我只知道老老实实、兢兢业业地工作，不图名利，不会溜须拍马。我知道，这都是三姨和王姨无言的教诲所致，我能做到这样也就是对她们最好的回报吧！

三、"文革"对十七年教育的批判

在《17年大事记》[6]中有这样的记载：

1959年旧区委为了让资产阶级知识分子传宗接代，培养修苗，大搞"师傅带徒弟"，传授"经验"。我校积极配合，大搞拜师会，老教师带徒弟，订立"师徒合同"，教师团支部还行拜师大礼，给师傅佩戴大红花等。1959—1960年，为了培养修苗，把1959年高中应届毕业生中一些家庭出身不好，本人政治上也不怎么进步，但学习成绩优秀的，留了一批专门培训作中学教师。我校当时留下十余人，专给老教师配备为"助教"。

这个记载以批判的语言真实地道出我校重视老带新，大力发挥老教师的作用，为将其宝贵经验传承下来所做的努力。

1986年第7—8期《北京教育》杂志刊登了马成瑞老师的文章，其中有这样的描述：

一天课余，一位中年教师对着空荡荡的教室讲解"列方程（组）解应用题"，听众只有四位年长的同志，其中就有数学组的顾问张玉寿老师。讲授者认真讲解，还不时地向"学生"提问；听课者心神专注，不仅像学生一样回答问题，与之呼应，还不断地给老师出点"难题"。这是数学组在群策群力准备一节全区范围内的公开课。张老师为了帮助准备这节课，翻阅了大量资料，查找选择合适的例题，并亲自设计各种教法，以利于启发学生既能抓住"等量关系"这一关键，又能从不同角度去考虑问题，就此培养学生的发散思维能力。大到教学目的、教材教法，小到教鞭教具，张老师事事操心，就像她亲自登

---

[6] 师大女附中《解放》《肯登攀》《众志成城》《放眼量》大事记编写小组，《北京师大女附中17年来两条路线斗争大事记（初稿）》，1967年6月。

台讲课一样。"新枝哪得高如许,全凭老枝相扶持"。张老师说:"当前我们要贯彻'三个面向'进行教育体制改革,要培养出大批超过50年代、60年代的优秀人才,需要扎扎实实地工作,需要克服很多很多困难,有时还要付出很高的代价。我是多么想和老师们一起并肩前进啊!可是实感力不从心了,但我还要坚持做点工作。"张玉寿老师退休以后,甘作"人梯",竭心尽力地传帮带中青年教师,上面说的帮助备课试讲,仅仅是众多事迹中的一条小小的斑纹。张老师曾经为了帮助

实验班的一位中年教师,整单元地连续听课,一节课一节课地讨论应该怎么讲。突然有了什么新的想法,便马上写在纸条上,见面时交给这位老师。她还不时地建议:"你应该听听××的课,他的课堂里学生思维特别活跃。""你应该学一学××在课堂上的组织工作。"这位老师感慨地说:"张老师的心思,全在课上。"她为了带好初一备课组,和三位年轻的新教师整天生活在一起,备课、听课、研究教法、检查作业、准备考题、分析试卷,参与了除登台讲授以外的全部教学活动。尤其当学生考试成绩不理想时,她总是心急火燎地吃不香,睡不好,千方百计去补救……这一阵张老师的血压升高了,身体不好,不少老师着急地向领导反映:"真够张老师受的,比正经上课的老师还累。""快劝劝张老师,这样下去不行!……"这些,大概就是张老师所说的"坚持做点工作"的含义吧!在数学组,得到张老师无私帮助的中青年教师,绝不是个别的。大家都深有体会地说:"有张玉寿老师这样的顾问,是我们特有的幸福。"[7]

这段生动的描述,展现了数学特级教师张玉寿的风采,也看到了张老师对青年教师的殷殷期望,以及母校代代相传的以老带新的优良传统。

张继林老师说:

我在实验中学几十年的工作中,在实验中学的大的教育改革环

---

7 马成瑞:《余热倍生辉,再续育人篇》,《北京教育》,1986年第7—8期。

境中，逐渐形成了我个人的教育理念和教育思想。其实这也是数学组绝大多数老师的共同教育理念，而且是一代一代地传下来，并且在不断地丰富和发展的，从张玉寿老师，王明夏老师，到王本中，张锦斋我们这一代，再到下一代年轻的老师。为人师表，教书育人，已经成为我们的共同的指导思想。把德育寓于数学的课堂教学之中，就是一种提高和发展。

正是在老教师的精心培育下，有了这种得天独厚的有利条件，我校青年教师才得以起步早，起点高，迅速成长起来，保证了学校始终拥有一支雄厚的数学师资队伍，担起了数学教学的重任。

第三节

重视教学与课改实验：不愧"实验"称号

北京师大女附中/实验中学是教育部的基础教育改革实验基地。她有一个很好的传统，就是重视教学与科研相结合，因而，她不愧"实验"这一称号，在全北京市乃至全国，都创出了自己的特色，成为教育界改革的先锋。

多年来，数学组的老师不仅出色地完成了教学任务，还承担了很多科研工作。比如五年一贯制实验、数学奥校的实验、全国招生理科实验班的实验等，为国家培养了大批出色人才。奥校学生参加国际比赛拿到各种奖项，为校、为国争得了荣誉。有些老师参与教育部的国家课标的制定、教学大纲的制定，教材的编写、审定和全国教师培训等工作。特别是学校还成功地进行了12年的课程体系改革的实践探索，积累了对教育事业具有重要影响的宝贵经验。这都是从宏观上把控、方向上引领的重要的工作，是数学组对中等教育事业的贡献。

一、"文革"前的五年一贯制教改实验

为了贯彻"学制要缩短，教育要改革"指示精神，北京师大普改办公室指定师大附中、师大女附中两校试行初高中五年一贯制，女附中从 1961 年、1962 年初一入学的年级各选两个班进行实验。刘致平副校长负责，汪玉冰主任直接抓，数学教学计划实施由王明夏老师负责，计划到中四年级，报考文科专业的单组成文科班。我从 1963 年秋季开始担任实验班教学工作。后来还接了中五（3）班班主任。

我校"文革"前的中四、中五两届学生，在实验过程中成绩是显著的。根据实验进程和实验结果，认为五年一贯制是可行的。据《17 年大事记》[8] 记载，1966 年 1 月 10 日，刘致平副校长在给教师做教改问题报告中宣布，女附中从本届初一起，都改为五年一贯制，三、二分段。师大批文，计划从 1966 年暑期开始初、高中五年一贯制正式全市招生。但是，教改实验因"文革"而终止了。

中五（3）班的陈同学回忆：

1961 年 9 月我们考入北京师大女附中初中时，全年级 6 个班中 1、3 班被选定为第一届实验班，开始了五年一贯制实验。各科任课老师阵容都很强。记得数学课：金莉荣老师教中一代数，李令倩老师教中二几何并任班主任，特级教师王明夏老师教中三代数和三角，于宗英老师教中四立体几何，张春条老师教中四、中五代数和解析几何并任班主任。

老师们备课充分认真，思路清晰、推理严谨，启发式教学，听他们的课简直就是一种享受。我特别喜欢老师出的"每周一题"，它就抄写在黑板的一侧，每周一换。每每经过苦思冥想解出难题，都会高兴好几天；有的难题竟然是在睡梦中求得的解，真可谓"日有所思，夜有所想"。中二时，老师安排部分同学参加北师大三个附中和景山中学联合举办的初三年级数学竞赛，我和另一位同学得了二等奖，从

---

[8] 师大女附中《解放》《肯登攀》《众志成城》《放眼量》大事记编写小组，《北京师大女附中 17 年来两条路线斗争大事记（初稿）》，1967 年 6 月。

此学数学的劲头更足了，对数学的热爱融入内心，埋下日后高考学习数学的机缘。李令倩老师像大姐姐，关心着每个同学，大家都很爱她，也喜欢听她讲课；王明夏老师课讲得好，对学生也很有感情。我记得有一次几个同学去王老师家，王老师拿出来她学生时代的笔记和作业本，我们一看，整齐洁净，竟然没有任何涂改！于宗英老师和蔼可亲，上课娓娓道来，重点难点突出，对我们影响至深；张春条老师的讲授清楚明白，辅导耐心细致，记得他曾给我们几个热爱数学的同学"开小灶"，把我们叫到他家，给我们讲大学的微积分，然后指点我们自学，这为我十几年后自学"数学分析"奠定了坚实的基础。

中四我们文理分科，两个班学文科的同学连同高二年级六名喜欢文科的同学组成中四（2）班。1966年7月，中五的三个班本该高中毕业，报考大学，由于突如其来的文化大革命，剥夺了我们上大学的机会。1968年，少数同学去了工厂或在京郊当小教，大多数同学上山下乡，接受贫下中农的再教育。

1977年恢复高考，部分同学才有机会圆了大学梦，此时大家已近而立之年。当时我已怀孕，就是怀着孩子也想参加高考，想上大学。凭着中学打下的基础，竟然考取了大学数学系。1978年3月学校开学，我先请假回京生孩子，待孩子满月，就托付给保姆，立即返校准备继续学习，这时已到了第一学期期末。学校对我提出要求，必须通过专业课"数学分析"考试，方可跟班上，否则就留一级。正巧同班同学一致申请多给一些复习时间，等第二学期开学再考试。我这个没有上过一堂"数学分析"课的学生，借来老师的教案和班级学习委员的作业本，自己苦学了一个假期，在开学后与其他同学一起参加考试，还取得良好的成绩，得以与同班同学一起学习了。老师和同学称赞不已，我自己最清楚，这要感谢中学母校的老师们，在女附中打下的扎实的文化基础和培养的较强学习能力，使得我们受益终生！

中五（3）班的韩燕萍清楚地记得：

张春条老师是我们高中时的班主任，他是位瘦瘦的、个子不太高的男老师，两眼炯炯有神，深邃和睿智。他教数学，思路清楚，让你一听就明白。1968年6月份,我和另一个同学一起被分到房山县十渡公社当小学教师,没有毕业证,没有和老师告别,就走向了社会。在小学教师的岗位上,工作了11年,我深切体会到当一个教师的艰难与不易。

1984年的时候,我争取到一个中央民族学院上大学的机会,但是还要经过考试才能录取,在考数学的时候,许多考生做不了几道题,就坐在那发愣。监考老师看我不停地在试卷上写着,走到身边问:"你是哪个学校毕业的?"我回答:"师大女附中!"那个监考老师说了句"怪不得呢"!

通过考试被民院录取后,我离开单位,在民院学习了两年,取得大专学历。有趣的是在民院学习期间,教近代史的杨策教授,看我考试成绩好,也曾问过我是哪个学校毕业的,当他得知是师大女附中时,也说了句"怪不得呢"!两次"怪不得",说明了母校在社会上和人们心目中的良好口碑!我为母校骄傲,为母校自豪!女附中是我们成长的摇篮,感谢我的母校,感谢母校所有的老师们。

中五(3)班许丽玲保存着一本褪了色的老相册,她说:

其中有一张珍贵的照片就是教我数学课的、著名的于宗英老师。她安详地站在那里,慈祥地望着我,那么熟悉、那么温暖,就像是母亲在望着女儿……无尽的想象。记得于老师备课认真充分,上课没有一句废话。板书都是事先设计好了的,讲课时要留下哪些,要擦掉哪些,一堂课讲完,重点内容工工整整地留在了黑板上。她的耐心,讲课的启发性,更是别有一番风味。

由于"文革",我们中断了学业。我在山西雁北山阴县插队三年后也当了中学的数学老师。虽然我只有高中的学历,但是我教遍了初中、高中的数学,平面几何、代数、三角、立体几何、解析几何。在1977年恢复高考时我担任高中毕业班的数学课、数学组组长,还当着班主任。我的教学效果很好,学生们都很喜欢上我的课,我也受到了当地教育界的好评。我能做到这些,全部归功于女附中任课教师对我的教育培养,我只是效仿我的老师们,他们怎样教我,我就怎样去教我的学生。我在给学生上课时，甚至都能回忆起这一堂课我的老师是怎样讲的、图是怎样画的、辅助线为什么要这样添……当年老师们的讲课在同学们的脑海里留下了多么深的记忆！我曾三次到太原参加过高考阅卷，都得到大家的好评。我为祖国的教育事业特别是不发达地区的教育事业做出了我的贡献。我衷心地感谢我的母校女附中，感谢那些教过我的老师！

虽然以下的数学业余学校和初中数学实验班以及国际数学奥林匹克竞赛笔者上学时没有经历过，但是，为国家培养数学优等生，是实验中学的使命，而且在这方面做得十分优秀，因此，此文把它记录下来是十分必要的。

二、数学业余学校及初中数学实验班

培养高中尖子生，必须从初中抓起。张春条老师1985年送走了高中毕业班后，作为数学组组长，完全转入筹建数学业余学校和初中数学实验班的工作。在市区数学会支持下，我校成立了北京市第一所数学业余学校，张锦斋任校长，张春条任教务长。首届招收了25名初一学生，每周日半天上课，免费培训。李光华任班主任，蔡晓东、孙路泓、李令倩任教练。短短半年多的培训成效突出，参加北京市初二年级数学竞赛14人获奖。后来改办初中数学实验班。为选拔优秀生源，开始办小学数学业余学校，就是后来俗称的"数学奥校"，通过考试，从四、五年级学生中各选取180名学生，有计划地系统培训，这些学生有一定数学天赋，基础较好，适于将来学习理工科专业。

张春条老师多年参加数学奥校的组织管理和教学工作，对于这类学校的办学宗旨有明晰的认识。业余教育是学校正规教学的延续和补充，奥林匹克数学不超出相应年级学生的认知水平，具有更高层次的数学背景，重在培养思维能力、灵活运用知识解题的创新能力。通过较难题目，使学生开动脑筋、积极探索、大胆猜想，进而寻求解决问题的方法，激发学生的学习兴趣和创新欲望，有效地提高学生的数学才能。

张春条老师总结出了奥校的基本规律：小学数学奥校内容可归为六个专题：计算与速算技巧、应用题、图形计数与面积、数论基础、逻辑推理、组合数学初步。教学难度要适合相应层次的要求，不要超出学生可接受能力，大量过高的难题可能造成学生厌学，难度要求提高班与普通班不同，更不能把各种比赛代表队的高难度训练题下放到普通学生。数学基础较好的学生通过奥数培训，智力会有很大提高，但不是所有人都适合，更不能使这种培训低龄化，小学一、二年级不适于开展奥数培训。

1990年入学的初中数学实验班，由张春条老师任教。数学教学把课内知识和课外竞赛内容融在一起，教学中重视并牢固掌握基础知识和方法的同时，突出数学的思想方法，注重灵活创新，一个问题学生可以想出多种解法，有时让学生先自学讨论，再讲解总结概括。让学生逐步提高观察能力、分析能力、抽象概括能力、推理论证能力、演算和转化能力、批判与创造能力，养成良好的数学思维品质。

这届毕业生在给张老师的微信中说：跟您学习几年，对我人生帮助很大，遇事的思维方式更完整、更全面，能迅速抓住事物本质。数学使人变得简单而快乐、思想清楚而缜密，要达到目标很多时候也要迂回，像代数式恒等变形一样。这届学生在初中数学和物理竞赛中都取得了很好成绩，中间有学生出国后，在就读国家参加数学竞赛也获奖。有的同学还考取了高中理科班，获得高中毕业保送大学的资格。

从1989年起开办初中数学实验班，一直延续至今。我校的第五届数学实验班学生水平很高，胡平作为北京代表队成员获"华杯赛"总决赛金牌。赵越、宁巍扬、胡平、刘峥、王屾五人考取高中理科班，免试保送清华、北大。

为了提高教师的业务水平，提高数学竞赛辅导能力，每年暑假学校派两三名教师到（合肥）中国科技大学进修，中科大培训班的教练都是多年指导国家队的教授，参加培训班学习的教师收获很大。

三、国际数学奥林匹克（IMO）竞赛

数学竞赛起源于数学解题竞赛，早在 17 世纪就有数学家提出一些数学问题向其他数学家挑战。近代数学竞赛是从东欧兴起，最早开展数学竞赛的是匈牙利（1894 年），最先把数学竞赛和体育奥林匹克相提并论的是苏联，因为两者都提倡发挥人的进取精神和创造力。1934 年在列宁格勒举办中学生数学奥林匹克，以后很多国家相继采用。由于数学奥林匹克竞赛兴起，奥林匹克数学这个名称被人们起用。中学奥林匹克数学没有完整严谨的结构体系，内容和题目不超出中学生所能接受的范围，但又是有很多高等数学背景的趣味数学。高中奥数是适应国际奥林匹克竞赛，涉及的知识分别为：数论、数列、不等式、图论与组合数学、函数方程和几何，特别强调了相关知识的创造性运用。

我国的数学竞赛起步于 1956 年，在大数学家华罗庚的倡导下开展起来，有很多数学家参与，举行各种数学讲座，编写出版了一系列的数学科普读物，发展势头很好。"文化大革命"把数学竞赛诬蔑为"黑线产物、培养修正主义苗子"，从而绝迹。直到 1978 年中国迎来科学春天才恢复。我国数学竞赛难度低于国际数学竞赛，更具有群众性。

1981 年开始，我国接到国际数学奥林匹克委员会邀请，因政治和经费原因未成行。直到 1985 年才派出 2 名学生试探性参加。1986 年第 27 届 IMO，在波兰华沙举办，我国派了 6 名队员正式参赛，获团体总分第四。1987 年获团体总分第八，1988 年获团体总分第二，1989 年获团体总分第一（参赛 6 人中有 4 人是实验中学理科实验班的学生，其中 3 人获金奖，1 人获银奖）。

据张英伯介绍说：

半个世纪前的数学竞赛是华老受到前苏联的启发倡导和组织的，由于华老本人在数学界巨大的影响力，国内几乎所有的数学家都积极投入进来。在 1956 年第一届数学竞赛举办之前，华老曾经写过

一篇文章《在我国就要创办数学竞赛会了》发表在当年的《数学通报》第一期上。华老谈到了举办竞赛的目的是"选拔有数学才能的青年""鼓舞青少年们学习数学的兴趣";参与竞赛的范围是"竞赛会并不要学生普遍参加,只是给一些有数学才能、学有余力的学生更多的锻炼机会";举办竞赛的方法是"由著名的数学家利用星期天给可能参加的中学生们做一些通俗演讲,演讲的内容与竞赛考试的内容无关,其目的是给少年们深入浅出地介绍一些高等数学知识"。

在同年的《数学通报》第六期上,华老又有一篇文章《写在1956年数学竞赛结束之后》,对首届竞赛进行了总结。文中写道:"有人说,试题太难了,尤其是第二场的试题,在学校的习题里找不到和它性质相同的。首先需要说明,数学竞赛的性质和学校中的考试是不同的,和大学的入学考试也是不同的,我们的要求是,参加竞赛的同学不但会代公式,会用公式,而且更重要的是能够灵活地掌握已知的原则和利用这些原则去解决问题的能力,甚至于创造新的办法,新的原则去解决问题,这样的要求可以很正确地考验和锻炼同学们的数学才能。"

特别有趣的是,华老在半个世纪前竟然颇有先见之明地发表了一段关于数学"难题"的议论。在同一篇文章中华老说:"另一方面,这种'难'也只是限于对数学的高度锻炼,而不是出什么复杂的奇奇怪怪的题目。如果有一个学校的教师,错误地理解了数学竞赛的要求,给同学出了很多难题,以'培养'数学竞赛的优胜者,我们必须反对,因为这是贻误青年的有害的做法,很明显,从做难题入手,是不会收到好的效果的,纵使学生做了一个类型的难题,而对另一类型,却依然是生疏,并且难题是很多的,层出不穷的,又哪里做得完呢?单靠做这些奇奇怪怪的难题是锻炼不出很多的才能来的……我希望老师们和同学们能够从基本概念上去教和学,不要站在劳而无功的难题上。当然,适度的难题锻炼还是有必要的。"[9]

9　张英伯:《半个世纪前的数学竞赛》,《数学与人文(创刊号)》,2010年5月。

华老的这些论述[10]十分明确地为我们的数学优等生培养指明方向。数学竞赛的纯真年代已经过去了半个世纪，我们的国家已经在改革开放的道路上走过了30个年头，我们也从远离国际数学界一跃跻身为国际数学大国。今后的路还将朝着下一个目标走下去，那就是陈省身先生提出的"在21世纪中国从数学大国变成数学强国"！

上世纪六七十年代，特别是80年代以来，由于科学技术的飞跃发展，计算机进入到人们生活的各个领域，促使人们思考下一个世纪人才目标问题。70—80年代，发达国家教育刊物上频频使用"功能性文盲"一词，并且公布"功能性文盲"的人数：美国约2200万，法国为300万，西德为200万。所谓功能性文盲是指社会中不具备社会所要求的基本读写知识技能，甚至有人指出不懂外语和不会使用计算机的人就是"功能性文盲"。

为此各国教育界对教育目标做了新的调整：

日本提出现阶段培养目标是："（1）宽广的胸怀，健康的体魄，丰富的创造力；（2）自由，自律与公共精神；（3）面向世界的日本人。"

美国提出："面向21世纪去开发人的才能，意味着培养人们具有明确的生活目标和社会责任感，具有在变化的环境中应用所学知识和技能的高度适应能力，具有创造意识，并能不断获得新知，而且有能力克服自身的局限。"

澳大利亚中等教育的总目标是："（1）促进知识增长；（2）促进社会与；（3）促进身体健康；（4）促进经济能力；（5）促进情感发展。"

加拿大在2000年规划中提出：受教育者应达到：有创见，能批判地学习与思考；能独立决策；具有能够对社会做出广泛贡献的能力；善于合作共事，具有原则性，即使有意见分歧仍能尊重他人；了解自己的权利，同时准备行使个人在家庭，社会，国家以及全世界所

---

10 华罗庚：《在我国就要创办数学竞赛会了》，《数学通报》，1956第1期，《写在1956年数学竞赛结束之后》，《数学通报》，1956第6期。

负的义务。

对四国的培养目标分析表明,他们共同都强调了以下几点:(1)道德水准与社会责任感;(2)创造力或创造意识;(3)合作精神;(4)知识,技能。

我国应如何紧跟新时期国际教育理念和目标?

为探索新型人才的培养模式,同时为了培养参加国际中学生数学、物理、化学竞赛选手,缩短选手选拔集训时间,国家教委和中国科协委托中国数学会、物理学会、化学学会、北大、清华、北师大及其附中试办高中理科实验班。

1987年9月10日国家教委与中国科协联合发了(87)教中字012号文件,即《关于试办高中理科实验班的通知》。《通知》规定办班目的为:

根据四化建设的需要,对在数、理、化三科中某一学科具有专长的学生进行特殊培养,为其今后的学习和工作打下较为坚实的基础。探索对在自然科学方面表现出智力较优异的学生进行教育培养的规律以及中学与大学教育衔接问题。

根据上述国家教委提出的明确目的,1987年10月,学校在高二学生中经过测试选拔了50名学生,每班25人,由师大实验中学、清华附中分别办一个数学实验班。

因为实验中学学生基础比较好,所以要提前确定将来为培养哪一类研究型人才打基础。实际上在培养什么人的这个问题上,学校是有明确目标的,那就是为培养学术研究或应用研究领域人才打基础。

学校认为全国招生理科实验班的培养目标应是:(1)热爱祖国,有理想,有民族自尊心,有社会责任感,遵纪守法,有文明行为习惯;(2)具有牢固宽厚的基础知识和较强的技能,能力,具有独立获取知识的本领,会思考,能判断,有创见;(3)体魄健康,心理品质良好,人格健全,有健康的审美情趣,会健身;(4)有正确的劳动观点,善于与人合作,有较强的工作能力;(5)在理科方面形成明显的特长。

以上五点培养目标是与国际接轨的。所提出的不仅是学业上的目标，更是从培养人的角度出发，强调学生素质的培养和提高，因而既是超前的、有远见的，又是重要、全面、正确的。

我校这届数学实验班，由张继林老师任教数学课兼班主任，学制一年半，数学课完成中学教学大纲全部内容外，增加了"初等数论""微积分""高等代数""组合数学"及"竞赛数学选讲"，由师大数学系孙瑞清教授和胡明杰老师协助组织教学，请来专家做专题讲座；理、化课适当提高实验能力；外语课提高阅读能力和口语水平，学生的素质得到全面发展。

教育的方式包括：报告会、主题班会、团支部活动、学生讨论等多种形式。

理科实验班管理规范化包括：学籍管理、奖励办法、助学金发放办法、学生心理与科技档案的建立、保送推荐程序、学生跟踪调查方案。年级组长，班主任，任课教师的管理与要求，包括教育教学改革，论文、总结等。

实验班23名学生（录取的25名学生有2名未报到）参加全国高中数学联赛，有7人获原在省市第一名、2名获省市第二，4名获省市第三，11人选入第四届全国中学生数学冬令营。1989年2月参加全国冬令营学生走后，其他留校学生由张春条老师任教数学课（微积分）。冬令营结束后接着组建集训队，由张春条和陶晓永老师作集训队班主任，集训队主教练是中国科大杜锡禄教授。经过集训队选拔赛，国家代表队6人中有4人是我校学生。参加第30届国际中学生数学奥林匹克竞赛，首次获总分第一，我校学生罗华章、霍晓明、蒋步星获金牌，唐若曦获银牌。这届学生经过系统基础训练，能力很强。国家数学奥林匹克集训队总教练单墫教授说："……如果组织三个队会把前三名统统夺回来。"张春条和张继林二位老师被国家奥林匹克委员会评为高级教练员。

这次竞赛结束后，各省市也相继办起了数学实验班。由于经费问题，我校全国招生的实验班停办了，改为全市招生三年制高中理科实验班，保留免试升入重点大学资格。1993年5月教委颁发（1993）9号文件，即"关于试办三年制高中理科实验班的通知"，进一步明确了办班目的是："为了进一步探索对理科学习成绩优异的学生进行教育培养的规律，研究高中教育与大学教育衔接问题，深化普通高中的教育教学改革"。这里，将办班的目标又进一步明确和提升为：探讨规律性的问题和进行教改实验。

搞培优、抓竞赛，对培养理科突出人才有一定意义。国家需要大批理科精英，为尖端科技发展贡献力量。当然，培优教育是针对不同的学生因材施教的，并不是所有的学生都可以这样培养。对于我校这种生源好，素质高的学校，肩负着培养拔尖人才的任务，针对有理科天赋的学生投入更多力量培养，为国家高精尖技术的发展培养人才是完全必要的。

张锦斋老师曾说：

在构建实施素质教育的初期，学校曾提出了"追求发展，而不追求分数，追求卓越，而不追求完美"。至1999年，将这种思想完善为"以人为本，服务社会，追求发展，追求卓越"。以人为本的核心是尊重人、爱护人、相信人与培养人。尊重人的含义是：承认每个人都有自己的长处，记人之功，学人之长；承认每个人都有一个成熟的过程，而且这个过程因人而异；承认每个人都有自己的个性、爱好和追求；为每个人的发展创造富有挑战性的机遇；容人之过，并相信每个人都有改正自己缺点的愿望；承认差异，努力创造条件，让每个人都得到充分发展。[11]

只有做到这几点，就是尊重，而尊重比宽容更重要。有了这点，学校就会成为团结合作的大家庭，学生就会在这样的场所中和谐发展。

四、课程体系改革的实践和探索

实验中学的课程体系改革是整个学校的重要改革，以语文和数学为主，接连进行了十几年，成绩斐然，因此有必要做一个介绍。

---

11 张锦斋：《探求实施素质教育的办学模式》，2000年。

本节内容依据王本中校长的教育论文，集中体现了他的教育实践与教育理念[12]。

目前我国的课程体系是把主张基础知识和基本技能，作为教学内容核心的课程理论，简称为"双基论"。几十年来，在这种理论的影响下，形成了颇具特色的，以"必修课为主体，重视课外活动"的课程体系。虽然它在为培养优秀的科学技术人才，打好坚实的科学文化基础方面做出了历史性的贡献，但另一方面，这种课程理论的基础是以升学的需要为准则。

我国中小学课程形态是一种分学科的必修课的单一体制，强调集中统一。这种"结构单一、内容烦琐、脱离实际、要求化一"的必修课一统天下的课程模式，不利于素质教育，不利于学生生动、活泼、主动地发展，不利于学生个性的健康发展。

我国长期以来实际实行的是一种封闭、僵化、结构单一的必修课一统天下的课程体制，强调"统一要求、同步提高"，不管学生的智能与个性差异，因而造成少数学生吃不饱，多数学生吃不了。对共同基础中自然科学类学科的要求过高、过难；对共同基础中社会类、艺术类、技术类学科要求偏低、偏易，对身心健康、品德行为更缺乏基本要求。根本没有基础分流的概念，相当一部分学生所以学习负担过重，不是把精力放在扬其所长，而是用在补齐所短。使我们的基础教育长期在一种"求全责备，求同去异，扼长补短"的运行状态下，不鼓励学习上的差异，不鼓励标新与创建，不允许某些文化知识学习上的落后，不允许学生有不同见解和不同结论。这种只搞共同基础、不搞分流基础的"铁板一块，平均化一"的基础教育课程模式，不利于全民族基础素质的提高，更不利于优秀人才脱颖而出。

在认识到这些教育的弊端的基础上，我校开始了构建新课程体系的改革实验。

从1984年起，我们进行了高中课程改革，大体经历了三个阶段。

12　王本中：《课程体系改革的实践和探索》，1996年8月。

第一阶段是 1984 年至 1990 年，在高中阶段进行了两轮实验

1.调整课程结构，打破必修课的一统天下。2.照顾学生年龄特点，从年级实际出发，贯彻三个区别对待的原则。3.科学的安排好各种弹性课程，充分发挥学生特长发展个性。

第二阶段是 1991 年至 1994 年

我们坚持了：1."课内为基础，课内外有机结合"的指导思想不变；2.因材施教，高中按一、二分段，从高二起在必修课中按 A、B 两个层次进行教学；3.高一、高二坚持每周开设二至四节选修课；4.把课外小组、社团活动、社会实践活动、班团活动纳入课程计划；5.体育课由每周两节，改为每周三节。确保每天有一小时体育锻炼；6.控制周活动总量，按国家教委规定，高一至高三分别是 38、37、36 课时，而我们的教学计划是 38、35、33 课时。

第三阶段是 1995 年至 1996 年

我们提出了我校的培养目标是："切实提高学生的思想品德素质、科学文化素质、身体心理素质、劳动技术素质；切实提高学生的思维能力、学习能力、创造能力、组织能力、交际能力、价值判断及选择能力、自我调控及完善能力；引导学生会做人、会求知、会办事、会生活，为把学生培养成为社会主义建设的英才奠定坚实宽厚的基础。"通过调整课程结构，打破了必修课的一统天下。形成必修课+选修课+活动课，将这三个方面的内容纳入课程体系，应当说学校的改革思想是解放的。压缩了必修课课时，增加了选修课，加强了各类活动，加强了劳技及体育等薄弱环节，有效地控制了周活动总量，初步形成了必修课、选修课、活动课三板块的课程结构，"课内为基础，课内外有机结合"的课程体系。在一定程度上减轻了学生过重的课业负担，开阔了学生知视野，培养了学生的兴趣、爱好和特长，促进了学生的全面发展和教育质量的全面提高。

实验中学的课程改革就是从政治、语文、数学这三个学科的教材入手的，当然难度很大。一般教育改革都是对教学方法的改革。而从课堂教学到教材改革，就要投入更大的力量，这是一个飞跃。教材改

革后的准确说法应该称之为语文教育、数学教育。通过专门学科的教育，达到既定的目标。

学校在课堂教学改革上迈出的第一步，共做了两件事。一是通过学习，转变观念，二是通过示范课、研究课等形式在实践上探索如何上一节以提高素质为核心的课。

我们的课程设置上的独到之处为学校"办有特色"创造了条件。

课程改革是从1984年开始一直坚持下来，搞了三轮，每轮毕业生考试成绩都非常稳定，保持了北京市第一的水平。1986、1989、1992这三届特别突出。学校从1983年9月份开始设立实验班，1984年全部实行改革。实验班的成绩在1986年1987年就很突出了。1990年学校到清华大学做了一次调研，实验中学6个毕业班，四中8个，人大附中就更多了。实验中学考上清华的总人数比四中少，但是呈现出了三个最多的局面：搞学术研究的人数最多、社会活动家人数最多、政治领袖最多。比如实验中学当学生会主席或者共青团干部的毕业生最多。

1994年与1995年两个学年统计，3人次获国际银牌2枚。高中毕业生百分之百达到大学本科调档线，百分之百被大学录取，其中考入清华北大两所最著名学府的占我校毕业生的33%，1995年12项状元（文科、理科、10项单科）中我校占4项，在全国和市区正式的竞赛中两年共有522人次获奖；1994年度我校初中及高一学生获市物理、数学竞赛一等奖人数占全市五分之三。1995年中国雷达杯科技竞赛，北京市共有10名获奖，我校占6名；1995年北京市中学生共获两名国际大赛奖牌，我校占1名，1995年还有1名获北京市银帆奖。

张锦斋老师总结道：

针对应试教育课堂教学特点，我们在课堂教学改革上做了以下尝试。

（1）加强知识形成过程教学。渗透学科思想方法与学习方法。例如，高一立体几何讲球的体积公式一节课，打破了多年来照课本推导出公式，然后举例说明公式如何应用的传统做法。整堂课以球的体积公式的推导为素材，讲构造的思想方法与极限的思想方法，并配之以计算机动画演示，效果非常好。这样的课正是教师观念更新后设计出来的。在《数学教育学》一书中有一位数学家讲到，学生从学校毕业后70%的人在工作中基本不用数学，29%的人在工作中要用到一部分数学，而真正从事数学工作的只占1%。因此他提出教给学生数学思想方法比教给学生形式化的数学知识更重要。老师们正是以这一观点为指导，改革自己的课堂教学的。又如，单元复习课，传统做法是总结知识点。总结习题类型和求解方法。改革后的做法是以本单元知识为例，讲获取知识的三种途径（实验、推理、看书）与掌握知识的三部曲（内化、技能、思想），以单元知识为载体，教给学生们学习方法。

（2）学生是学习的主人，在教学过程中，要调动学生认知的、心理的、生理的、情感的、行为的、价值的等各方面因素参与教学活动。

（3）重视能力的培养特别是思维能力的培养。例如数学课中等比数列求和公式一节课，由原来的讲授课变为探索课。一开始老师明确提出问题，然后由学生自己去探求。35分钟之内学生从四个不同的角度，用四种不同的方法推导出了公式。老师最后对学生的各种方法进行分析比较，强调了应用公式的注意事项。一节课一个例题也没有，但整堂课学生都在积极思维。他们不仅在想自己的推导方法，而且在分析别人的方法，好在何处，有无不严密之处，有无改进之处。这样的课使学生真正领略到了自己探求的乐趣。[13]

五、参与国家教育教学宏观把控工作

在完成数学教学任务之外，储瑞年老师主要参加了关于学科建设这几方面的工作。

---

13 张锦斋：《以提高素质为核心改革课堂教学》，《北京教育》，1997年1—2期。

第一、参加了由教育部组织的国家中学数学课教学大纲的修订。

第二、参与了教材的编写和审定，教材是教学之本，任何国家对教材的审定都是一种国家行为。

第三、参与了教育部考试中心的工作。

储瑞年老师认为：

要做一个优秀的数学老师，就是站位要高，上面这三件事情对我自身的提高还是起了很重要作用的。这个任务压在你身上，你必须要去做，在做的过程中得到了提高。另外一个就是视野要宽，要多参加教育领域各方面的活动和工作，我参与了跟高考有关的工作，还参与了教材编写。当时北京市搞了一套试点教材，先编写重点高中的教材，教材是教学之本，编教材就让我对教学有一个更深更宽的思考。还有一个就是编教辅，和他们一起合作搞课题研究，研究锚题。我又涉猎了另外一个领域——教师培训。这又是一个新的课题，我们经常要到下面去听课，给老师做点评，然后回来做这个国家级培训。我退休以后还参加了北京教育协会的一个组织，叫"一帮一助学讲师团"，我们的足迹遍布全国所有的边境地区，像黑龙江、内蒙、青海、宁夏、甘肃、新疆、云南、贵州、广西等地，都是教育相对薄弱地区。

张春条老师除了完成学校工作外，还参与了一些校外培训活动。他应邀参加了创办北京市"迎春杯"数学竞赛工作，曾担任第一届"华杯赛"总决赛北京代表队的主教练，并在北京市数学学校任课，在三所小学担任竞赛数学辅导。他还担任了第四届至第十届"华杯赛"主试委员会委员，参与命题及总决赛阅卷工作，还曾任赴日本数学竞赛中山队教练，中山队在竞赛中取得第二名的好成绩。

马成瑞老师参加的三个教学研究项目：

1989—1992年，教育部、北师大组织的高中项武义数学教材的试教。三年三份实验报告，典型的例题是从这里总结出来的。

1991—1994年，北京市数学教法研究组并担任组长，在数学引趣、概念教学、定理教学、解题数学等方面进行了学习研究。1993年11月，在福建省福州市召开了中国教育学会数学专业委员会第六届年会，大会发言的 8 名代表中，她是唯一一名"一线"教师。她的大会发言《三尺讲台勤耕耘，学习研讨莫问高》受到与会代表好评。会后，人民教育出版社将她的文章题目改为《谈谈数学课堂教学改革》，发表在《课程·教材·教法》杂志 1994 年第 7 期上。

1992—1997 年，北京市教育科学"八五"规划课题《开发右脑，发展形象思维的数学实验与研究》，马老师任子课题负责人。她撰写的论文《数学中形象思维的研究和实践》，1997 年获西城区优秀论文一等奖，并编入《开发右脑——发展形象思维的理论和实践》一书。

1995 年，北京市高考理科状元葛晖、北京市文科状元数学第一名戴文震，都出自马老师课题实验班。实验班的数学课代表温宁同学，在 1997 年 6 月，获第八届"希望杯"全国数学邀请赛高二年级二等奖；8 月获第五届中国青少年科学英才竞赛三等奖；10 月获全国数学联赛一等奖。这个实验班当年高考有 20 人考取清华、100%达到当年重点大学录取分数线，还出了 1 名亚洲之星（全国共 25 名，北京唯一一名）。

从 2002 年到 2011 年，长达十年的时间里马成瑞老师在北京教育考试院参加全国高考数学北京卷命题。

退休以后，马老师继续参加了温寒江温老的《学习与思维》课题研究。完成一部 30 万字的专著——《中学数学两种思维结合学习论》（脑科学·思维·教育丛书），2016 年年底由教育科学出版社出版。

马成瑞老师的主要特点是：以发展智力为出发点，培养学生的创造性思维能力，以及分析解决实际问题的能力；研究学生和学法，充分发挥师生双方的积极性，让学生在学会的过程中逐步达到会学；重视非智力因素中兴趣、情感、动机、意志品质在数学教学中的作用，尽量发展学生认识的潜能以及探索和创造精神。

第四节

良好的师生关系：促使学生成才的必要条件

华罗庚先生告诉我们："只有能够深切了解数学真谛的教师，才能对数学教育做出重大贡献和培养出大批有用人才，才能成为数学教育家。"女附中/实验中学的老师都在本专业领域内具备深厚的学术积累，所以讲课有底气；他们都具有高尚的职业道德，所以得到学生由衷的爱戴。其实优秀的老师有一个很简单的评价标准，这就是"懂专业，懂学生"。他们正是这样的一批大家。

数学课不只是传授知识，更重要的是教给人一种科学的思维方法，培养人的独立思考能力。这种方法和能力在学生今后的工作当中都能发挥和体现出来。母校成功的数学思维训练和创新能力培养，不仅教给学生数学知识，同时更注重的是人的能力和素质的培养，以至学生在升入大学后，可以有继续深造和提升的能力；在日后的工作中，可以根据工作需要担起不管文科还是理科的担子，并有出色的表现。

一、师生关系

良好的师生关系是学生学好数学的必要条件。良好的师生关系是建立在互相信任，互相尊重的基础上的。学生看教师，不仅要看教师的学识，更多的要看教师的为人，即教师对知识的态度，教师对工作的态度，教师对学生的态度，等等。

金元老师说：

女附中之所以是百年名校，首先就是有一批真正办教育的人，包括历届的校领导；其次还有一批献身教育事业的好先生、好老师，这是办好学校的基础。像关先生，一辈子不图名利，默默耕耘，她也没有什么特级教师称号，就像红烛春蚕一般，为教育事业奉献了终生。

像这样的老师在女附中的历史上是不应该被遗忘的。如今百年校庆，关先生教过的最小的学生也已年近七旬，我希望广大校友多多回忆宣传老领导老教师们的事迹和精神，让女附中的师德师魂发扬光大，薪火相传。

1960届毕业生吉敬蓉说：

师大女附中学生佩服这样的教师：刚一说"今天的课就讲到这里"，话音落时，下课铃响起；留下的板书，就是这堂课的大纲，字迹工整，条理分明，印在脑际，难抹记忆。

以上两点，刘秀莹先生全都具备。但她还有独特之处：咬字非常清楚，声音极其清脆，且带着磁性与亲和力。就算你坐在教室最后一排，也会情不自禁兴趣盎然地被她引领着，一步步踏上数学阶梯。

其实我并不喜欢数学，但我喜欢上刘先生的数学课。现在想来，我获益的不是怎样解析更多数学难题，而是一种终身受用的逻辑思维方法，一种对自己事业的执着激情，以及怎样将这种执着，分解到每一天、每件事、每一步的细微之处。

张继林老师总结他带的2006届文科班的经验时说：

（1）学生是教学活动的中心和主体，学生的主体地位要得到保障；学习是一个主动"建构"过程，要充分发挥学生学习的主观能动性。

（2）学生的"建构"过程是一个创造或再创造的过程，不再是单纯的"镜式反映"。（3）由于学生个体的认知结构各不相同，从而决定了他们在学习过程中思维活动方式及学习结果具有多样性和个体差异性。

（4）学生不是完全孤立的个体，要受到包括教师在内的周围环境的影响，学习是一种文化继承行为，一种高度组织化了的社会行为。

（5）学习活动不是一种简单的外在行为的反映，而是一种复杂的内在的思维活动，因而对学生的关注要深入到学生的心理活动中。

良好的师生关系是学生学好数学的必要条件。很难设想师生关系紧张，学生不喜欢教师，学生会愿意听教师讲课？教师不喜欢学生，教师会耐心地辅导？良好的师生关系是建立在互相信任、互相尊重的基础上的。我喜欢我的学生，我信任我的学生，我尊重我的学生。在教学的过程中，我始终把学生的需要放在第一位，想学生之所想，急学生之所急，工作踏实认真，一丝不苟，学生看在眼里，记在心头，因而赢得了学生的信任和喜爱，学生因为喜欢我，就更喜欢听我的数学课，在做作业遇到困难时，也会想办法克服，能及时地完成作业。在考试时，总能认真准备，成绩也越来越好，很多学生觉得，如果考不好就对不起老张（老张是高三（14）班的全体学生对我的爱称）。

储瑞年老师强调，教育思想的中心，一个叫以人为本，一个叫立德树人，他认为：

现在回过头来看女附中的教育观、人才观和教学理念，我觉得到现在都没有过时，而且在传承、在继续发扬，这就是咱们学校现在能够稳稳地站在名校行列里边，一个非常重要的原因。那么从现在新的教学理念角度来讲，教育的根本目的是以人为本，就是要立足于人的发展来设计我们的教育和教学，这是现在教育部门的一个最高的理念。教育的功能在于培养，但是你要培养什么样的人，我觉得必须从各自学科的角度把它具体化。我做的是数学教学，但实际上我这个数学教学的立足点，就不只是局限于做数学题，而是要全面提升学生的思维能力。

马成瑞老师对这个观点非常赞同，她说：

教学生求是、求实。"科学是老老实实的学问，来不得半点的虚伪和骄傲。"教学中我们主张学贵有志，学贵有疑，学贵有恒，不迷信书本，不迷信教师，求实、求是、求真知。

引用学生小媛在贺卡中谈到对这种做法的感受："喜欢上您的课，看您算题、写字，听您的声音。就算是您笑眯眯地在题里设了陷阱让我们跳进去，我在课堂上脸红了，却是长远受益的。其实，那许多公式将来也许都会忘记，可推导的方法我学会了，懂得了怎样利用规律寻找验证。更重要的是，从您那里学到了做学问和做人的态度，这两样都是一辈子的武器。"

教师与学生，有意无意间相互影响一生。爱学生和被学生爱，是教师特有的快乐和幸福。许多老师都这样说：我很庆幸自己选择了教师这个职业，如果让我再次选择，我还会选择做教师。

二、难忘的师恩

1965届高三（4）班同学在《永远难忘的恩师——任孝娟先生》一文中，几个同学分别回忆道：

任先生上课就把我们带进了奇妙的数学王国。有时让我们做题，看谁做得快，既激发了我们的学习热情，又让我们享受到了解题的快乐。我那时候就特别喜欢她，喜欢看她的人，喜欢听她的课。

平面几何的教学给我打下了严谨逻辑思维的坚实基础。终身受用。

某天，任先生使用了加辅助线解题。此题刚解完，学习委员薛舒站起来说，还有更简单的方法。任先生大悦，请她上台给大家当老师（任先生原话就是这么说的），一时间课堂热闹非凡，七嘴八舌，各抒己见，记得王茅还贡献了一种解法呢！为师者的任先生高兴极了。从此，时不时由同学上台讲题，便成了我们班几何课的一道独特风景。师生平等切磋，在我后来的人生中，再也没遇到过。

1967届中四（1）班郝新平的文章《为师一生——李令倩老师，我们心中的女神》在校庆征文平台上发表后，引起热议，大家纷纷转发、留言。有同学写道：

李令倩老师，是我永远的偶像！从第一节课开始就喜欢青春美丽、从容开朗的李老师，讲课条理清晰，逻辑严谨，画图精准，从不出错。当然还有那条灰绿色的裙子，随板书的节奏轻轻摆动，一切都如此完美。但是李老师对于学生的意义,却绝不仅限于知识的传授。李老师精准地看到同学的优点,也能捕捉你不足的弱点,用真诚的爱心予以引导。

另一同学留言:

听李老师的课是一种享受,不仅学的轻松,而且记的牢固,使我的成绩一直优秀,还当了老师的课代表。在李老师两年的几何教学中,不但教给了我们知识,更培养了我们正确的学习方法,缜密的逻辑思维和明晰的思辨能力,使我终身受益。

邢同学清楚地记得:

初三时,我母亲查出晚期癌症,李令倩老师得知后,百忙中亲临我家,亲切地告诉我:你不能去上课不要怕,我会安排同学来给你补课。在李老师缜密的安排下,以后天天有同学到家给我补各科的课。多半年过去了,我没正式上过一节课,但我没落下一节课。最后,我不仅没失学、留级,还以比较好的成绩顺利升级,使我感激不尽。李老师言传身教,不仅促进我努力学习,还净化了我的心灵。让我形成一生的信条:说实话、办实事、做老实人,热情、善良待人。李令倩老师您是我终生难忘的贵人!

1977届高三(1)班侯琦记得:

作为数学教师的李光华老师,深厚的数学功底自不用说。她的教学已经到了一个出神入化的程度,她不仅教会学生数学知识,还让学生们喜欢上数学。每次考试她都要在教室内溜达,站在一些同学课桌前看着大家做题,有时还"偷偷"地暗示同学们的错误。她不是在抓作弊,而是在欣赏、检验着自己的教学成果,同时在树立学生们的自信心。与此同时,她也不放松同学们其他学科的成绩,经常与学生们讨论其他科的问题。

1995届高中毕业生张海英回忆:

数学好的孩子貌似都精力旺盛,奥数发散性思维的培养不仅体现在做题上的妙杀答案，甚至可以幻化出题未读完答案已脱口的先知先觉般神一样的存在，每当这个时候，李光华老师就会让数神们不必举手，直接从老师手里接过粉笔走上讲台，和还在混沌中苦苦挣扎的另一小撮儿后知后觉的姆们分享怎么听也还是听不懂的光怪陆离的解题思路，于是不明觉厉这个词在那个年代其实就已经产生了，唯剩下"膜拜"绕梁三日久久不能挥去。紧接着，李老师还是会重讲一遍正常的解题思路，把跑偏的拽一下，把跑快的揪一把，把懵懂的推一推，拉拉扯扯几个来回后，最后总不忘补上一句"我讲的大家听清楚了吗？我说明白了吗？"因为老师的声带因病只能慢慢缓缓地发出沙哑的声音，她生怕坐在后排的孩子听不清楚，总要补充询问一下，这一细心的体察我都记住了，记在了日记里。

1980届学生陈路感恩储老师教导时说：

职场上生活中，信奉的兢兢业业做事认认真真做人的原则，和用严谨的分析来解决问题的方式，绝对是源自当年储老师的言传身教。一班同学差不多都这样。

1980届朱瑛谈到张锦斋老师：

第一节课就这样开始了。首先，他向我们叙述了整个一年的教学计划，然后，他又教我们怎样看书和学习。"书，要越读越厚，即从书上所学到的知识联想起许多有关的问题；也要越读越薄，即通过自己的归纳整理成为系统而又简洁的知识。"短短的45分钟就这样过去了，然而，这节课的内容对于我们今后的自学和看书起了多么大的作用呀！

每上完一节课，我们的黑板上总是留下张老师那清晰，整洁的字迹，就像一位有名的师傅精心雕刻出的一件珍贵的工艺品，使我也不由自主地认真抄写笔记。一次，我有幸从课代表手里看到了张老师的讲义，那一页页的活页纸就像从印刷厂印出的书一样干净，整齐，秀丽的字迹把纸装饰得像一幅美丽的图画。

每到考试前，张老师就耐心地教我们不要慌，并且给我们提出几条注意事项和要求,这对于我们做学生的真是大旱的甘霖。所以,数学考试,我们每一个同学都不感到紧张,只是轻松地看一遍笔记本就可以了,而每一个同学的成绩则是非常理想的。对于一个对数学不感兴趣的人,只要上了张老师的课,都会感到一些学数学的乐趣。

当然,考试的成绩不光是靠临时突击出来的,它是和我们平常严格的训练有着密切的关系的。

对于我们的作业,张老师从来没有轻易地放过,他总是从我们的作业中了解我们掌握知识的情况,从来不随便划几个"√"或"×",或对对得数,对于我们做的每一个步骤,张老师都看得仔仔细细,就连我们在计算中不影响结果的一点点的疏忽,也不放过。

不管张老师在学校的工作有多忙,我们的作业每天收一次,第二天发回来,一年三百六十五天,天天如此。为了帮助我们更牢固地掌握我们所学到的知识,每学期,我们都要进行几十次的小型测验,让人难以相信的是,我们第四节课刚测验完,下午我们就拿到了仔仔细细地判好的卷子。

我们每星期有一节数学是在第四节课,每到这个时候,同学们都感到有些疲倦,讲新课,对我们来说,难以接受,所以,小测验大都是利用了这节课。放学的铃声响过后,一些同学还没有作完,张老师就耐心地等着他们,这对我们在学校包伙的同学和回家吃现成饭的同学是没有关系的,但是张老师每天都接送他的孩子上学,在这一天,因为我们,张老师要耽误很多时间,而我们从来不曾见过张老师流露出焦急的神色,对于我们的学习,张老师费尽了心,克服了种种困难。

上课的时候,我们有时也会被张老师叫起来回答一些问题,这是一件很轻松的事,不管你怎样答,对或不对,张老师总是耐心地听完我们的回答,再给我们进行分析,又教给我们一些新的方法,从来没有见过他强迫我们按照他的思路去答。

有一段时间,我们班的同学比较"浮",上课不太认真,在一次小测验中,大家的成绩普遍不太好,发试卷的那节课,张老师心情沉重地走进来,轻轻而有力地说:"这次考试,同学们考的不太好,这都怨我,是我没教好你们,希望你们给我提意见,改进教学方法。"听了这话,我们全都难过地低下了头,暗暗地责备自己没学好,这次,我们班同学全感动了,成绩也很快有了提高,我们对张老师太敬佩了。

忽然,班里传来张老师不再教我们的消息,同学们焦急地找到学校的领导,请求让张老师继续教我们,然而我们失望了,这是学校的决定,已经不能改变了。

放假的前一天,张老师来了,给我们上了最后的一课。

首先,张老师给我们分析了期末考试的试卷,随后,语重心长的告诫我们要好好学习,珍惜自己的青年时代,做一个为祖国为人民有贡献的人。班里静得连掉一根针都听得见,同学们极力使自己多听一点,多记住一些,好让这最后一课永远刻在我们心里。张老师说着说着,声音有些发涩,眼圈有些发红,每一个同学都极力使自己的泪水不要流下来,不要让张老师难过。让我们永远记住他的话。

张老师,我们最好的老师,您放心吧,您教导我们的话我们牢记住,我们不会辜负您的希望。我们盼望着能有这么一天,您又回来给我们上课了,那该多么高兴呀!

至今还承担着培养参加数学竞赛学生的韩乐琴老师是女附中1964届高中毕业生。在校期间她对数学情有独钟,受教于多位数学老师,使她最终在老师的建议下考上北大数学系。凭着中学老师给打下的牢固基础,她大学也学得轻松,有后劲。至今感激母校和恩师!

后来她调到了母校任教,把学生时期老师交给她的一切都用在了学生身上。听过老教师和她的课的人都说,她的课还很有些像老教师某某某的,真是神似!她的课没有现成教材,要从大量的资料、书籍、杂志中寻找合适的题,然后再做成专题,打印给学生。为此她订阅了24种报刊,每册必看,因为专题每年都会有变化,所以必须与时俱进,不断更新。

1975届高中毕业生季思聪:

中学毕业以后,我选择了文科作为自己的人生生涯。但是直到今天，阎绍华老师教给我的那些数学概念，还深深印在我记忆里。我的代数、三角、几何知识，足够让我辅导我的后辈，并令他们惊叹。

我先以为一直都会是阎老师的好学生，直到他开始教我们物理课，才发现自己大有软肋。我形象思维特差，物商极低，万物现象只要一脱离抽象而到具体，在我这里就变得模糊一片，不辨南北，结果物理课始终让我学得一头雾水。平时一贯"昏昏"，考试何以"昭昭"？记得有一次期中物理考试我只得了87分，令阎老师对我大失所望，也令我对阎老师满怀歉疚。这件当时把我急死的事情，现在想来却让我忍俊不禁：急也白搭！何止那时候啊，直到永远，物理都曾是、正是、将是我弄不通的一门学问。

成年之后我才了解到，数学可以说是一切理科学的基础，相当于文科学中的哲学。

记得当我第一次获得这个观念的那一瞬间，我特别地怀念阎老师，和他的数学课堂。

1983届高中毕业生田晓风：

我还清楚地记得，我在准备高考最紧张的时候，有一次数学测验没考好，五道题错了两道，急忙去请教王本中老师我该怎么办。他帮我分析了一下我做错的原因，还给我的卷子上写下了一段话，我后来抄在了日记本上："你应该排除偶然因素的干扰，在清醒的分析'自我'中建立起自信。你的数学是可以学好的，自然也是可以考好的。凭着我十几年教授数学的经验，我相信这一点。这不是形式主义的鼓励和安慰，而是由切切实实的分析得出的结论。人要是没有对生活背过脸去的本领，再坚强的神经也会受不了。一两次小小的失误万万不可作为演绎推理的出发点。愿你早日找到转入'良性循环'的突破口，而这只有靠自己。"过了这么多年以后再次重温王老师这段话，我还是很受启发。

以下是张继林老师的几个学生的回忆：

曹音同学说：

每天，我都期盼着数学课的到来，每天都希望看见您慈祥的面庞，听到您详细的讲解……知道吗？您说话的样子像凤凰卫视中有报天天读的杨锦麟先生，抑扬顿挫，特别悦耳，我一直把您当作爷爷，陪我们一直走向成功的爷爷。

张莎莎同学说：

您知道吗？我们私底下都叫您"老张"，一提起来就会很亲切，还记得您在课堂上表扬了我吗？那一次使我找回了自信与希望。我们回家自己复习的前夕，您提醒我们"行百里半九十"，最后一节课，您说"今年2006年6月份，我66岁，送我最后一届学生上考场，六六大顺，我相信会给你们带来好运"。每当想起这些话，我就忍不住落泪。那天高考，看到坐在三十五中考场阳光下的您，我的心情舒缓了许多，我想，两个小时后，您还会在外面等我们吗？结果考试完，您在人群中，拉住我，递给我一瓶水，还是那样笑着，我无言以对，也只有微笑。

周牧笛同学写下了这样一段话：

记得有一次，我在课堂上，问了一个您讲过的问题，（我讲的是按向量平移与左加右减的关系）您有点着急，说了一句："你怎么还这么糊涂啊！"我并没觉得有什么，因为我的确常犯糊涂，但下课时，您却说了这样一段话："有一件事，我一直在想，但课没讲完，我没有说，那就是刚才这位同学问问题，我说她糊涂，这是不对的，我应该向她道歉……"为了这么小的一件事而道歉，如此在乎一个学生的感受，当时我几乎感动到流泪。道歉对我来说并不重要，感动我的是您的那份关心。

中四（1）班同学在微信中是这样评价张春条老师的：

张老师教学条理清楚，易学好懂，善于把复杂的数学演算过程，以简单明了的方式表达出来，便于我们很快掌握解题要领。他的语言也有特点，不温不火，还带点幽默。记得他画圆根本不用圆规，轻拿粉笔，扬起胳膊，一下就画出一个很圆的圆圈，当时很佩服老师年轻干练。好些同学因为张老师数学教得好而喜爱数学，对数字的敏感以及做事的条理性又源于对数学的喜欢。我们学到了知识的同时，提高了逻辑思维能力，学习了做人道理，在以后的人生路上受益匪浅。少年时代遇到张老师这样的恩师真是人生一大幸事。

1976届高中毕业生胡小月说：

近40年后，2010年10月，马成瑞老师70岁生日那天，我和班上的40几位同学，重新坐回教室，聆听马老师的一堂数学课——勾股定理的推导。这是我们为马老师庆生的一次得意策划。马成瑞老师给我们上的这一课，可不是随便的应景儿，是她精心准备的，一如既往。那时上课对勾股定理的推导方式只有1—2种，后来的30多年中，人类对数学思维的探索有了长足的进展，比如向量是马老师上大学时都没有的概念，马老师为了讲好这个中学数学新增的向量专题，反复研究了很多书籍并专门去请教大学的教授朋友。

马老师带领我们用三种新的方法推导了勾股定理，展示了数学学科思维的发展。还是那样认真工整的板书，还是那样兴味盎然、思维敏捷。马老师告诉我们这些已至中年的老学生们：人类从未停止数学思维的发展，甚至付出生命；"探索"是数学的生命线，也是个人的生命线，也是人类的生命线！既教知识又不忘育人之本，这是马老师一贯的教学风格。

"数学是人类思维发展的演武场。"从来看上去瘦弱安静、认认真真、淡定谦逊的马老师，在中学教育领域中，是全心投入、自带光热的班主任；在数学学科教育教学领域，是理论与实践都矫健的"大侠"！这是我调入实验中学工作后才全面知道的。插队返城后一直疲于工作奔波的我，着实大吃一惊，除了钦佩，就是骄傲，相信我班的同学们也都有同样的感受！事实上，后来遇见的校友和老师，凡是和马老师有交集的人，没有一位不羡慕我，不感念马老师的数学课堂。

我们班同学也总借马老师的生日聚会，60岁、70岁一起"怀念同桌的你"，还有"同学回国""男生聚会""女生聚会""校庆聚会"……马老师每次都高高兴兴地来,认认真真地准备发言稿,愉快而简洁。我常常感念我和马成瑞老师既是师生关系又是同事关系。

实验中学就要百年校庆了,我们又有话题和马老师聚会了,我们很爱母校,母校是一个很好的平台,我们爱马老师,感念我们的班主任马成瑞老师。她始终在那里。温柔与坚定,给了我们无穷的力量。

王本中老师曾教过1983届文科班。学生李佩霞写道:

上王老师的数学课,感觉到了与以前的不一样。数学课的特点是严谨、严肃。文科生因为不太喜欢严肃的事情,而常常在上课和解题时偷点儿懒。敏锐的王老师观察到了这些,他不动声色地做了一些教学改变。比如,他开始在数学课上加大教学的趣味性;他开始把枯燥的公式、抽象的符号、理性的演绎和严谨的推理用幽默风趣的方式讲出来,用生动的图形或工具、用形象的空间和方位、用明确的比较和分类把复杂的计算变得简单而有趣,循循善诱,寓教于乐,把严谨的科学性与表达的艺术性巧妙地结合起来,提高大家的学习乐趣和解题能力。

王老师还特别喜欢与学生交流、互动,了解学生、引导学生。他在教学管理上有自己独到的方式,管而不死,严而不厉,爱在其中。在那个80年代初的重点中学,王老师面对感性多于理性、浪漫多于严谨、勇于"接下茬儿"的首届文科生们,风趣幽默、宽容大度,甚至甘受"折磨"。他总能巧妙地化解课堂上学生的调皮捣蛋,善用学生的这份无拘无束令他的数学课气氛热烈而轻松。

王老师曾说,要想让学生喜欢上你的课,就应该用自身的人格魅力去吸引学生。现在想想,那时的王老师就是这样获得了文科生的普遍信任,因为王老师,数学本身也变得可爱了。

大学毕业后,我们在与时任实验中学校长、书记的王老师聚会时,曾请教王老师的教育观。王老师说,从人的成长规律来看,普通高中阶段具有独特的教育价值。高中阶段是学生人生观和价值观形成、独立人格培养和个性发展的关键时期,作为"传道授业解惑"的老师有责任引导学生学会做人、学会思考、学会做事、学会生活,帮助学生提高自主学习、独立思考、自强自立、勇于承担和适应社会的能力，这不仅是教师的职业行为准则，也是教育的艺术。

1966届高中毕业生张英伯，一位数学界卓有成就的学者，她曾是王本中老师的得意门生，她回忆了王老师是怎样培养她的：

记得王老师让我读过一本有关数的发展的小册子，讲人类如何从结绳计数到运用自然数，然后有了分数，零和负数，建立了有理数及其加、减、乘、除四则运算。让我读完后汇报一下读后感，并写读书笔记。

高一下学期开学不久，王老师问我想不想去参加北京市中学生数学竞赛，我没听说过数学还有竞赛。王老师介绍说竞赛是对高三和高二学生的，你可以参加高二组。我吓了一跳，说那怎么行，我高二的功课都没学过呀。老师说不要紧，不是还有一个月嘛，我们来补一补。高一已经学了代数和三角，尽管没有学完，完全欠缺的是高二的立体几何。

王老师给我找来高二的课本，课余恶补立体几何，好像书上的习题来不及全做，但也做了主要的部分。四月份的一天，我跟着老师乘公共汽车辗转来到位于东城区的考场，好像一点也不紧张，心想反正是来凑热闹的，考好考不好关系不大。也许正是这种无所谓的心态，使我能够在考试中充分发挥，竟然得到了高二组的一等奖。

王本中老师记得，当时带张英伯所在的课外小组的时候，用的方法是带研究生的方法，不是直接去讲课，而是先让她们看书，引导学生学习、独立思考，解决问题。当时有华罗庚等大数学家写的几本小册子都特别好，如《运筹学》等，大家看完后再一块儿给她们讲。

王老师回忆道：

让学生看书是因为在师大数学系上学时我们就是这样做的。三年级以后一周才18节课，上午上完了，下午自己上图书馆读书去了。我们的王世强老师在数学界很有名，他是研究代数的。上课时他讲一个定理的背景，讲完后给你一本书，你就去做题吧。你要去问他问题，他连门都不开，因为他在做学问，隔着门问你什么问题，然后说这个问题在哪本书上，你去看多少页，你就明白了，赶紧回去找书看吧。一般问题就这样解决了。养成这种习惯非常好，能引导自己独立思考，学会读书。老师教书，也要教会学生读书思考，解决问题。当时我对张英伯她们有影响的是发现了一本前苏联一位数学家写的《从高等数学看初等数学》，全部是初等数学习题集，一共六百道题目，非常有价值。书是俄文原版，有的同学没学俄语，我给她们翻译过来，在这之前我都做过了，想教好数学，自己首先必须做好。有的同学好多题不会，来找我，我说我也做不出来，你们做吧。"文革"期间这本书丢了，很可惜的，现在不知道哪儿能找到？张英伯做得最多，而且是最自觉的人，那时教数学不像现在，都是先辅导。我说这段话，还是从教书育人的角度，是想培养数学家。

王本中老师果真是慧眼识珠！这位曾经在高一参加了高中数学竞赛并获高二年级一等奖的张英伯，当年，在颁奖典礼上站在了北京大学数学系主任段学复教授身边，段教授轻声问她，"你愿意上北大吗？""当然愿意！""那你可以直接进数学系，不用通过高考。""真的呀！"她太高兴了，北大数学系是她心仪已久的数学的殿堂。

然而，由于众所周知的原因，她没有上"北大"而去了"北大荒"。直到 1978 年凭着女附中打下的扎实的功底，直接考上了北京师范大学数学系读研究生，从此走上了神圣的讲台。

1990 年张英伯在德国 Bielefeld 大学获理学博士学位。她的博士论文为 The Structure of Stable Components，给出了野型有限维代数上模范畴的 AR-箭图稳定分支的刻画。野型代数是最广泛的一类有限维代数，而 AR-箭图的分支除有限多个之外皆为稳定分支。后来，她的德国导师曾在一篇介绍代数表示论发展概况的长文中用了一章来介绍张英伯的这一定理，即代数表示论中的"张氏定理"。

现在，张英伯已是数学界著名学者、专家。她是北京师范大学数学科学学院教授，博士生导师。她从事基础数学的科研和教学工作，曾发表论文 72 篇（其中数学研究论文 43 篇，一般性论文 29 篇），译著 2 部（译自俄文），编写教材 2 部，主持国家自然科学基金委重点基金子项目 4 届（1994-2011），主持教育部博士点基金 2 届（1996-2002），1991 年获教育部科技进步奖。曾任中国数学会常务理事，基础教育委员会主任，国际数学教育委员会执行委员，北京师范大学数学系学术委员会主任，数学通报主编。

　　王本中老师很认同德国教育哲学家的名言，即"师生关系才是教育哲学的核心"。对于教育界最流行的一句话"没有爱，就没有教育"，王老师觉得这还不能够充分解释最佳的师生关系，他认为，俄罗斯教育家的"没有了解，就没有教育"的观点给了他很大的启发。他的体会是，老师对学生"知之愈深，爱之愈切，导之有方"。优秀的老师会认真倾听学生心声，感受学生喜怒哀乐，深入了解学生内心，挖掘每个学生的闪光点，充分尊重学生个性。而了解学生最好的方法就是与学生们交朋友，王老师说"师+友"的关系是他从事教育后一直追求的师生关系，这样才能做到"知之愈深"；优秀的老师会把每一个学生放在心上，诚心诚意地理解、欣赏和包容自己的学生，用一份爱心、耐心和责任心与学生进行心与心的交流，这种爱的力量可以温暖学生，提升学生的自信心，这是老师对学生的"爱之愈切"；学高为师，身正为范，得到学生仰慕和尊重的老师都会有散发着人品和魅力的磁场。老师的言传身教，会引导学生寻找自己生命的意义，实现人生应有的价值追求，塑造独立健康的人格，成为一个对社会、对国家有用的人才，这样的老师就对学生做到了"导之有方"。

结　语

　　前面介绍的博士生导师张英伯，从小在女附中校园里长大，她的话准确道出了对于数学老师的深刻理解。她说，一个教师能够把数学课讲好，底气在于本人的数学修养，保障在于教师的职业道德。

　　1987 年，数学教师马成瑞的学生李洁离京赴美求学前夕，给老师的告别短信上写道:"尽管数学这门科学本身就像抽象派绘画一样令人费解,但您却能使学生们对它如醉如痴。"马老师正是"期望用数学自身的美感和价值,用教师组织教学的魅力,让学生好学、乐学、会学,意志坚强,身心健康;期望师生在数学教与学的天地里,探索猜想,尝试成功,流连忘返,如醉如痴。"

数学在我们老师心里,从来不是冰冷的公式和定理。数学是有热度的艺术,他们带领着学生在数学天地里自由地翱翔。

作为曾经的女附中学生,我们要感谢百年以来,女附中/实验中学的数学老师们。他们把数学看作现代文化的精彩华章,用自己的才华和修养,让数学焕发出迷人的魅力。因而,进校时一脸懵懂的孩子们,通过几年的学习,在离校时头脑变得清晰缜密,具有了运算能力、逻辑思维能力和空间想象能力,逐步形成运用数学知识来分析和解决实际问题的能力。数学的课堂,成为我们人生追求更高目标的必经之地。

而母校的数学教育,始终坚守在学校优质教育的前沿!

本文一些资料选自《口述春秋》一书和百年校庆征文平台。

附一　1968年前数学组教师名单(34人)

(以姓氏笔画为序)

于宗英	马成瑞	王　旭	王明夏	王卓亭	王笑房	王本中
王成名	任孝娟	关秉衡	田大猷	孙明华	朱佩兰	庄雅先
吴水祥	李令倩	李光华	李松文	李振纯	张玉寿	张国珩
张连谠	张春条	张振江	张继林	张锦斋	金　元	金莉荣
赵祖钧	贺凯芬	童直人	徐慧英	阎绍华	储瑞年	

附二　本文所引师大女附中教学档案目录

1. 师大女附中 1950 年 10 月的数学组教学大纲
2. 1949—1950 学年北京师大女附中的数学组教学计划
3. 1949-1950 学年数学教员教学计划情况简表
4. 王明夏老师在 1950 年 1 月的"教学工作总结"
5. 张玉寿老师在 1950 年 1 月的"教学工作总结"
6. 1950 年 1 月数学组的"教学总结"
7. 1949—1950 学年数学教员教学计划情况简表
8. 数学、理化博物、政治、体育、美术、音乐、劳作教学总结
9. 于宗英先生的"平面几何教学总结"
10. 1953 年 6 月 30 日田大猷、杨敏、刘秀莹三人的算术互助组总结
11. 1960 年北京实验中学简况（总结）
12. 关秉衡先生在 1950 年 6 月的初二年级代数总结
13. 张国珩老师的"初二教学总结"
14. 1960 年 4 月《跃进中的北京实验中学数学教研组》

陈琨、郭莲莲　编校

第三章

浅谈师大女附中六十年代的思想政治工作

——"阶级斗争教育"成为主旋律

罗 治

前 言

1960年代，北京师大女附中（以下简称"女附中"）的校训是"革命热情高，团结友爱好，谦虚好学，简朴勤劳"。显然，校训是把政治思想教育高居于学校工作的首位。

1961年，我考入北京师大女附中初中，之后又考入本校高中，高二快结束时，"文革"爆发，滞留学校两年半。回顾我这七年半的在校时光，伴随着中学课程的学习，印象最深的是比学习还重要的政治思想教育，而且对那股越吹越强劲的"阶级斗争教育"之风，感受尤为强烈。

追溯这股潮流的形成，源于中共中央、国务院1958年9月19日《关于教育工作的指示》，《指示》中明确规定"把阶级教育作为向学生进行马克思主义政治教育和思想教育的重要内容之一"。1962年9月，八届十中全会通过的党在整个社会主义历史阶段的基本路线又强调"阶级斗争必须年年讲，月月讲，天天讲"。党的基本路线，自然要统领教育。在"年年讲，月月讲，天天讲"的大形势下，学校里"阶级斗争"的味道愈发浓烈了。

至于政治课，在"1963年关于实行全日制中小学新教学计划（草案)的通知(教育部文件(63)教普教刘字第800号)"中,更加明确要求:"中小学教育的根本目的在于培养坚强的革命后代,必须改进和加强政治课的教学工作……"

于是,女附中在"1963学年年度学校工作计划"中强调:"政治课……对学生应反复进行无产阶级的阶级观点和革命观点的教育,反修和防修教育,培养学生坚强的革命意志,做坚定的共产主义接班人。[1]

这样,我们的政治课首当其冲成了"培养坚强的革命后代"的载体,而"阶级斗争教育"也自然成为当时思想政治教育的主旋律。这样,终于在"文革"的狂飙中,"阶级斗争教育"得到了"回报":"坚强的革命后代"们组成的红卫兵"拿起笔,做刀枪",首先杀向了他们敬爱的老师、家长,更有甚者打死了校长、逼死了父母,成为全国大动乱最早的破坏性力量。在恐怖的"红八月"中,他们又杀向社会"破四旧,立四新",践踏人的尊严、无视人的生命,夺取、破坏个人或社会公共财产,从上到下猛烈地冲击了全社会,对中国的传统文化、道德伦理和人民生命财产造成了骇人听闻的、毁灭性的破坏。

我是亲历者,对此感受至深、终身不能忘怀。一个挥之不去的问题常在脑际浮现:是什么教育促使一些单纯的青年学生变成黑白不分、满怀仇恨的人?是什么因素促使一些革命后代变成血腥"红八月"和疯狂"破四旧"的主力军?

为了探讨以上的问题,为了不让这痛苦的经历再次发生,也为了给今后的研究者留下真实的史料,我选择了"女附中六十年代政治思想工作"作为本篇教育叙事的主题,把我当时搜集到的有关资料以及采访实录整理成文,以一个个实例来具体说明政治思想工作的主旋律如何变成了"阶级斗争教育",以及造成的影响及危害。

---

1 "1963学年年度学校工作计划",校档案室资料。

第一部分 六十年代思想政治教育简述

1957年2月，毛泽东在《关于正确处理人民内部矛盾的问题》中提出："我们的教育方针，应该使受教育者在德育、智育、体育几方面都得到发展，成为有社会主义觉悟的有文化的劳动者。"这一重要论述将马克思主义关于人的全面发展思想贯穿于社会主义教育培养目标之中，形成了新中国全面发展的社会主义教育方针。这一方针作为指导思想贯穿于整个六十年代。

但是，对许多"老三届"学生来说，六十年代在校就读期间，他们所接受的主要是系统的阶级和阶级斗争教育。

第一节

形势教育

【提要】上个世纪五十年代，我国经历了数次政治运动。每次，学校都会紧密配合，开展各种形势的教育活动。六十年代，形势教育被愈加强化，如反修防修、阶级斗争的教育，要求学生学毛选、学"九评"，树立共产主义必胜的信念等等。本节分为三部分：一、1958年大跃进时期的形势教育；二、六十年代的时事政策教育；三、重点是阶级斗争教育。

从上世纪五十年代末开始到六十年代，随着中苏关系破裂和台海危机加剧，全国的政治形势日益紧张。女附中和全国一样，政治空气也越来越浓厚。

在女附中经历了六年初中、高中学习生活的魏兰兰同学在《红色的梦》（摘自纪念实验中学一百周年校庆征文）中写道：

为了回忆中学时代学校教育思想路线对我人生之路的影响，首先需要从1954年到1960年中学所处的历史时代大环境的特征来分析：这6年正是我们年轻的共和国从诞生的三年经济恢复之后，其历史事实是：开始了第一个五年计划建设，有了社会主义建设时期的总路线，开展了建立人民公社、大炼钢铁、大跃进三面红旗运动，同时又是开展反右派斗争以及后来党内反彭德怀右倾机会主义时期，也是与苏联的关系由友好蜜月到分歧分裂（"九评"苏共修正主义）的时期。这个时期也正是党的威信在群众中最高的时期，又是毛泽东思想在全国确立为主流统治地位的时期。我们学校的历史特点是历来就站在政治运动的风口浪尖上。

笔者在校时，学校常安排我们在班里集中听广播，主要是听思想品德、时事教育方面的讲座，也有优秀学生介绍自己的学习经验、思想漫谈等。胡志涛校长、刘秀莹主任、梅树民主任的讲话，常在大礼堂进行，除了开学、毕业、劳动动员等日常工作外，内容多为传达上级指示，进行反修防修、共产主义思想教育等重大的思想教育宣传活动，像请劳动模范作模范事迹报告、请有关部门干部做各种配合时事政治的专题报告等。比如，在1961年，学校就作过多次关于蒋介石要反攻大陆的形势报告。

尽管我们当时都是些十几岁的孩子，但是学校时刻都在教育我们要做"无产阶级事业革命接班人"，要"胸怀祖国，放眼世界"。我们也为自己不同于普通中学的小女生而感到由衷的自豪骄傲，自以为肩上的担子更重一些。

在一个接着一个的形势教育中，政治空气变得越来越浓厚，我们每个人的出身标签和政治态度，似乎也变得比学习还重要。这种氛围给一些学生带来身心压力，是未亲身经历过那个时代的人所无法想象的。

一、1958年大跃进时期的形势教育

1958年5月，中共八大二次会议，正式通过了"鼓足干劲，力

争上游，多快好省地建设社会主义"的总路线，在生产发展上追求高速度，以实现工农业生产高指标为目标。例如提出钢产量1958年要比1957年翻两番，由335万吨达到1070万吨，1959年要比1958年再翻番，由1070万吨达到3000万吨；粮食产量1958年要比1957年增产80%，由3900亿斤达到7000亿斤左右，1959年要比1958年增产50%，由7000亿斤左右达到10500亿斤。还要求全党全民大炼钢铁、大办铁路，大办万头猪场，大办万鸡山。

在1958年大跃进时期的"1958－1959我校学生思想面貌的变化"一文中，记录了新形势下的政治思想教育的工作情况：

1958年是大跃进的一年，不仅工农业战线上取得了伟大的胜利，教育工作的成绩也是巨大的。这是党的社会主义建设总路线的胜利，是人民公社化运动的胜利，也是党的教育方针的胜利。

一年来我们学校在党委的领导下，坚决地贯彻了党的教育方针。一方面加强了政治思想教育，四大观点教育，积极的组织了同学参加各项政治运动——如双反，交心运动，总路线宣传，整团，反对美英侵略黎巴嫩，反对美帝侵略我国台澎金马，人民公社化运动，教育方针学习，炼钢，"四本账"，文化革命和技术革命等。通过了一系列的政治运动，有目的的进行了社会主义共产主义教育……社会主义课密切的配合了国内外形势，联系学生的思想实际进行了许多单元的教学。五八年上半年根据年级不同分别进行了"东风压倒西风""立志做劳动者""整风反右"等几个单元。本学期又进行了"台湾海峡地区局势问题""人民公社""教育方针""帝国主义和一切反动派都是纸老虎"四个单元的教学，进行了四大观点的教育。

阶级观点教育方面：1957年夏天，当社会上右派分子向党猖狂进攻的时候，在学生中间也引起了一些反映。有的同学对储安平的"党天下"产生了共鸣，有的同学分辨不出龙云在101中学问题上是向党放出了一支毒箭，个别同学还借此攻击党的干部子女有"特殊待遇"。有的同学对右派分子恨不起来，这些情况反映学生在大是大非问题面前立场是模糊的，划不清敌我界限，特别是剥削阶级家庭出身的子女。

但经过了一年来党的各项政治运动及政治思想教育的加强，特别是社会上的整风反右和社会主义课的"整风反右"单元，大大的教育了同学，认识到反右是一场政治思想战线上的社会主义革命，整团又集中的解决了立场问题。好多过去和家庭划不清界限的同学都自觉的做检查。一些强调"家庭倒霉论"的同学，通过辩论也明确了这是自己的立场问题。过去有同学说自己的父亲是"好右派"，教师中右派"正派""有学问"。经过这场斗争，她们也进一步认清了他们的反动本质。

目前绝大多数同学在一些明显的大是大非问题上能够划清敌我界限。大跃进以来，对社会主义制度的优越性体会更加具体，走社会主义道路和实现共产主义的信心大大地增强了。五八年以前同学对党的认识是存在一些问题的，有的同学对党的领导抽象的拥护，具体的不体会。如何贯彻党的方针政策和各项指示，有的对党感情不深，保持一定距离。个别同学对党的方针政策还有些怀疑和抵触情绪。一年来的大跃进说明了党必须领导一切，也能领导一切。加上我们在政治思想教育工作中强调了党的领导，所以情况有了很大改变。整团着重检查了和党的关系，使全校同学又受到了一次深刻的阶级教育。过去，没有按照党的要求来严格改造自己的同学在会上做了自我检查。[2]

学校的思想政治工作随着"运动"不断加强节奏，对学生的阶级出身更加重视。凡是剥削阶级出身的学生在每次大大小小的运动中，立场问题受到格外注意和重视，但是，对他们的教育和帮助尚未变成明显的政治歧视。

一些剥削阶级家庭出身的同学在整团中也受到一次深刻的阶级教育，和党的关系密切了一步。如高三某班的某某某，在整团时说："过去我怎么也想不通，自己和党有什么关系，我的生活不但没有提

---

[2] "1958－1959我校学生思想面貌的变化"，校档案室资料。

高,反而降低了。通过整团大辩论,使我认识到党从剥削阶级生活中把我拯救出来,给了我政治生命。"自觉地去体会党的方针政策和各项指示的同学越来越多了,听党的话,党指向哪里就奔向哪里,已成为许多同学的行动指南。[3]

学校的政治思想教育效果突出,学生们普遍认识到政治高于一切。

整风反右以前,学生中间忽视政治的情况是存在的,高三毕业班情况的变化就能说明这个问题。五七年右派份子向党猖狂进攻时,应届高中毕业生正忙于温习考试准备考大学。部分同学不仅不关心国内外大事,甚至有的团小组长,两个月没有看报。这并不是个别现象,但同样的高中毕业生五八年就大不相同,高等学校考试的前两天正是美帝侵略黎巴嫩的时候,但在学校,首先要求出去游行的是高三同学。在党委同意下她们带头在校内张贴了许多标语,抗议美帝侵略黎巴嫩。高三某班同学还包做了小旗子,有的同学纷纷写抗议书。在校的高三同学也全部参加了游行示威。五八年的除四害讲卫生运动,同学就比五七年自觉。宣传总路线的政治热情更是空前高涨,上午传达了报告,下午就创造了许多节目,第二天分三批进行了成功的演出,可以说做到了多快好省。全民炼钢运动,支援四本账,深深的教育了同学,必须关心政治,只有政治挂帅,才可能完成党所交给我们的政治任务。[4]

二、六十年代的时事政策教育

国家教育部1957年1月9日发布的《教育部关于中学思想政治教育工作中的几个问题的通知》中指出:

学校的时事政策教育必须加强,必须经常化。学校领导在制定工作计划和安排一个时期工作的时候,都应当将实施政策教育问题考

---

3 同前注。
4 同前注。

虑在内，除采取各种适当的方式进行实施时事政策教育之外，应当定期的（例如每两周一次）向学生做简短的时事政策报告，以国际主义、爱国主义的精神教育他们，使他们对国际国内的重大问题有正确的认识，并养成他们经常关心时事的习惯。

学校在新学期开学初，首先在全校学生中开展了关于目前形势的教育，各年级通过安排政治课进行学习，帮助学生认清形势，克服困难，发奋图强。新年前又进行了一次国内外形势教育，请人作报告，使学生认识全年所取得的成就，明确来年的任务。通过节日活动，进行爱国主义、国际主义教育，结合国庆游行练队工作，培养学生的爱国主义精神。结合十月革命节，培养学生的国际主义精神，积极开展班级活动，经常性的时事活动，学校要求以班、共青团、少先队组织开展小型时事报告会，积极培养学生经常读报的习惯。

在"北京师大女附中学生政治思想教育工作总结（1960—1961年度第一学期）"中写道：

一年来大力进行了国际国内形势的宣传教育。国内形势的学习：开学初结合学习"以农业为基础"的方针，就粮食问题开展了国内形势的学习。寒假前又集中三天时间开展了国内形势的宣传教育运动。教育学生认清三年来工农业持续跃进的大好形势，认清当前的困难是局部的、暂时的、前进道路上的困难。要正视困难，信心百倍，斗志昂扬，以革命的英雄气概去战胜困难，还邀请了海淀区区委书记沈澄同志做了关于农业形势的报告，丰台机务段的工人同志讲了工人的冲天干劲，配合形势学习，组织了"人定胜天""江山多娇"等电影观看。

国际形势的学习：初三以上各班同学学习了"列宁主义万岁"等三篇重要文章文件。进行了关于时代的特征、帝国主义本质、反帝反修正主义，加强国际主义团结等教育。由总支书记孙岩同志负责，对各年级学生讲了大课。配合学习，组织了"人民防空""瘟神现形记"等影片观看。

进行了革命人生观的教育：学生们学习了国内形势后对参加农

业生产，从思想上认识不清；对教育方针，要培养的目标也不够明确。针对学生的思想，从初一到高三全校开展了学习党的教育方针的运动，经过鸣放讨论辩论，教育学生要立志做有社会主义觉悟有文化的劳动者。配合学习组织了教育与生产劳动相结合的《朝霞》等电影。

进行了革命传统教育：这一学期学校比较有意识地加强了对学生的艰苦朴素的革命传统教育。通过下乡劳动教育学生与农民同志同吃同住同劳动，结合粮食问题的学习，要求学生自觉地培养艰苦朴素的生活作风，邀请了参加过长征的老干部杨尚儒同志讲革命故事，请本校李天义校长、刘永珍同志讲了过去革命时期的艰苦朴素精神。初中各班组织了革命故事会。组织参观了革命军事博物馆，并看了电影《以革命的名义》《革命家庭》等……学生对当前形势的认识普遍的提高了。对国际形势开始会用阶级分析观点、辩证观点分析问题。初三以上百分之九十的学生都能分析帝国主义存在，战争就可能发生，社会主义强大，战争有可能制止。能从帝国主义的发展阶级本质分析战争的根源了。绝大部分的学生掌握了战略上藐视敌人，战术上重视敌人的道理，懂得了对于战争的态度应该是一反对，二不怕，明确了武器不是人类命运的决定因素，人是起决定作用。对国内形势认识到了三年来全国工农业战线上是持续跃进的大好形势，绝大部分同学明确了看形势，不仅要从经济上看还要看政治形势，尤其要看六亿人民对党的领导和三面红旗的态度和克服困难的革命乐观主义精神。同学们了解到片面强调困难或只注意产量是见物不见人的资产阶级观点。如初三二某某某（革命干部子弟）说我对伟大成绩认识的具体深刻了，工业上，不仅钢产量多了，工业合理布局，支援农业的力量也能体会到了。农业上战胜特大的自然灾害，就像战场上打败敌人一样是伟大胜利。又如高三一某某某（革命干部子弟）说，原来我认为有困难就不能说形势大好，这是因为我思想上缺少了"人是经常起作用的因素"这样一个观点，要看经济形势，但更要看政治形势，看人民群众的干劲，要看问题，但必须看到成就看到前途，这样就不会感到形势不好。

对困难的认识明确了，增强了克服困难的信心与决心，绝大部分的学生对困难的性质是暂时的、局部的、前进道路上的困难认识清楚了，他们能认识到成绩是主要的，困难和缺点错误是一个指头的问题。分析了克服困难的有利条件，对克服困难的信心增强了……提高了分析问题的能力，不少学生通过学习，能用阶级分析观点、辩证观点去分析形势问题，学生们听到谣言或错误言论时能知道这是什么阶级说什么话。[5]

在"1961—1962学年度工作计划第一学期（草案）"中写道：

形势教育：开学初在全校学生中开展关于目前形势的学习运动，使学生认清当前形势，发奋图强，克服困难，各年级通过政治课进行。新年前再进行一次国内外形势教育，使学生认识六一年所取得的成就，六二年的任务。请人做一次报告，通过节日活动，进行爱国主义、国际主义教育。结合国庆，培养学生的爱国主义精神，并做好练队工作。结合十月革命节，培养学生的国际主义精神，可开展一次班活动。经常性的时事活动，班、团、队可组织一至二次小型时事报告会，或时事活动，培养学生经常读报的习惯。[6]

在"1962—1963年度学校工作总结"中写道：

一年来进行了国内外形势教育，加强了阶级和阶级斗争教育，反对修正主义学习。政治课系统讲解了《论陶里亚蒂同志和我们的分歧》《再论陶里亚蒂同志和我们的分歧》《分歧从何而来》等文章，向学生进行了国际主义、爱国主义教育，阶级和阶级斗争教育。学生的收获：一是要把世界革命进行到底的观点加强了，反修学习以后，学生们认识到一定要做坚定的革命接班人，把世界革命进行到底。二是阶级和阶级斗争的观点加强了。在系统讲过"一论"以后，许多同学看到报上发表的铁托等修正主义者的文章，就能学着运用阶级分

---

5 北师大女附中学生政治思想教育工作总结（1960—1961年度第一学期），校档案室资料。
6 1961—1962学年度工作计划第一学期（草案），校档案室资料。

析的观点来逐条进行分析批判。三是通过反修学习,绝大多数同学能把反修和日常的学习联系起来,有的同学说一想到修正主义用垄断核武器来威胁我们,就想到一定要发奋图强,为祖国争口气,学习的干劲就足了。[7]

"关于实行全日制中小学新教学计划(草案)的通知(教育部文件(63)教普教刘字第800号)"中要求:

中小学教育的根本目的在于培养坚强的革命后代,必须改进和加强政治课的教学工作,小学各年级仍然设置周会,进行道德品质教育和时事政策教育。中学的政治课,按年级分别设置道德品质教育,社会发展简史,中国革命和建设政治常识,经济常识,辩证唯物主义常识,时事政策教育。在通常情况下,在政治课上课时间内进行,可以占用政治课上课时间的四分之一。

在"1963学年度学校工作计划"中写道:

政治课应注意从学生的实际出发,贯彻理论和实际相结合的原则,在加强政治理论常识和时事政策教育的基础上,进一步提高学生的社会主义觉悟,对学生应反复进行无产阶级的阶级观点和革命观点的教育,反修和防修教育,培养学生坚强的革命意志,做坚定的共产主义接班人。[8]

在"1963—1964年学校工作总结(提要)"中写道:

这一年国际国内形势大好。国内:我国国民经济开始好转到已经全面好转。石油基本自足,独立完整的工业体系基本建成,外债基本还清。全国掀起学习解放军的高潮(今年2月1日人民日报发表"全国都要学习解放军"社论)。各行各业开展学比赶帮的运动(2月23日人民日报发表"大比之年大学之年")。今年3月26日,人民日报又发表了"努力学好毛泽东思想"的社论。号召全国人民要以毛泽

---

7 1962—1963年度学校工作总结,校档案室资料。
8 1963学年度学校工作计划,校档案室资料。

东思想武装自己的头脑，指导工作的实际。

国际上反帝反修斗争蓬勃开展。刚果人民的武装斗争，巴拿马的反美爱国斗争，南越人民的游击战所取得的辉煌战果，以及最近（六月）越南民主共和国的自卫反击美帝的胜利，都大大鼓舞了世界人民反美帝的斗志。我党从去年9月6日发表了一评，到今年7月发表的"九评"，有力地揭露了修正主义的丑恶伪善的面目，擦亮了世界人民的眼睛，武装了他们的头脑。马列主义左派力量正在不断地壮大。这一切都说明世界形势越来越朝着有利于人民革命斗争胜利的方向发展。今天的世界形势是两个大发展：马列主义大发展，殖民地人民解放斗争大发展。两个四分五裂：帝国主义四分五裂，修正主义四分五裂。一年来的形势教育，反修防修教育，大大地提高了全体师生的政治觉悟。

文教战线本身也很活跃。首先是主席年初对教育工作的指示："现在学校的课程太多，对学生压力太大，讲授不甚得法。考试方法，以学生为敌人，举行突然袭击。这三项都是不利于培养青年们在德智体诸方面的生动、活泼地、主动地得到发展的。"……在今年4月11日，人民日报发表"培养生动活泼的主动的学习空气"社论，同时介绍了上海育才中学的教改经验。12日起又连续登载了"正确贯彻党的教育方针，是教育战线上一场思想革命"，"必须用毛主席的教育思想武装教师"为题的一系列报道消息（北京部分中学校长教师座谈，改进教学方法，减轻学生负担的问题）。共青团第九次全代会（7月8日）发表教育青年一代永远当革命派。现代京剧大汇演、以及连续不断发表董加耕、张韧、赵明山、赵耘等知识青年参加农业生产劳动的模范事迹。本学期末中央教育部党组报告下达的这一系列的指示、报道，都对我们进一步全面正确地贯彻党的教育方针，起了非常重要的指导和推动作用。[9]

在"1964—1965年学年度学生思想政治教育工作小结"写道：

---

[9] 1963—1964年学校工作总结（提要），校档案室资料。

第三章 浅谈师大女附中六十年代的思想政治工作

形势发展,一日千里,这一年多少振奋人心的事情,在鼓舞着人们前进,世界上头号修正主义者赫鲁晓夫被赶下了历史舞台。南越人民抗美爱国斗争取得了辉煌胜利,亚非拉美人民解放斗争正在深入地开展。全世界越来越多的革命人民相信马列主义,相信中国是他们最可靠的朋友。在这一点上,中国人民也没有辜负世界人民的期望,在我国,一个规模巨大、群众性的社会主义教育运动正在城乡深入普遍的开展,人民的觉悟程度随之大大地提高。在工农业建设上出现了新的高潮。科学技术的革新、创造取得了不少新的成就,有的已达到或超过世界水平。如两次核试验爆炸成功,一万两千吨水压机的制成等等。随着经济大发展,文化革命也出现了新高潮,京剧改革《红灯记》树立了样板,在全国范围内半工半读的新型学校如雨后春笋蓬勃发展。第二十八届乒乓球国际比赛,我国小将们夺得了五项冠军,知识青年上山下乡已形成良好的社会风气……这一切对学校工作都起着极大的推动作用。一年来,通过下乡劳动、政治活动、参观访问、参加城乡四清运动(15人)、城乡教师轮换(4人)和下连当兵(9人)等实践和时事政策学习(二十三条、"九评"、中央教育部党组报告及中央批示),特别是系统地学习了《实践论》,教师的思想有了较大的变化,认识到学校的教育工作是培养无产阶级革命事业的接班人,是三大革命运动的一部分。要培养革命者就必须用革命的办法,充分调动学生的自觉性和主动性,教学工作必须通过师生双方的共同努力才能完成。[10]

随着阶级斗争形势的日趋紧张,学校各种关于时事教育及传达上级报告也逐渐增多起来。根据笔者当年所记"罗治笔记"的不完全统计,1965年学校举办的各种报告如下:

1. 1965年2月20日,卞仲耘书记在全校大会上作"学校阶级斗争的报告"。
2. 1965年3月4日,汪玉冰主任在全校大会上作"树立正确的

---

[10] 1964—1965学年度学生思想政治教育工作小结,校档案室资料。

学习目的"的报告。

3.1965年3月,谢莹老师做"我参加全国人民代表大会的体会"的报告。

4.批判李秀成的报告(报告人姓名缺失)。

5.1965年4月8日,田志凤老师传达彭真同志在全国青联学联上的报告。

6.1965年4月,北京市委前线编辑部刘某某做"认清合二而一的反动实质树立一分为二的世界观"的报告。

7.1965年4月29日,新华社一位同志来校作"越南形势"报告。

8.1965年5月3日,校领导做下乡劳动动员报告。

9.1965年5月11日,长辛店大队孙大队长报告。

10.1965年5月27日,传达北京市教育局局长李晨报告"革命和学习"的问题。

11.1965年9月28日,北京日报副总编辑刘某某做国内外形势报告。

12.1965年10月31日,杨振老师做时事报告。

13.1965年11月18日,方学邦老师做国际形势报告。

14.1965年11月26日,刘致平副校长做关于"七三指示"的报告。[11]

三、重点是阶级斗争教育

从1962年秋天开始,"千万不要忘记阶级斗争""阶级斗争必须年年讲,月月讲,天天讲"的口号响彻祖国大地。学校在"对学生的思想政治工作方面总结(1965年)"中写到:

---

[11] "罗治笔记"是笔者在校期间所做的各种会议记录。有关学校在1965年2月20日至1966年7月13日期间的校会,以及1966年6月初工作组进校到7月13日的各项记录,笔迹工整,内容详实,共计197页。从198页之后的几十页,主要是中央领导讲话及大字报的抄件。以上14个报告的标题及日期均摘自该笔记。

第三章 浅谈师大女附中六十年代的思想政治工作

在培养革命接班人的目标下,也以阶级教育为纲,着重进行阶级和阶级斗争教育、形势教育,劳动教育和学习目的教育。主要措施,除经常的工作外,着重从下面几方面进行:

加强主席著作、时事政策、革命理论的学习,用主席思想武装学生头脑。一年来学习了"九评",党的教育方针,徐寅生关于"如何打乒乓球"的讲话、总理报告和二十三条,促进了学生思想革命化,发阶级愤,为革命而刻苦学习,立志做无产阶级革命事业接班人。……这一年学生参加政治活动比较多,除十一、五一外有反美示威游行大会,夹道欢迎(九次),庆祝国家领导人当选等。今年五一正值美帝疯狂轰炸越南民主共和国,所以庆祝活动要有援越抗美的内容。参观联欢活动开阔学生的眼界,加强了与工农的联系,除了在农村劳动时与社员、知识青年联欢外,寒假期间,曾与004部队联欢,与西城区清洁队联欢。全校学生参观了农村阶级教育展览,部分学生参观了第二机床厂,试验班参观了顺义焦庄户抗日战争时期地道战的地道。[12]

下面内容摘自1965年2月20日卞仲耘校长在全校大会上的讲话:

学校有没有阶级斗争?当前我国的矛盾是社会主义和资本主义两条道路的矛盾,因此学校也和全国一样有着阶级斗争。学校是知识分子成堆的地方,老师学生来自各个不同的阶级,因此也会带来各个阶级的影响。是按照无产阶级的愿望培养又红又专的接班人,还是按照资产阶级培养只专不红的接班人,正是斗争的焦点。只专不红是旧的习惯势力,会导致我们走向反革命的道路。有些同学不爱听无产阶级音乐,不爱看无产阶级的书,专爱听外国音乐,专爱看十八世纪的黄色小说,可见学校中是有阶级斗争的。如果这种情况发展下去,学校就不会是革命的无产阶级的学校,而成为资产阶级和平演变的工具。所以学校必须贯彻党的教育方针,兴无灭资,用马列主义武装自

---

12 对学生思想政治工作方面总结(1965),校档案室资料。

己,培养无产阶级接班人,这样学校才是社会主义的学校。[13]

例1:1966届高中毕业生王玫在《我的"忆"与"思"》(摘自《远去的女附中》一书)中写道:

> 那是一个以政治挂帅、以阶级斗争为核心的年代。在总路线、大跃进、人民公社三面红旗之后,又开始"四清",反右倾运动,那时学校还基本是平静的,随之意识形态领域的斗争日趋尖锐,极左思潮毫无例外泛滥到教育领域,影响到校园,促成了年轻一代的极左情绪,这也为后来的十年动乱能瞬间推动开来埋下了伏笔。我们通过各种宣传教育接受了阶级斗争和路线斗争的敌情观念,帝国主义颠覆、修正主义复辟、世界革命、斗争哲学、斗私批修等等,使青年学生的思想始终处在一种亢奋中,时刻不忘中国是世界革命的根据地,解放全人类是人生的大目标。在没有打开的国门里,我们不知道外面真实的世界是什么样子,也不曾明白社会要怎样发展进步,所以我们认定了无产阶级专政和阶级斗争是颠扑不破的真理。每当想到世界上还有三分之二的人民生活在水深火热中,我们就使命感倍增,觉得我们是继往开来的新一代,要扛起世界革命的大旗,责无旁贷。树立远大的革命理想,立大志攀高峰,一心为公,是我们的价值取向。当时的社会氛围和思想教育,都要贴上政治的标签,灵魂深处闹革命和"狠挖私字一闪念",要求你一切都必须是为了革命事业,不能有自己的一点利益诉求,私人的所有空间都是被否定的。如果你追求个人的生活幸福,那就是贪图享受的资产阶级思想,是忘了还有三分之二的阶级兄弟在水深火热之中,那就是"修正主义"。艰苦朴素流于了一种表面形式,同学们之间不会谈论吃喝,不会流露对美的追求,不太敢穿漂亮的衣裙,反而是穿上有补丁的衣服感觉很自在。[14]

---

13 卞仲耘校长在校会上的讲话(1965.2.20),罗治笔记。
14 《远去的女附中》,主编王本中、蔡晓东、李红云,印制于2017年百年校庆前,是校友献给母校的礼物。本书共有文章80余篇,均是女附中部分师生组成的编委会组稿、收集或自写自编而成,作者们用真实的,不论是快乐的抑或是痛苦的亲身经历,记录了女附中斑驳多面50年的历史。此处王玫

例 2：1966 届初中毕业生范又在《从少年走向青年——中学生活片段》（摘自《远去的女附中》一书）中写道：

阶级斗争风声日紧。1965 年秋季，我们进入初三年级，突出政治、四个第一、"反修防修"、学习毛泽东思想要立竿见影、"阶级斗争要年年讲月月讲天天讲"等政治概念不断灌进耳朵。在校方组织下我们看过几部反映和平时期阶级斗争的影视剧，例如：讲农村阶级斗争的电影《箭杆河边》，讲资产阶级与无产阶级争夺接班人的话剧《年轻一代》。我们班还自排自演过描述中学生抵制资产阶级思想腐蚀的小话剧。1966 年春天，报纸上出现批判新编历史剧《海瑞罢官》的文章……校方还组织我们看过《林家铺子》《舞台姐妹》等受批判的故事片……报纸上批判这些影片中宣传资产阶级人性论……到那一年四五月间风声越发紧张。有传闻说某期《中国青年》杂志封底画中隐藏反动标语。记忆中，那幅画里一群年轻人意气风发地行进在草原上，他们身边的野草被风吹得向画面右边倾斜。学过地理知识的都知道，地图上的方位是左西右东、上北下南，于是这幅画被指寓意西风压倒东风，与伟大领袖说的"东风压倒西风"正好相反。

"不忘阶级苦，牢记血泪仇"，也是学校政治思想教育的一大组成部分。这种教育贯穿在一切活动中，如音乐《唱支山歌给党听》《听妈妈讲那过去的故事》，电影《白毛女》、舞蹈《红色娘子军》，小说《艳阳天》，大型泥塑《收租院》等等都是宣传不能忘记阶级斗争。加上小学时就学过《半夜鸡叫》的课文，读过《刘文学》等英雄人物，看过电影《白毛女》，记住了周扒皮、黄世仁、老地主这些坏蛋，后来又通过看电影记住了南霸天。看《地主庄园陈列馆》和《收租院》，又使我们记住了刘文彩。相比之下，刘文彩比所有的地主都要凶恶残暴。

我们受到的教育是：在万恶的旧社会，地主富农是如何剥削、压迫贫苦农民的，他们的形象就是丑恶、残暴、贪婪、奸诈等集人性丑

的引文，以及之后本文采用的很多实例，均来自于这本书。

陋之大成的脸谱化罪恶印象。所以仇恨他们、对他们施加暴力乃是阶级感情深的表现，社会和学校通过激发阶级仇恨，来加强对党和领袖以及新社会的热爱。

"文革"前的形势教育使我们绷紧了阶级斗争的弦，深深感到剥削阶级的残渣余孽是人还在心不死、时时梦想复辟，作为革命事业接班人的我们，绝不让他们的阴谋得逞。我们对旧社会、对阶级敌人充满了无比的仇恨，对共产党、对革命领袖毛主席无限热爱和崇拜，让我们抱定了实现共产主义理想的信念，愿意为此奋斗甚至献身。

第二节

思想政治教育

【提要】 学校极为重视学生的思想政治教育工作，这是学校工作的重要内容。通过经常的大量的各种宣传和政治学习，对学生进行共产主义思想教育，不断清除资产阶级思想的影响，进一步用毛泽东思想武装头脑，促进学生思想革命化，发阶级愤，为革命刻苦学习，立志做无产阶级革命事业接班人。

本节分为六部分：一、学校重视思想政治教育工作；二、女附中学生革命热情高；三、形式多样的思想政治教育；四、学校认定的"学生资产阶级思想的由来"；五、用毛泽东思想武装学生的头脑；六、开展社会主义教育路线的活动。

"文革"前学校对于学生的思想教育逐年愈发重视，包括经常的大量的政治学习，多种多样的诸如听报告、上团课、参观、忆苦思甜、下乡劳动、参加军训等活动形式。还有大量歌唱党和毛主席及赞颂革命的文学、音乐、电影、戏剧、美术等文艺作品问世，使学生从小就受到无产阶级领袖和革命英雄事迹的感染、熏陶，为伟大的共产主义理想而献身成为那个时代的最强音。

在如此浓烈的政治气氛下,"红五类"[15]普遍具有神圣的使命感和政治参与意识,"黑五类"[16]则在政治高压下必须与家庭划清界限,狠斗私字一闪念。这种教育还特别注重培养对领袖的崇拜,对阶级敌人的仇恨。文革前青年学生的头脑中普遍存在的"革命崇拜"包含了极其丰富的内涵:一是确定了共产主义理想和奋斗目标;二是一切为了革命;三是誓做革命的螺丝钉,不讲人权、不要人性;四是盲目的个人迷信、个人崇拜;五是崇尚暴力、阶级斗争,鄙视博爱与妥协;六是不讲民主与法制的观念。总之教育的结果就是没有独立的思考,只有被强行灌输的革命思想和观念。

一、学校重视思想政治教育工作

1960届高中毕业生魏兰兰同学在《红色的梦》(摘自纪念实验中学一百周年校庆征文)中写道:

> 我记得,中学的六年里,学校的政治气氛很浓,在党团组织的教育下,在政治活动的洗礼中,人人都要求上进,做一个新时代的女强人,在女附中是很多女孩子心中的崇高目标。
>
> 在这难忘的6年中学时光里,对于我们学生来说,未来我将成为怎样的一个人?理想与幸福是什么?怎样向英雄学习?谋生与事业的关系是什么?应该选择一个什么样的职业等与人生观、世界观、价值观有关的问题,从我经历的感受是,由天真烂漫的向往、朦胧的希望逐步变为远大的理想和抱负,所以它是我青春觉醒的年代。
>
> 我的同学中有工农家庭出身的,有少数高干子弟家庭出身的,还有出身于富裕家庭的,虽然我们家庭条件不一样,但成长在同样的教育环境里,学校把我们都培养成一个个具有鲜活个性、铭刻着师大女

---

15 "红五类"是作为家庭成分划分的阶级成分的特定指称,指1949年以后出身为革命军人、革命干部、工人、贫农、下中农的人为"红五类"。上世纪60年代泛化到称他们的子女也为"红五类"。
16 "黑五类"是上世纪60年代对五类人的子女的称呼,即地主、富农、反革命分子、坏分子、右派分子的子女。

附中"印记"的新时代女性。从我们同学走过的人生历程看,她们身上具有当代"女强人"的共同特征:一是具有高度的政治觉悟,关心国家大事,追求真理矢志不渝;二是树立全心全意为人民服务的思想,敢想敢说,敢于批评坏人坏事,不去阿谀奉承,蔑视官本位、金本位;三是事业心强,干一行爱一行,做一个事业型的女性,不纯粹做一个贤妻良母;四是有坚强的个性和坚韧不拔的精神,实事求是的作风,不怕困难、不怕挫折,在工作、生活中是强者。

把我们这一群不太懂事的女孩教育培养成具有新时代"女强人"特征的女性,主要得益于中学六年所受的教育,特别是来源于学校一贯的、成功的政治思想教育和党课教育……我们学校作为党的教育阵地的领头羊,当时提出的教育方针始终是要培养又红又专的一代青年。

当时大家普遍认为:我们这一代人的使命,就是做一个"党叫干啥就干啥,放在哪里哪里亮"的驯服工具,一颗"永不生锈的螺丝钉"——做一个合格的无产阶级革命事业的接班人。忠于党和毛主席,关心国家大事,富于献身精神,渴望为革命建功立业,不怕流血牺牲,认真负责、积极进取、勤奋好学、吃苦耐劳,坚信并遵从革命理想主义,革命英雄主义,集体主义……等等。

二、女附中学生革命热情高

1960年代,女附中的校训是"革命热情高,团结友爱好,谦虚好学,简朴勤劳"。该校训除了对学生的品行操守提出了要求外,已经把政治放在了首位。

学校在1960—1961学年度的工作计划中写道:

大力进行对学生的共产主义思想教育,结合反帝反修正主义的斗争,清除错误思想的影响,逐步树立共产主义的世界观,培养劳动观点和革命斗志。加强时事政策教育,使学生认清当前国内外大好形势,树立以农业为基础的思想。开学初组织团员和同学学习国内外形势,澄清模糊认识,提高思想觉悟。九月份以政治课为主,结合下乡劳动学习以农业为基础的建设方针。十月份组织学生参观军事博物馆。每月由政治教育处组织一次时事报告,期初、期中、元旦通过班团对活动进行三次时事学习。不断以毛泽东思想教育学生培养四大观点,逐步树立无产阶级的革命人生观。结合学生实际领导学生学习毛主席著作,学习内容按政治课和团委工作要求另定。期末进行一次整团提高团员的阶级觉悟。进行革命传统教育通过革命先烈事迹和革命斗争故事,激励学生奋发图强,艰苦奋斗的精神培养勤俭朴素的生活作风。通过校会进行艰苦朴素的教育制定爱护公共财产规则,学生会餐桌检查展开年级评比。组织革命故事比赛会(六周)讲团课(八周)。……加强革命理想教育,使学生热爱共产主义事业树立雄心大志,为攀登科学文化高峰打下坚固基础树立以自力更生的信念,建设祖国。[17]

学校在1962—1963年年度计划的"关于学生思想教育政治工作的汇报"中,对全校学生基本情况做如下描述:

1963年3月,全校学生基本情况。学生人数:初一284人,初二278人,初三293人,初中共855人。高一297人,高二273人,高三282人,高中共852人。全校共1707人。学生家庭出身情况:工人家庭:149人;农民家庭:45人;革命干部:542人;职员家庭:855人;资本家:42人;地富:15人;其他:66人。全校共青团员453人,1963年3月全校共有团员453人,初二3人,初三42人,高一147人,高二125人,高三138人。

学生的政治思想面貌:革命热情高(这个优点也是我校的优良传统),对新鲜事物敏感,要求进步,能积极响应党和学校的号召。学生们对于国内外大事,重大的政治运动能积极踊跃的参加,每年国庆练队的任务,我校同学都能热情的练习……又如支援古巴反对美帝侵略的游行,学校是在夜里接到上级通知的。第二天是星期日,用一上午的时间,学生们打电话、骑车去奔走相告,热情洋溢,结果我们

---

17 北京师大女附中1960—1961学年度工作计划,校档案室资料。

动员了九百多学生参加游行。在政治学习上，我们的学生一贯比较重视，认真读文件，敢于提出自己的看法和问题，关注着国际上的阶级斗争。运用课堂上学过的知识来分析批判修正主义的观点，这次开展学习雷锋同志的活动，全校同学都能联系实际的学习，不少同学默默的为集体做事，写日记检查自己的思想行动。[18]

例：1967届初中毕业生李红云在《革命热情高》（摘自《远去的女附中》）一文中写道：

我们1964年入学时，在"革命热情高"的引导下，我们所有的学习、生活无不与"政治"联系了起来，人人争当"革命热情高"的实践者。入学后，我们经常接受"政治任务"。所谓"政治任务"一定是最重要的任务，有时要停课参加，如"十一"游行、"五一"游园、欢迎外宾、抗议示威游行等等。这些政治任务对于当时只有十三四岁的中学生来说，未必能了解其中的政治含义，但是在"革命热情高"的引导下，我们都积极参加，认真完成……当时参加的另一项政治活动就是示威游行，抗议美帝，支援越南，等等……当时的中苏关系紧张，我的作文中还有这样一封写给苏联驻华使馆的抗议书……向英雄人物学习是我们那个时代的特点之一，不同的时代对英雄有不同的定义。受革命传统的熏陶和前辈英雄业绩的感召，在我们心中早已树立了无数革命英雄的高大形象。最典型的有刘胡兰、董存瑞，还有小说《红岩》中的江姐、许云峰；1963年毛泽东发出号召"向雷锋同志学习"，从此雷锋成为我们那代人学习的英雄……那时所有的革命英雄都是高、大、全的形象，我们会自觉地以他们为榜样，时时刻刻向他们学习。而那些背叛了革命的叛徒，如小说《红岩》里的甫志高，就是天底下最坏的人。因此，我们给自己定的原则就是学习江姐，不当甫志高。怎样才能做到这一点呢，当然是要忍受一些痛苦。于是，为了不当甫志高，我们班一个同学天天在家练习吃辣椒，她天真地认为如果能吃辣椒，被敌人抓住以后就不怕敌人灌辣椒水

---

18 1962—1963年"关于学生思想教育政治工作的汇报"，校档案室资料。

了。她还自己制作了一些竹签子,准备往手指尖里扎,体验一下"竹签子是竹子做的,而共产党员的意志却是钢铁做的"感觉……对革命英雄的崇拜还使得我们渴望发生战争。我们并不知道战争的残酷,但幻想战争可以使自己也成为英雄。当时流传着陈毅元帅讲的一句话是:"中美战场上见娃娃们的红心!"……我们每天的生活简单得不能再简单,因为,一切的一切都是与政治和革命联系起来的。学习是为了革命,锻炼身体是为了革命,唱的歌是革命歌曲,连吃饭也要想着世界上还有三分之二的受苦人……多少年过去了,时间就像是一只藏在黑暗中的温柔的手,在我们一出神、一恍惚之间,一切已是物换星移。当年的"女附中"已更名为"实验中学",校训也完全修改,"革命热情高"已没了踪迹。但留在我们这一代人记忆中的,是在封闭的环境和片面教育下的纯洁和幼稚、自信和盲目、理想和空想、热情和偏激。

三、形式多样的思想政治教育

1962—1963年学校"关于学生思想教育政治工作的汇报"中写道:

加强学生思想政治教育。一年来着重进行了革命传统和革命前途教育。

一是阶级教育(革命传统、革命前途教育),反修防修和形势教育。政治课初三以上学习了"一评""二评",党总支向全体师生宣读了反修教育提纲,组织学习了双十条。

二是"三老四史"教育:三老:老工人、老农民、老革命干部。四史:家史、村史、厂史、社史。少先队大队委员会请了门头沟老工人,长辛店参加二七大罢工的老工人孙真(退休老工人)、北京军区工程兵司令部副政委杨勇松将军等给全体少先队员作报告。各班团分支都分别举行了忆苦思甜,立志做革命接班人的活动。请老红军、老革命干部、藏族翻身农奴(高二五请的),全国劳动模范张百发以及理发员(高二四1963上半年访问第一理发馆)、售货员、炊事员、汽车司机等人讲家史，作报告共约二百余次。

例如初一年级联合举行了访问龙须沟的街史教育活动。访问龙须沟前看了龙须沟电影。访问中，请当地老工人讲龙须沟的今昔对比。又请了现在是制鞋厂副厂长的赵大妈讲自己生活的今昔对比。访问后各班座谈收获写了作文，题为"是谁夺去了你的生命""和赵大妈比童年"，同学们感到收获很大。

三是大学解放军。2月1日人民日报社论发表后，学校进入大学解放军的高潮。党支部给同学传达了解放军的四个第一、三八作风的精神实质。春假时组织了师生员工参观了"004"部队，对解放军的革命精神有了进一步的体会。随后有的班（初二二1964年5月左右）与红五连举行联欢活动。学校还请了解放军五好战士肖平给团员讲学毛著（在1964年上学期）。战斗英雄吴元明、向述靖为同学做了报告，（全校1964年下学期）。

初一、初二年级开展了四好中队三好队员的评比。涌现了大量的好人好事。表扬了123个三好队员，3个四好中队。介绍了优秀队员的事迹。例如，初二五班邓芳虽患了小儿麻痹症，仍坚持体育锻炼，现在是舢板队员游泳能手。

今年暑假还组织了各种军事体育活动，增强了同学们的体质，培养了吃大苦耐大劳的品德和高度的组织性纪律性。如高中有四十名同学到石家庄下连当兵十天，同学们反映是生平最难忘的一次生动的政治教育。还有小八路、无线电通讯、航海与夏令营，共有185人参加。

四是大学毛主席著作。全校同学热烈学习主席著作，特别是在下乡劳动的过程中。带着问题活学活用，普遍学习了《为人民服务》《纪念白求恩》《反对自由主义》《愚公移山》《青年运动的方向》等篇。例如杨团（初二五班）立志在中学阶段学完主席著作四卷，并针对自己好表现、不敢向坏人坏事作斗争的缺点，在学习主席著作中，努力在实践中改正。初三四班团支书查子慰主席著作学的好，这次考高中政治试卷题是读主席著作后的体会。她写了"介绍一个合作社"读后感，体会深刻考的很好。高三一班张逊学习主席的社会各阶级分析，坚决与父亲划清思想界限，迫切要求入团。这些同学学了主席著作，不断提高觉悟，明确学习目的，立志做革命接班人。

五是提倡看革命戏剧、唱革命歌曲、看革命读物。组织学生看《年轻的一代》《千万不要忘记》等戏剧。看后组织讨论，写文章，出壁报，例如某某某检查自己受十八十九世纪小说影响，掉入个人主义的泥坑。一二·九举行革命诗歌大演唱，劳动中自编戏剧（如初三三班编了"仇火"话剧）、快板儿、歌曲作为宣传鼓动的有力工具。在支持巴拿马、越南人民斗争的游行示威时，大唱革命歌曲，自编活报剧。不少同学读了《红岩》《安业民》《雷锋》《军队的女儿》以及村史，翻身工人、农民的家史，如《青山血泪》《血泪话祠堂》《三代人的脚印》《北京四史丛书》等。

六是通过对高三某某某、初三某某某两个同学的处分，对同学进行了兴无灭资的思想教育（这两个同学在毕业时都有一定程度的转变，已取消了处分）。

七是对革命干部子女进行教育，部分班级召开了革命干部子女的家长会，学校召开了全体干部子女大会，会上有四个干部子女介绍了自己自觉改造，努力学习刻苦锻炼等经验，如谢某某介绍自己思想作风转变的过程。并请了家长刘铠风同志作了报告会后，各班又召开了小型座谈会，使干部子女受到深刻的教育。

阶级教育的内容和方式方法，大致由以上七种，主要是通过政治课、团队活动、班主任工作，学生会活动，全校性政治活动（游行示威、报告讲话等）以及下乡劳动等途径来进行。

在下乡劳动中受到了活生生的阶级教育，通过访贫问苦以及在农民家同吃同住同劳动，比较深刻的认识到贫下中农的坚定的阶级立场和深厚的阶级感情，也认识到地富反坏右分子的丑恶面貌，对"什么阶级说什么话"有了较深的体会，对劳动人民有了阶级感情。

四、学校认定的"学生资产阶级思想的由来"

争夺年轻一代的斗争，在学校里是怎样进行着？资产阶级思想是通过哪些孔道来侵袭学生的？1962—1963年学校"关于学生思想教育政治工作的汇报"写到：

  一是家庭影响：剥削阶级家庭出身的学生受到家庭的影响较大，我们要把青年培养成为革命的接班人，他的父母要他成为资产阶级的接班人，这一场征战是激烈的。例：资产阶级是怎样和我们争夺一个女大学生的？剥削阶级总是教育她的子女"不要不革命，也不要真革命""万般皆下品，唯有读书高"。中二学生某某（父，历史反革命，现在被管制）这个学生在政治上还是进步的，想划清家庭界限，但家庭影响对她来说就是细致、无孔不入的。她在学校受到的教育和在家的教育是格格不入的，在这个学生思想上引起的斗争也是时起时伏的。暑假开学前，她父亲对某某说："你要丢开剧本，拿起数学，猛攻物理，闲事少管，一定考上清华北大。"某某听了这话以后一方面感到自己受党的教育，懂得应该为谁学习，但嘴上却说："好了，爸爸，赠言我记住了。"说着就把它记在日记本上。父亲颇为满意。开学以后她爸爸说："咱们家可就剩你一个没上大学了。"某某就想："剩我又怎么样？"但马上转念一想："真的就剩我一个，不知将来干什么了？有关大局啊！"但又想为什么要那么紧张呢？考的上就上，考不上就到农村去。但又闪出："要真上农村，家里人会怎样看我？"在入团的问题上，她父亲说："咱们家出身不好，就得该着倒霉，你可得争取入团，不然考不上大学。"又说："你在学校进步点，争取入团，在家不进步没有关系，没人管你。"她一面听了反感，认为自己入团是为了党的事业，可是在某某入团的问题没解决时，她又常常闪出自己家庭出身不好，倒霉，家庭好的同学入团容易等看法。某某一方面反对她父亲，但又同情她父亲。1960年时，她父亲做街道工作比较假积极，说些进步话，她就很高兴。因为父亲爱喝酒，就偷偷的给她父亲打瓶酒表示慰问。当学校团组织找她谈话指出她的问题时，她又感到自己原则性不强，她一方面分析批判自己的家庭，对自己的几个哥哥有意见，却又一方面写作文，赞美这几个哥哥。由这两个例子可以看出争夺年轻一代特别是争夺这种类型的学生工作

第三章 浅谈师大女附中六十年代的思想政治工作

是艰巨的。

二是社会上的资产阶级思想势力，资产阶级的思想和旧的习惯势力还经常侵蚀年轻一代。

三是旧小说、音乐、电影对学生思想的影响极其深，中毒而常常不能自拔。某某某的日记"9月5日，星期四幻想破灭了。娜斯金卡，随着远方来的情人走了，留下的是无限的惆怅，黑沉沉的现实。彼得堡难忘的白夜啊！艺术价值能够达到怎样的崇高的完美地境地，白夜啊！难忘的白夜彼得堡的五个迷人的白夜。"可以看出，虽然在课堂上我们给学生讲革命的道理，课下有的学生却被这些东西掌握。

四是学校工作中的弱点和缺点，从以上情况看起来，也可以看出，学生思想工作薄弱环节，我们有时是只管课内，不管课外；只管校内不管校外；只管班集体不管家庭受的影响。因此在学生在课内立的东西也很容易被不良影响所抵消。比较明显的是我们的课外阅读指导，多少年来，我们就谈论这个问题，但一直未解决学生受旧小说、香港电影、轻音乐的影响是很多的。很多学生在什么还都不懂的时候，大量的不加分析批判的阅读旧小说，择其所需中毒，而不能自拔。……资产阶级思想的影响就是通过这些孔道来侵蚀学生的。

争夺年轻一代的斗争是长期的、复杂的、艰巨的、有反复的、不是一劳永逸的。阶级斗争的规律是长期的、复杂的、曲折的，时起时伏的，有时甚至是很激烈的，有阶级存在就有阶级斗争。我们才学习了"九评"的第一部分，认识到社会主义社会的主要矛盾就是两个阶级的斗争，两条道路的斗争，而且这一阶段是很长很长的。社会上有阶级斗争就必然会反映到学校中来，在学生的思想中就必然有所反映。学生受到资产阶级的影响不是一朝一夕形成的，兴无灭资自然就更不能凭一日之功。所以争夺年轻一代的斗争，必然也是长期的，例如某某某的问题，虽然已经进行了不少斗争，但谁胜谁负还未决定。由于同学的家庭情况不同，社会关系不同，学生的问题也不同，争夺年轻一代所采取的方法也应当有所不同，相同的教育方法，所收的效果也不同。

1964年2月制定的"学校工作三年规划（草案）（1964年—1966年）"第一部分即是"加强学生思想政治教育"：

> 树立革命的人生观、树立无产阶级的世界观，着重培养学生的辩证唯物主义的观点和革命观点等等，其中还有一项工作是对学生家庭出身进行一次复查，以后重点调查初、高一新生的情况，针对不同家庭出身的学生特点，进行分析研究，重点总结革命干部和工农家庭出身的学生的思想教育经验。[19]

1964—1965学年年度学校工作计划要点中第一部分就是学生思想政治教育工作，第一工作要点就是：

> 继续进行国内外形势教育阶级和阶级斗争的教育，从而加强学生的阶级斗争观点；第二是加强劳动教育，树立为农业服务的思想，端正学生对体力劳动的态度，对毕业班加强升学就业的教育，做到一颗红心多种准备。第三是教育学生端正学习目的，认真学习刘少奇主席给我校题词中的指示。具体措施第一是做好典型调查加强研究工作，本学年着重调查研究，资产阶级人生观世界观对剥削阶级家庭出身的学生和革命干部子弟的影响，以及如何对他们进行阶级教育。第一学期着重积累典型材料，第二学期着重研究解决办法，政治课老师、班主任及团队专职干部都应调查研究这一问题，在学期及学年末写出总结。

> 团队班级活动配合了学校中心工作，团队组织在学习教育方针等活动中都开展了一些有益的活动，如三忆三比，扫烈士墓，表扬三好团、队员，树立三好样板儿等，有力地推动了同学向三好方向发展，少先队组织针对少年特点开展了兵乓球赛、故事会、十五周年队庆、离队等活动。[20]

---

19 1964年2月制定的学校工作三年规划（草案），校档案室资料。
20 1964—1965学年年度学校工作计划要点，校档案室资料。

五、用毛泽东思想武装学生的头脑

上个世纪六十年代初，党中央就提出了学习毛主席著作的号召，开始只在机关、学校、部队推行，后来出现了学习毛主席著作的典型雷锋、王杰等，特别是雷锋日记中的"读毛主席的书，听毛主席的话，照毛主席的指示办事，做毛主席的好战士"深入人心。林彪提出了"要带着问题学，活学活用，学用结合，急用先学，立竿见影，在'用'字上狠下功夫"。学校也在政治课、报告会等各种场合要求我们背老三篇，唱语录歌等。人人以得到一本红宝书为荣，自然产生对毛泽东思想的无限热爱、无限忠诚、无限信仰，无限崇拜，毛主席的话一句顶一万句。可见对毛主席的个人崇拜达到了顶峰。

1964—1965学年度学校工作计划要点中写道：

学生思想面貌有了显著变化，由于不断的用主席思想、党的教育方针武装学生头脑，课内外重视对学生的思想教育，并通过各种活动培养和提高学生的政治觉悟与实际工作的能力，学生的思想面貌有了显著变化。初步树立了革命人生观，励志要做无产阶级革命事业接班人。多数同学有强烈的自觉革命的要求，注意在各种活动中受锻炼，特别是在劳动中自觉改造思想。为革命而学习的思想比过去更明确了，而且在实际行动中注意坚持三好方向，学习的自觉性提高了。迫切要求教改，积极支持老师教改，并能对教改提出不少建议，急切要求在德智体等几方面得到生动活泼主动的发展。

学生在德智体几方面的质量有所提高。政治上积极要求进步，团员申请入党的有150人；申请入团的有571人，占非团员青年594人中的96%以上。今年在高中学生中发展党员16人，全校发展团员242人，学习主席著作已初步形成风气。全校455个团员中绝大部分都能带头学习，学习较好的有96人，如高三杨晓延基本上能做到带着问题学。初步统计，从1962年到学期末，她已学了五十多篇。其中，《为人民服务》《纪念白求恩》等文章反复学过十几遍。觉悟大大提高，现已批准入党。在受表扬的团员157人中，三好的有53人，少先队表扬了 96 人。由于学习目的比较明确，态度比较端正，成绩有一定提高。[21]

在"学校工作总结（1964.9.7）"中写道：

在劳动中活学活用主席思想，大大地提高了政治觉悟，如同学作一首诗，题为"休息时"：主席著作/拿在手中/抓紧学习不放松/一字一句/记在心中/时时念着毛泽东/学完著作/力量无穷/劳动战场/勇做英雄。

由于不断的用主席思想、党的教育方针武装学生头脑，重视对学生的思想教育，并通过各种活动培养和提高学生的政治觉悟与实际工作的能力，学生的思想面貌有了显著变化，初步树立了革命人生观，励志要做无产阶级革命接班人。多数同学有强烈的自觉革命的要求，注意在各种活动中受锻炼，特别是在劳动中自觉改造思想，为革命而学习的思想比过去更明确了，而且在实际活动中注意坚持三好方向，学习的自觉性提高了……在政治上积极要求进步，团员申请入党的有 150 人，申请入团的有 571 人。学习主席著作已初步形成风气……

学校一切工作必须突出政治，所谓突出政治就是用主席思想武装我们的头脑，不断明确工作目的和学习目的，把师生的革命热情革命干劲，引导到工作中去学习中去，落实到学生的三好，落实到培养革命接班人的光荣而艰巨的任务上去。[22]

六、开展社会主义教育路线活动

1964 年学校结合社会主义教育运动，开展学习教育方针活动。《北京师大女附中 17 年来两条路线斗争大事记（初稿）》中写道："（1964 年）9 月，校领导布置学习'九评'，学习教育方针。结合四清运动（清经济、清政治、清思想、清组织），每个人都要对自己

21　同上。
22　学校工作总结（1964.9.7），校档案室资料。

的历史、家庭和思想状况进行一次'彻底'的清算,强调学生大胆暴露思想,狠挖一闪之念,组织典型发言,大摆错误思想,并将清算的情况向组织汇报。"[23]

例1:1966届初中毕业生叶维丽与朋友马笑冬在《动荡的青春》一书中,关于1964年学校开展"教育方针"的学习讨论写道:

人人都得暴露思想,写思想总结,暴露思想好的人就到全校大会去讲,在教室的广播里也常听到又有人暴露了什么思想。我记得当时最普遍暴露的是有"成名成家"思想。有的同学批评自己想当有成就的工程师,还有人批评自己想当电影演员……在小学的时候是鼓励咱们成名成家的,现在这种思想被说成是"资产阶级"的,受到批判。这实际上是对咱们小时候受的教育的一种否定。在广播里我曾经听到一个高中的学生暴露思想,她的父亲是个大文化名人,她说她看不起她妈妈,嫌她妈妈粗鲁,她批评自己这种看法不正确,说是"资产阶级"的。

当时有一种倾向,就是把自己说的越坏,似乎越革命,对组织越忠诚。

例2:1966届高中毕业生刘沂伦在《困惑的革命年代》(摘自《远去的女附中》)中写道:

开学后的第一堂政治课,老师就宣布本学期政治课要开展社会主义思想教育,教育方法是自己揭发自己的"私心杂念",自我批判,每一个团员和要求进步的同学都要深挖自己思想深处、灵魂深处的"私"字,把各种"私心杂念"亮出来才能彻底抛掉。如此云云。然后,团干部们就开会研究怎样搞好这个运动,无非就是团干部带头亮"私"字,然后班干部、团员带头,然后积极分子,然后一般同学。总之没有人可以逃避,如果谁不敢或不肯交待自己有什么肮脏的私

---

23 《北京师大女附中17年来两条路线斗争大事记(初稿)》,《解放》《肯登攀》《众志成城》《放眼量》大事记编写小组编写。《解放》等四个组织,均为"文革"时期女附中老师的战斗小组。引文内容摘自1964年部分。

心杂念,那么她是不可能把自己改造成合格的革命接班人的,那她会怎样呢?那时没有哪个年轻人可以想象自己不能成为革命者将会如何。第二节政治课上,团干部们就开始带头狠斗"私"字了。"革命热情"的另一面,是相当的无知、片面与狂热。随着阶级斗争的不断升级,女附中学生被卷进了"斗私批修"的狂潮中。

例3：1965届高中毕业生高忆陵在一篇专门发给我们的文章中写道：

王某某是班上公认的单纯向上热情无私的人,她从小随父母在瑞士生活,在父母影响下,小小年纪心中就埋下了热爱祖国的种子,当她父母带着一家人毅然回国后,她对新中国的一切,都抱着惊奇、赞美的目光。就是这样一个心中向善对组织无比信任的女孩,在"九评"学习中,以她非常简单率真的天性,虔诚地把自己的"一闪念"都深挖出来。在老师的辅导下,上纲上线,分析自己的阶级本性,在灵魂深处爆发革命,这一诱导过程使她把原本没有的想法,上纲上线到了骇人听闻的程度。这个同学被安排到全校大礼堂去做了发言,她的发言使同学们震惊。她发自内心地觉得自己思想反动,对不起党,因而泪流满面,痛哭流涕。其实她思想特别纯正,对十六七岁的人来说,有些"闪念"并不是成型想法,但在深挖狠批的过程中非要把它固化强化,到后来连她本人也不知道自己是怎么想的。这个过程充满否定自己、压制自己甚至丑化自己的负面作用,令人失去自我,失去自信。这种伤害,要经过很长很长时间,才能修复。

当我这个挚友去世时,我脑子里非常痛楚地闪现出她当年在学校礼堂作报告痛哭流涕的那个情景,这幅画面和她后来的人生成就形成一个很强的反差,让人深深感到当时所谓的阶级斗争,真是对善良人性极大的摧残。

当时同学们都必须深挖自己的"资产阶级、小资产阶级思想",批判自己的"成名成家"或不好的家庭影响,全盘否定"旧我",宣誓与"旧我"决裂,誓做"新我"。对十几岁的学生来说,这样的"自我批判"，可说是平生未有。大家唯一可做的只是往自己脸上泼墨，痛斥自己的过去，无限上纲上线，借此洗刷被资产阶级腐蚀的灵魂。以为这样自扇耳光就算态度积极、认识深刻，可算进步，免受批判了。

第三节

阶级斗争教育

【提要】 在培养革命接班人的目标下，学校以阶级斗争教育为纲，狠抓学生的活思想，使学生了解阶级和阶级斗争、阶级剥削与压迫，努力学习马列主义反对修正主义，兴无产阶级思想灭资产阶级威风，做到念念不忘阶级斗争，念念不忘无产阶级专政。本节为四个部分：一、什么是阶级教育；二、阶级斗争教育引起的思想变化；三、配合阶级斗争教育的各种政治活动；四、学生的活思想。

1957年10月，中共中央主席毛泽东在党的八届三中全会上提出，无产阶级和资产阶级的矛盾，社会主义道路和资本主义道路的矛盾，仍然是当前我国社会的主要矛盾。1962年党的八届十中全会上，他进一步指出，在整个社会主义社会，始终存在无产阶级和资产阶级之间的阶级斗争，存在社会主义和资本主义两条路线的斗争、阶级斗争和资本主义复辟的危险性。阶级斗争必须年年讲，月月讲。在1963年2月的中央工作会议上，又提出"阶级斗争，一抓就灵"。他还号召全党"千万不要忘记阶级斗争"。

1958年9月19日，中共中央、国务院在《关于教育工作的指示》中规定，把阶级教育作为向学生进行马克思主义政治教育和思想教育的重要内容之一。阶级教育的主要要求是："使学生了解阶级和阶级斗争、阶级剥削与压迫。……使学生学会在观察和处理问题时，能正确地运用阶级分析的方法,分清敌我,正确区分和处理两类不同性质的矛盾。培养学生憎恨人民的敌人的情感,和敢于同敌人作斗争的精神。"

一、什么是阶级教育

学校按照上级指示,重视对学生进行阶级教育。在学校"关于学生思想教育政治工作的汇报(1962—1963)"中,提到"学生的思想政治教育上的几个问题"时有如下描述:

> 阶级教育就是兴无灭资的教育,教育学生兴无产阶级思想灭资产阶级思想,学习马列主义反对修正主义。为什么要加强阶级斗争教育?我国社会主义革命已经胜利了,我们不仅取得了政权,建立了无产阶级专政,而且基本上实现了生产资料所有制的改革,还取得了政治战线和思想战线上的社会主义革命的决定性胜利。由于这些胜利使得我国阶级斗争的总的趋势是趋向缓和的,但阶级斗争并没有结束,过渡时期阶级斗争是长期的、复杂的、曲折的,时起时伏,有时甚至是很激烈的。因为一切被推翻的阶级,总是不甘心死亡和退出历史舞台的。他们不仅有复辟的企图,而且还有复辟的力量和社会基础。国际帝国主义的存在,台湾还没有解放,国内没有改造好的各种反动分子,和残余的反革命分子的存在,就是他们复辟的力量。剥削阶级残余的存在,小生产者自发资本主义倾向的存在,是他们复辟的社会基础。因此过渡时期,在政治上,经济上意识形态方面的阶级斗争不仅存在,而且是长期的。过渡时期阶级斗争的复杂性表现在既有敌我矛盾,又有人民内部矛盾。而且这两类矛盾,常常错综复杂地交织在一起,并且在一定条件下可以转化。阶级斗争的形式又是多种多样的,有公开的有隐蔽的。过渡时期阶级斗争的曲折性,表现在随着社会主义革命节节胜利和步步深入,一方面阶级力量对比总是向着有利于工人阶级的方向发展,另一方面,往往我们取得一个胜利后资产阶级就暂时退却。每当我们社会主义革命深入一步的时候,阶级敌人总是抗拒,或者在他们认为所谓有利时机就发动进攻。因此,这一

时期的阶级斗争并不是按着直线进行，而是波浪式的，时起时伏，时高时低，有时缓和，有时甚至是很激烈的。

马克思主义者认为，在阶级斗争存在的社会里，每个人从事的工作，虽然有所不同，但是大家都是同样生活在有阶级斗争的社会里。特别是两种世界观的斗争，不可能对某些人不发生影响，或者根本不反映到它的身上。这就是说阶级斗争是客观存在的，任何人都逃避不了。因此，我们教师学生，当然也不例外。我们生长在社会主义社会里，既能受到马克思列宁主义的教育，又会受到资产阶级思想和旧的习惯势力的影响。对我们的学生必须进行兴无灭资的教育，才有可能培养他们成为有社会主义觉悟有文化的劳动者。

我们的学生从小学到中学来，十二三到十八九岁，她们单纯，沾染旧的见解较少。他们对新鲜事物敏感，接受新鲜事物快，他们热情活泼，朝气勃勃，上进心强，进步快。但是他们也有不足之处，他们缺少实际斗争的锻炼。现在在校的学生，没有参加过什么实际斗争，连解放以后的重大政治运动，也没有参加过。初一的小孩儿，对抗美援朝都是陌生的。同时，学生们也缺乏知识，包括阶级斗争的知识，缺乏确定方向的能力。如初中学生不知道中国社会在过渡时期存在着什么样的阶级。对于地主阶级，只是从电影《白毛女》等片子里看过。对资本家的认识也如此。去年夏天对蒋介石要窜犯沿海大陆时，有的学生还不知道蒋介石是哪国人，学生在这次反修斗争当中，提出很多问题，反映了学生认识模糊，也反映了加强阶级教育的重要性。如有的学生说为什么对资产阶级思想我们就容易接受，而对无产阶级思想我们就不易接受。有不少学生是害怕战争害怕核武器的。上学期过新年时，同学们对《货郎与小姐》《盘夫索夫》《李慧娘》《求婚》感兴趣。老师不让演，学生还瞪眼吵。初三有个学生看了《柳毅传书》这部电影七遍，另一个学生看了二十遍。初二有个学生爱看十八九世纪的外国文学作品。自己在作文中写"我像二月的紫罗兰，早熟而易凋"。从以上这些不健康的情调看起来，也是应引起我们的警惕。培养年轻一代成为什么样的人，怎样使他们去接革命的班，已经是摆在我们面前的重要的课题了。

青年是革命的接班人。又是敌人争夺的主要对象。能不能把青少年培养成为革命的一代？这是关系到我们革命事业成败的重要问题。我们明白这一点，我们的敌人也明白这一点。因此敌人正在处心积虑的和我们争夺下一代。死去的美国国务卿杜勒斯，甚至在临终前还一再向上帝祈祷，妄想使我们的第三代丢掉革命传统，把消灭共产主义的希望寄托在我们下一代身上。现代修正主义者迎合帝国主义的需要，抹杀阶级和阶级斗争，千方百计地腐蚀年轻一代的心灵，磨灭他们的革命意志。这种从意识形态着手企图把革命的后代和平演变为反革命的后代的阴谋，是非常毒辣的。我们在电影《槐树庄》里也看到，那个老地主临死前，还给他的孙子写遗书，叫他孙子给他们家复仇。

我们学校是培养青少年成为革命接班人的一块阵地。在阶级斗争存在的今天，必须用共产主义思想去培养教育年轻一代。我们不去占领这块儿阵地，敌人就会占领。因此，大力加强阶级教育，使我们青少年懂得什么是阶级，什么是剥削和压迫？谁是敌人？谁是朋友？教育我们的学生热爱党、热爱毛主席、热爱社会主义，教育学生同情一切被压迫民族和被压迫人民，支持世界人民的革命斗争，仇恨帝国主义者、各国反动派和现代修正主义者。从小树立革命理想，立志做共产主义接班人。同时，还要教育我们的学生学习无产阶级的优秀品质，培养诚实勇敢团结友爱，艰苦朴素，爱护公物，关心集体热爱劳动和遵守纪律的良好品德和行为。

每个教师都要学会做青少年的思想教育工作，我们学校的任务是培养有社会主义觉悟有文化的劳动者。作为一个教师，我们不仅从知识的教育方面去培养学生，还必须从思想品德方面去关心教育并影响他们。林彪同志在解放军政治工作会上指出，人的工作第一，人的工作里政治工作第一，政治工作里思想工作第一，思想工作里活的思想工作第一。我们每一个教师都应该使自己成为一个教育战线上全面的能手。既能给学生以知识，又能从思想政治上教育他们。近年来，我们有些教师刻苦钻研业务，热爱教学，在教学工作中，虚心学习，积累经验，这是十分可喜的，十分可贵的现象。应该进一步要求大家学会做青少年的思想工作。正如上面所说在当前的国际国内形势下，进行思想政治教育，培养年轻一代健康的成长是关系到祖国的命运问题，是和资产阶级争夺阵地的问题。我们教师必须加强对学生的思想教育工作。同时，有不少学生，她们喜欢那门功课，就愿意或更容易接受这科老师的教导。我们常听到学生们说，自己决定从事于什么工作，常常和老师的影响紧密相关。因此，无论从党的教育事业，无论从教师的责任，学生的实际需要来看，都要求教师们学会做青少年的思想工作。[24]

在这样的社会大背景下，学校把阶级斗争和阶级教育提上了如此的高度——"争夺年轻一代的斗争"。阶级斗争和阶级教育已经成为学校政治思想教育的核心内容。

例1：1966届高中毕业生张立雄在接受采访中说道：

> 初二时我们班发展团员，班主任是一个军人家属，平日非常严肃，没见过她的笑脸。要发展的第一个团员张某，在班里非常不起眼，无论是学习还是同学关系都很一般，也不担任任何职务，当时她的入团问题在班里引起了很大的争论。班里的生活班长表现非常突出，热心为大家服务，在同学中有很高的威望，大家认为这位同学应该成为班里第一个团员，没想到老师在同学辩论中说，我觉得你们有一点没注意——就是家庭出身问题。张某的父母兄姐都是工人，他们阶级立场坚定，阶级感情深厚，而生活班长家里是有问题的，老师也没有说出张某任何先进的具体事实。这一番话让我们一群十四五岁的小女生无言以对，想不到评价一个同学要从阶级立场、阶级感情和出身出发。我对这些词汇有一种恐惧感，但不敢多问。这样张某就成了班里第一个团员。这是我第一次接触阶级、阶级立场、阶级感情这些词，我懵懵懂懂的觉得出身就是你的阶级，并且能决定你的一切。[25]

---

24 "关于学生思想教育政治工作的汇报（1962—1963）"，校档案室资料。
25 笔者2016年11月16日采访1966届高中毕业生张立雄。

例2：1966届高中学生周静在接受采访中说道：

从六十年代起学校开始贯彻阶级路线，干部子弟与普通子弟明显分开了。回想当时的情况觉得非常神秘，具体行动是下午下了第二节课后，也没有听到看见公开的通知，就发现班里少了一些同学和座椅。事后听同学们说是学校召开干部子弟会，参加会议的干部子弟都是革命接班人，给他们专门开会是要求他们接好革命的班。言外之意我们这些不参加会的普通家庭子女不是革命接班人，我们是什么呢？

还有一件事就是学校当时经常要填自然情况表。我们班有些同学就不填写，样子也很神秘。后来听说他们的父母都是革命干部或部队首长。那我的父母是什么呢，这时候我听到了剥削阶级家庭的名字。

1964年，农村搞社会主义教育运动，学校也进行教育方针的学习。当时，我感觉有三种方式使出身不好的同学受到了极大的压力。第一是学校进行运动本身，第二是老师管理学生，具体就是班主任这条线，第三是同学之间。班里的干部子弟掌握了同学进步入团的权力和班里的核心力量，对出身不好的同学施加了很大的压力。记得那时要求每个人深挖自己的活思想，检查自己的私心杂念名利思想，出身不好的同学特别要检查家庭给自己带来的坏影响。具体形式有三种，第一是自己要写思想小结；第二是分小组讨论发言；第三要选出典型发言，稿子拿到学校前列广播站广播。那时真觉得运动铺天盖地从上而下，把大家对阶级、阶级斗争的感觉做实了。我就是从那时起给自己定了剥削阶级家庭出身，扣上了"资产阶级成名成家"的大帽子。小学时的美好理想，到了中学怎么就成了资产阶级思想。我认为这就是洗脑。[26]

---

[26] 笔者2016.11.16采访1966届高中毕业生周静。

二、阶级斗争教育引起的思想变化

50年代三反、五反等政治运动之后,中国已经没有实体资产阶级,这时虚拟的资产阶级——"资产阶级思想"就成了对立面。皆因资产阶级思想存在人民内部中,这样就把人民内部矛盾转化为"阶级矛盾",造成人人自危的紧张政治空气。面对人民群众特别是青年学生的各种政治活动,在六十年代如火如荼地展开了。

例1:1966届初中毕业生顾湲在《被热情分裂被浩劫警醒》中(摘自《远去的女附中》)写道:

> 那是一段难熬的日子:整整两年时间,眼看着身边我的"帮扶对象"一个个戴上了光荣的团徽,而我却被关到了团组织门外;无论我如何努力学习与工作,在保持全优成绩的同时,作为中队长带领全班同学夺得"四好中队"的荣誉,却永远戴着"出身不好"的帽子。不是老师和团干部不关心我,她们多次找我谈心,帮我学习毛主席著作,认识和批判家庭;也不是我不开窍,对照《中国社会各阶级的分析》,我对父亲的认识从小资产阶级知识分子开始,经过民族资产阶级,一直上纲到反动的官僚资产阶级!但是,就是得不到组织的首肯。剥削阶级烙印何日才能去掉?什么样的思想改造才叫脱胎换骨?郁闷!迷茫!常常后悔没能生在战争年代,为此初中毕业时下决心去农村插队,以求彻底与反动家庭划清界限,却被老师以"不考高中就是没做到一颗红心、多种准备",就是"不让党来选择你的前途,这是个人主义的表现"。这些严厉的批评打消了我插队的念头……那两年,我的头脑和心灵被分裂了。"学习优秀"变成了"白专道路","积极上进"变成了"伪装的另类","革命热情"越高就觉得自己越是"罪孽深重"。

例2:1966届高中毕业生王玫在《我的"忆"与"思"》(摘自《远去的女附中》)中写道:

> 那时的我曾经也相信,人与人都是阶级关系,世上绝没有无缘无故的爱,也没有无缘无故的恨,自由、平等、博爱是蒙着资本主义面

纱的虚伪,对阶级敌人的任何仁慈宽容都是阶级立场问题。记得"文革"初期,有一次我回到沈阳家中,当时家里被东北局的"造反派"抄过,房间里贴着"造反派"的标语,父亲"被专政"不许回家,母亲也下放到基层劳动。一天,机关革委会的人来到家里,让我和妹妹给爸爸写一封信,于是我们想了很久,而后我们在给爸爸的信中,没有对父亲的称呼,也没有对父亲的问候,全部是毛主席语录,记忆中有"我们要相信群众相信党……""革命不是请客吃饭……"等,完全是公事公办的样子。后来他被下放到盘锦五七干校,又被下放到农村插队落户,我也仍几次追问他:你到底有没有问题?我常为那时对父亲的冷漠态度而悔恨,在他最需要家人的温情、关心和信任的时候,我们没有给他。我们那时真成了冷血动物了吗?一点慈悲的心感恩的心都没有了吗?那时的普世价值观是什么呢?

我们受的就是这种教育,生活之中处处有阶级斗争。正是这种缺乏理性内容的简单仇恨教育,与忠诚盲从和个人迷信掺合在一起,除了培养出疾恶如仇的品质,"对待敌人像严寒一样冷酷无情",还驱使青年学生满怀深仇大恨,对眼前的"阶级敌人",即家庭出身不好的同学对父母做出不可思议的举动。

例3:1966届高中毕业生周静说:

按照阶级斗争的观点,出身不好的同学必然受到家庭的影响,必然有资产阶级思想。这种推论就从精神上给你带来极大的伤害。我觉得精神虐杀比肉体虐杀更折磨人,这种精神虐杀贯穿了我的终身。使我们完全失掉了独立思考的能力,自己觉得自己罪孽深重,家庭也罪孽深重。我从自己的精神受虐,转为自虐,继而转为虐他,主动施虐。在文革中,我搬离父母的住房,自己单住一个屋,尽量不跟父母说话,不吃他们做的饭。我哥带领我们几个子女一起给父母贴大字报。

例4:1967届高中毕业生孙行玲在《透视真实的自己》(摘自《远去的女附中》)中写道:

我家也被几次抄家,父母、哥哥挨斗我都看成是"革命群众"的

"革命行动",不敢有怨言。正是一步步地被"革命引导",使我把善良当成"小资",把无情当成"革命",为了表现自己革命,把参加批斗父母当成对自己的考验,带着弟弟表决心和父母划清界限。刚开始号召下乡,我写过血书,可人家说那是中苏边界,我这种政治上不可靠的人没资格。后来去了内蒙插队,还把弟弟也带走了。我以为和父母划清界限是党对我们的考验;与"反动家庭"决裂那才是革命的表现。

这些家庭的亲情悲剧对家庭本身的伤害,构成了部分同学文革记忆深处的隐痛。阶级斗争使被整对象的同学、家庭受到深及心灵的政治株连。家庭出身被政治符号化,其对子女的影响作用被放大、固化。无论家庭解体与否,只要你家里是阶级斗争的对象,不但家庭会被污名化,其家庭成员和子女就要被迫与其划清界限。划清界限的具体标准是:一是要揭发其罪行,上纲上线进行批判;二是视之为仇敌,与其划清界限。

三、配合阶级斗争教育的各种政治活动

从1962年秋天开始,"千万不要忘记阶级斗争"的口号,已为中国人民家喻户晓。要求学生"不忘阶级苦,牢记血泪仇",也是学校政治思想教育的一大组成部分。

哈尔滨话剧院1962年创作的同名话剧《千万不要忘记》全国知名,火爆异常。剧中"148块钱的毛料西服""打野鸭子"等情节,成为"资产阶级生活方式"的时代符号,并成为"思想领域里的阶级斗争""阶级斗争新动向"而加以批判斗争。

1963年3月5日,毛泽东批示"向雷锋同志学习"的号召引来全国上下的学习热潮。雷锋日记中的"青年学生的思想阵地,无产阶级不去占领,资产阶级就去占领",开宗明义。

"1962年年度学校工作计划执行情况的汇报"中写道:

全校各班开展了学习雷锋的活动,请人做了关于雷锋事迹的报告,组织学生参观了雷锋事迹的展览,各班同学通过了班会或各分支

会讨论学习，并做了小结。团委会针对学习的情况和问题做了总结。学生们在这次活动中感到雷锋事迹对人的教育深刻而具体，亲切好学。她们的主要收获是认识到培养忠实于党，忠实于社会主义事业的无产阶级立场的重要性，他们感到必须培养爱憎分明的阶级情感，要努力培养全心全意为人民服务的品质，做一个永不生锈的螺丝钉。学习了雷锋同志的关心同志助人为乐，毫不利己专门利人的共产主义风格。[27]

学校在"1963年向雷锋同志学习情况"中写道：

通过学习提高了思想觉悟，提高了认识，学习雷锋崇高的思想品质，绝大部分人都被雷锋同志忠实于党，忠实于社会主义事业的无产阶级立场，鲜明的阶级感情所感动，更体会了不懂得剥削就不懂得革命的道理。不少同志表示学习雷锋不忘记过去，永远保持无产阶级的阶级本色。出身好的人把自己和雷锋做了对比，出身不好的同学进一步分析了自己的家庭和对自己的影响，决心更要加强自我改造，要像雷锋那样想着世界上还有三分之二的穷人没有得到解放，一定要将革命进行到底，解放所有受苦受难的人民。[28]

在学生学习雷锋的热潮中，把极左的意识形态推向了一个新高潮，当时大力提倡的是雷锋的螺丝钉精神，以及"爱憎分明的阶级立场，言行一致的革命精神，公而忘私的共产主义风格、奋不顾身的无产阶级斗志"。同学们特别记得雷锋所说："对待同志要像春天般的温暖，对待工作要像夏天一样火热，对待个人主义要像秋风扫落叶一样，对待敌人要像严冬一样残酷无情。"尤其是"对待敌人要像严冬一样残酷无情"深入人心，对之后"文革"中的武斗行为产生了潜在的影响。

---

27 1962年年度学校工作计划执行情况的汇报，校档案室资料。
28 1963年向雷锋同志学习情况，校档案室资料。

四、学生的活思想

学校重视抓学生的活思想,经常搜集学生的思想动态,以便进一步有针对性地做工作。以"对做一个普通劳动者的看法"(1958年至1959年)[29]为例说明如下:

1. 愿成"家",不愿做平凡劳动者

例1:长大后一定要做一个医生或技工、工程师,挣那么多钱,过着富裕的生活……这样的生活才叫幸福呢!初一四某某某,队员,家庭出身旧职员。

例2:我高中毕业后愿考大学,到农村工厂干一辈子,想不通。我希望自己能成为专家和工程师。要能考上大学,考上一个大学那才棒呢!高三二,某某某,团员,父资产阶级知识分子。

2. 愿做脑力劳动者,不愿做体力劳动

例:将来科学特别发达,都是尖端性的,自己什么都不懂,这太可惜了。我可怜那些没上过学,平平淡淡的度过了一生的人。高三一,某某某,群众,出身资产阶级。

3. 对红专问题的错误看法

例1:一个人长大了为人民服务,主要用他所学的知识。只专不红要比只红不专的人好得多,如果一个团员功课不好,那怎么为人民服务呢。高一二,某某某,群众,出身地主。

例2:又要红又要专多难呀,红透专深只能是少数人的事情。高一二,某某某,群众,父旧警察。

例3:红又达不到,白又不甘心,不好不坏就行了,粉红色的道路也可以对社会主义有贡献。高三(以下缺失)。

例4:我觉得专是没条件的,只要努力就能把功课学好,可是红是有条件的,像我这样的人根本不能红,红是对那些出身好的,当干

---

29 摘自"对做一个普通劳动者的看法"(1958年至1959年),校档案室资料。

部的说的。我怎么可能呢？首先我的家庭出身不好，……觉悟不高，……第二，我又不是干部，第三和同学之间的关系很不好。高二四，某某某，群众，出身官僚资本家，父肃反时被捕，五六年被宽大释放。

4. 对政治活动的错误看法

例1：对运动感到厌烦……搞大运动容易耽误学习，学习质量会下降。高三一，某某。

例2：当一个运动接着一个运动……我的思想就有抵触：这样下去，还学什么知识呀？……运动很多，想多看几本书，也没时间……看的时间长了，同学又会说注重专了，所以我不想学习了……我愿意去做我喜欢的工作，求得真正的知识。高三一，某某某。

5. 人生观问题

例：为什么要为共产主义而奋斗呢？……为什么要为大多数人的生活而奋斗呢？……毫无意义地活着和有价值地活着，又有什么区别呢？将来年纪大了，反正都要死，死了，什么也不知道，那为什么要这样苦干呢？高二三，某某某，群众，母，演员。

6. 对入团的错误看法：

例：我不是团员也一样为共产主义奋斗，那入不入团不都一样吗？我知道这种想法不对，可是又不能解答，所以我一直没写入团申请书。高一一，某某，群众，父，职员。

实验中学党总支会议记录中"政治课学习'世界观'单元中反映出的一些问题"如下：

1. 立场问题。对历次政治运动的一些看法。有国家有政权就有欺骗。反右前说是叫人给党提意见，结果他只不过是用此察看一下人们对共产党的态度，放长线钓大鱼。

我知道爸爸是右派时想他不像小说电影里刻画的那样恶呀，于是想右派不一定都是非常恶的人，当哥哥是右派时更怀疑右派是否那样坏。

我觉得在青年学生当中用不着搞政治运动,一个不对头就要犯严重错误,一个跟头栽倒地,想爬也爬不起来。我认为在现在有阶级社会中人与人的关系是紧张的,到处是尖锐的批评和自我批评。我对周围的人是很戒备的,不相信周围的人,怕他们把我的话向上级汇报。

2. 对三面红旗的看法:缺点是个指头,成绩是主要的,这是公式。实际不是这么回事,去年修订指标,宣传机器一宣传,便是客观条件的影响,结果是共产党人的任何缺点不隐蔽,其实不说也不行,到年底一结算完成得不好,没法儿交代,我觉得这是很大的错误,可是总给自己擦粉。

学校炼钢有什么用呢,好些课没上,才练那么点儿钢,因此我就觉得学校炼钢没什么大用。

去年夏天,我从北京到了安徽。在那里我接触到农民,看到了一些公社的情况。在徐州车站,我看到有捡西瓜皮吃的,有讨饭吃的,我感觉到我们国家建国十年了,怎么还有这种现象。我想起了报上登的那么好,但眼前的事实使我犹豫起来,到底哪个说的对呢,要说农民生活提高很大,像报上登的那样,理论上承认,感情上不承认。

3. 对党领导的看法:都说是党培养教导了我们,我觉得是家里培养教导的我,而且党所以要培养工人阶级知识分子,是要你为工人阶级服务,你要为自己党也不培养你。

为什么党的领导永远是正确的,而不会产生错误,为什么共产主义必然胜利?党和政府会不会向资本主义的国家那样骗人民?

提倡树立毛泽东思想,我就觉得是否会重复苏联斯大林同样犯的错误呢。的确过去毛主席英明伟大,但不能保准他今后呀,如果党已经犯大错误,而周围同志(党中央负责同志)不批判而全国人民不知晓时,那岂不是对大家不利的事儿吗?

当我听到有革命家庭出身的同学谈起他们的家庭时,我总是很不爱听。我想你爸妈有功劳,你有什么功劳?出生在什么家庭,反正自己决定不了,你们就算碰上了好家庭,可是你自己也不见得好。

我认为马列主义也不一定正确，世界上有各种人，他们都有各自的想法，马列主义就是其中的一种，它和剥削阶级的理论是对立。我就觉得站在这边看正确，站在那一面也正确，总想找一个大家都承认的真理，可是找不着。

4. 对社会主义民主的看法。现在人民对党的感情比那时强的多了，因为赤色的影响越深，人民就越老实，越听话。俗语不做亏心事，不怕鬼叫门，应该是一切事实公开，由每人自己选择真理在哪儿，谁觉得西方自由，就应该可以去，谁要认为共产主义好谁就在这儿奋斗，省得总挺别扭的。

5. 对国际问题的一些看法，苏联对中国总说是无私的援助，其实苏联也并不那么大公无私，我们身后的那根线苏联拿着呢！革命刚开始苏联就出军事顾问团深入内政，和美英干涉我国内政有何区别？

6. 对人生的看法。由于有一个不好的家庭，我的美好理想加入共青团并不能实现，这样我为共产主义事业更好的奋斗理想也就随之消失，我尽管再努力团组织也不能要，我想到这儿，我的信心和干劲就马上下去了，感到前途渺茫。

7. 入团目的，我也怕自己不是团员，将来工作时组织不会信任。整团以后有几个团员因为对组织不忠诚，隐瞒自己家庭而受到处分，当时我曾冒出一个想法，幸好我没有入团。[30]

1949年后，各种政治运动不断，民众被教导要对领袖崇拜和绝对忠诚，那是个人性迷失的年代。社会的主导价值是只认阶级不认人，只讲阶级性、斗争性、不讲人性。那个年代，每个人都被贴上阶级成分家庭出身的标签，人在政治上被分为三六九等，分别被认定为依靠、团结、争取、专政对象，各种人物身份不同，言论自然不同。上述同学的这些言论，学校、班主任老师和班里干部、团支部都是极为重视的，学校搜集起来作为反面典型，其严重性自然会对本人的操行评定以及在升学、入团上受到影响。

---

[30] 摘自中共实验中学党总支会议记录(1960.4.8)，学校校史展展柜资料。

第二部分　　阶级路线在我校的表现

从1963年起，先在农村后在城市开展社会主义教育运动，即四清。在农村的四清运动中，强调重建阶级队伍，农村成立了贫下中农协会，作为依靠力量。校园里本不存在阶级，学生年龄大部分在18岁以下，即便是高三年级的学生，也不占有任何生产资料。因此，要在学生之中搞阶级斗争，必然落实到学生的家庭出身上。对于出身不好的学生，阶级斗争就表现在个人和父母的矛盾斗争；对于不同家庭出身的学生之间，阶级斗争就表现在由于出身好坏不同而产生同学之间的矛盾、对立，甚至歧视。在学校，由于强化了"出身"，便出现了"重出身，轻表现"，甚至只看家庭出身的"血统论"倾向，由此还引发和加剧了学生中的权力意识和竞争意识。

第一节

阶级路线把学生分为三六九等

【提要】　本节分为五个部分：一、"家庭出身"被逐步强化；二、用阶级路线给师生员工分类排队；三、干部子弟特殊化；四、老师越来越不好当了；五、受歧视的同学如是说。

一、"家庭出身"被逐步强化

在中国，出身问题是比较复杂的，首先家庭出身是否是地富反坏右和资本家，其次是否是历史反革命（做过国民党或者其他"伪职"），三是是否有海外关系（海外有亲戚）。如果你出身是地富反坏右或资本家，再加上父母是历史反革命，并且还有海外关系，那你就是最坏的出身了。这么一层层的算起来，出身不好的同学几乎占了一半，当然有程度轻重不同的区别。出身最好的就是革军、革干子女。中学阶段出身不好的同学最感痛苦的，除了在升学、入团等方面被设置了严格的限制，就是平日里也明显感觉到处处以家庭出身划线的不平等。在以阶级斗争为纲、贯彻阶级路线的年代里，家庭出身的影响不仅是个无法消除的精神烙印，而且常常决定着一个人的前途命运。

1964年2月制定的学校工作三年规划（草案）（1964—1966）在"加强学生思想政治教育"一项里，披露了"要对学生家庭出身进行一次复查，重点调查初、高一新生的情况，针对不同家庭出身的学生特点进行分析研究，重点总结革命干部和工农家庭出身的学生的思想教育经验"。如此，出身不好的学生自然会明显感到了逐日增强的压力。

1963—1964年学校政治思想工作总结中写道：

> 资产阶级思想在学生思想中的反映，从生活目的包括学习目的来看，在学生思想中反映出的问题大概有如下几种情况：出身于剥削阶级家庭，受影响较深，认为个人前途暗淡，情感上和党抵触对立，或消极悲观，充满了矛盾斗争。追求名利、轻视体力劳动，把劳动分成等级（这一类同学中各类家庭出身的都有，但比较多的是知识分子家庭出身的同学这种思想更为严重）。[31]

学校不断地强调"出身"，自然使出身不好的同学抬不起头来，处处受压制。积极要求进步，还会被扣上"假积极，想钻进团组织，思想动机不纯"等帽子。而干部子弟被说成"阶级感情深""根红苗正""是当然的革命接班人"等等，学校、班级绝大部分学生干部的职位几乎被"红五类"垄断了。班团干部政治地位的优越之一，就是掌握了同学入团和参加政治活动的大权。

例1：1966届高中毕业生王玫在《我的"忆"与"思"》（摘自《远去的女附中》）中写道：

---

31 摘自"给全体教职员工同志汇报——在学校中争夺年轻一代的斗争"，校档案室资料。

出身是给人打烙印的，每个人身上都打下了你出身的那个阶级的烙印，家庭出身不好就一定会对你有不好的影响，就和政治不可靠划上了等号。在班级里同学间，渐渐有了潜在的隔阂和优劣之分。同样是要求进步、刻苦学习，出身好的同学就是有强烈的革命责任感，出身不好的同学就可能被认为是入团动机不纯，学习目的不明确，个人奋斗，走"白专道路"。背上了出身不好的包袱，就承受着沉重的政治高压和心理负担，不仅是夹道欢迎外宾、在人民大会堂的中日青年联欢等政治活动不能参加，还将直接影响你的进步和升学。

例2：1967届高中毕业生罗治在《风风雨雨话当年》（摘自《远去的女附中》）中，以1965年高一（2）班撤换班主任和班长为例：

当时高一年级有四个班，那三个班的班主任和学生班长都是好出身，老师出身贫下中农，学生班长都是干部子弟，只有我们高一二班班主任和学生班长出身不算红五类。1965年下半年，农村开展的社会主义教育运动波及城市以及学校，"千万不要忘记阶级斗争"深入人心，于是在班级里便把同学根据出身分成了不同的群体。记得我们班的干部子弟在学期中间就开始酝酿改选班委会、撤换班主任。她们说当时担任班主任和班长的人"家庭出身不好"，不能再当下去。她们还说，让家庭出身不好的人当班主任和班长，是学校错误的阶级路线造成的，因此她们要求进行调换改选。

那位当班长的学生虽然不是干部子弟，但也不是什么"黑五类"，她父亲就是个开了小铁匠铺的小业主，况且她的哥哥解放前就参加了革命，现在也是革命干部，她家算不上什么"坏出身"。班上的学生干部大部分已经是干部子弟了，有一两个不是，在当时也可以认为是贯彻党的"重在表现"的阶级路线。班主任也是学校重点培养的优秀青年教师，来校两年由于各方面表现出色，已经当上了数学教研组的副组长。记得当时在班里为此专门开的会上，干部子弟当面质问班主任为什么"重用"家庭出身不好的人当学生干部。班主任说他努力执行了党的阶级路线"有成分论，不唯成分论，重在表现"，当前班里的学生干部基本上都是革命干部家庭出身，也都表现好，所以符合党的阶级路线。而那些反对他的同学说这是"物以类聚，人以群分"，班主任偏向家庭出身不好的学生，因为老师自己的家庭出身也不好。

例3：1966届初中毕业生叶维丽及朋友马笑冬在《动荡的青春》一书中写道：

1964、1965年学校就专门召开过全校干部子弟大会。某个下午第二节课后，把红五类子女召集到大礼堂开会。

那次会的内容无非是说我们这些无产阶级后代对革命负有特殊的责任。我们学校有个副校长叫胡志涛，是抗日战争时期参加中共的老干部，特别会说，煽动性极强，跟女学生说话可以说得你热血沸腾，像我这种冷血的都爱听她讲话，更别提那些特爱激动的人了。那次也是她来讲，她说干部子弟比一般人的担子更重，老子打江山，要靠你们来接班。当时有一张全国性的报纸发表了宋心鲁给干部子弟的一封信，信中也是讲干部子弟对革命有特殊责任的话，责任感加特权意识，那封信的影响很大。

当时的媒体宣传和学校的做法，都明显地贯穿了"子继父业""保江山"这条粗线，而出身不好的学生，则必须进行脱胎换骨的思想改造。所以实际上造成了红五类、尤其是造成了不少干部子弟的优越感和特权观念，许多非红五类家庭出身的学生却出现了不同程度的失落感、自卑感，甚至是压抑感。这就从政治和人格上把青少年分成高低贵贱不同的三六九等，这实际上也是在学生中划分阶级，分裂青少年这个群体。文革中，一些所谓"黑五类"家庭出身的学生，一律被打入另册，从政策上歧视对待，人为地制造对立情绪，文革中遭到某些同学惨无人性的折磨批斗，这都是最高当局推行的阶级斗争为纲路线造成的一个必然恶果。

例4：1966届初中毕业生冯敬兰在《最后一课》（摘自《远去的女附中》）中写道：

升到初二，学习刚缓过气来，学校就开始加强阶级斗争的教育。永远要站稳立场，分清谁是我们的朋友，谁是我们的敌人。家庭出身突然显示出重要性,革命干部、革命军人、革命烈士、工人、贫下中农是最好的五种,地主、富农、反革命、坏分子和"右派"是最坏的五种。介乎于两者之间的,是可以教育和团结的对象。我们这些懵懵懂懂的孩子,知道了党的阶级路线叫作"有成分论但不唯成分,重在政治表现"。什么意思呢?第一,阶级出身是重要的,不同的阶级会打下不同的烙印;第二,出身不能选择,道路可以选择。只要表现好也可以加入革命队伍。

例 5:1966 届高中毕业生武素梅,因父亲被划为右派遭受到沉重打击,她在《武家的女附中情缘》(摘自《远去的女附中》)中写道:

我……迈进了女附中的大门。一个多月后我遭受到有生以来第一次沉重的打击,这时我 13 岁。新班要选举中队委员了,我虽然不在班主任所定的候选人中,但按现在的话说却是"人气很旺"。虽然班主任私下做了不少工作,但我的选票仍然排在其他两位候选人之前,按票数多少计我就当选了。此时班主任"急中生智",说选票分散,好几位当选者的选票未超过选票的规定比例(包括我在内),总之,此次选举作废,下次重选。班主任的话引起同学们的不满,甚至有同学质问为什么不是内定的候选人就不能当选。当然胳膊拧不过大腿,一切还得照老师说的办。重选的前一天老师"兴奋"地宣布,我已被大队任命为大队宣传干事,就不再参加中队选举了,同学们也很高兴。孩子们就这样轻而易举地被愚弄了。所谓的大队干事不过是在同学们放学后自己搬凳子,拿着彩色粉笔,举着湿抹布,按照布置好的稿子及图样在酷暑下、在寒风中往大队黑板报上抄写的"小工"而已。一个幼小的心灵就这样受到了重创,我此时此刻才明白,我虽然只有 13 岁,但我却没有和其他同学一样平等的地位。我成绩优秀,但无论我怎样努力学好政治课,认真做作业、复习,考试时我的政治课成绩最多是 4+(班主任教政治课),而其他所有课程几乎全是 5 分。这位老师很年轻,是女附中的留校生,是烈士子女……我并无意责备她,以她当时的年纪和她深厚的阶级感情、鲜明的阶级立场,她不可能让我这个"小狗崽子"当中队委员，不可能让我的政治课得 5 分。她"根红苗正"、立场坚定，我完全能理解她当时的做法。

上了高中以后我已经对有形无形的压力与歧视习以为常，也习惯了忍受屈辱。母校是名校，又地处市中心长安街旁，自然夹道欢迎外国元首的任务少不了。但我及与我处境差不多的同学每次都以各种冠冕堂皇的理由派去在学校干这干那，或干脆可以提前回家……原来，每次迎宾的人员必须政审，我这出身自然通不过。

文革前夕，形势越来越紧张。1966 年 4 月 30 日，学校专门召开保卫工作会议，针对摘帽右派和出身有问题的教职工，明确制定出需要控制的人员和防控措施如下：

1. 集体值班；2. 把党员组成小组分头控制；3. 不让他们（指有问题的人，如摘帽右派等）有空隙；4. 和分局说一下帮助控制；5. 控制人定下来。要求总务处教导处值班……定人控制，对于一切行动都有人控制。[32]

二、用阶级路线给师生员工分类排队

1958 至 1959 年学校关于学生政治思想教育的简单情况如下：

依照出身给学生分类排队

全校学生共 1836 人（12 月份的统计）。其中出身于革命家庭和工农家庭的（以下简称一类家庭）出身有 649 人（工农出身 126 人），占学生总人数的 35.4%。出身于一般职员家庭的（以下简称二类家庭出身）共有 681 人，占 37%，资产阶级及其高级知识分子和五类分子家庭出身的（以下简称三类家庭出身）的共有 506 人，五类分子家庭出生 183 人，占 27.6%。

全校共有团员 535 人，其中出身于一类家庭的 277 人，占团员总数的 51.9%。二类家庭出身的 106 人，占 19.9%，三类家庭出身的共 152 人，占 25.5%。

32　1966 年 4 月 30 日学校工作记录，校史展展柜资料。

全校队员共 780 人，其中出身于一类家庭的 244 人，占队员总人数 31.2%，二类家庭出身的 349 人，占 44.7%，三类家庭出身的 187 人，占 24.1%。

团委会干部：一类家庭出身的 57 人，占团委总人数的 57%，58 年占 82%。目前（1959.1）全校团小组长以上的团干部出身：一类家庭的共 87 人，占 64%，二类家庭出身 39 人，占 29%。

根据高中五个班（高一六、高二四、高二八、高三一、高三二）的初步统计，基本解决了立场问题的即：对党的方针政策没有怀疑，听党的话，能无条件地接受党的领导，在大是大非问题面前立场较稳，走社会主义道路决心较强，参加政治运动自觉，基本上政治挂帅的同学在五个班 232 人中有 149 人，占 64.24%。除个别同学有反动思想外，其他都程度不同地存在一些问题，根据五个班的统计：不同阶级出身的同学立场解决的程度是不同的。一类家庭出身同学 81 人中有 77 人基本解决，占 95.6%。二类家庭出身同学 71 人中有 45 人基本解决占 63.4%。三类家庭出身同学 80 人中有 27 人基本解决占 33.7%。从这个统计中可以看出一类家庭出身的同学在立场问题上解决的是比较好的，二类次之，三类问题比较多。

根据五个班的统计：不同阶级出身的同学在劳动问题上解决的程度是不一样的。一类家庭出身同学 81 人中有 58 人，占 71.65%，二类家庭出身同学 71 人中有 40 人，占 56.34%。三类家庭出身同学 80 人中有 24 人，占 30%。从以上统计可以看出，和立场问题一样，一类家庭出身的同学解决的比较好，但与立场问题比，劳动问题较多。二类次之，三类问题和立场问题一样问题很大。

阶级观点教育方面：根据高中五个班的统计，232 人之中还有 83 人，占 35.82%的立场问题还没有解决。基本上解决了的同学，并不等于说没有问题了，还需要巩固，有的人还需要加强教育。不同阶级出身的同学存在的问题也不同，二类家庭出身的同学比一类问题多一些，三类家庭出身比二类多一些。三类家庭出身中五类分子家庭出身的问题尤其多。这虽然是高中五个班的初步统计，但它具有典型性，值得今后工作中参考。

一类家庭出身的同学根据五个班的统计，有 95.06%同学立场基本解决。一般说来，这些同学立场较稳，对党的感情较深，但有程度不同的"自然红"思想。认为自己是革命家庭出身，绝不会反党，因而某种程度下放松了对自己的要求，对这部分同学加强革命自觉性教育是很重要的，另外抓紧没有解决立场的 4.96%同学是今后教育工作中应注意的问题。

二类家庭出身的同学有 63.4%基本上解决了立场问题，这部分同学一般说来是拥护党的方针政策的，和党也有一定感情，但不深。这部分同学善于观望形势，进步力量大的班，他们进步则大，反之则小。这部分同学中还有 36.6%没有解决立场问题。"随大流"的情况比较严重。

三类家庭出身的同学，有 33.7%基本上解决了立场问题，但有 66.3%的人问题没有解决。他们的进步常"患得患失"，重视别人对自己的信任。五类分子家庭出身的同学，虽然也要求进步，但有的人常带出"假象"，不巩固，个别人还有程度不同的抵触情绪。[33]

分类排队的结果就是家庭出身不好的人，实际上基本被打入了另册。当时从上到下，普遍认为，家庭出身不好，本身就是与生俱来的原罪。

给教职员工分类排队

1960 年 7 月 5 号，女附中召开总支委员会，内容是如何加强师生员工政治思想工作的组织机构。该组织机构由校长、总支直接领导，政治教育处具体组织，并由班主任、政治人事干部，团、队、党办公室专职干部，以及档案室共同负责和具体落实全校师生员工思想教育。

1960 年 7 月 27 日，总支委会三位领导对 73（原文如此）名老师按照政治态度、思想意识、教改三个方面对老师进行分析后排队：

总支委会卞仲耘、刘致平，刘秀莹三位领导对 80（原文如此）

---

[33] 摘自"一年来我校学生思想面貌的变化（1958—1959）"，校档案室资料。

名老师,按照"政治态度、思想意识、教改"三方面进行排队。"政治态度"按照左、中左、中中、中右进行排队。其中:左:14人,中左:17人,中中:40人,中右:2人。"思想意识"方面:好的:23人,一般的:34人,严重的:16人。"思想意识"严重的内容包括个人名利思想、个人患得患失、明哲保身、温情主义、人性论、自私自利、骄傲自满、个人英雄主义、个人主义、个人名利思想、好逸恶劳。对待"教改"的态度就分积极的、随大流儿的等等。

"政治态度"方面,按照左、中左、中中、中右进行排队。其中:左:14人,中左:17人,中中:40人,中右:2人。

"思想意识"方面,好的:23人,一般的:34人,严重的:16人。"思想意识"严重的内容:包括个人名利思想、个人患得患失、明哲保身、温情主义、人性论、自私自利、骄傲自满、个人英雄主义、个人主义、个人名利思想、好逸恶劳。

对待"教改"的态度,分为积极的、随大流儿的两种类型。[34]

9月12日的总支委会,其中讲到总支工作加强了全校师生政治思想教育:

一是对教师的全面分析,贯彻阶级路线,经过分析能摸清情况,重点帮助,但缺乏经常性的工作;二是对学生的工作,有年级情况分析;三是抓紧了阶级分析进行教育;贯彻了阶级路线,并且在教师中明确应该培养什么样的人;四是对干部子弟的教育如何进行,应提到议事日程上来,进行教育研究讨论;五是全校形成公开批评表扬;六是抓紧了政治课;七是积极分子工作做了一些,不够深透。[35]

九月末又再次对所有老师按照一类、二类、三类进行排队,并且给各教研组设立了核心人员,核心人员从表面上分析,都是党员和积极分子以及被分析排为一类的、或者说是思想比较左的这些老师。

1960年7月29日组织工作笔记:

---

34 女附中1960年7月27日的总支委会议记录,学校校史展展柜资料。
35 女附中1960年9月12日的总支委会议记录,学校校史展展柜资料。

区委关于发展党员的标准：应根据党章规定，经考察后把成分好、历史清楚、觉悟高、服从党的决议，遵守党的纪律的人入党。主要三项：一是成分；二是觉悟；三是政治历史问题。今天讲前两项：一是本人成分问题。考察他所处的阶级地位和社会地位，也就是考察他的成分，看他能否划清敌我界限和能否划清剥削阶级和被剥削阶级界限。考察一个人第一要看占有否生产资料。第二经济来源，自己是否参加了劳动。过去曾经有过剥削行为，过过剥削生活，这应看他程度，剥削长短，脱离后所处的地位及对剥削的认识。如果剥削时间短，剥削轻又有认识，可以吸收。改变成分的地、富、小业主、资本家一律不吸收。另外，右派家属也要慎重考虑，不要轻易吸收。[36]

例1：1965届高中毕业生高忆陵在发给我们的文章中写道：

进入高中，社会上大讲阶级斗争。在团委会领导下，老师不断引导我们，要学会阶级分析。作为团干部，必须在支委会上讨论班上阶级斗争的表现，分析阶级动向。

团支部在这个过程中起到了战斗堡垒的作用，而战斗的对象，其实就是班上出身不好，或家庭情况比较复杂的同学。那时候，"老子英雄儿好汉，老子反动儿混蛋"的反动对联虽然还没有横空出世，但所谓的阶级分析，分析来分析去，实质上就是以出身将同学划分为三六九等，把原本纯真的同学关系，人为地划分成阶级关系。回想我们参与的所谓阶级斗争，都离不开唯成分论的阴影，这完全是因为违背机会均等公平原则的错误理论深深扎根在许多人心里，直到现在还在社会上大行其道。现在想想，这个阶级斗争的整套理论，改变的是人的善良本性，增加的是人与人之间的伤害。把一个团结友爱的班级，搞得相互猜疑、不信任、疏离、对立。虽然还没有到文革批判斗争那步，还没有赤裸裸地宣扬"血统论"，但也深深地伤害了同学之间的友情。直到离开校园几十年后再重聚，都难以恢复到以前的亲密

36　女附中1960年7月29日的组织工作笔记，学校校史展展柜资料。

第三章 浅谈师大女附中六十年代的思想政治工作

无间。正如我一个小学同学诗句中所说"万幸少年分手早,不曾文革杀眼红"。

坐在我位子后面的某某,是个沉稳坚毅学习优秀的同学,我跟她不仅初中同班,还是舢板队的亲密伙伴。我经常到她家,对她妈妈也"伯母,伯母"地叫得很亲切。大抓阶级斗争后,老师对团干部说:某某的爸爸担任过国民党电台的什么职务,她肯定对新社会心怀不满,你看她不像一般同学那样开朗痛快,经常沉默,有看法不说。在后来的"分析排队"中,她就被"分析"为"骨子里对党不满"了。

那时,我搞不清某某家里是怎么回事,但一个"国民党",一个"电台",就足以让我们带上"阶级斗争"的有色眼镜。老师不断启发我们,某某的所说所做,与其他同学,有什么不同。要求我不断克服阶级观念薄弱、政治嗅觉不敏锐的问题,从思想上行动上疏远某某,并在班上采取了孤立某某的做法。直到三十多年过去,她从美国回来,我主动为参与过"整"她而向她道歉时,她才说:"我一直不知道我怎么了?莫名其妙。"而这"莫名奇妙"的歧视,使她这个成绩优异的才女,只能上北京工业大学。发生在她一个人身上的"命运的拨弄"也许不足为道,但这名为"阶级斗争"实则反动血统论的理论埋没了多少青年才俊,将国家的进步整体向后推迟了多少年,却是一个无法量化但板上钉钉的事实。

我们班有个同学是城市贫民出身,当时我听说她家里人口多,不得不捡菜叶吃,就对她肃然起敬。她人品不错,学习成绩一般,但十分刻苦,就在我们班被树为典型、标兵。除了她确实有值得学习的优秀品质之外,按照一套形式化的、刻意的程序去树典型和拔高某人的做法也是存在的。这其实是另一种表现的唯成分论。

在以阶级斗争为纲的大形势下,"九评"学习运动开始了,不知怎么搞的,两党两国之间的分歧,落在我们中学生身上,就成了"斗私批修"运动。女附中的学生确实是"政治热情高",纷纷"深挖""触及""狠斗私字一闪念"。团支部依然是生力军,运用的是"抓典型"的工作方法。

青少年志趣各异性格各异,在当年团组织的标准下,却一刀切地以是否积极靠拢组织为标准。出身不好的必须"对家庭有深刻认识"；个性鲜明兴趣广泛的往往被上纲为"享乐主义""贪图安逸""小资情趣"而不被接纳；"汇报思想"在一定程度上引导了伪善、投机、钻营的品格。我们班有一个爱玩爱闹活泼开朗的同学，被看成不积极要求进步不靠拢组织，一直被排斥在团组织之外。

例2：1967届高中毕业生孙行玲在《透视真实的自己》（摘自《远去的女附中》）中写道：

> 社会原来这么不平静，阶级敌人贼心不死，阶级斗争就在身边。心里充满了危机感：觉得帝国主义对我们虎视眈眈，国内反动派蠢蠢欲动，内外勾结妄想变天。我们是新中国的同龄人，是新中国培养起来的革命接班人，保卫祖国不变色，我们肩负着重大的历史责任，那种使命感强烈而神圣。但我们被鼓起的满腔热情很快就受到了打击，因为我们发现学校对干部子弟与我们明显不同，召集她们的报告会座谈会，我们是不能参加的。她们回来后表现的那种自豪感让我们自惭形秽。学校对我们说的是：你们还是"可以教育好的子女"，所以要深刻检查出身的影响，努力改造思想。"忠不忠"线上分，和父母划不清界线，说轻了，是受修正主义的"人道主义"毒害；说重了，是坚持父母的"反革命"立场。原来还觉得犯了错误的父亲是改造对象，现在觉得自己就是改造对象了。学校对不同出身的学生的不同态度，明明就是在说："红五类"是革命的主力军，"黑五类"是革命的对象，而两种出身也就带有了"革命"与"反革命"的遗传基因。

三、干部子弟特殊化

其实干部子弟特殊化的问题，在上个世纪50年代初就很明显，像女附中这样历史悠久、几乎紧邻中南海的名校，自然吸引了不少红色后代。据高三年级某某同学回忆：

> 记得到刘秀莹老师家的时候，我就说，从1964年开始对干部子弟的教育就加强了："我们是接班人，培养接班人思想，红色的江山

不能变色。"刘老师听了，说："不对，不对，早就有了，公费、自费生早就有了。实际上这个干部子弟特殊化，那时候就有了。"

赵克义老师在和学生访谈时说：

当时，女附中学生分两种：一种是公费生，她们的家长是革命干部，因为当时是供给制，所以他们的子女或弟妹上学，享受国家供给，从穿衣铺盖到书本笔墨统统由国家包下。在学校，她们单吃单住，有专人管理。另一种是自费生，她们的家长是一般工作人员，这类学生大多数走读。如住校，与公费生吃住分开。公费生的宿舍，在老女附中校内。自费生宿舍，则在校外辟才胡同西口路北一座大院里。

把暂时的战争年代的一些的特定的制度带到了和平时期了。战争时期，是供给制，父母上前线打仗，这些孩子我得养起来，就供给制了，这是在战争时候的情况。可在和平时期，你仍然把它搬过来了，那就造成了一些隔阂……有那么几年，比较明显，伙食不一样，宿舍不一样，穿的不一样，很明显的。

六十年代的女附中，多数干部子女要求自己还是严格的，但有部分干部子女随着阶级路线的逐步强化，在择校、入学、入团、当干部上还是有明显优势的。平时在传递一些社会消息，以及看内部书籍、看戏、看电影、坐公车等方面还是表现了明显的优越感。

例1：1966届高中毕业生革干出身的刘沂伦在《困惑的革命年代》（摘自《远去的女附中》）中写道：

我不是个好学生……我没有想到的是，我很快就被团支部确定为重点发展对象，并且当年11月就入了团……我知道有一些学习刻苦的同学，她们比我优秀得多，却因为家庭出身问题不能入团。有同学就在课间很含蓄地向我的同桌团干部表达不服气，我再木讷也能听出话里的话。同桌不知道我心里也很内疚，仿佛欠了她一笔债。在这个如火如荼的革命年月里，不太想入团的因为"家庭出身好""阶级感情深厚"入了团；迫切要求入团的因为家庭出身不好而不能入团，说来说去，真是"进步"二字好辛苦！

例2：1966届高中某班团干部因为将军之女某某某入不了团，到她家里做工作，向她妈妈反映她坐公车上学的问题，结果她妈妈说："别说坐车了，有条件我们还要坐飞机呢！"这说明，有些"红二代"受家庭教育和社会教育的影响，优越感极强，她们觉得：父辈打下的江山，子孙当然要享受。"我爸爸当年参加革命了，所以当将军，爸爸当了将军我们这些人才在北京住着，才有今天。"

例3：副校长李天义在1967年3月17日的工作日记中写道：

转学的手续，高干转到这里最多，也不按分数取。血统论的观点及（极）严重，总觉得革命的接班人必须是干部子弟。从上到下都有这种论调，就不换工农商学兵。[37]

例4：赵克义老师给学生讲过一个家访的例子：

有个学生叫黄某某，人很聪明，学习不努力，需要家访。她家住在安定门，是个大院子，我真怵这个。我骑自行车去的那天，门口停着一辆带车篷的大卡车，卡车上都是罐头，要卸车。因为我穿的简单，门房不让我进，车上的东西卸下来，车开走了，还是不让进。大冬天的，我连手套都没有戴，一个多钟头就在外面冻着。我又找门房说自己是老师，要找学生家长，于是才让我登记。最后，出来一个秘书。我给秘书说，她成绩在边缘上，希望她能住校，好把成绩提高一些，能考上大学。秘书说："这件事情不用你负责，她能够上大学。"后来果真如此，她没有考试就上了大学，是内部招生的。高级军人家就有这样的，不把老师当个事儿，又累又冻还把你搁那儿等着。

四、老师越来越不好当了

有些干部子女比较特殊，她们为父辈的业绩感到骄傲，以天生的革命者自居，自认血统高贵，堪当国家大任。她们的性格有些傲慢、

37　李天义1967年3月17日的工作笔记，学校校史展展柜资料。

偏执，直率到咄咄逼人。到了1965年文革前夕，一些干部子女发展到对老师极不尊重，师生关系趋于紧张。1965年3月总支开会，梅树民发言：

> 革命干部子女某某对杜某某老师说：我就骂你！杜老师一晚上都哭了两次。有些问题是在学生不在老师。杜老师出的作文题，这个学生不愿做，杜老师让她做，她说你是不是逼人太甚。对此现象，当时仅仅说学生没有礼貌。老师说自己不是党团员不好做学生工作，实际就是干部子弟在学校比较特殊，不尊重老师，自以为是。[38]

1965年12月1号，总支扩大会上关于周学敏教学法有一些分歧。胡校长在发言中说：

> 某某某认为，培养周学敏这样一个人是违反阶级路线的。对同学的骄娇二气老师很伤心。如曾恬说，我现在越来越管不了了，她觉得学生不怎么尊重老师……学生对老师太不礼貌了！……
> 某某对杜某某的态度说明，现在人和人平等关系都没有了。[39]

五、受歧视的同学如是说

在1964年前后，极端的阶级路线，不仅表现在入团、升学等标准上，而且渗透到社会生活的每一角落。提起"红五类"，只有经历过那个年代的人，才深谙其中的含义，尤其是对那些所谓出身不好的人来说，在青少年的记忆中，总有抹不去备受歧视与羞辱的阴影。

例1：1967届高中毕业生孙行玲在《透视"真实的自己"》（摘自《远去的女附中》）中写道：

> 大张旗鼓开展的阶级路线和思想革命化教育，使我认识到阶级斗争才是最重要的……为提高政治觉悟，加强阶级观念，我读了很多学校号召和推荐的《人的一生应该怎样度过》《论共产党员的修养》《雷锋日记》等以及《四史丛书》。为了表示自己对党和毛主席的忠

---

38 摘自1965年3月总支会议记录，学校校史展展柜资料。
39 摘自1965年12月1日总支会议记录，学校校史展展柜资料。

心，很多出身不好的同学在革命的口号鼓动下，积极要求进步，有的人害怕当父母那样的政治"贱民"，便"旗帜鲜明、立场坚定"地揭发、批判养育自己的亲人，她们被学校树为坚决和家庭划清界限的典型。我们相信党永远正确，我们努力按党的要求以"无限"的精神做到绝对的忠诚。

例2：1962届高中毕业生钱学烈在"实验中学百年校庆征文"中写道：

总有一些班主任和团干部，从阶级斗争观念出发，认为我和家庭划不清界线，资产阶级思想严重，成绩再好也是学习目的不明确，没有排着队向班主任团干部汇报思想上交日记，就是不靠拢组织，不追求进步。上高中保送没我的份，团员和积极分子搞活动我没资格参加，心里能轻松愉快吗？

例3：武素梅在《武家的"女附中"情缘》（摘自《远去的女附中》）中写道：

到长安街去欢迎一个什么亚非拉总统，班上我们出身不好的就不能去了。尤其六五年，这与当时疯狂强调阶级斗争有关。要去之前，老师会念三十几个学生的名字。之后说，没有念到名字的同学回家吧。……念到名字的那些人，是有尊严的。……我习惯没有尊严……

只有亲历那个时代，并"亲戴"过"出身不好"这顶帽子的人，才能体会到个中滋味！

例4：1966届高中毕业生周静在访谈中说道：

在女附中……从初一到高三，从上到下贯彻阶级斗争教育，以阶级、出身给同学分类。文革中1966年8月25日我们班干部子弟抄了我的家，我觉得，这不是一日之寒，这是从初中就开始积累起来的，当时的逻辑就是出身不好的同学必然有资产阶级思想，必然受到家庭的影响……我从自己的精神受虐——必须无条件接受他人对自己的批判，不能也不敢为自己辩护；继而自虐，无限上纲地深挖阶级根源，把自己批得体无完肤，即便这样也得不到组织的认可和接纳；最后只有一条路了，为说明自己是真诚追求革命的而向家庭开战——虐他……

十八世纪法国伟大的启蒙思想家、法学家孟德斯鸠说："人生而平等，根本没有高低贵贱之分。我们没有权利假借后天的给予对别人颐指气使，也没有理由为后天的际遇而自怨自艾。在人之上，要视别人为人；在人之下，要视自己为人。人人都享有同等的社会地位，获得同等的报酬，每个人的生命都同样宝贵、同等重要，每个人的人格尊严，都应得到同样的尊重。"

但是阶级路线使得出身问题横亘在公民之上，对此，该有怎样的思考呢？阶级路线的实施，使我们距离文明社会，该是多么的遥不可及啊！

第二节

阶级路线在升学、入团中的体现

【提要】 本节内容为三部分：一、限制升学；二、限制入团；三、部分同学对阶级路线在入团升学中的看法。

"谁是我们的敌人？谁是我们的朋友？这个问题是革命的首要问题"，这出自毛泽东选集第一篇文章的第一句话，分清敌友，是首要的问题，即要依靠谁，团结谁，打击谁。1958年，在教育领域大张旗鼓地贯彻阶级路线，即根据青年家庭出身的"好"与"坏"，决定其在入学、升学、就业等方面的权益。优先选拔、使用所谓"根正苗红"、政治上可靠的出身于革命干部家庭以及工农的子女，使工人、贫下中农及其子女成为政权坚实的阶级基础，使干部子弟成为中国共产党革命事业的接班人。同时，限制地富反坏右以及非劳动人民子女接受高等教育和向上流动，实际上这部分人受到严重的社会歧视，形成了实际上的社会贱民。家庭出身的包袱太沉重了，没有背过的人绝对不知道它的分量。政审时因家庭出身不好，"思想政治不合格"，升学"不宜录取"，还未成年的同学早早失去了接受教育的机会，阶级斗争叫喊得特别响亮的年代，如1960年、1964年不少同学不能升学，被迫到农村劳动，在那个年代，升学不成，入团就更是奢望了。于是，一个人的阶级成分或家庭出身，作为"政治标准"的重要组成部分，成为影响命运的根本因素。

一、限制升学

升学，在当时是需要组织对每个人进行政治审查的，也就是所谓的"政审"。据说在1957年以前，对绝大多数中学生的政审制度并不严格，未发生实际影响。反右斗争运动后，特别是从1958年起，以中央文件的形式强调了政治审查，使一部分优秀高中生失去升学的权力。

1958年，中共中央在《关于高等学校录取新生政治审查问题的通知》中指出：

在整风运动初期的鸣放中，暴露出高等学校学生中有一些思想极端反动的反党反社会主义的分子。这一方面说明过去高等学校对学生的政治思想教育工作做得不够；另一方面，是由于历年来高等学校招生政治审查不够严格，招收了一些政治上反动的分子。为了保证高等学校招收学生的政治质量，对今年招收的学生在政治条件上应当有更高的要求"。通知规定，除仍按国务院批准的《高等学校录取新生的政治审查标准》进行审查外，应该特别注意，对"反革命分子和坏分子""思想反动、坚持反动立场、反党反社会主义的分子""品质作风极端恶劣（例如，一贯偷窃、严重的流氓作风等）、屡教不改的分子"，均不应录取。然而，上有政策下有对策，由于政审工作中的各项标准不够清楚，导致基层政审执行人员，把政审变成了审家庭出身的情况。并波及到中学。

例1：1959届初中毕业生杨正宜在《身上永远带着母校给予我的自信与骄傲》（摘自百年校庆公众号）中写道：

我生性不安分，课堂上喜欢提问接下茬。政治课上，刘老师在上面讲政社合一，我就问：政社合一了，还是毛主席领导吗？老师讲大跃进，我就问操场上小高炉炼的钢都能用吗？记得当时课上，刘老师什么也没说，可能是觉得问题太严重了。接下来好像是刘老师，班主任都找我谈话，问解放前的家庭情况。那时候都要向党交心，我回家偷偷拿到了父亲的判决书交给了刘老师。这份所谓的忠诚，实际上是火上浇油。文革后才知道父亲是1924年北大经济系的毕业生，职业是律师。只是加入了国民党组织，担任过书记，罪行就是发展过一百多个国民党员，报刊上发表过反共文章．镇反运动中因历史反革命罪判10年徒刑（1960年在上海监狱病逝）。

这样的家庭背景，提出这样的问题，后来发生的一次次被班会、中队会批判，直至政治成绩"2分"，操行评定"差"，核心评语是"和家庭划不清界线，阶级立场不稳定"，初中肄业。一切都顺理成章，不管我懂不懂我都得接受，带着这样的结论离开了学校。

后来杨正宜到了一个艰苦的农场工作，她继续写道：

这么繁重的工作、这么艰苦的环境，当时年仅15岁的我从没有掉过一滴眼泪。心里只想着，我要和家庭划清界限，脱胎换骨，站稳无产阶级立场。来了一批批学生，又一个个地走了，而我就从来没有想过要当逃兵。我坚定的要在这片荒芜的土地上在劳动中改造自己。

改革开放后，她获得了新生，工作中取得很大的成绩，并与女附中的老师取得了联系。她找到了教她的先生，当门打开的时候，杨正宜和先生紧紧地抱在一起，两个人都一时无语，只有流泪。半天还是先生说了话："你能原谅我吗？""先生，一切都过去了，不然我也不会来看您！"老师后来给她写了一封信，信中写道：

多年来在我心里留下的歉疚，得到了谅解，真比得到了什么宝贝还珍贵。文化大革命中，在我自己挨整的时候，这些往事一幕幕在我脑中出现，那时我被专政，每天晚上在极度的疲劳以后，望着场院上空的星星，便想起女附中的一切一切，想起杨正宜，我总是十分内疚，十分愧悔。如今看到了你，看到你在工作岗位上勤劳的工作，看到你还是那么活泼热情，你没有记恨你的老师，还来看望我，使我感动不已。

特别指出的是：1964年的中学政审文件，据说是由教育局和公安局联合发出的，公安机关介入招生工作。该文件把加强政审工作拔高到"巩固无产阶级专政"的高度来认识。在这种政策的引导下，招生人员只能对出身不好的考生进行严格把关。

文件还规定：学校应通过组织认真核实学生的家庭出身。有些学生生身父母是四类分子（指地主、富农、反革命、坏分子）的，即使已经随母后嫁，也要在政审表中写明。文件还规定，对家庭有"重大政治历史问题的"学生要进行重点审查。

政审文件除规定对保密专业要严格把关外，对报考高等学校一般专业的考生，也明确要求"五不取"，即：有反革命活动嫌疑的分子，不予录取；思想反动而屡教不改的考生，不得录取；品质十分恶劣、屡教不改的分子，不予录取；直系亲属因反革命罪行被处死（包括畏罪自杀的），或被判刑、管制的，不予录取；直系亲属在资本主义国家、台湾、香港、澳门等地，从事反革命活动的，不予录取。

文件虽然对"五不取"的条款附加了若干限制文字，如称："本人确已划清思想界限、拥护党和政府方针政策、表现进步的，可以录取"等，但是在空前严酷的政治氛围下，这些都不过是欲盖弥彰的空话。

文件特别规定：政审标准和做法，只能传达到学校党支部委员会、公安派出所，不得扩大范围，不得对外公布，理由是"防止造成紧张气氛"。这个理由显然难以成立，说明连政策的制定者们都深知，这种赤裸裸的歧视政策是见不得阳光的，因此只能背着广大师生、家长，由极少数人采取暗箱操作的方式。这样一来，每名中学毕业生尚未跨出校门，他们的档案上就已根据出身不同注有"可去机密单位""一般""不宜录取"等字样,而这是招收单位重要的依据。大学招生,一旦考生档案上注有"不宜录取",即使成绩优异,也只有落榜一途,以致有的学生多年都不知道为什么成绩优秀而未被录取。原本每个人都应该享有的平等教育权力,却被限制或剥夺。

例1:在"学校64届高、初中毕业生情况"中写道:

六四届初三四班学生某某某(父五七年划为右派,因继续进行破坏活动,依法逮捕,劳改中病死),接到未录取通知大为不满,连续闹了几天。说"我想读书,无书可读,我想不通,这是为什么"。六四届高三学生某某某(父:林学院教授,政治历史复杂),接到未录取通知后,大闹情绪,吃不好,睡不着,到学校对班主任说:考不取,我想不通……从升学就业中反映一些同学,特别是五类家庭出身的,对党的阶级路线不满,考不上大学情绪很大。万般皆下品,唯有读书高的思想较严重,轻视体力劳动、农业劳动,害怕艰苦贪图安逸,不愿离开北京对工作百般挑剔。[40]

例2:1966届高中毕业生武素梅在《武家的"女附中"情缘》(摘自《远去的女附中》)中写道:

另一个受到沉重打击的是我的正在师大女附中读书的四姐燕梅,她聪慧、能干、不怕吃苦,学习成绩优异,是优秀共青团员,是班长。那一年她高中毕业,报考了自己非常热爱的地质专业的学校北京地质学院。以她的成绩,清华、北大不在话下,更何况地质学院。然而一纸不予录取的通知书打碎了她的理想。十八岁的少女难以承受这突如其来的沉重打击,但她热情、善良、积极进取。她响应号召报名去了青年农场(茶淀劳改农场前身)参加农业劳动,一年多以后分配回京做小学教员……几年后的初冬时节,她选择了逃离人世,一个如花似玉的年轻生命,在这人生历程中最美好的时节结束了……

1960年,六姐幼梅从女附中高中毕业,她同样成绩优秀,也同样收到了一纸大学不予录取的通知书。她平静地接受了现实,因为她

---

40 摘自"学校64届高、初中毕业生情况",校档案室资料。

早已有思想准备。她同样服从分配，到远郊区做了一名砖瓦厂职工子弟学校的老师。

1958年高中毕业生张晓风是胡风的女儿，她或许是女附中最早因父亲获罪而被牵连的学生。1955年胡风被公开点名批判以后，班里、团支部要她揭发父亲的罪行，她据实写了一些但没有达到要求，入团的愿望没能实现。张晓风在《难忘母校女附中》（摘自《远去的女附中》）中说：

那年的高考没被大学录取，开始我还以为是自己考得不好，报的志愿太高，便自学一年后又考了一次。后来方知我的分数并不低，但是政审通不过，上不了大学。1957年8月，北京市委第二书记刘仁曾在大会上传达过高考招生工作的方针政策：今年高考招生录取工作要贯彻阶级路线，要考虑家庭出身，要考虑家长是否有历史问题和现行问题，凡这方面有较大问题和不清楚的，一律不录取……于是，我这个"反革命头子"胡风的女儿当然更不能上大学了。

例3：1958届高中毕业生宋晓燕在采访中说：

1958年到处都在大跃进，当时我中学毕业本应跟同学们一道全神贯注地准备高考，但却怎么也安不下心来。因为我父亲被打成了右派，从一个老革命一下子变成反革命。对我来说无异于挨了当头一棒。经过激烈痛苦的思想斗争，我决定放弃高考，到最艰苦的地方、到北大荒当一名农垦战士，用行动表示听党的话与右派家庭划清界限。我的这个想法，除了和跟我有同样遭遇的同学苏力平（他父亲是河南省作协主席、诗人苏金伞，也被打成右派）讨论，并且达成了一致后，没有和任何人透露。1958年7月20日，就在高考的前一天，我和力平悄悄来到前门火车站，把两封写给班主任和家长的信投到信箱里，然后登上了开往北方的火车。[41]

后来，宋晓燕得知因为她们没有事先向女附中校方说明放弃高

---

41 作者于2016年11月19日对宋晓燕进行了采访。

考，就去了北大荒，之后学校团委竟然给予她俩团内严重警告处分。

八届十中全会后，由于强化了阶级斗争，严格的政审在1964年的高考录取中表现得极为明显。在这一年，"出身不好"的高中生很多都不被录取。而红五类，仅凭他们的出身即可获得"优先录取""免试入学"的资格，他们成了贯彻阶级路线中的受益者。当年我校送了一批高中毕业生去西欧留学，几乎全是高干子女。

由于对"阶级出身"的重视和干部子弟优先的政策，使出身不好的同学不论学业、人品多么优秀，多么积极进取，只要背负着出身"原罪"，在学校就抬不起头，入不了团，部分同学升不了学，追求进步被视为"假积极"，怎么努力都被认为"与家庭划不清界限"，难免不沦为阶级路线车轮无情碾压下的牺牲品。

例4：1960届高中毕业生魏兰兰在《红色的梦》（摘自实验中学一百周年校庆公众号）中写道：

1957年秋进入高中第五班。1960年6月底，当准备完高考全部复习作业正要参加高考的前一天，学校突然通知我免试，参军到哈尔滨军事工程学院。

例5：在"1964年应届高初中毕业生升学就业自学情况报表"[42]中写道：

1964年高中应届毕业生报考大学258人，录取高等院校209人，49人未被录取。被录取学生的出身大部分是革命干部和一般职员。革命干部子女，录取率为98%，未录取率为2%……未被录取学生中大部分是五类家庭出身的（31人），未录取率为60.8%，五类家庭出身的学生录取率为39.2%。其余18人中除3人家里没有问题外，不是家长本人历史复杂，就是社会关系复杂。49人中学习较好的5人，但家里都有问题。

---

42 "1964年应届高初中毕业生升学就业自学情况报表"，校档案室资料。

1964年应届高初中毕业生升学就业自学情况报表
（摘录高中部分）

出身情况	工人	革命干部	一般家庭（职员\教师）	高级知识分子	资产阶级	五类家庭	合计
毕业人数	8	104	77	19	7	52	267
报考人数	7	102	74	17	7	51	258
未报人数	1	2	3	2	0	1	9
录取数	7	100	62	14	6	20	209
录取率（%）	100	98	83.8	82.4	85.7	39.2	81.0
录取一类	4	81	41	14	3	9	152
录取二类	3	19	21	0	3	11	57
未录取数	0	2	12	3	1	31	49
未录取率（%）	0	1.96	16.2	17.6	14.3	60.8	19.0

例6：1965年4月28日发布的"北京市教育局人事处录用高中毕业生暂行办法"规定了：

一、录用高中毕业生标准

1.政治标准：符合1962年中央修订的高等学校一般专业录取新生的政治审查标准的。但是有下列情况之一者不能录用：

（1）对党的方针政策、对社会主义道路、对三面红旗有怀疑，并有不满情绪的；

（2）对修正主义认识不清，在某些问题上有修正主义观点的；

（3）对地、富、反、坏及其他剥削阶级家庭或主要社会关系划不清思想界限的；

（4）有严重的个人主义，不能服从集体利益，生活自由散漫，不遵守学校制度的；

（5）本人的品德作风有问题，并无明显进步表现的。

例7：1965年北京市教育局关于给中央高级党校挑选高中毕业生的通知：

一、挑选条件：

1. 共产党员、共青团员或具备入团条件的青年积极分子；
2. 坚决走社会主义道路，政治进取心强，作风正派；
3. 学习成绩优秀，语文水平好，有培养成为马列主义理论工作者前途的；
4. 工农、革命干部和革命知识分子子弟，直系亲属和主要社会关系没有被杀、关、管的，本人历史清楚；
5. 身体健康。[43]

例8：1965年有关高等学校招生工作报告明文规定：

对于条件合格的考生，实施分段择优录取；在每一分数段里，首先要挑选政治条件好的学生；对政治思想好的工农和烈士子女及学生干部，在其考试成绩与其他考生接近时，优先录取。一是实施分段录取，二是在每一分数段实行"政治优先"。[44]

有此两条措施，所谓"不搞唯成分论"的说教无异于掩耳盗铃。实际情况是，到1966年文革前夕，在大学首先是重点大学的招生中，"黑五类"子女基本不收。

两千多年前《论语·卫灵公》早就说过："有教无类"，不管什么人都可以受到教育，不因为贫富、贵贱、智愚、善恶等原因把一些人排除在教育对象之外，教育成为全体公民的需要和共享的权力。但是60年代的阶级路线公然把一部分人排斥在学校之外，孔子对教育对象的论断中所包含的民主因素和公民意识怎么反而在两千多年后削弱了呢？

二、限制入团

加入中国共产主义青年团，是60年代青年人的理想和追求，但是挥舞着"阶级路线"的大棒，该有多少出身不好的优秀青年被拦在

---

43 1965年北京市教育局"关于给中央高级党校挑选高中毕业生的通知（35）（65）教计谭字第80号"，学校档案室资料。
44 1965年有关高等学校招生工作报告，学校档案室资料。

共青团的大门之外啊!

例1:在2016年11月14日笔者对1966届高中毕业生周静、张立雄采访时,周静说道:

> 由于出身的缘故,来自同龄人的歧视更伤自尊,出身好的同学拿着令箭掌握着你的生杀大权。当时学生除了学习,政治生命就是入团。入了团就是荣誉,就代表着被信任,就是革命接班人,不入团似乎就代表着落后,就是革命的对象。

张立雄说道:

> 我在班里尽职尽责地帮助同学,为大家服务,有人认为我是假积极,是在表现自己。我在争取入团的问题上困难重重,我必须深刻地批判家庭认识自己。上高一时,我找联系人汇报思想,问她觉得我还有哪些不足,联系人说:我说不出来你还有哪些不足。高二就换了另一个联系人。从新联系人对我的态度上就可以看出来,我是不可能入团的。她听我汇报时连看都不看我,脸上没有任何表情,完全漠视你的存在,听完我的汇报什么话也不说,就走了。让我感到了难以忍受的屈辱。尽管当时说"出身不由己,道路可选择",但是我感觉无论我怎样也得不到接纳和信任。我怎样才能走出家庭走进革命队伍?当时最痛苦的就是同学对你的态度,我不知道她们有什么权力来决定我的生命。

例2:1966届初中毕业生冯敬兰在《最后一课》(摘自《远去的女附中》)中写道:

> 班级里出身好的同学,一到15岁,就自然加入共青团。有的入团的会议是不公开的,但是她们的名字和入团的消息会出现在黑板上。女附中一直是国家领导人、党政军高级干部子女的首选学校,她们也都是凭考分进来的。个别落榜的,有的会在下个学期转学进来,不少班都有这样的插班生……对于出身平民家庭的同学,入团就有了难度,刻苦读书,学习雷锋勤做好事,经常写思想汇报,是少不了的。有的还把日记送给团支部委员看,有的会在星期日专程跑到团干

部家里去汇报思想。而出身不好的，譬如资本家、"右派"、反动军官家庭，你把思想汇报写成书，入团难有指望。假如有一位出身不好的同学被光荣吸收入团，一定会表扬她和家庭划清了界限，意味着暗地里不知交了多少份批判揭发父母罪行的思想汇报。

例3：1968届高中毕业生顾湲在《被热情分裂被浩劫警醒》（摘自《远去的女附中》P165）中写道：

文革风暴袭来不久，我成了"狗崽子"……早晨一睁眼，就被一些"红外围"严加管束，晚饭后必得"闭门思过"；用汗流浃背的割稻和虔诚的语言为自己赎罪，却看不到这种改造有什么出路。做事战战兢兢，动辄遭到一顿训斥，还被勒令不准接触老乡——因为"你们这些有严重问题的人，只准老老实实改造，不许去跟贫下中农拉关系！""不许交头接耳，互相串联！"劳改犯般的政治待遇，使我这个向来激情洋溢的人几乎窒息了。我抗争过，怒骂过，哭泣过，但得到的回答除了更不堪入耳的责骂嘲讽外，只有死一般的沉寂。

学校在对1960年高三学生思想情况调查中举例说：

由于有一个不好的家庭，我的美好理想，加入共青团便不能实现，这样我为共产主义事业更好地奋斗也就随之消失。我尽管再努力，团组织也不能要我。想到这儿，我的信心和干劲，就马上下去了，感到前途渺茫。

共青团本是先进青年的群众组织，加入共青团，是青年的向往和追求。但是在60年代的阶级路线之下，共青团变成了某些人手中的工具，将一部分追求进步的青年阻止在共青团大门之外，严重的挫伤了她们的自尊心，自信心，阻滞了她们的健康成长。

三、部分同学对阶级路线在入团、升学中的看法

学校"59—60届学生的各种看法"中搜集了部分同学对保送高中、升大学、贯彻阶级路线的错误看法：

例1：当时我说这种保你们是沾父母的光，简直是保送你父亲，并没有什么可光荣骄傲的，让你们考去，也许还考不上呢。高一三，某某。

例2：在初三时我看见保送工农子弟，功课还没我好，就非常不满，可是人家是工农子弟，老干部子弟，谁叫自己不是呢？因此就埋怨父母为什么不是工农或老干部。高一三，某某某，队员，父：职员。

例3：保送的都是工农子弟，就很看不起，口里赞成，心里不满意，认为他们功课不好，只是因为出身好。高一三，某某某，队员，父：工程师。

例4：听说某某某六十九分录取的，而一般同学都是七十分儿才取，所以我心里不平……我们都是一样上学，干什么就不一样看待呢？制度对一切人都是需要的。高一三，某某某，队员，父：教授。

例5：上科技大学的差不多都是政治条件好的，我就产生"倒霉论"，我觉得政治条件不好的就倒霉，我们这样人的前途也不像她们那样远大了。所以现在好好学习也没用。在学习上一度产生了消极情绪。看不顺眼那些工农出身的同学，觉得他们自己没本事，处处占便宜。高一三，某某某，队员，父：工程师。

例6：我听说有些人考大学时成绩很好，但因政治条件不好就没录取，我想这些人都倒霉，工农子弟也真是吃香。我总不能和工农的感情连在一起，高一三，某某，父：工程师。

例7：只有政治条件好的人才能考上他理想的学校，他必须是团员，而且家庭出身好，家里没有右派。高三一，某某，群众，父：旧职员。

例8：我认为考大学政治条件很重要，学习好坏，没关系，我政治条件差，不是团员，大学一定考不上，所以我才对上大学不再抱什么希望。高三一，某某某，群众，出身职员。[45]

我之所以不厌其烦地引用上述材料，是想说明，在我们查找学校

45　以上例子均摘自"59—60届学生的各种看法"，校档案室资料。

资料的同时，经常可以看到学校对学生思想的收集和分析，特别是对出身不好的同学，盯得很紧，看得更牢。因此所谓出身不好的同学感受到的沉重压力也可以理解了。

结　语

关于"师大女附中的阶级斗争教育问题"这个选题到底做还是不做，几位好心的同学向我提出了她们的疑虑。似乎这还是一个比较敏感的话题，有的同学对此讳莫如深，也有坚决反对选择这个题目的。母校在提供资料方面，尽管配合，但也存在种种顾虑，对此我能够理解。

放眼世界范围的教育，审视六十年代我们的教育，以及"文革"中红卫兵的种种恶行，我还是下定决心，努力尝试写下去。尽管我能力有限、资料不全、剖析不够深刻，一切都很浅显，也很艰难，凭着责任和良知，还是想揭开这个盖子，试着谈谈自己的想法和认识。女附中虽然有其特殊性，由于当时是从上到下一系列方针政策的引导，用阶级教育取代人性教育、用政治教育抹杀公民教育，无疑是六十年代学校教育的普遍现象，女附中只是具有典型的代表性。

一直有人不解：为什么公认的优秀女校，"文革"期间出现了打死校长的暴行？联系上述书中的内容，难道和当时的思想政治教育、大讲阶级斗争不无关系吗？

特别令我感动的是王本中老师和几位同学给了我坚强的支持。感谢这些同学在校领导同意的情况下查看了学校教学档案室和校史展中的许多资料，以及到北师大、到国家档案馆、到很多地方查阅收集了大量有关资料，所以我才有了写作的基础和依靠。我决心试写这篇文章的初衷，就是努力追求以事实资料为依据，以还原历史真相为目的，尽力反映上个世纪母校六十年代真实的政治思想教育状况。

此外我还采访了不少本校的同学，她们有着一个共同的标签"出身不好"。由于过去彼此不甚了解，起初她们对我们抱有疑虑、不解，甚至她们不说自己，只问我问题。但是了解到我们的初衷后，毅然抛开心中的顾虑，把家庭及个人最隐秘的痛苦、回忆，敞开心扉向我倾诉，令我十分感动。在此深深地感谢我的同学张立雄、周静、孙行玲、宋晓燕、杨正宜……当2017年刊载我这篇文章的《教育叙事》一书自印本在母校出现时，张立雄学姐立刻给我们写来了情真意切的贺信，信中写道：

文章或口述或采访，都是女附中人的真实经历，是女附中历史中的一个个剖面，弥足珍贵……可贵在作者、编者直面历史的勇气和担当，毋庸讳言，我们走过曲折的路，当年在校园里也以'阶级斗争为纲'过，个人回忆和教育叙事都真实记录了其荒谬和对稚嫩心灵的伤害。说出，了解，记住，反思，是亲历者的历史责任。

张立雄学姐对我们真是太理解了。

就因为对女附中操场大炼钢铁说了几句大实话，因而受处分、初中不予毕业（肄业）、高中考试当然不能参加、15岁就到农场参加劳动的杨正宜学姐，则把我的这篇文章看作是对她的平反文件，她满怀深情地告诉我们："学校至今也没有给我平反，你的文章就是给我的平反文件，我知足了。"

之所以回顾这段今天看来荒诞出奇的教育路线和学姐学妹的苦难经历，目的就是千万不能忘记共和国这段错乱的教育历史，必须进行认真的反思，把真实的经历和感受告白世人并诉诸下一代，这是我们的良知和责任。唯有如此，才能让后人汲取经验教训，还每个人以公平、公正，让社会良性发展、正确前行。

写作于 2017 年 1—6 月
修改于 2023 年 2 月
冯敬兰、高忆陵、牛立　编校

第四章

师大女附中的体育教育

李红云

【提要】 北京师范大学附属女子中学（以下简称"女附中"）即现在的"北京师范大学附属实验中学"自1917年创建到今年，已走过百余年，是中国一所著名的中学。该校的历史就是中国近现代基础教育的一个缩影。

体育教育作为"德育、智育、体育"中的一项内容，其在教育中的重要意义不言而喻。本文研究内容的时间跨度从1917年该校成立到1966年"文化大革命"开始。着重研究1949年到1966年体育教育的发展情况，包括体育教育目标的演变过程、政府有关学制、体育教学大纲及在该校的实施、体育课程的内容、课外体育活动的开展、体育思想以及该校师生对当年体育教育的记忆。

体育教育是该校历史的一个组成部分，笔者希望通过对体育教育的回顾、反思与总结，可以进一步理解和认识体育教育与历史、政治、经济、文化及社会发展之间的相互关系，总结过去的经验和教训从而促进今天体育教育的发展。

本文的主要参考文献包括：公开发表的著作、文章、文件；网络资料和中国期刊网上的硕士、博士论文。此外，该校保存下来的原始体育档案也是本文的主要参考文献。文献出处均在注释中标明。

前　言

2017年是北京师范大学附属实验中学（以下简称"实验中学"）建校一百周年。该校一百年的历史就是中国近现代基础教育的缩影。

体育教育作为"德育、智育、体育"中的一项内容，其在教育中的重要意义不言而喻。系统回顾这一百年来体育教育在该校不同历史阶段的发展和演变的历程，分析和总结历史经验及其教训，可对今天的体育教育提供借鉴，也可对未来的体育课程改革提供参考。

体育教育也是该校历史的一个组成部分，通过对体育教育的回顾与总结，可以进一步理解和认识体育教育与历史、政治、经济、文化及社会发展之间的相互关系，分析体育教育的特点，从而促进今天体育教育的发展。

本文研究的时间跨度从1917年建校到1966年"文化大革命"开始，总共约五十年的时间。其中第一节是研究1949年前的情况，从第二节开始研究1949年之后至1966年的情况。对1949年之后的研究分为三个阶段，即：1949—1952、1953—1956、1957—1966年。研究的内容涉及体育课程演变的过程、政府有关学制规定在该校的实施、体育课程的内容、教学计划、课外体育活动的开展、体育思想以及该校师生对当年体育教育的记忆。通过以上分析总结出不同历史阶段体育教育的特点。

实验中学的前身"北京女子师范学校附属中学校"在1917年成立后，校名几经变化，先后使用过的校名有："北京女子高等师范学校附属中学校""北京女子师范大学附属中学校""国立女子大学附中中学校""国立北京师范大学附设女子中学校""国立北平大学附属女子中学校"，以及1949年后使用的名称"北京师范大学附属女子中学"。但大部分的时间里，习惯上该校被称为"女附中"，为行文方便，本文一律使用"女附中"校名，泛指各个时期的该校。

笔者为该校1967届初中毕业生，对女附中的体育教育有着切身体会。希望能通过本文为母校的百年校庆贡献一点绵薄之力，也为后人留下一些历史的记录。

第一节
1949年前女附中的体育教育

一、学校成立之初的"体操"课程

1917年9月5日，今北京师范大学附属实验中学的前身，"北京女子师范学校附属中学校"正式成立。学生共计79人，欧阳晓澜先生任主任[1]。当时的体育教育如何？每周有几节体育课？体育课包含哪些内容的？体育教员是谁？这是我们现在想知道的问题。由于可供参考的资料甚少，对这些问题已很难回答。笔者只能根据有限的资料，尽量对当时的体育教育情况做一大概的描述。

根据2007年出版的《北京师范大学附属实验中学校史（1917—2007）》记载，附属中学校成立之初，校舍位于西城辟才。从现在保存的"校舍平方图"上可以看到，学校有一块"体育场"。[2]

在课程设置方面，附属中学校执行的是1912年北洋政府教育部《中学校令实行规则》的规定，课程设置有修身、算学、国文、历史、地理、外国文、物理、化学、博物、图画、体操、手工、乐歌、法制经济等课程。[3]以此可以推断，学校成立之初即开设了"体操"课程。

需要指出的是，当时作为中学课程中的"体操"课程，并非今天

---

[1] 当时中学的整个行政管理体系是校长或主任负责主管制，民国时期的公立中学的行政领导均为校长，校长下设学监。但师范院校的附属中学则称主任，私立中国公学附属中学也是主任负责制，其主任相当于中学校的校长，只是他们往往与高等院校有一定的关联。因此，欧阳晓澜的主任职务相当于校长。

[2] 见袁爱俊主编：《北京师范大学附属实验中学校史（1917—2007）》，第5页。

[3] 同前注，第4页。

作为奥运会比赛项目的"体操",而是有其特定的内容和含义的。

以"体操"为代表的中国学校体育在近代中国的发展始于晚清的洋务运动。1903年清政府颁布并实施《奏定学堂章程》,即"癸卯学制"。我国近代体育课程正是以实施"癸卯学制"为标志,正式登上历史舞台。

该章程中对体操课程的规定如下[4]:

3.中学堂的体操课

教育宗旨:施较深之普通教育,俾毕业后不仕者从事各项实业。进取者升入各高等专门学堂均有根柢。学习年数以5年为限。每星期36课时。

课程设置:12门,第12门为体操

体操课程教法要求:中学堂体操宜讲实用,其普通体操先教以准备法、矫正法、哑铃等体操,再进以球竿、棍棒等体操。其兵式体操先教单人教练、柔软体操、小队教练及器械体操,再进则更教中队教练、枪剑术、野外演习及兵学大意。凡教体操者,务使规律肃静、体势整齐、意气充实、运动灵活;并可视之情形,若系水乡,应使练习水泳。

规定课时:体操各年级均为每周3课时。

教学纲要(学科程度):普通体操、有益之运动、兵式体操,各年级相同。

由此可见,当时的体操科主要包括"普通体操"和"兵式体操"两种。

"普通体操"是把瑞典式和德国式的体操基本动作加以混合,再加上一些轻器械而编成的。主要内容包括:准备法、矫正术、徒手操、哑铃操、球竿操、木棍操、火棒操、藤圈操、投豆囊等。"兵式体操"主要是德国的兵式体操,主要内容有:柔软体操、个人教练、小队教

---

4 课程教材研究所编:《20世纪中国中小学课程标准·教学大纲汇编——体育卷》,北京:人民教育出版社,2001年第4—7页,第388—389页。

练、中队教练、枪剑术、野外演习和兵学大意等。这些内容基本上是从小学到大学千篇一律，没有内容和方法上的区分。[5]

《奏定学堂章程》在规定中并未区别性别，这是因为当时女子尚无受教育的权利。该章程的颁布，在中国学校教育中确立了体育课程制度，"初步普遍地在学校中实施了近代体育"[6]。

1912年是中国学校体育教育奠定基础的一年。这年7月，北洋政府教育部在北京召开全国临时教育会议，蔡元培主持并致开会词。此会为中华民国成立后第一次中央教育会议，历时一月，至8月10日闭幕。会后公布了各种学校令。其中包括：9月28日公布《中学校令》、12月公布《中学校令实行规则》、1913年3月19日公布《中学校课程标准》等法令。到1913年8月止，教育部颁布的各种学校章程总合称为"壬子癸丑学制"。

1912年及1913年的这一系列规定成为民国初期中学教育的基本规章制度和发展模式，其中也包括了"体操"课程。《中学校令》中规定的"体操要旨"是："使身体各部平均发育，强健体质，活泼精神，兼养成守规则尚协同之习惯。体操分普通体操、兵式体操二种，兵式体操尤宜注意。女子中学免课兵式体操。"[7]这项规定已有相当的近代色彩，包含了体操的目的、内容，尤其对女子中学的体操课做了明确规定。

"壬子癸丑学制"的特点之一就是女子高小以上，可设女子中学、女子师范及女子高等师范。至此，女子中学的合法地位得以确立。由此看来，"北京女子师范学校附属中学校"的成立与此有很大关系。此前，直到1903年，女子尚不允许上学，女子教育完全没有地位。直到1907年，清政府学部才勉强规定《女子教育章程》，但

---

5 王华倬："论我国近现代中小学体育课程的发展演变及其历史经验"，北京体育大学博士论文,2003年，第28页。

6 谷世权、杨文清：《中国体育史》，北京体育学院体育史教学组，1981年3月，第306页。

7 《中学校令》《中学校令实行规则》《中学校课程标准》，见课程教材研究所编：《20世纪课程标准教学大纲汇编：课程（教学）计划卷》，北京：人民教育出版社，2001年第68—76页。

也只有女子师范及小学。在中学和大学中根本没有女子的地位。正是1912年的校令规定男女学校分别设立,"专教女子之中学校称女子中学"[8],修业年限为四年。

在课程设置方面,1912年教育部颁布的《中学校课程标准》,为男女中学分别设置了不同的课程标准。具体表现为:1.男子中学无家事园艺及缝纫。2.女子中学教学可减去三角法。3.女子中学手工限于编物、刺绣、摘棉、选花等,男子中学则完全不同。4.女子中学免课兵式体操,可代以舞蹈游戏。5.各学年每周教学时间,女校均比男校少一学时。[9]同年5月草拟了女子中学的课程及标准,其中体操课程标准如下表:[10]

教科目	每周时数	第一学年	每周时数	第二学年	每周时数	第三学年	每周时数	第四学年
体操	2	徒手操器械操舞蹈游戏	2	同前学年	2	同前学年	2	同前学年

由此可见,1912年标准的女子中学体操课程内容包括:徒手操、器械操、舞蹈和游戏。每周两学时,四个学年中每学年如此。

1917年"北京女子师范学校附属中学校"成立后,是否在体操课上练习这些内容尚无资料证明。但可以肯定的是,1912年教育部颁布的"壬子癸丑学制"在中国确立了女子中学的地位,而且也奠定了女子中学体育教育的基础。

二、从"体操"到"体育"的改变

1913年"壬子癸丑学制"颁布后,"学堂"变成了"学校",

---

8 杜学元:《中国女子教育通史》,贵州:贵州教育出版社,1995年第1版,第435页。
9 同前注,第436页。
10 同前注,第437—439页。

各级学校都设置体操科,而且学校发展规模迅速,体育师资需求量剧增,造成体育师资奇缺。由于规定的体操课程内容包括的是普通体操、兵式体操以及游戏,担任体操教员的大多数是退役士兵,他们只会一些军队队列训练的立正、稍息、托枪、举枪、开步走等兵操技能,一般不会普通体操和游戏运动,文化层次也较低,因此当时的体操课实际上是军事训练课。

1915年开始的新文化运动,有力地冲击了封建旧思想,在"五四运动"前后,封建意识的兵式体操开始衰落。教育界和体育界进一步提出学校应废除兵操。随着形式的发展,废止兵操已成为当时的大势所趋。这种趋势也在教育部1918年10月18日召开的全国中学校校长会议上表现了出来。

此次会议在北京召开,此时"北京女子师范学校附属中学校"已经成立,欧阳晓澜主任参加了这次会议。会议专门对普通中学校集中提出的七条议题[11]进行讨论。大会进行了将近二十天,于11月2日闭会,"其审慎周详之意,不可谓为不至"[12]。七条议题中的第六条议题是:"中学校学生体育应如何从生理卫生上体察施行规律的训练,并应如何订定运动标准以收实行锻炼之效?"很明显,该议题已超出了原来单纯的"体操"的范围。

经过讨论,对于第六条议题,全国中学校校长议决如下:

---

11 这七条议题是:1.现行中学科目有无增减及变通讲授次序之必要?2.中学毕业生有志愿升学者,有从事职业者,教授上有无双方兼顾之法?3.中学校应如何改良教材,配置分量,俾上与专门各学校,下与高等小学校均能衔接?4.本部调阅专门学校新生入学试卷,发现中学毕业生国文、数学、外国语各科成绩均欠优良,教授上应如何注意,以求程度之增进?5.理化学之应用,至欧战而益显著,吾国中学校理科教育欲应时代之趋势,唤起学生研究兴味,教授上应如何筹改进之法?6.中学校学生体育应如何从生理卫生上体察施行规律的训练,并应如何订定运动标准以受实行锻炼之效?7.中学校应如何注意管理训练,养成学生为社会中坚之人物?见《教育参考资料选集》(第四集·教育史料类),上海:教育编译馆,1934年,第1-40页。转引自王建顿:"民国时期普通中学课程实施研究",东北师范大学硕士论文,2008年,第31页。
12 朱有瓛主编:《中国近代学制史料》(第三辑上册).上海:华东师范大学出版社,1990年6月.第389页。

要对体育给予充分的注意：体育须注重身体全部之平均发育；运动须以团体普及为主，选手竞技为辅；竞技运动，须依学生年龄体格，分组练习；运动种类，须多变化且有兴趣；厉行勤劳主义，注意清洁卫生；注重国技等等；[13]

此决议强调了对体育要"给予充分的注意"，体育的目的是"注重身体全部之平均发育"。对体育的认识也不是简单的"体操"，而是提到了"团体普及""竞技运动""运动种类"这些接近现代体育的内容。

还应指出的是，在此次会议上，欧阳晓澜提出了一些关于女子中学校的建议：

1. 女子中学校课程宜详定标准呈请教育部采择实施；
2. 女子中学校已立者宜充实内容未立者宜扩充校；
3. 扩充女子小学校设立女子高等师范及女子大学；
4. 凡女子研究科学著作宏当确有心得者或办学多年任事热心卓著成效者请特设奖学金以示鼓励；
5. 女子中学校家事一科应注重实习；
6. 女子中学校应附设简易职业科并须扩充女子职业等建议。[14]

欧阳晓澜提出的部分建议被后来的决议所采纳，尤其是"设立女子高等师范"的建议，直接促成了1919年7月"北京女子师范学校"升格为"北京女子高等师范学校"，附属女子中学因其隶属关系，遂改名为"北京女子高等师范学校附属中学校"，修订学则，变更编制，正式编定为四年制初级中学。[15]

在体育教育方面，教育部根据全国教育联合会及全国中学校长

---

13 见《教育参考资料选集》（第四集·教育史料类），上海：教育编译馆，1934年，第1—40页。转引自王建顿："民国时期普通中学课程实施研究"，东北师范大学硕士论文，2008年，第32页。
14 王建顿："民国时期普通中学课程实施研究"，东北师范大学硕士论文，2008年，第32页。
15 袁爱俊主编：《北京师范大学附属实验中学校史（1917—2007）》，武汉：长江文艺出版社，2007年9月版，第7页。

会议的建议，于1919年4月先后提出了以下有关改进学校体育的方案[16]：

1.加强武术；2.力求完备体育上设备及器械；3.奖励自由研究，理论上认为适当者，得设法实施之，以力求教授之改良；4.注重课外活动；5.设法优待体育教员；6.规定体操及教练成绩考查法。成绩考查包括：身体方面，考查其强健、姿势及技术三点；精神方面，考查其诚意、元气及规律、协同诸点；知识方面，考查其关于体操及教练之知识。师范学校并考查其关于小学校教材及教练方法。

此外，1919年全国教育联合国第五次会议通过了《改进学校体育案》，其主要内容包括：减少兵操时间，增加体育时间，实行20分钟体操的课外活动；增加体育经费。还特别提到要"注重女子体育"。

此时，兵式体操在学校体育中终于失去了原有的那种重要地位。一些学校已开始自动减少兵式体操，增加田径、球类等项目，一些学校也自动将"体操科"改称"体育科"。

在这种情况下，1922年北洋政府颁布了新学制《学校系统改革方案》，又称"壬戌学制"，正式将体育课程的名称由"体操科"改为"体育科"。在中小学的体育课中，一律剔除了兵式体操。此后，许多学校中课内外体育活动内容渐趋一致，田径、球类等运动得到进一步开展。

1922年的"壬戌学制"，修改了《壬子癸丑学制》。规定实行不分性别的男女相同的教育。中学校修业增至六年，分初、高中两级，采用三三制，即初中三年，高中三年。这是我国第一个不分性别的单轨学制，第一次在学制上规定了男女受同等教育的权利，在女子教育发展史上有极其重要的意义。

新学制颁布后，附属女子中学采用新学制。1926年女子师范大学总务处编订的《国立北京女子师范大学概略》中提道：（附属中学

16　参见苏竞存：《中国近代学校体育史》，北京：人民教育出版社，1994年，第95—97页。

校)"开办之始为旧制中学四年毕业。八年(1919年——笔者注)九月稍加变更,将志愿升学及从事职业者分为第一部第二部异其课程教授。十一年(1922年——笔者注)九月起采用新学制分为初高两级各三年毕业。"[17]

在2007年出版的女附中校史中对新学制是这样描述的:

(1922年)6月,第二届四年生毕业二班,毕业学生59人。8月,招收新生两班,率先实验三三新学制,称为初级中学部,三年毕业。新学制将修身改为公民,博物改为动植物和生理卫生,体操改为体育。教材除一部分选用教育部审定的教科书外,各科教师也可以自编讲义或由学校组织编选。9月,修订学则和初中各科课程标准,并实行三年制初中各科课程标准。施行分组选科和学分制。[18]

由此可见,随着新学制的颁布,从1922年8月开始,附属女子中学完成了从"体操"到"体育"的改变。

1923年9月政府公布了中小学课程标准纲要,完成了学制改革。其中初中体育课程为16学分(每半年度每周上课一小时为一学分,内含生理卫生4学分),占必修课总学分(164学分)的9.8%;高中体育课程为10学分(含卫生法、健身法),占公共必修课总学分(64学分)的15.6%,占毕业总学分定额(150学分)的6.7%。[19]体育教材以田径、球类、游戏、体操为主,完全剔除了兵式体操。

在课程设置方面,体育课程得到了应有的重视。在课程教学方面,开始重视体育教学法。在体育课中开始推行"三段教授法"[20],即:初段:准备运动(队形练习,上、下肢运动);中段:主运动(体

---

17 北京女子师范大学总务处编订:《国立北京女子师范大学概略》,民国十五年七月,第55页。
18 袁爱俊主编:《北京师范大学附属实验中学校史(1917—2007)》,第10页。着重号为笔者所加。
19 《新学制课程纲要总说明》《高级中学课程总纲》,见课程教材研究所编:《20世纪中国中小学课程标准教学大纲汇编:课程(教学)计划卷》,北京:人民教育出版社,2001年,第108—115页整理。
20 参见谷世权:《中国体育史》,北京:北京体育大学出版社,1997年,页218。

操、各种竞技运动、游戏等）；后段：整理运动（走步、呼吸运动）。

1922年的教育改革，也标志着我国近代教育和体育，从清末以来抄袭日本、德国，转为仿照美国。我国近代体育课程也同样发生了方向性的转变，向着美英式的近代体育课程方向发展，由此，具有真正近代教育和体育意义的体育课程在我国开始发足。[21]女附中的体育教育走过的也是这条道路。

三、女附中建校早期的体育教育情况

根据资料情况，笔者将女附中建校早期的时间段定为1917年至1929年约十二年的时间。

这段时间女附中体育教育的情况，可找到的资料很少。值得庆幸的是，女附中校友会于1922年至1929年主办的刊物——《辟才杂志》保存了下来。该杂志一共六期，现保存于北京大学图书馆。这套杂志是今天研究女附中校史的宝贵资料，也成为笔者研究女附中早期体育教育的重要参考文献。该杂志创刊于1922年5、6月间，第六号出版于1929年12月，此后停刊，目前没有发现续刊。

据《辟才杂志》第一号"本杂志编辑略例"中称，该杂志因女附中校友会产生地"辟才胡同"而得名，为校友会的机关杂志。该杂志"以严谨学术，交换智识，报告本会消息为宗旨"，杂志栏目分为"摄影、书画、讲演、研究、论说、文艺、体育、小说、杂纂、记载等"。[22]该杂志每期均有"本校大事记"和"校友会记录"，较完整地记录了从1917年3月学校筹建至1929年7月4日学校发生的重要事件。

据该杂志记载，校友会含三种会员，即：甲种会员为在校学生，

---

21 王华倬："论我国近现代中小学体育课程的发展演变及其历史经验"，北京体育大学博士论文，2003年，第50页。
22 参见女子高等师范附属中学校校友会学艺部编：《辟才杂志》（第一号）"本杂志编辑略例"，印刷者：北京彰仪门大街法论印刷局，发行者：北京辟才胡同女子高等师范附属中学校校友会，1922年。（原刊第一号未标明出版时间——笔者注。据王晓明称，创刊时间为1922年5、6月间。见姜纬堂、刘宁元主编，熊玉梅审定：《编辑妇女报刊考》（1902—1949），北京：光明日报出版社，1990年9月，第167页。）

乙种会员为毕业生,丙种会员为职员和教员。每期杂志均有这三种会员的详细名录,内容包括:姓名(字)、籍贯、现任职务、通讯处。该杂志主要记载的是这三种会员的活动,文章多为会员撰写。

该杂志中有不少关于体育活动的记载,主要有:学校开展的体育活动、体育专家的讲演、体育活动纪事、体育研究、体育教师名录等等。以下是有关的介绍。

1. 关于校友会体育部

女附中校友会成立于 1921 年 12 月,《校友会会章》中规定设"体育部"。其"体育部细则"[23]如下:

第一条、本部以活泼精神发达体力为宗旨

第二条、凡本校校友会会员均可入会

本部暂分三组如左(因竖排版,分组情况在左边——笔者注)

(一)竞技组:1)游戏;2)篮球;3)大将球[24];4)网球;5)队球;6)垒球;7)乒乓球

(二)各项运动:舞蹈、武术、柔软操、器械操

(三)旅行:春季、秋季

第三条、本部会员可以自由认定以上各种运动

在杂志第一号"校友会职员一览"中,校友会体育部长为华穆杰;竞技组长徐璧城、干事汪寄归、钱超华、蒲耀琼;各项运动组长周名洗、干事彭清缇、钟浈苏、何肇菁;旅行组长朱君果、干事王世宜、陈鹏、陈佩鑫。[25]

---

23 女子高等师范附属中学校校友会学艺部编:《辟才杂志》(第一号),印刷者:北京彰仪门大街法论印刷局,发行者:北京辟才胡同女子高等师范附属中学校校友会,1922 年,第 120—121 页。

24 英语为 captain ball,也译为司令球。一种源自于板球的球类项目,不过不用球杆,用手玩。其特别之处在于,它与篮球、手球和排球的身体对抗不同,这是一种无身体接触的运动,所以这项比赛也适用于男生和女生一同比赛。同时,这个比赛也不要需要篮网或者篮筐,而是有人来代替,接球人站在长达的两端抓住球友传来的球来得分。现在新加坡还有这项运动。

25 《辟才杂志》(第一号),第 10 页。该页码为原刊栏目页码——笔者注。

第四章 师大女附中的体育教育

这里应特别提到"华穆杰",她的名字多次出现在《辟才杂志》中,她不仅一直担任校友会体育部长,还是女附中早期的体育教员,也是北京最早的女子体育教师之一。从该杂志中看到,华穆杰籍贯江苏无锡。对华穆杰,庄炳松先生在口述中有这样的描述[26]:

20 年代以前,北京的女子体育不开展,学校中没有女子体育课程。

1920 年前后,上海基督教女青年会体育师范学校的毕业生华慕杰来北京,在师大女附中任体育教师,她是北京最早的女子体育教师之一(那时该校设在砖塔胡同)。她把上海基督教女青年会体育师范学校的教学内容带到了北京,产生了很大的反响。

据 1926 年 11 月出版的《辟才杂志》第五号,华穆杰在第五届校友会仍当选为体育部长,并于 1925 年 12 月 20 日体育部会议中,决定"分竞技各项运动及国技等组开班练习,并请白泽田、华穆杰、徐璧城诸先生为指导员。"[27]

2. 体育活动情况

《辟才杂志》第一号的"大事记"中记载的体育活动有[28]:

1917 年 10 月操场始置浪木秋千

1918 年 3 月 11 日始行朝体操

1918 年 5 月 3 日全体学生参与本师范附属小学校运动会(第 12 页)

1919 年 1 月 14 日开教务会议商议本学期考试及联合运动会事项(第 13 页)

1919 年 4 月 1 日本校与本京中小各校开联合运动会于西什库第四中学操场

26　庄炳松口述:"北京早期的女子体育",载于《体育文史》,1983 年第 1 期
27　国立北京女子学院中学部校友会学艺部编:《辟才杂志》(第五期),印刷者:撷华印书局,中华民国十五年十一月出版(1926 年 11 月),第 4 页
28　《辟才杂志》(第一号),第 10—17 页。该页码为原刊栏目页码——笔者注。

1919年5月10日全体学生赴本师学校参与附属小学运动会（第13页）

1920年5月14日本校与附属小学校合开运动会于本师范学校操场（第15页）

1922年4月4日校友会体育部开运动会于本校操场（第17页）

1922年4月21日南京高师体育部主任麦克乐先生来校讲演（第17页）

该杂志第二号记载：

1922年10月15日校友会会务报告：

（体育部）自成立后即由职员共同商定运动种类计分篮球、大将球、网球、队球、垒球、舞蹈、武术、柔软操、器械操、台球等十种由会员自由签名选习，嗣又添自行车一种，熟悉者已数十人于二三月间比赛大将球数次，四月四日开运动会一次，五月旅行北海一次，……一年以来于会员体育方面不无进益，亦足自慰。

（1922年）11月7日体育部开干事会商定事项如下：1.运动时间定为每日课毕以后；2.各项运动组暂定运动种类为：篮球两组，大将球两组，垒球两组，队球五组，网球六组，新来球两组（原文如此——笔者注），代用篮球两组，武术两组，各组均任会员自由报名，如超过相当人数则添，组不足相当人数时得取消之。

1923年3月11日，体育部发表通告云，各项运动组本学期添设国技一门，现已请定白泽田先生担任教授。有志学习这即来报名，以三日为限。再本校现有各班须各自组织篮球队每日练习定二星期后比赛。[29]

从这些记载可以看到当时女附中开展的体育项目众多，除球类项目外，1923年还增加了"国技"，即武术。参加本着自愿的原则，有固定的运动时间，而且经常进行比赛。《辟才杂志》第三号留下了

---

[29] 北京女子高等师范附属中学校校友会学艺部编：《辟才杂志》（第二号），印刷者：北京西交民巷大诚印刷局股份有限公司，中华民国十二年六月出版（1923年6月），第156—158页。

当时体育活动的珍贵影像。[30]这些照片有：

1）北京女高师附中校校友会体育部队球比赛摄影（民国十三年四月）（1924年），"队球"即现在的排球。

2）北京女高师附中校校友会体育部国技摄影（民国十三年四月）（1924年），"国技"即武术。

3）北京女高师附中校校友会体育部篮球比赛摄影（民国十三年四月）（1924年）

4）舞剑摄影，舞者为二年甲组张文澜。

庄炳松先生的记忆与上述内容基本吻合。庄先生说：[31]

那时的女子体育课有游戏、体操、田径、球类及各种舞蹈，如土风舞、优秀舞等。球类除排球、篮球外，还有一种叫大将球（也叫司令球）的游戏。当时的排球是12人制，分三排。1923年，在日本召开第六届远东运动会，贝满中学有两人参加了女子排球比赛。

那时的女子篮球运动采用三区制。整个球场等分为三个区域，每队9人参加比赛，各区内的人不得越入它区。后来，改为两区制。大将球是一种类似篮球运动的游戏。很受女学生们欢迎，在学校中开展得很普遍。这项游戏活动最早是在'中国女子体操学校'和'上海基督教女青年会体育师范学校'等校开展起来的，以后传到北京。游戏的规则很简单，很适于中、小学生开展。

那时女运动员的服装是：上身为白色长袖运动衣，下身是过膝的蓝色灯笼裤，膝下穿黑色长筒袜，脚穿软底体操鞋。

根据庄先生的口述，可对《辟才杂志》中的运动装束做一说明，当时的运动服是：白色长袖运动衣（属于现在的长款）、过膝的灯笼裤（由于老照片为黑白照片，颜色无法辨认）、黑色长筒袜。运动鞋的质地从照片中无法辨认。

《辟才杂志》中有关于这些体育比赛的描述。

---

30 北京女子高等师范附属中学校校友会学艺部编：《辟才杂志》（第三号），印刷：北京宣武门外大街光明印刷局，民国十三年六月（1924年6月）出版。

31 庄炳松口述："北京早期的女子体育"，载于《体育文史》，1983年第1期。

活泼呀！精神呀！快乐呀！又接着一阵阵如雷如鼓的拍掌声，真闹的人要发昏；这声音道是从那里来的呢？正是从西边的一个大操场里面发出来的。真热闹！这个操场，差不多要被人挤破了。并且在场的人，面上满了笑容，又见有些人如飞似的跑来跑去。这到底是怎么回事呢？原来是一群学生在那里戏球。[32]

十三年（1924 年——作者注）四月十二的那天，我校一乙跟二乙，一甲跟二甲赛球。看他们赛的时候，真同仇敌一样，谁也不让谁，个个都是很勇敢的。只看著球在场里飞来飞去，我在旁边看着，也急的了不得。结果是一乙胜啦，一甲输啦。胜的固然是喜欢，可是也不骄傲，输的一点没显出生气的样子，看他们这样，我佩服极啦。因为这样的竞争，才能辅助进步。我希望我们赛球的时候，也要这样！[33]

这些文字生动地描绘了操场上比赛的热烈场面。此外，《辟才杂志》中记载了短棒操、哑铃操、手巾操等体操的具体动作。

3. 对体育的理解与认识

女附中当时经常请一些著名学者和社会知名人士来校讲演，其中有：梁启超、胡适、马寅初、李四光等，讲演的题目也很广泛。

1922 年 4 月 21 日南京高师体育部主任麦克乐先生来校讲演，其讲演主要内容为："体育是什么东西；体育有什么用？体育与你有什么关系？"[34] 1923 年 3 月 24 日体育部请吴励忱先生[35]来校讲演体育。

这些讲演带来了新的体育思想，尤其是女子体育教育的思想和理念。

麦克乐先生在讲演中说："我们常常说，体育到底有什么用处。

32　陈佩鑫："戏球"，载于《辟才杂志》（第一号），第 58 页。
33　傅惠文："春季比球参观记"，载于《辟才杂志》（第三号），第 113—114 页。
34　这次讲演内容见陈衡粹、陆学仁、吕鑑、袁勤礼笔记："记体育家麦克乐讲演"，载于《辟才》杂志第一号，第 6—9 页，（总第 23—26 页）。
35　吴励忱，沈阳高师教务长，东北学生体育早期倡导者。1921 年，第九次华北运动会在奉天举行。东三省巡阅使张作霖任名誉会长，沈阳高师教务主任吴励忱任会长，张学良任筹备处总干事。为举办这次运动会在奉天小河沿修建新式体育场。修筑期间，吴经常陪同张学良前往现场督工指导。

是什么东西?其实体育并不是目的,是一种工具,是培植其他目的的。"在谈到女子体育时他说,"男子与女子,既是种种的不同,身体的构造,又是不同;所以男女的体育就不可并论。中国现在既是缺乏人才,所以诸位必要养成有人格的人,有进取的精神,办事的力量。要知道中国的体育专家,女子最少。……我还盼望中国的女子不要只演讲专科的学问,应当有体育的教育,养成社会完全人才。"

对体育教育的重视逐渐发展成为女附中教育中的重要组成部分。《辟才杂志》记录了女附中人对体育教育的理解与认识。如黄坤仪在"说运动"中谈到:"吾国今日之教育,提倡运动,使学子脑海中血液日益新鲜,循环不已,以致思想日益发达,而精神自生愉快之感矣。"[36] 刘持坤将女子的体育运动上升到女权的高度,他说,"我以为提倡运动是女界必须的举动,至达到无男权女权的限制为止,亦非以参政为最高等生活,不过实行我们选择服务的权不受限制罢了"。[37] 龙亚伟在"说球戏"中提到了"智育、德育、体育"并重的思想,他说,"我中国人渐渐明白体育的重要,知道健全的精神是寄附在健全的人的身上,只顾读书,身体要受害,慢慢地弱下去,国家便也要弱的,于是'东方病夫之国'的人民,也沾染了西洋化,注重体育,提倡智、德、体三育并重了。"[38]

对体育运动的认识从1923年女附中的运动会歌[39]中也可以体现出来:

第一段
美德争言娇与柔,以此为美宁不羞,吾侪自有好身手,不能自强谁代谋,大家努力休落后,木兰梁玉亦女流,须奋斗兮须奋斗,莫将此会等嬉游!

---

36 黄坤仪:"说运动",载于《辟才杂志》(第二号),第90页。
37 刘持坤:"女权与男权",载于《辟才杂志》(第二号),第90页。
38 龙亚伟:"说球戏",载于《辟才杂志》(第三号),第47页。
39 "运动会歌",载于《辟才杂志》(第二号),第149页。

第二段

切勿踟蹰勿夷犹,莫将此会等嬉游,技击舞蹈与竞走,网球篮球大将球,各种技能须并奏,请看谁占第一筹,须奋斗兮须奋斗,弱者自劣强者优。

建校早期对体育教育的重视为女附中日后的发展打下了坚实的基础。

4. 女附中的体育教员

体育教育离不开教师,在女子体育教师极为缺乏的年代,女附中从华穆杰开始,先后还有几位体育教员的名字出现在《辟才杂志》中。他们是:

徐璧城,江苏吴江人;吴慧文,浙江义乌人;

袁宝珠,江苏无锡人;叶葆真,湖南平江人;

田宝琴,山东乐陵人;蹇华芬,贵州遵义人。

另外,在《辟才杂志》第四号的毕业生一览表中,以下学生毕业后考入体育系:[40]

姓名	籍贯	毕业后考入学校
蹇华芬	贵州遵义	女大体育系
钟浈荪	广西邕宁	女师大体育系
朱启明	江苏宜兴	女大体育系
王繇	四川西充	女大体育系
李淑清	京兆大兴	女大体育系
田宝琴	山东乐陵	女大体育系
吴忠华	湖北云梦	女大体育系

从此表中可以发现,田宝琴和蹇华芬后来都回到女附中任体育教员。

---

40 本校毕业生一览表,载于女大附中校友会学艺部编:《辟才杂志》第四号,印刷者:撷华印书局,发行者:辟才胡同女大附属中学,中华民国十四年十一月(1925年11月)出版,第12—14页。

此外，目前还可以找到一些当年的照片[41]，如下：

1919年首届学校运动会开幕式

1919年四月学校组队参加"北京中等学校联合运动会"

1924年学校武术汇演活动

1924年学校垒球比赛

1924年学校棒操汇演活动

1924年学校武术队汇演活动

1924年学校篮球比赛

1924年学校篮球比赛

1924年校排球比赛

这些珍贵的照片真实记录了当时体育活动的场景。遗憾的是，没有文字说明。

对"附属中学校"早操和体育课的情况，1926年《国立北京女子师范大学概略》中有如下记载[42]：

正课之外有早操及课外运动。每班每周至少一小时，由教员指导之，自十年十二月校友会成立以来，更有体育部为之倡导学生对于运动颇饶兴味，且毕业生亦有来校加入者。

每日于上课前十五分钟时举行朝会练习早操……

从上述文字中可见，女附中当时的体育活动应是以"体育课"为主的，所以称为"正课"。除此之外，还有早操和课外活动。早操每天上课前约十五分钟的时间，课外运动每班每周至少一小时。如果按照1923年9月政府公布的中小学课程标准纲要中的标准计算，初中的体育课程16学分（含生理卫生4学分），三年的学习期间内，每周的体育课为两学时。高中的体育课程为10学分（含卫生法、健身

---

41 这些照片收录于名誉主编：蔡晓东、程风春、袁爱俊，执行主编杨文芝、张文亮、谢微微：《尚体育人 铸魂立德》，北京：北京体育大学出版社，2012年7月版，第16—21页。1924年校排球比赛的照片见该书第108页。

42 北京女子师范大学总务处编订：《国立北京女子师范大学概略》，民国十五年七月，第56页。

法），每周的体育课程约为 1.5 学时。如此看来，初中学生每周体育活动的时间至少为三小时，高中学生约为 2.5 小时，还不算每天 15 分钟的早操时间。这样的体育运动时间已与现在相同，对中学生的成长发育十分有利。

从《辟才杂志》中可以看到女附中在二十世纪二十年代体育活动的开展情况。体育不仅受到重视，而且体育活动丰富多彩。

四、三四十年代女附中的体育教育

就中国的体育教育而言，三四十年代中学体育课程有了明显发展，政府的各种规定和制度渐趋完备。据不完全统计，在国民党统治的 22 年间（1927—1949 年），正式颁布的与中小学体育课程直接相关的课程计划及课程标准就有 34 个之多，这表明了政府通过教育立法保障发展体育课程的用意。[43]

1928 年 5 月，第一次全国教育会议通过《整顿中华民国学校系统案》，即《戊辰学制》。《戊辰学制》以 1922 年新学制为基础并略加修改。仍沿用小学 6 年、初中 3 年、高中 3 年的"六、三、三"制，其中有关体育课程标准的变化是在中学以上实行军事训练。

此后，教育部于 1929 年、1932 年、1936 年、1940 年（小学 1942 年）、1948 年分别进行了五次课程标准的修订，其中，1948 年的没有实施。其中，与中学体育课程有关的具体文件如下[44]：

1. 1929 年颁布《初级中学暂行课程标准说明》《初级中学体育暂行课程标准》《高级中学普通科暂行课程标准说明》《高级中学普通科体育暂行课程标准》。1929 年的课程标准称为"暂行课程标准"。

2. 1932 年颁布《初级、高级中学课程标准总纲》《初级中学体

---

43 王华倬："论我国近现代中小学体育课程的发展演变及其历史经验"，北京体育大学博士论文，2003 年，第 69 页。
44 参见课程教材研究所编：《20 世纪中国中小学课程标准：教学大纲汇编：课程·（教学）计划卷》，北京：人民教育出版社，2001 年；课程教材研究所编：《20 世纪中国中小学课程标准·教学大纲汇编——体育卷》，北京：人民教育出版社，2001 年；苏竞存：《中国近代学校体育史》，北京：人民教育出版社，1994 年，第 158 页。

育课程标准》《高级中学体育课程标准》。1932年的课程标准称为"正式课程标准"。

3. 1936年颁布《初级中学体育课程标准》《修正初级中学课程标准》《初中课程标准变更之概况》《高级中学体育课程标准》《修正高级中学课程标准》《高中课程标准变更之概况》。1936年的课程标准称为"修正课程标准"。

4. 1940年颁布《初级中学课程标准》《修正初级中学体育课程标准》《初中课程标准变更之概况》《高级中学课程标准》《修正高级中学体育课程标准》《高中课程标准变更之概况》。1940年只修订了中学的课程标准，可称为"重新修正课程标准"。

5. 1941年颁布《六年制中学各科课程标准草案》和《六年制中学体育课程标准草案》：

6. 1942年颁布《中学课程标准总纲》。

这一段时间内，体育教育得到了一定程度的重视，并体现了一定的科学性。这可从1929年《初级中学体育暂行课程标准》和《高级中学普通科体育暂行课程标准》中分别提出的初中、高中的体育课程目标中表现出来。

《初级中学体育暂行课程标准》规定的初中体育课程目标是[45]：

1.锻炼健全的体格。2.养成服从、耐劳、自治、勇敢、团结、互助、守纪律诸德性。3.发展内脏器官，使具有充分的功用。4.增进肢体感官上灵敏反应。5.养成生活上必须运动技能。6.养成健身的娱乐习惯。7.养成优美正确的姿势。

《高级中学普通科体育暂行课程标准》规定的高中体育课程目标是[46]：

---

45 《初级中学体育暂行课程标准》，课程教材研究所编：《20世纪中国中小学课程标准·教学大纲汇编——体育卷》，北京：人民教育出版社，2001年，第393页。

46 《高级中学普通科体育暂行课程标准》，课程教材研究所编：《20世纪中国中小学课程标准·教学大纲汇编——体育卷》，北京：人民教育出版社，2001年，第397页。

1.继续锻炼体格。2.培养生活与娱乐所需的身体技能。3.养成爱好及欣赏身体活动的习惯。4.训练高尚游戏及运动道德。5.增进感官上灵敏的反应。6.改进身体发育不良的状态。

另外,从暂行课程标准时期体育课程所占学分比重来看,体育课程基本排在所有课程的前 5 位。如初中设置 13 门学科（不含党童军）,体育 9 学分,占总学分数的 5%,列第 6 位,如果加上生理卫生 4 学分,则"体育课程"达 13 学分,占总学分数的 7.2%,可列第 5 位。高中设置 13 门学科（含选修科目）,体育 9 学分,占总学分数的 6%,列第 4 位,如果加上军事训练 6 学分,则"体育课程"达 15 学分,占总学分数的 10%,仍列第 4 位。[47]

1929 年教育部颁发的三个关于小学、初中和高中三个体育课程标准是我国历史上第一部以学科形式颁布的中、小学体育课程标准,也是国家正式颁布的课程文件。

从总体上来说,从 1928 至 1932 年四年间,北平公私立各中学[48]在课程设置上可谓大同小异,各校基本遵循了教育部 1929 年所规定的课程标准,但在周课时数及学分要求上又有所不同。[49] 以高中为例,四中为 180 学分,辅仁附中 156 学分,师大女附中 161 学分。[50]

在体育课方面,四中、女附中、私立辅仁附中体育周课时与学分对比表如下:[51]

---

47 参见王华倬:"论我国近现代中小学体育课程的发展演变及其历史经验",北京体育大学博士论文,2003 年,第 52 页。

48 1928 年 6 月南京国民政府改北京为北平的同时,将原京师学务局易名为北平特别市教育局（1930 年更名为北平市教育局）,成为市政府所属机构,负责掌管北平市中小学地方教育事务,但女附中仍隶属于"国立北平大学"或"国立北平大学女子师范学院""国立北平师范大学"。因此,女附中与师大附中同属"国立"中学。国立中学是指由国家财政部出资,直属于教育部（南京国民政府初期一度称大学院）的中学。这类学校由于其教育经费直接来源于国家拨款,师资、校舍、教学设备等条件较为优越,教学成绩相对一般中学页较高。此外还有"公立"和"私立"中学。

49 巩丽宏:"抗战前十年北平地区中学教育研究",首都师范大学硕士论文,2009 年,第 47 页。

50 同前注,第 45 页。

51 北京市西城区普通教育志编纂委员会:《西城区普通教育志》,北京:北京

四中		师大女附中		私立辅仁附中	
课时	学分	课时	学分	课时	学分
2	1.5	2	1	2	1.5

此表说明女附中与其他两所中学的体育课程每周课时相同，但学分有差别。

1932年的变革是，教育部废除学分制和综合中学制度，将中学、师范、职业三种学校分别设立。同年8月，教育部制定高、初中各学期每周各科教学及自修时数表，北平市社会局转发各校执行，始为各公、私立中学校遵循，此后各校课程安排及周课时数基本统一。[52]

1936年2月18日，北平市社会局修正公布《高级中学教学科目及各学期每周各科教学时数表》《初级中学教学科目及各学期每周各科教学时数表》，其中体育课程时数如下表：[53]

初级中学教学科目及各学期每周体育教学时数表

民国二十五年二月十八日修正公布

科目	第一学年第一学期	第一学年第二学期	第二学年第一学期	第二学年第二学期	第三学年第一学期	第三学年第二学期
体育及童子军	4	4	4	4	4	4

高级中学教学科目及各学期每周体育教学时数表：

民国二十五年二月十八日修正公布

科目	第一学年第一学期	第一学年第二学期	第二学年第一学期	第二学年第二学期	第三学年第一学期	第三学年第二学期
体育	2	2	2	2	2	2

出版社，1998年，第151—152页。
52　巩丽宏："抗战前十年北平地区中学教育研究"，首都师范大学硕士论文，2009年，第45页。
53　资料来源：《北京普通教育志稿》上卷《第四篇 中学教育》，第150页。转引自巩丽宏："抗战前十年北平地区中学教育研究"，首都师范大学硕士论文，2009年，第46页。

表中显示,体育课程(加上"童子军")在初中每周是 4 学时,高中是 2 学时。1932 年以后,随着教育部教学科目及周课时数的颁布,北平中学课程实现了统一。其中包括了体育课程。

现存有关女附中的资料中有一份 1932 年 7 月刊印出版的《国立北平师范大学附属女子中学概览》[54](以下简称"概览")。"概览"中列有当时的"初中必修学科表"和"高中普通科必修学科表"。这两份表记载的体育课程在必修课程中的情况如下:

初中必修学科表

第一学年				第二学年				第三学年			
第一学期		第二学期		第一学期		第二学期		第一学期		第二学期	
每周次数	学分	每周次数	学分	每周次数	学分	每周次数	学分	每周次数	学分	每周次数	学分
2	1	2	1	2	1	2	1	2	1	2	1

高中普通科必修学科表

第一学年				第二学年				第三学年			
第一学期		第二学期		第一学期		第二学期		第一学期		第二学期	
每周次数	学分	每周次数	学分	每周次数	学分	每周次数	学分	每周次数	学分	每周次数	学分
2	1	2	1	2	1	2	1	2	1	2	1

根据"概览"中关于学科学分的规定,当时上课的时间是每次 55 分钟。[55] 也就是每周上两次体育课,每次 55 分钟。

另根据"概览"的记载,女附中当时的体育教员有:

---

54 关于该文件的介绍参见袁爱俊主编:《北京师范大学附属实验中学校史(1917—2007)》,武汉:长江文艺出版社,2007 年 9 月版,第 37 页。
55 参见 1932 年 7 月刊印出版的《国立北平师范大学附属女子中学概览》第 4 页:"第三章学科 学分 第七条 各科均用学分制。须课外预备一小时以上之科目,每周受课一次(每次五十五分钟)满一学期者,为一学分;课外预备较少之科目,每周受课一次,满一学期者,为半学分。"

彭修（女）（未写毕业学校——笔者注）

陈瑞麟（德善）（女），籍贯广东新会，国立北平大学女子文理学院毕业；

张英（女），籍贯湖北宜昌，国立北平大学女子文理学院毕业曾充翊教女中及培根中学体育教员。

这是笔者找到的唯一的关于体育教师的官方记载。其中的张英老师还曾任"北平翊教女子中学及培根中学体育教员"。

关于女附中的体育教育，校友凌大瑢（应 1935—37 年在校）回忆道：

……女附中的老师们富有极端的敬业精神，教学严谨，从品德、才能、健康几方面培养学生。……学校每年为学生查视力，查肺活量，上课时坐要端正，双膝并拢，坚持上体操课，课间操铃响后，要迅速跑到操场上，横成排竖成行，由女老师鹿笃根[56]喊操，动作整齐，不放松锻炼身体。[57]

现在保存的档案中，有一张"国立北平师范大学附中北校参加春季排球赛队员合影"，当时"附中"分为南北二校，其中"北校"为女附中。这种照片摄于 1934 年 4 月，照片上一共有十五人，其中第一排左起第四人为刘志兰（后为左权夫人），第二排左起第二人为浦安修（后为彭德怀夫人）。[58]

以上资料表明了女附中当时体育活动的开展情况：教员敬业、严谨；重视学生健康和体育锻炼；有课间操。另外，1934 年的时候，女附中已经有排球队。

---

56 鹿笃根，女，1931 年毕业于女子大学体育系，1935 年到附中任教，1937 年随师大西迁，是西迁"十八罗汉"之一。参与创建西安临大高中部，是当时唯一一位女教师，人城固附中女生指导员兼体育教员。

57 袁爱俊主编：《北京师范大学附属实验中学校史（1917-2007）》，武汉：长江文艺出版社，2007 年 9 月版，第 21 页。

58 照片见袁爱俊主编：《北京师范大学附属实验中学校史（1917—2007）》，武汉：长江文艺出版社，2007 年 9 月版，第 55 页。

五、女附中的"学则"及"训育方针"

在前述 1932 年 7 月刊印出版的《国立北平师范大学附属女子中学概览》中第 3 页是"国立北平师范大学附属女子中学三三制学则"[59]，其中第二条规定：

本校宗旨之要旨如左：[60]
1. 培养健康身体。
2. 发展基本知能。
3. 培植高尚品格。
4. 养成良善公民，增进社会效率。
5. 预备升学。兼培养职业能力。
6. 实验中等教育之新进展。

《概览》第 25—26 页是女附中的"训育方针及实施概况"[61]：

训育方针，应以教育宗旨为归依；以本校校训为目标，所以本校训育方针为：

1) 不专讲独善，而兼重从公；
2) 不专重静默，而兼尚活泼毅勇之风；
3) 不仅服从，且能领导；
4) 不专重智力发育，并重体格锻炼，勤苦耐劳；
5) 不禁锢社交，而导以社交之方法；
6) 不单注意个人生活，而且注意团体生活。

需要指出的是，"学则"和"训育方针"出现在 1932 年的《概

---

59 《国立北平师范大学附属女子中学概览》，民国二十一年七月，第 3 页。另可参见袁爱俊主编：《北京师范大学附属实验中学校史（1917—2007）》，武汉：长江文艺出版社，2007 年 9 月版，第 40 页。
60 原本为竖排版。
61 《国立北平师范大学附属女子中学概览》，民国二十一年七月，第 25—26 页。另可参见袁爱俊主编：《北京师范大学附属实验中学校史（1917—2007）》，武汉：长江文艺出版社，2007 年 9 月版，第 38 页。

览》中，还没有资料表明其诞生早于1932年[62]。另外，"训育方针"的诞生是与当时的历史背景有关系的。

1929年4月南京国民政府颁布"三民主义教育"宗旨及其实施方针，7月又制定实施训育制度通令。鉴于北洋军阀时期北平教育界风潮迭起的情况，北平市政府及其属下教育局十分重视训育工作。根据市政府和教育局的指示，北平各中学先后制定本校训育标准。所以，中学制定训育方针，应该是1929年之后的事。

此"学则"和"训育方针"直指教育的本质，将"培养健康身体"放在"学则"首要的位置，在"训育方针"中更是强调"不专重智力发育，并重体格锻炼，勤苦耐劳"。这种教育思想在今天也是值得称道的。从"学则"和"训育方针"中可以看到体育教育在女附中是受到重视的，也可以看到体育教育在女附中的传统。

在《国立北平师范大学附属女子中学组织大纲》中关于"本校会议"中第三种的"训育会议规定"，"训育会议审议全校训育进行事宜，以主任、训育主任、级主任、训育员、舍监组织之，遇必要时得请教务主任、事务主任、体育教员及校医参加，以训育主任为主席"。[63]体育教员参加学校的训育会议，体现了学校对体育教育的重视。

从这里毕业的女生们对当年的体育教育是这样评价的：

> 严肃朴素的校风并不能阻碍少女们的活泼天真。校内组织的运动会、游艺会、课外演奏学习、球类比赛、新年开始的迎新会，学年末的欢送会都是她们驰骋的场所。虽然比不上解放后中学生生活的丰富多彩，但在当时，上述这些活动也足以调节她们枯燥的学习生活。[64]

---

62 参见名誉主编：蔡晓东、程凤春、袁爱俊，执行主编杨文芝、张文亮、谢微微：《尚体育人 铸魂立德》，北京：北京体育大学出版社，2012年7月，第5页。该书将"学则"和"训育方针"的时间标为1917年9月，笔者认为有误。

63 袁爱俊主编：《北京师范大学附属实验中学校史（1917—2007）》，武汉：长江文艺出版社，2007年9月版，第39页。着重号为笔者所加。

64 陈受鸟（女附中1928届校友，南开大学数学系教授）："回忆中学时代"，载于《北京师范大学附属实验中学建校六十五周年纪念》，1983年，页26。

母校不仅重视智育，对体育也不放松。课外活动形式多样，如球类的比赛，话剧与小学歌舞剧的演出，……[65]

（学校）此外也重视体育和课外活动，经常举行排球、篮球等班际比赛和校际比赛。[66]

据1944届高中的史会和杜璇回忆，当时校园里常常飞起高高的排球。1944年，我们……组织起《海风》排球队，参加了全市联赛并最终夺到女排冠军，抱得大银杯奖、银质奖各一座。[67]

母校操场较大，秋千、荡木、攀登杠等都有，跳高、跳远，多种球类等设备齐全。体育课每堂有具体内容，丰富多彩。体育老师每堂课都首先做示范动作，进行安全教育，然后教学生操练。在课外，老师还指导我们组织多类球队、田径队，参加校内外比赛。体育活动生龙活虎，既锻炼了身体，也提高了技术。我们的排球队和田径队活动当时在全市也是有声誉的。[68]

1991年校友张树政当选为中国科学院生物学部院士，成为中国第一位获得这项终身荣誉的女性生物化学家。她于1935年被保送到女附中学习，1938年初中毕业，1941年高中毕业。她对自己的学校生活是这样回顾的："课外活动我也很喜欢，排球、篮球、垒球、网球、溜冰、划船、田径赛都爱玩，……"[69]

从这些校友们的回忆中可以看到女附中的体育活动的开展以及

---

65 陶强（女附中1928届校友，南京师院附中教师）："母校生活点滴"，载于《北京师范大学附属实验中学建校六十五周年纪念》，1983年，第30页。
66 陆士嘉（女附中1929届校友，曾任北京航空航天大学教授、全国人大代表）："回忆母校二三事"，载于《北京师范大学附属实验中学建校六十五周年纪念》，1983年，第34页。
67 杜璇（1944届校友、曾任北京化工研究院院长）、史会（1944届校友、北京出版局）："啊，母校！"，载于《北京师范大学附属实验中学建校六十五周年纪念》，1983年，第53页。
68 陆元灼（女附中1946届校友，曾任北京大学力学系党总支书记）："回忆与期望"，载于《北京师范大学附属实验中学建校六十五周年纪念》，1983年，第60页。
69 程光胜著：《梦想成真——张树政传》，上海：上海交通大学出版社、中国科学技术出版社，2013年12月版，第15页。

第四章　师大女附中的体育教育

体育教育留给她们的深刻印象。

本节小结

1913 年教育部颁布的"壬子癸丑学制"确立了女子中学的合法地位。"北京女子师范学校附属中学校"的成立与此有很大关系。作为该"学制"一部分的《中学校课程标准》，规定女子中学体操课程内容包括：徒手操、器械操、舞蹈和游戏。每周两学时，四个学年中每学年如此。

1917 年女附中建校之初，学校就有一块体育场。

教育部 1918 年 10 月 18 日召开的全国中学校校长会议，欧阳晓澜主任参加并提出了建议。最后通过的决议中包含了有关体育的内容："要对体育给予充分的注意：体育须注重身体全部之平均发育"。

1919 年女附中召开了首届运动会并组队参加了北京市中学的运动会；

随着历史的发展，1922 年北洋政府颁布了新学制《学校系统改革方案》，又称"壬戌学制"，正式将体育课程的名称由"体操科"改为"体育科"。1922 年 8 月开始，附属女子中学完成了从"体操"到"体育"的改变。

女附中校友会于 1922 年至 1929 年主办的《辟才杂志》，较全面地记录了女附中当时开展体育活动的情况。当时开展的球类项目有：篮球、大将球、网球、队球（排球）、垒球、台球、乒乓球；还有武术、柔软操、器械操，及各种舞蹈，如土风舞、优秀舞等。

从《辟才杂志》中可以看到女附中在二十世纪二十年代体育活动的开展情况。体育不仅受到重视，而且体育活动丰富多彩。热爱体育运动始终是女附中的特点之一。

1928 年 5 月，第一次全国教育会议通过《整顿中华民国学校系统案》，即《戊辰学制》。此后教育部又进行了五次课程标准的修订，其中包括《初级中学体育暂行课程标准》和《高级中学普通科体育暂行课程标准》，体育课程受到重视。女附中在体育课程上也执行了此标准。

女附中 1932 年的"学则"和"训育方针"中体现了对教育本质的追求以及对体育教育的重视，也奠定了这所学校体育教育的传统。女附中"国立"中学的性质，使得她在师资、场地、设备方面都获得了较多的资源，这为她日后在体育教育上的发展提供了物质条件。

先后在女附中担任过体育（体操）教员的有：华慕杰、徐璧城、吴慧文、袁宝珠、叶葆真、田宝琴、寒华芬、彭修、陈瑞麟、张英、鹿笃根。她们对女附中的体育教育作出了贡献。

第二节

建国初期女附中的体育教育（1949—1952）

1949 年中华人民共和国政府成立，这就是通常所说的"新中国"。从此，中国进入社会主义改造和建设时期。

伴随着新中国的诞生，师大女附中也获得了新生。1949 年 2 月 27 日，北平军事管制委员会文教部接管师范大学及四所附属中学。随后，女附中与在解放战争炮火洗礼下诞生和成长的"华北育才中学"女生部合并。[70]

1949 年之后，在教育方面，我们收回了教育主权，对旧中国的教育科学文化事业进行了卓有成效的改造，作为教育一部分的体育教育，也随着这一系列的伟大变革开始发生根本性的变化。

党和政府在各个历史时期和阶段，对我国的教育方针都做过表述，并针对不同时期的情况也提出了不同的体育工作方针，这些方针对学校体育目的任务的确立起了指导作用。中学体育教育作为中等

---

[70] 参见袁爱俊主编：《北京师范大学附属实验中学校史（1917—2007）》，第 80—82 页。

教育的一部分,与当时的社会的发展、政治背景、经济条件和学校的教育目标血脉相连,与人们的体育价值观念和对体育功能的认识息息相关,这成为1949年之后推动和制约体育教育的直接动因。

女附中作为位于首都北京的一所著名中学,其体育教育也有着明显的时代的烙印,其体育教育工作体现了不同历史时期的特点。

虽然年代久远,但师大女附中(今"实验中学")仍然保存了一批有关体育教育教学的宝贵档案资料,使我们今天可以依据这些资料对当年的体育教育进行研究。这些珍贵资料包括了从1949年开始女附中部分体育教师的教学大纲、计划和总结。在此,笔者向这些资料的作者、保存者和提供者表示深深的谢意。

一、新中国初期的体育教育指导方针

1949年9月29日,中国人民政治协商会议第一届全体会议上通过了《中国人民政治协商会议共同纲领》(以下简称"共同纲领")。在这样一个起着临时宪法作用的文件中,对"文化教育政策"的性质和主要任务是这样规定的:"中华人民共和国的文化教育为新民主主义的,即民主的、科学的、大众的文化教育。人民政府的文化教育工作,应以提高人民的文化水平、培养国家建设人才、肃清封建的、买办的、法西斯的思想、发展为人民服务的思想为主要任务。"[71] 这一段话实际上是毛泽东建国初期教育思想的集中反映,也是建国初期的教育方针。周恩来将此教育政策概况为:"就是民族的形式,科学的内容,大众的方向"。[72]

关于体育,《共同纲领》第48条规定"国家提倡国民体育"。"国民体育"面临的任务是"为人民的健康、新民主主义的建设和人民的国防而发展体育"。这是改造旧教育,发展新中国教育事业的根本方针,为建立新中国的体育教育指明了方向。

---

71 见1949年《中国人民政治协商会议共同纲领》第41条。
72 见周恩来1949年9月22日,在北京召开的中国人民政治协商会议第一届全体会议上对《共同纲领》草案的起草经过和特点所做的报告,《周恩来选集》(上卷),北京:人民出版社,1980年12月。

1949年10月26日，在中华全国体育总会筹备会上，中央人民政府副主席朱德讲话，将体育确定为"是文化教育工作的一部分，也是卫生保健的一部分"，并指出，"过去的体育，是和广大人民群众脱离的，现在我们的体育事业，一定要为人民服务，要为国防和国民健康利益服务。"[73] 这些一方面表明了新生的人民政府重视国民体育，要与过去的体育决裂；另一方面也明确了体育与教育、卫生工作的关系和体育教育的地位与方针。

根据《共同纲领》和朱德的讲话，冯文彬[74]进一步提出新民主主义体育方针应当是民族的、科学的、大众的。"要把体育活动和一般新民主主义的建设结合起来，反对为体育而体育，脱离人民的思想和办法。……为人民的健康、新民主主义的建设和人民的国防而发展体育。"[75] 如果用现在流行的关键词的表述方法，对新中国初期的"体育"可以概括为"健康、建设、国防"，即：人民的健康，为了建设和国防。这也是新民主主义的体育方针。

为了实现这一基本方针，此后的1949年12月23日，中央人民政府教育部召开了第一次全国教育工作会议，会上提出了教育改革的基本方针是"以老解放区教育经验为基础，吸收旧教育有用经验，借助苏联经验，建设新民主主义教育。"这一方针对教育改革的方向与步骤，作了具体的规定，对这一时期体育课程的改革有着直接的指导作用。[76] 值得注意的时，此时已提出，教育改革要"借助苏联经验"。

1950年6月爆发了朝鲜战争。随着"抗美援朝、保家卫国"，政治形势的陡然变化导致当时中国教育方针和任务发生变化。

1951年5月中国政府教育方针的表述为：

---

73 朱德："在中华全国体育总会筹备会议上的讲话"，载于《新体育》（创刊号），1950年第1期，第7页。
74 冯文彬(1910—1997)，中国新民主主义青年团中央书记，青年团中央书记处书记。
75 冯文彬："新民主主义的国民体育"，载于《新体育》，1950年第1期。
76 王华倬："论我国近现代中小学体育课程的发展演变及其历史经验"，北京体育大学博士论文，2003年，第71页。

（1）大力开展抗美援朝的爱国主义教育，彻底肃清帝国主义，首先是美帝国主义在中国的文化侵略影响；继续贯彻教育为国家建设服务的方针。与经济、国防、政法、文化等建设事业密切配合，培养各种建设人才。首先是经济建设人才；

（2）坚持教育为工农兵服务，各级学校为工农开门的方针，切实实行教育事业上的公私兼顾与城乡兼顾的原则；

（3）着重进行各级学校的调整、统一、整顿、巩固为工作，为今后的发展准备条件；

（4）采取切实有效的步骤，贯彻毛主席"健康第一"的方针，增进学生健康，并在现有基础上适当改善中、小学教师的待遇[77]。

1951年7月，中华全国学生第15届代表大会决议提出："积极开展学校中的体育和文化、娱乐活动，努力改进全国同学的健康状况，要使每一个同学都具有强健的体魄，能够胜任紧张的学习和笨重的工作"。1951年8月，中央人民政府政务院在《关于改善各级学校学生健康状况的决定》中指出："切实改进体育教学，尽可能地充实体育娱乐的设备，加强学生体格的锻炼"；规定"学生每日体育、娱乐活动或生产劳动时间，除体育课及晨操或课间活动外，以一小时至一小时半为原则"。从此，学校体育开始走向全面建设的道路。[78] 同时，在当时的政治背景下，从理论上，进而从实践上开展爱国主义教育，"批美学苏"在中国教育领域也开始了。

如果要对新中国成立初期的学校体育教育方针做出简单的概况，其本质和核心应该是"为建设和国防服务"，"增强体质"是为了完成"为国防、劳动服务"目的的教学任务；"批美学苏"是实现教学任务的途径。这些内容在女附中新中国成立初期的体育教学档案中都有所表现。

---

77 何东昌：《中华人民共和国重要教育文献》，海口：海南出版社，1998年版，第93页。

78 参见毛运海："1949—1956年中国体育事业发展综述"，载于《郧阳师范高等专科学校学报》，2013年第1期，第139页。

二、1949—1950年女附中的体育教学计划、总结

目前保存下来的1949年和1950年女附中的体育教学档案[79]主要是刘伯奇、高树芸、孙秀艳、吴宗武四位教师撰写的体育教学计划、大纲和体育教学总结。

这些档案的主要内容如下。

1. 关于体育教学的目的

1949年10月刘伯奇在初二年级的"体育教学计划"中，对"教学目的"是这样描述的：

1.把分散的个人的活动方式，变成集体的、群众的。

2.经实际行动中，培养学生重视团体的观念，增强组织性、纪律性。

3.一切活动为了健康，把体育活动变成一种重要的生活习惯。

吴宗武的"体育教学计划"[80]中的"教学目的"是：

（1）锻炼学生有健康的体格和充沛的精力。

（2）培养学生忍耐、坚强、勇敢、互助、合作、坚定的品质和勇往直前战胜困难，对未来充满信心的积极精神。

（3）启发学生的机动智慧和创造性。

孙秀艳的"教学计划大纲"[81]中将"目的"列为：

1.锻炼体格使身心发育健全，以作振兴人民之准备。

2.于集体运动中培养耐劳、自治、英勇、合作、守纪律，及其他能为人民服务的道德。

3.养成生活上所需要之运动技能。

---

79 这些教学档案来源于今北京师范大学附属实验中学。如无特别说明，本文所引女附中体育教学档案均来自于此。在此向保存、提供这些档案的老师们表示感谢。并向这些教学档案的作者致敬。

80 吴宗武的教学计划未标明具体时间,从其保存的综合情况看,其时间为1949年或1950年。

81 孙秀艳的教学计划未标明具体时间,从其保存的综合情况看,其时间为1949年或1950年。

4. 养成优美正确之姿势。

5. 改进身体发育不良姿势。

6. 养成以娱乐运动为娱乐之习惯。

1950年1月高树芸的"（体育）教学计划实施大纲"中的"实施目的"是：

一、锻炼身体以训练生活上所应具备的体能

二、培养公民道德，发扬团体精神

三、训练国防上及生活上之基本技能

四、养成卫生习惯及普通卫生注意之态度

五、养成团结互相友爱的精神

六、养成良好体育道德

在1950年10月的"各科教学计划大纲草案"中，对体育教学的目的是这样写的：

1. 锻炼健康的身体，矫正不正确不健康的体形和姿势。

2. 培养学生有参加体育活动兴趣，并能掌握一种或数种体育活动的技术。

3. 培养学生具有克服困难，争取胜利的决心和新的道德品质。

4. 通过集体活动培养青年的组织性、纪律性和坚强、勇敢、团结、活泼的精神。

5. 培养学生爱好劳动的习惯，建立正确的劳动观点。

上述五份教学计划中对体育教学的"目的"描述和措辞各异，并未使用统一的程式化的语言，也没有大的道理。这或许表明了在1949—50年这几位女附中的体育教师对中学体育教育的不同理解和认识。尽管笔者不知道这几位教师的受教育背景和政治背景，但仍可以从他们表述的对体育教学的目的中找到共同的地方。首先，体育教育的目的是与"健康"密切相关的，在他们看来，体育就是"锻炼学生有健康的体格和充沛的精力""锻炼体格使身心发育健全"。其次，体育教育与锻炼学生的意志品质有关，要培养他们"克服困难，争取胜利的决心""养成团结互相友爱的精神""培养耐劳、自治、英勇、合作"。最后，体育教育的目的是培养学生的一些优秀品质，如"增强组织性、纪律性""养成卫生习惯及普通卫生注意之态度"等等。

当时对体育作用的认识主要有：健身、思想品质教育、娱乐三方面，其中"最基本的,首先的还是锻炼人的健康身体"，"体育是用科学方法研究人体各部分器官,用各种性能不同的体育方式使人的身体全面发展。"[82]上述女附中体育教师的认识与当时的主流认识是一致的。

还有一点应该提出的就是,有人认为：解放前,从1929年到1950年的《体育课程标准》中都是以"目标"的形式出现的。直到1956年我国第一次颁布了《中小学体育教学大纲》,才开始用"目的和任务"的提法取代了"目标和基本目标"的提法。而且认为这是仿效苏联的结果。[83]但从女附中的这几位教师的教学计划大纲中,1949年开始,他们已将"目的"一词用于体育教学的计划大纲中。

对于体育教学目的的不同理解，也出现在这几位教师的教学总结中。如刘伯奇写道："体育课对同学来说，应该是轻松而且愉快的。因此努力的使同学越玩得高兴越好。"[84]吴宗武谈到："决定了教学目的，次要的是引起同学兴趣，引起兴趣能促进教育讲的印象深刻，概念明确。"[85]这也是当时对体育教育的普遍认识。在健身、思想品质教育、娱乐三者关系上：一是主张锻炼身体要和培养优良的思想品质结合起来，所提倡的思想教育内容，主要是全人类共同追求的，如勇敢、坚毅、机敏、乐观等。二是主张通过兴趣而收锻炼效果，"不否认体育运动中有许多很有兴趣，但这是要使人通过对运动的兴趣，而收到有计划锻炼身体，增加劳动能力的效果，并不是单纯地满足人的兴趣。"[86]

同时，也有教师谈到了对新民主主义体育的认识。吴宗武在1950

---

82 郝克强："体育为劳动生产服务"，载于《新体育》，1950年总第5期。
83 参见徐英超："我国学校体育的由来和日前存在的问题"，载于,1982年第2期，第5页。转引自韩印华："新中国学校体育目标体系的研究"，华南师范大学硕士论文，2004年，第12页。
84 见刘伯奇"体育教学总结"，1950年1月。
85 见吴宗武"体育教学总结"，1950年。
86 郝克强："体育为劳动生产服务"，载于《新体育》，1950年总第5期。

年"体育教学小组工作总结补充材料"中提道:"在参加体育总会筹备会上听到了冯文彬同志的'新民主主义的国民体育'报告和经过了一段业务学习后,了解了新民主主义的体育方针是民族的、大众的、科学的,所以在选编教材时有了准绳。后来的舞蹈、田径等项都是配合了实际情况是集体的对国防与生产有着重大的意义。"

可见,女附中的体育教师对"新民主主义的国民体育"还是有所了解的。

2. 体育课程的实施内容

在 1950 年,国家制订颁布了《中学暂行教学计划》,在该计划中对中学体育做了明确的规定。它以法令的形式确定了体育是中学生的必修课程之一,每周 2 课时,内容既有身体锻炼,又有体育卫生知识。

在女附中体育课程的档案资料中,包含的教学内容十分详尽,包括:课程内容、教材的具体内容、课程要求、成绩考核、评分标准、最终成绩等。

从 1950 年 1 月高树芸老师的"体育教学计划实施大纲"来看,女附中的体育课课程分为三大部分:一、体育正课;二、课间操及早操;三、课外活动。每个部分的具体内容如下:

一、体育正课

1. 内堂讲解:为使学生明了体育于人生之重要,及提高学生对体育之兴趣及认识,故于第一周先向学生讲述体育之目的与意义,体育于人生迈程之重要,上体育时应具之精神及运动道德。

2. 外堂(主教材)

(1)体操:准备操、矫正操、集体操。

(2)田径赛:正式田径项目及其他竞走、障碍跑等。

(3)韵律运动:秧歌舞、边疆舞等。

(4)球类:篮球等。

3. 辅助教材:此为一种调剂运动,亦为教师有伸缩之余地。有时在每堂开始，或快终了时，可作例如团体游戏、追逃游戏、唱游、竞争游戏等。

二、课间操及早操

因季节关系，本学期宜用课间操。因天气渐寒，学生多在室内，空气即不卫生又很干燥，故在下二堂后，有一充分时间，更换空气，对身体有益，并能增加工作效率。但学生必须人人参加，操之内容待教员积极编订，未编订前暂作徒手操。

三、课外活动

1. 组织：由学生自选项目，教师可指导，使每一学生都有充分运动时间。可随季节组成各种队，学生自由报名。

（1）舞蹈队（2）田径队（3）技巧队（4）篮球队等。

2. 比赛：宗旨在提高学生对运动兴趣及竞赛精神，可按季节举办之。

3. 体育表演会：为使学生兴趣提高及互相观摩，每年校庆日可做表演会一次，如舞蹈、技巧等。

4. 运动会：每学年举行一次，籍以观摩技术，训练爱团体、爱学校、尚合作之精神，促使每人都参加项目。

5. 野外集团：每年春秋两季，为了调剂生活，可作旅行。

1950年吴宗武老师的"体育教学计划中"对"教材实施之原则"是这样写的：

（1）采取富有政治意义之教材，同时亦能顾及体育本质之发展，不落形式主义之窠臼。

（2）依照一般教学原则分为准备运动，主运动及整理运动。

（3）因年龄、年级、体力、兴趣之不同施以各种不同之教材。

（4）顾及运动季节之关系编配各种教材。

（5）每一教程进行完了师生共同检讨其得失利弊，以求改进。

（6）各级教学内容另订之。

关于"教学进度"，她是这样写的：

(1) 内课（讲解体育上活动事项之纲要，体育在教育上之重要性）。

(2) 体格检查。

(3) 跳远练习法及测验。

(4) 测验五十米及练习法。

(5) 练习秧歌舞及改正操。

(6) 练习霸王鞭及接力。

(7) 授健身操及霸王鞭。

(8) 练习接力及测验。

(9) 丹麦操及霸王鞭。

(10) 篮球传球基本练习。

(11) 授俄国舞及复习秧歌舞。

(12) 篮球投篮比赛及传球练习。

(13) 篮球练习及讲解规则。

(14) 篮球练习及舞蹈操。

(15) 复习舞蹈体操及篮球。

当时的中学体育教材包括基本教材和补充教材两部分：基本教材是全国中学必须贯彻执行的教材，补充教材是为适应地区气候不同、各地中学体育发展不平衡或其他条件不同而编订的。基本教材分为体操、田径、游戏三大项。

从高树芸、吴宗武及其他老师的教学档案来看，女附中的体育课程按每学期18周计划，每周应为两课时，此外还有课外活动。在基本教材（主教材）方面，不仅有体操、田径、游戏、韵律运动，还有球类，如篮球、排球、垒球等，经常举行班际的篮球赛；体操方面有垫上运动，如滚翻，还有改正操、健身操、丹麦操、红旗操；田径运动中有跳远、竞走、障碍跑、接力跑；游戏方面有：团体游戏、追逃游戏、唱游、竞争游戏等；韵律运动中有多种舞蹈，如：秧歌舞、霸王鞭、俄国舞、民族性的集体舞，如东方红、解放区的天、民主青年，课外活动有腰鼓队，还有体育表演会、运动会、春秋两季的野外活动。在1950年北京举办的人民体育大会，女附中学生参加表演了红旗操、霸王鞭。

此外，从女附中体育教学档案中还可看到，教师们对各类教材所占时数进行了适当的分配。对跑、跳跃、投掷、平衡、技巧、舞蹈、游戏等类都有练习，并根据运动季节、学生的身体、年龄、年级的不同及心理、生理特点做了适当安排。如1950年孙秀艳老师的"教学计划大纲中"中，对"教学要点"有这样描述：

1. 教材选择：根据学生之身体、年龄程度，更需适合学生心理、生理之要求和运动季节及人民准备之需要。

2. 教材和方法：当以兴趣为主，倘能这样则学生注意力集中，学习易于进步，无浪费时间之弊病，随时顾及品德，防止虚伪骄傲，玩忽疏懒等不良习惯。

3. 集体活动：如游戏、踢毽子、跳绳、球类、团体操、柔软操、舞蹈、扭秧歌等，尽量提倡除正课外具于特殊兴趣之学生于课外活动中另组集体学习。

4. 正课的用之准备活动：如整队步伐转向变排等动作，须自然而不机械，免使妨害期活泼之天性。

5. 随时注意学生保持良好姿势，常于学生坐、立、行、走、跑及工作等随时注意检查，平时也要注意自己良好姿势以为模范。

6. 随时用适当方法：考查学生运动成绩是否随身体发展和进步，自己也可藉以检讨教学效果而求教学方法及改良。

7. 按校方情形而定，争取每学期或学年举行运动会一次（多以集体活动为主）。

从这份大纲中可以看到，孙老师的体育课考虑到了多种因素，不单纯的教授体育技能，还考虑到技能与兴趣的结合；不仅仅是课堂教授，还考虑到科学学生的要保持良好姿势，并顾及学生的品德，"防止虚伪骄傲，玩忽疏懒等不良习惯"。对体育的这种认识一定会让学生受益终生。

三、"健康第一"的方针

新中国成立初期时是落后的农业大国,只有少数学生可以升入大学,大多数学生毕业要参加工农业生产。而当时农业生产以手工劳动为主,体力是提高生产力,促进工农业生产和士兵作战能力的基本要求。但当时学生的体质状况远不能适应生产建设和国防建设的需要。因此在政治、经济发展的需求下,增强体质成为学校体育的主要任务,受到当时的国家领导人的高度重视,也被当时的社会所接受。

1950年6月19日,毛泽东主席给教育部长马叙伦写信,针对学生营养不足,学习、社会活动过重,健康状况不良的实际情况,强调"要各校注意健康第一,学习第二。营养不良,宜酌增经费。学习和开会时间宜大减。病人应有特殊待遇。全国一切学校都应如此。"1951年1月15日,毛泽东主席再次就学生健康问题致信马叙伦说:"提出健康第一,学习第二的方针,我以为是正确的。"[87]

马叙伦在1951年全国教育工作会议上提出:"采取切实有效的步骤,贯彻毛主席'健康第一'方针,增进学生健康"。[88]

中央政府政务院于1951年8月6日颁布《关于改善各级学校学生健康状况的决定》[89](以下简称"决定"),明确指出"增进学生健康乃是保证学生完成学习任务,并培养出有强健体魄的现代青年的重大任务之一",要"立即纠正忽视学生健康的思想和对学生健康不负责任的态度,切实改善各级学校的学生健康状况。"并根据当时的国情及学校教育的现状作出规定,调整学生日常学习及生活的时间,减轻学生课业学习与社团活动的负担;改进学校卫生工作;注意体育娱乐活动、改善学生伙食管理等,并提出:除体育课及晨操、课间活动外,体育、娱乐活动或生产劳动以每天一小时至一小时半为原

---

87 《中国学校卫生》,1983年(第14卷)第5期,第257页。
88 曾吉、蔡仲林、黄勇前:"新旧健康第一思想比较研究",载于《体育文化导刊》,2008年第8期,第23页。
89 "政务院关于改善各级学校学生健康状况的决定",载于《人民日报》,1951年8月6日。另可见何东昌:《中华人民共和国重要教育文献》(1949—1975),海口:海南出版社,1998年,第99—100页。

则。还强调要有计划地对学生进行卫生保健教育,养成良好的卫生习惯。

为贯彻《决定》精神,北京市人民政府文教局于 1951 年 11 月和 1952 年 4 月先后会同有关单位在中央教育部和卫生部的协助与指导之下,两次对北京市中、小学健康教育工作进行了重点检查,并于 1952 年 5 月形成了《北京市人民政府文教局关于北京市中小学健康教育工作近况报告》[90]。该报告几处提到女附中:

一般地说,学校健康教育工作已有了些改进,并且个别学校在克服困难创造条件上取得了一定的经验和成绩。其中如……师大女附中对于精简课业,减轻学生负担,结合爱国主义进行健康教育方面;

师大女附中等校对于学生的伙食营养能够注意加强管理,以同样的伙食钱数,改善了和提高了伙食质量。绝大多数中学学生参加了课外体育锻炼小组,能达到经常每天一小时左右的体育文娱活动。

一般学校反映学生干部社团活动过多,学校无法控制。如师大女附中军事体育部的学生干部,团方面布置给她另外四个学校的工作,体育分会直接布置体育活动,学校行政和体育教师都不知道,无法掌握和配合,……

经这次北大医学院营养学专家俞锡璇教授检查 6 个中学(三中、四中、育英、师大女附中、女二中、进步中学)的膳食营养结果,发现中学生在膳食方面,严重的缺乏脂肪、维他命甲、丙、核黄素及蛋白质等养分。……总之中学伙食中营养量均与基本需要量相差很远,因此很多学生发生营养不良的早期症状。

从报告中的这些内容中,可以看到女附中当时的健康教育工作是这样的:做得好的方面有:1. 女附中克服困难,健康教育工作有了改进;2. 注意了学生的伙食营养。不好的方面有:1. 社团活动过多;2. 学生缺乏营养。面对这样的检查结果,有的情况在短时间内很难改变,如学生的营养不良。可以改变的,一是在减轻学生课业辅导和社

---

90 《北京党史》,2009 年第 2 期,第 47—49 页。

团活动方面。女附中在计划教学、精简课业、改进教学方法、调整社团活动等方面，按照政务院规定和文教局所发作业时间表安排各科作业时间。二是在卫生工作方面，"从全面着手，发挥了学校保健委员会的功能，经常地进行卫生教育，成绩比较显著。师大女附中还照顾到学生月经期间的用纸消毒和教室座位光线的影响。"[91] 在体育锻炼方面，一般学校都进行了初步有计划的教学，基本上纠正了过去体育教学上的混乱现象和放羊式的教学方式，大部分中学建立了基层锻炼小组，并保证每人每天平均有半小时到一小时的课外体育活动。

另根据 1951 年 6 月份做的调查，北京市中学在体育设备方面的情况如下：

在 45 个学校中，一校没有操场（山东二院），有 9 个学校平均每个学生占场地 1 至 3 平方公尺，有 13 个学校 3 至 5 平方公尺，有 19 个学校 5 至 9 平方公尺，只有 4 个学校是 15 平方公尺。全市中等学校（91 校）中，有田径赛场地的学校不过 15 校。实际上最低的要求，每个学生应有 6—10 平方公尺，全面开展活动应有 30 平方公尺。一般的中学体育设备普遍缺乏，在 70 个中学中，有 27 个学校（361 班）设备很差。""设备比较充实的不过师大附中、四中、回民学院、汇文、育英等校。[92]

从这份报告看，北京市中学的体育设备情况很不理想，运动场地缺乏是普遍的现象。这里虽然没有提到女附中体育设备的情况，但设备充实的学校中并没有女附中。可见女附中体育设备情况不及上述提到的四中、师大附中等校。

1952 年 4 月 21 日至 26 日，北京市还对全市学校的营养作了调查，撰写了《北京市学校营养调查报告》。吴晗[93]于 1952 年 5 月 29

91　王星："新中国成立初期北京市学生健康状况的改善"，载于《北京党史》，2009 年第 2 期，第 51 页。
92　见"北京市人民政府文教局关于北京市中小学健康教育工作近况报告（1952 年 5 月）"，载于《北京党史》，2009 年第 2 期，第 49 页。
93　吴晗（1909—1969），时任北京市副市长。

日在给彭真市长和张友渔副市长的信中总结分析了造成北京市中小学学生健康问题严重的原因：

一、营养太坏，吃的热量、蛋白质不够；二、住得太挤，如四中等校，一间小宿舍住十一二个人，床挨床，不但不卫生，一有疫病，不堪设想；三、课外活动过多，如师大女附中军事体育部，除校内活动外，团又布置她们四个学校的工作；四、没有体育场甚至空地，学生无处活动；五、学校行政上不关心学生的健康和膳食。[94]

在吴晗的报告中，专门提到女附中课外活动过多是导致学生健康问题严重的原因之一。

根据政务院《决定》精神，全国各级教育部门和学校进一步加强了学校体育卫生工作的管理，精简课程，增加文娱体育活动，改善体育卫生及伙食条件，促进了体育课程的建设和发展。

1952年6月20日，中华全国体育总会成立，毛泽东主席为成立大会题词："发展体育运动，增强人民体质"。从此，这一题词出现在全国大中小学运动场的墙壁上，对学校体育理论和实践的发展产生了长期而深远的影响，对学校体育目的任务的确立也产生了很大的影响。该题词指明了我国体育事业发展的根本方向，在"体育为人民服务"的思想中，明确了体育的目的和任务是"增强体质"。

至此，"健康第一"的学校体育思想的正式确立。各级学校在此体育教育思想的指导下纷纷开展"健康教育"，将学校体育工作重点由过分注重技能学习转移到学生身体健康，将学生全面健康发展工作落到实处。大多数学校行政、教师和学生对"健康第一、学习第二"不但在思想上有了较为深刻的认识，学生的健康状况有了改观。在党和政府的关怀和各有关方面的不懈努力下，到1959年北京市学生体质有了显著的提高，健康状况有了明显的改善。

---

94 王星："新中国成立初期北京市学生健康状况的改善"，载于《北京党史》，2009年第2期，第50页。

四、1952年《学校体育工作暂行规定》

1.《学校体育工作暂行规定》的颁布

1952年,教育部和国家体委联合颁布了《学校体育工作暂行规定》[95],其中明确指出,我国学校体育的基本目标是"促进学生身心发展,增强体质,并对学生进行道德品质的教育,使他们能很好地完成学习任务,从事社会主义建设和保卫祖国"。这项规定,指出了我国学校体育的基本目标,提出了"增强体质",以使学生完成学习任务为短期目标,以为社会主义建设和保卫祖国为长远目标。这项规定还拉开了"破旧立新"的学校体育思想改革。破旧并不是破坏,而是坚持"有步骤地、谨慎地进行旧有学校教育事业和旧有社会文化事业的改革工作,争取一切爱国主义知识分子为人民服务"[96]。

与此同时,教育部制定了《各级各类学校教育计划》。其中正式规定:从小学一年级到大学二年级,均开设体育必修课,体育课每周两学时,以保证学校体育目标的实现。[97]

1952年,中华人民共和国教育部开始设置体育处,进一步将学校体育的改革纳入了议事日程。1953年,各省、市、自治区教育行政部门也相继设立体育机构。它们负责学校体育的管理,颁布各种有关学校体育的规定,检查和监督学校体育工作执行情况。

1952年3月,教育部颁发了《小学暂行规程(草案)》和《中学暂行规程(草案)》分别规定了小学和中学的教育任务。其中,中学教育的任务,

> 是用马克思列宁主义的理论与中国革命实践相结合的毛泽东思想和普通文化知识教育青年一代,使他们的身心获得全面发展,以便

---

[95] 课程教材研究所:《20世纪中国中小学课程标准.教学大纲汇编.体育卷》,北京:人民教育出版社,2001年3月版。
[96] 罗时铭:"试论建国初期我国学校体育的创建",载于《四川体育科学》,2001年第4期,第2页。
[97] 李秀梅:"新中国初期学校体育改革回顾",载于《体育文化导刊》,2001年第1期,第60页。

升入高等学校或参加建设工作打好基础。"中学应对学生实施智育、德育、体育、美育等全面发展的教育。"体育方面的主要目标是"培养学生体育卫生的智能和习惯,以养成其强健的体格。"[98]

该规程实际是教学计划。与1950年颁布的《中学暂行教学计划（草案）》相比不同的是，1952年的教学计划将军事体育纳入了体育课程内容。

该文件的特点是直接将"马克思列宁主义、毛泽东思想"作为中学教育的任务，并明确提出要对学生实施"四育"教育，即：智育、德育、体育、美育。体育课程的目标仍然体现了"健康第一"的方针。

2. 1952年女附中的体育教学计划

在这种背景下，女附中的体育教学计划与1949和1950年相比已悄然发生了变化。上述文件中的一些用语开始出现在女附中体育教师的教学档案中。

在体育教学组1951年11月19日的"期中教学检查总结"[99]中，已出现"贯彻爱国主义教育"，并指出"通过体育贯彻爱国主义教育。我们说好操场上的一举一动，都包括这种含义：体育可以锻炼身体，锻炼身体是为了祖国。"

邓逸真在1952年9月7日的"1952年年度第一学期的教学计划"中对"教学目的及任务"的描述是：

体育教育是国家重要事业之一。它的主要任务和目的是培养新的一代成为优秀的共产主义社会建设者的坚强战士，要使我们年青一代成为健康的、坚强的、勇敢的、机敏的、不怕任何困难的刚毅人物。并且准备在任何困难条件下为伟大的祖国而服务，而献身。通过体育教学要培养学生有高度的组织性、纪律性、彻底的，自觉的保持和尊重集体的严肃性，一切服从集体，感觉集体的荣耀是最大光荣和

---

98 《教育文献法令汇编》（1949—1952），第14页，转引自高奇主编：《中国现代教育史》，北京：北京师范大学出版社，1985年，第295页。
99 该文署名为"体育教学组"，未标明执笔人。

幸福。同时要教育我们的同学精通自己的技术视为高贵的爱国行动，进而能担负起生产劳动和英勇的保卫祖国。

高树芸在1952年9月的"体育教学计划（初一）"中将"教学目的性"明确列为："1.继续深入贯彻爱国主义教育；2.卫生健康教育；3.知识教育；4.品质教育；5.美育教育。"

在1952年，中学体育课程教学内容有了一些变化。根据1952年颁布的《中学暂行规程(草案)》，军事体育被纳入了体育课程内容。

在1952年9月刘伯奇制订的高二、高三年级的"体育教学计划"中，对高中的教材内容有非常详细的记录。以下是计划的全部内容：

1952年上学期（高二高三）[100]

类别	项目	时数		周次	
知识教育	体育的教育作用	1	1	1	1
灵巧类	双杠运动	4	6	2-5	2-4
速度类	60公尺	4	6	6-9	5-7
灵巧类	跳箱运动	4	6	10-13	8-10
体力类	爬绳	2	4	14-15	11-12
灵巧类	垫上运动	4	6	16-17	13-15
	篮球运动	3	6	18-19	16-18

高三急救教材：高三各班急救课共405分钟，学会后几种常用急救本领，使她们对普遍偶发病号能进行有效的紧急措施。每二周一小时。

内容：一般急救原则；2.出血处理法；3.创伤处理法；4.三角巾使用法；5.人工呼吸法；6.患者搬运法；7.毒气；8.火伤（触电）（冻伤）

---

100 原文缺年级，此处的年级为笔者所加。

1952年下学期教材内容

高二			高三		
项目	时数	内容	项目	时数	内容
跳远	6	复习巩固蹲踞式跳远法	跳远	5	同高二
跳高	6	复习巩固滚杆式跳高法	跳高	5	同高二
手榴弹	6	助跑交叉投掷法	手榴弹	6	同高二
单杠	6	倒翻上、前振下，挂腿下	铁饼	8	握饼法、摆动、转身、挺胸
排球	6	基本动作复习、击球、体会规则	排球	8	体会规则、练习时机动灵活
400公尺	4	接力跑注意点，接棒法，步幅			

这份计划中除了将课程分为灵巧类、体力类、速度类之外，最大的特点是将"急救"纳入了体育课程。

3. 体育课程的教学方法

关于体育课程的教学方法，女附中体育教学组1951年11月19日"期中教学检查总结"中写道：

关于新教学法的体会：

经实践中确切证明，苏联课堂教学法是完善的，而且是科学的教学方法。试行以来感到有下列好处：

1）明确、具体根据实际订出目的性。这在教学中是首要问题，否则就不能保证教学质量等总检查效果，改进教学。

2）周密的教学计划性。要贯彻目的性，保证效果，课前得好好运用脑子，考虑这课中的细节和可能遇新的问题，哪怕是极微小的动作。注意的深度与教学的完整性程度成正比。

3）时间掌握。有计划的分配时间，有计划的使用时间是保证教学效果关键之一。

4）巩固教学和效果检查，是贯彻教师负责制精神发现情况、改进教学的重要步骤。

这里提到的"苏联课堂教学法",应该指的是苏联的"四段教学法"。即:第一段准备运动:使学生心理上得到准备;第二段准备体操:生理性准备活动;第三段主运动:进行主要教材;第四段整理运动:结束。女附中体育教学档案中最早提到苏联体育教育的影响是在 1951 年 11 月 19 日的这份"期中教学检查总结"中,此后出现的频率就高起来。在刘伯奇 1952 年 9 月的"体育教学计划"中还明确提到"依据苏联四段教学的精神进行教学"。

在"教学方法上",邓逸真在"1952 年年度第一学期的教学计划"中写道:

1. 在课程中严格执行爱国主义教育,要培养同学成为新中国的新青年,有新的高度的道德品质,爱科学、爱劳动、爱祖国。

2. 教师本身热爱工作、热爱同学,时刻注意本人的言行来感染同学。

3. 加强政治学习,具有正确的思想观点,除了课内负责,仍需对同学全面负责。

4. 试行苏联的教学原则,要有周密的计划性。

5. 课前做好充分准备工作。

6. 努力钻研业务教好学生。

从资料上看,邓老师是 1952 年秋季学期来到女附中的,她的教案中表现了对本职工作的热爱和对学生的热爱,对自己的要求也相当严格。她也提到了"试行苏联的教学原则"。

除了"四段教学法"以外,当时还有用于提高运动技巧水平的体育课三部分结构的方法,即:准备部分—基本部分—结束部分。

在女附中的体育课程教学中,也基本体现了"四段教学法",或者是体育课的三部分结构。例如,吴宗武的体育课程是这样分配时间的:

1)准备运动——秩序运动和点名,十分钟

2)主运动——依据教学计划复习旧的学习新的,三十五分钟

3）整理运动——整队，五分钟。[101]

这是典型的三部分结构，即准备、基本部分、结束。

张婉容 1952 年的"跳远教案"中，详细描述了教授跳远课程的方法和步骤。

张老师教授的对象是初中三年级的学生，学生人数为 44 人，年龄为 14-16 岁，全部为女生。授课时间为 45 分钟。她的教学步骤为：

1）准备过程，10 分钟。内容包括："序操：队形变换单行成二路纵队穿花走步，再双行并成四路体操队形。（4 路慢跑 200 公尺以后再作体操）"。

然后开始准备活动，包括：上肢运动、下肢运动、腰部运动、跳跃运动。对每一个动作，张老师的教案中都有详细的文字描述。

2）复习检查，7 分钟。内容为：蹲踞式跳法。

3）进行新教材，20 分钟。内容为"挺胸式跳法"。教案中写明了"动作说明"和"讲解要领"。

4）巩固新教材。"教师讲解后做两次示范，学生每人练习三次，再选其中跳得正确的学生做最后的一次示范以作巩固。"

5）结束活动：5 分钟。①整理运动——三步舞；②总结：（3 分钟）；③留作业——下一课作挺胸跳远这一动作的检查。

从时间和内容的分配上看，张老师的课程安排详细而合理。特别需要指出的是，张老师的这份教案写得非常详细，对一些细节都有准确的描述，如在"组织教学"阶段，在学生整队后，"教师走到队伍前 8 公尺处中点站着（住），队长报告人数以后，教师首先向同学致以亲切的慰问，说'同学们好！'等学生答礼后再检查人数和服装。"笔者是张老师的学生，曾任班上的体育队长，每节体育课我都要整理好队伍向张老师报告。行文至此让我不禁想起了当时张老师上课的情景。

---

101 见吴宗武 1950 年材料，原文无标题。

4. 体育课程的内容

1952年,女附中体育课程的内容较前几年更加丰富,课程内容安排也更加合理。以下是张婉容1952年9月制订的初三年级的"体育教学计划":

根据北京市中等学校体育教材纲要做参考,按照本校的环境及具体条件将本年度的体育教材分配如下:

初三第一学期 体育教材及时间分配表			初三第二学期 体育教材及时间分配表		
别类	项目	时数	别类	项目	时数
田径	铅球	6	球类	篮球	8
	跳远	8		排球	6
	跳高	8			
器械	双杠	8	田径	短距离	4
				低栏	6
				中距离	2
				跳远	2
				跳高	2
				接力跑	2
球类	篮球	4	器械	跳箱	4
韵律	舞蹈	2	体操	劳卫体操	2
	游戏	2			
体操	广播体操	2			
	劳卫体操	2			

备注:

1. 每日下午课后第三堂定为课外运动辅导时间一小时。

2. 课外随堂简述器械运动保护方法及运动卫生知识。

3. 利用自然界的自然因素(日光、水、冰、空气)进行锻炼能适应自然环境,增强体能。

1) 夏季实行游泳练习

2) 冬季实行滑冰练习

3) 春秋季举行郊外远足旅行。

从这份教学计划中可以看到，除了传统体育课程的：体操（广播体操、双杠、跳箱）、田径（铅球、跳高、跳远、短距离跑和中距离跑、接力跑、低栏）、球类（篮球、排球）和游戏（舞蹈）外，有三点值得注意，一是"劳卫体操"开始加入；二是女附中当时已根据季节的不同在体育课程中有了"游泳"和"滑冰"。三是在课上随堂讲解"器械运动保护方法及运动卫生知识"。

本节小结

1949年中华人民共和国政府成立之后，中国进入社会主义改造和建设时期。起着临时宪法作用的《共同纲领》提出"国家提倡国民体育"。"国民体育"面临的任务是"为人民的健康、新民主主义的建设和人民的国防而发展体育"。这是改造旧教育，发展新中国教育事业的根本方针，为建立新中国的体育教育指明了方向。这种以新民主主义为特征的体育方针是当时的历史决定的。"批美学苏"也在中国教育领域开始了。

新中国政府的国家领导人十分重视学生的身体健康，1951年毛泽东主席明确提出了"健康第一"的方针，中央政府政务院于1951年8月6日颁布《关于改善各级学校学生健康状况的决定》。1952年5月《北京市人民政府文教局关于北京市中小学健康教育工作近况报告》提到了女附中在学生健康方面存在的问题。学生的健康状况受到各级政府的重视，情况有所改变。

1952年，毛泽东题词"发展体育运动，增强人民体质"，至此，"健康第一"的学校体育思想的正式确立。

女附中保存的体育教学档案体现了这一阶段的体育教育情况，与当时的主流思想是一致的。女附中当时的体育教学在课程目的、课程内容、课时安排、教学方法上都贯彻执行政府颁布的有关文件。女附中的体育课程内容丰富多彩，还有很多课外活动。教员表现了很高的职业素养。在体育教学方法上采用了苏联的"四段教学法"。

女附中保存的1949年—1952年的体育教学档案的作者是：刘伯

奇、高树芸、孙秀艳、吴宗武、邓逸真（从 1952 年 9 月开始）和张婉容（从 1952 年 9 月开始）六位老师。

第三节
1953—1956 年女附中的体育教育

一、"苏联模式"

在 1949 年之后的政治背景下，我国投入了很大的力量学习借鉴前苏联的教育经验和学校体育理论。之后的几年里，我国学校体育从指导思想到教学计划、教学大纲及教学方法手段，开启了全面效仿苏联的模式。"苏联模式"使新中国在短时间内形成体育思想体系。这个体系，是以马克思列宁主义为思想基础，以巴甫洛夫学说为自然科学基础，并依据教育学原理来指导。它强调体育教育的阶级性和工具性，强调为阶级需要、政治需要和经济需要服务，强调学校体育目的任务及教学实践的统一性，重视知识、技术和技能的传授，强调共产主义思想品德的教育，要求体育教育面向全体学生。[102]

这一时期，苏联体育理论特别是教学理论直接影响了我国学校体育的发展，苏联体育思想广为接受。通过聘请苏联专家来华讲学，尤其是聘请苏联专家指导了一批新中国体育理论研究生，使苏联体育思想在我国得到了广泛传播和推广。例如，苏联专家戈尔杰拉在首期"全国体育工作者暑期学会"上，对苏联体育在学校中的地位和体育师资的培养作了介绍。苏联专家达拉索夫在首都体育座谈会上介绍了苏联学校体育的地位，如体育与数理化同等地位，国家提供学校体育充裕的经费，学校里的体育场馆及各种设施向全体学生开放并

---

[102] 韩印华："新中国学校体育目标体系的研究"，华南师范大学硕士论文，2004 年，第 15 页。

有教师指导，除体育课外还有各种学生体育团体和各类运动竞赛。[103]

1952年12月号的《人民教育》刊登了"中苏友好月"口号："教育工作者们！学习苏联先进的教育理论和教学法，以爱国主义和国际主义的精神教育青年一代，为发展文化教育事业，培养建设人才和提高人民的文化水平而斗争！"[104]

在这种大背景下，女附中也进入了"苏联模式"。时任校长的苏灵扬[105]在《人民教育》上专门撰文介绍了女附中学习苏联的情况，文章的题目是："北京师大女附中是怎样学习苏联先进经验的"。文章中写道：

师大女附中学习苏联在方法上采取了启发自觉、逐步提高的办法，在内容是为了避免形式主义的学习，避免走弯路，所以一开始学习时，强调的是学习苏联教育的基本精神。苏联的教育理论肯定'教学是全部复杂的教育过程中的主要部分'，这也正是我们全国中教会议所提出来的。我们就首先学习这一点，将课堂教学作为我们进行教育工作中的中心一环，教育行政领导也多在这方面下功夫。在教师学习运用苏联教学方法时，我们告诉教师不要从五分制开始，也不要从一下子就完整无缺地运用五个教学环节开始，而是应该先来掌握苏联课堂教学的基本精神，然后才要求完整的形式。[106]

在谈到学习苏联的成就时，文章中说：

我们在学习苏联的过程中教师的教学质量是提高了，学习成绩

---

103 参见程一军："新中国60年学校体育思想研究"，苏州大学硕士论文，2010年，第11页。
104 见《人民教育》，1952年12月号，第20页。
105 苏灵扬（1914年—1989年9月30日），原名苏美玉，江苏常熟石梅人。周扬（曾任中宣部副部长、文化部副部长、党组书记、中国作家协会副主席）夫人。苏灵扬曾任延安鲁迅艺术学院副院长。1932年，19岁考入了上海光华大学教育系，1951年9月—1954年8月任女附中校长。参见百度百科 https://baike.baidu.com/item/苏灵扬/636348?fr=aladdin，访问时间2023年2月6日。
106 苏灵扬："北京师大女附中是怎样学习苏联先进经验的"，载于《人民教育》，1952年12月号，第17页。

也提高了。……我们学校从 1950 年开始就规定了发给成绩优良的学生以学习优良奖章的制度,而获得奖章的比例逐年有显著的增加,1950 年的比例是占全校学生的 28%,1951 年占 38%,今年则达到 53.5%。今年高中毕业 80 名学生,其中除去四名分配工作,两名因病休学,十名保送师大外,参加升学考试的 64 名学生中,被取在留苏预备班的占 20%,其他同学大部分考取了第一志愿。[107]

文中还提到,"今春苏联教育专家普希金教授来校直接指导了两次","这就使教师们学习苏联的积极性更提高了。现在教师们一般都能主动积极地来学习苏联,各教学组自己也抓得比较紧,在形式上也逐渐能够比较完整地来运用了。"[108] 当时苏联教育专家凯洛夫·马卡连柯和普希金教授的教育理论对我国学校教育起着主导性作用,普希金能亲自来到女附中两次"直接指导",肯定会对女附中产生影响。

这种影响从女附中体育教师的教学档案中也可以找到。

这些教学档案中最早提到"苏联"的是 1950 年吴宗武的"体育教学计划"。该计划中提道:在教学方法上"向苏联及其他各新民主主义国家的体育学校吸收宝贵经验并选择民族的固有良好的教材。"此后提到的还有:

1. 1951 年 11 月 19 日体育教学组"期中教学检查总结"。提到"经实践中确切证明,苏联课堂教学法是完善的,而且是科学的教学方法。"

2. 1952 年 9 月 7 日邓逸真的"1952 年度第一学期教学计划"中提道:"教学方法上""试行苏联的教学原则,要有周密的计划性。"

3. 1952 年 9 月刘伯奇的"体育教学计划",提到"教学步骤:依据苏联四段教学的精神进行教学"。

苏竞存将这一段学校体育学习苏联的情况作了如下概括:

---

107 同前注,第 20 页。
108 同前注,第 18 页。

49年后我们的学校体育开始学习苏联的先进经验，初步纠正了过去学校体育只是为了少数选手和"放羊式"的体育教学的错误而有了一些改进。但是过去几年学习苏联的学校体育，大多是零星片段的，一般地只是学习了苏联体育课堂教学的结构形式，即所谓'四段教学法'，而对于苏联学校体育的基本精神和其具体内容还很少学习。[109]

在这种情况下，教育部于1953年组织专家翻译了苏联十年制学校体育教学大纲作为参考，并通令各地体育教师学习，而着重要求的是学校的体育课要从增进学生健康、促进学生全面发展的原则出发，内容要生动活泼、丰富多样，符合学生的特点，以引起学生兴趣，达到教学的目的。[110]

关于学习苏联体育教学大纲的情况，女附中体育教学档案中也有记载。在1953年9月2日体育组"1953年度上学期（九月）体育工作计划及教学实施大纲"中写道，"本学期任务特点"第一项为"进一步学习苏联先进的体育教学经验（苏联体育教学大纲），并且根据大纲中规定的各项措施来改革我们的教学。"

从女附中体育组的大纲中可以看到，从1953年9月开始，女附中的体育教师们要"进一步"学习苏联的体育教学大纲。这一点从以后的教学档案中也显现出来。

在1955年7月2日女附中的"劳卫制工作总结"中谈到：

在劳卫制中她们都是积极的推动者，最基本的问题是由于学习苏联教学大纲的改革教学方法，在完成北京市教材的过程中，在课内以不同类型不同性能的教材进行分组，轮换的教学方法使得我们的学生在体能和体力上是比以前原来的基础上又提高一些，是有着全

---

[109] 苏竞存："学习苏联学校体育的先进经验，明确中小学体育改革方向——介绍'苏联中小学体育教学大纲'"，载于《人民教育》，1954你那第7期，第68页。

[110] 李秀梅："新中国初期学校体育改革回顾"，载于《体育文化导刊》，2001年第1期，第60页。

面发展的趋向。

娄金洲在"1955—1956年教学工作总结"中谈到:"此学期教育局所组织体院作的教法作业课起了很大作用,将苏联先进的体育理论依据科学的教法介绍了出来,对过去有的唯心的或反动的开始有了一点点认识。"

为加强苏联体育理论的学习,1956年体育运动委员会、高等教育部、教育部下发"关于1956年体育教师业务学习的通知",[111]业务学习的内容是:

1.上半年,各省、市应根据下列不同情况分别拟定学习计划:已学习过苏联中学体育教学大纲,进行教学改进工作较早,并编写了地区性教材大纲的省、市,应以学习苏联小学、初中和高中体育教学参考书(人民体育出版社出版)和体育协会的有关文件为主;初步学习过苏联中学体育教学大纲并编写了当地的体育教材大纲的地区,应以苏联小学、初中和高中体育教学参考者为主,有条件的地区可学习体育协会的有关文件;其余地区应学习苏联中学体育教学大铜,根据当地情况,可适当结合学习苏联小学、初中和高中体育教学参考书。各地在组织中学体育教师学习时,中等技术学校的体育教师也应组织他们参加学习。师范学校的体育教师可组织他们学习苏联中等师范学校的体育教学大纲或其他有关文件。

2.下半年,中等学校和师范学校的体育教师业务学习,应以国家颁发的试用教学大纲为主,并要结合工作需要学习凯里舍夫的苏联体育教育理论讲稿。没有学过有关建立体育协会文件的地区,还应结合工作进行补课,学习有关建立体育协会的文件。中等技术学校暂时学习中学体育教学大纲。

由此可见,学习的主要内容就是苏联的中学体育教学大纲及苏联体育教育的理论。

---

111 体育运动委员会、高等教育部、教育部关于1956年体育教师业务学习的通知,《中华人民共和国国务院公报》,1956年第17期。

张婉容老师在 1956 年 4 月 28 日的"实验课小结"就反映了学习的情况，她写道：

> 自从寒假参加学习苏联体育理论，又听到苏联专家凯里舍夫同志的报告之后，我们感到收获很大。确是扩大了我们教师业务知识的领域，以最新的科学知识武装了我们的思想，这是战胜那老一套陈腐的主观主义的教学形态和保守思想的有力武器。这在北京和全国的体育工作中又是一个伟大的革命。正当我国社会主义革命的高潮中党和政府号召我们向科学进军，在这新的历史时期，苏联专家凯里舍夫同志无私的帮助和热情的教导，以最新的科学的、系统的体育教育理论作为我们教学工作的指导思想和主要依据。这是提高教育质量的旗帜和指南。这就意味着我们新中国的体育事业已在蓬勃地开展。有着光辉灿烂的远景和前途。

这是多么鼓舞人心的反映，劳动中已唤起了共鸣的回音，这些是在党的教育之下，苏联专家的无私帮助与体育学院研究部同志们的具体指导所分不开的。

张老师这里提到的苏联专家凯里舍夫是对中国体育教育影响很大的一个人。其著作曾被译成中文出版。1953 年凯里舍夫带来的苏联体育教育理论对我国影响最大、最为深远，它是教与学的一个分支学科，将体育教育作为"共产主义总体系的不可缺少的一部分"，而且涉及的范围较广，除学校外，还包括工矿、军队、农村、家庭等。[112]

1956 年女附中体育组的工作总结中再次提到凯里舍夫：

> 在改进教学方面通过寒假苏联专家凯里舍夫同志的报告，及学习苏联体育教育理论以后，对钻研教材，和正确的决定课的任务，组内是有了进一步的认识。

---

[112] 依·格·凯里舍夫：《苏联体育教育理论》，北京：人民体育出版社，1953年。转引自鲁国斌："新中国学校体育思想发展的阶段特征"，载于《怀化学院学报》，2006 年第 8 期，第 102 页。

"这是一个新的工作,因为我们对于苏联的体育教育实习工作是没有经验的,不知道如何着手,特别是指导教师的工作,更是心中无底。""这是一个很难得的好机会,也是理论联系实际的过程,这次直接听到苏联专家的报告,与实习指导共10次,又通过实习文件的学习,初步地认识到为了人民的体育教育事业,培养新教师的神圣的光荣的工作。"

上述资料表明,自1949年之后,女附中同全国的中学一样,在体育教学方面也进入了苏联模式。按照体委、教育部通知的要求学习了苏联的体育教育理论,苏联专家普希金两次来学校指导,体育教师们还听了凯里舍夫的报告。

二、"劳卫制"在女附中

"劳卫制"是"准备劳动与卫国"的简称,是苏联20世纪30年代首创的一项重要体育制度。1950年《新体育》杂志介绍了苏联的"准备劳动与卫国"体育制度。此后,苏联的"劳卫制"被引入中国,并在全国逐步试行和推广。该制度对我国建国初期的学校体育目的任务产生了一定的影响。

"劳卫制"引入中国的过程大致是这样的。

在《新体育》杂志介绍苏联的"劳卫制"之后不久,北京市体育分会利用寒假领导全市中学体育工作者学习苏联"劳卫制",并根据北京市的具体情况,选择北京四中重点试行"体育锻炼标准"。[113]1951年新学期开始,北京四中的体育教师提出了试行劳卫制的建议,教导处研究后决定根据本校条件慎重试行[114]。到了1951年暑假,青年团北京市委和北京市体育分会制定了《北京市暑假体育锻炼标准》。该锻炼标准的项目包括"游泳、跳高、100米跑和投掷手榴弹四项。"

---

113 李鹏:"新中国引进苏联劳卫制历史考察",载于《齐齐哈尔工程学院学报》,2014年第1期,第46页。
114 龚北:《北京市第四中学试行准备劳动与卫国制度》,载于《新体育》,1951年,12—18。

当时，有 7000 多名大、中学校的学生组成 500 多个锻炼小组试行。经过一个月的有组织、有系统的锻炼，最终有 1400 多人分别达到了《北京市暑假体育锻炼标准》中规定的各项锻炼标准，并获得了纪念章。这是新中国学校最早进行的体育锻炼达标活动。这一形式得到了中华全国体育总会的肯定，并向全国推广。同年冬季，在北京的影响下，包括北京在内，天津、上海等地又制定并在学校中试行了《冬季体育锻炼标准》。北京的冬季锻炼标准包括长跑、滑冰、跳绳、体操、单杠、双杠、垫上运动七项。仅北京市参加锻炼的学生就有 46000 多人。[115] 由此在学校中兴起了开展体育锻炼标准的活动。

1952 年中华全国体育总会 6 月 20 日发表《关于 1952 年开展体育运动工作的计划大纲》要求逐步推行"准备劳动与保卫祖国"的体育制度。1954 年，国家体委在参照苏联模式的前提下，结合中国实际，制定了"劳卫制"暂行条例，并于 1954 年 5 月 4 日发出《关于公布"准备劳动与卫国"体育制度暂行条例、暂行项目标准、预备级暂行条例的通告》和《关于颁发"准备劳动与卫国"体育制度第一级奖章、证书的通告》，要求"在全国中等以上学校中有准备、有计划地推行暂行条例，并将其规定为实行'劳卫制'的一个预备阶段"，促使广大青少年逐步由参加"体育锻炼标准"过渡到"劳卫制"。[116]《"准备劳动与卫国"体育制度暂行条例》的正式颁布，标志着新中国"劳卫制"初步确立。"劳卫制"应是新中国正式颁布、施行的首个国家体育锻炼标准。从此在众多的中国学校、部队和机关单位等掀起了持续将近六年的"劳卫制"锻炼热潮。

同时，国家体委、教育部、卫生部、团中央和全国学联下达了"关于在中等以上学校中开展群众性体育运动的联合指示"，规定"凡曾

---

115 参见李秀梅："新中国初期学校体育改革回顾"，载于《体育文化导刊》，2001 年第 1 期，第 61 页。曾桓辉："新中国成立后推行劳卫制的历史研究"，载于《体育文化导论》，2005 年第 2 期，第 74 页。
116 曹叙棠：《体育史料》，北京：华夏出版社，1984 年。转引自李鹏："新中国引进苏联劳卫制历史考察"，载于《齐齐哈尔工程学院学报》，2014 年第 1 期，第 46 页。

推行《劳卫制预备级》,而且获得良好的效果和经验者,经各级教育行政机关和体委共同审查、批准后,可以实行《劳卫制》","凡试行《劳卫制》和推行《劳卫制预备级》的学校,均应以《劳卫制》及其《预备级》为中心,把体育正课、课外体育活动、运动竞赛、早操等有机地统一起来。"

周恩来在 1954 年 2 月 21 日政务院第 205 次政务会议上发表讲话"为祖国锻炼身体",他谈到:"目前的任务是要发展生产、加强国防,这都需要我们有健康的身体。实践表明,工业越发展,越需要高度的技术,而技术越高,速度越快,越需要劳动者既灵巧又有耐力。我国人民灵巧是有的,耐力则不够。同时,要掌握现代化的的武器如飞机、坦克等,也必须有健康的身体。所以,开展'劳卫制'运动不只是为了个人的身体健康,而且是为了保卫祖国、建设社会主义,这是一个政治任务。"[117] 周恩来的讲话不仅说明了体育锻炼的目的和意义,还将"劳卫制"上升到了"政治任务"的高度。

《人民教育》1955 年 9 月号上刊登了苏竞存的文章,题为"如何以劳卫制为中心改进中等学校体育课和课外体育活动"。文中说:"中等学校的体育,要完成促进学生的正常发育、增进健康、全面发展他们身体的各种运动能力、培养爱好体育运动的习惯和各种优良品质等具体任务;它应和学校教育的其他各方面有机地联系起来,共同完成培养全面发展的社会主义的建设者和保卫者的任务。这种任务和国家的'准备劳动与卫国'的体育制度的目的是一致的。"[118]

据 1955 年底不完全统计,全国有 3200 余所学校推行"劳卫制"预备级,180 余万学生参加锻炼,870 所中等以上学校试行"劳卫制"一级,近 53 万学生参加锻炼,其中约有 8 万人达到标准。[119]

---

117 周恩来:"为祖国锻炼身体"(1954 年 2 月 21 日),《周恩来选集》(下卷),北京:人民出版社,1984 年 11 月,第 129—131 页。
118 苏竞存:"如何以劳卫制为中心改进中等学校体育课和课外体育活动",载于《人民教育》,1955 年 9 月号,第 21 页。
119 王华倬:"论我国近现代中小学体育课程的发展演变及其历史经验",北京体育大学博士论文,2003 年,第 77 页。

女附中也是3200所推行"劳卫制"学校中的一所。

女附中的体育档案中有一份师大女附中三十四周年校庆"劳卫体育会秩序册",开幕式时间为1951年5月20日上午八时,下午继续进行。此时"劳卫制"还未在全国全面推行。

该秩序册的目录中有:1.大会职员;2.开幕式;3.项目进行秩序;4.劳卫二级田径分组号码表;5.劳卫三级田径分组号码表。

大会职员中列出了所有参与和为会议服务的人员名单,他们是:大会主席彭文[120]、大会秘书江雪、大会总指挥刘伯奇、竞赛股刘伯奇(兼)、编排组吴宗武、张婉容;场地设计高树芸、跑部裁判长白耀。其他人员还有:钱德福、高予、李德风、亢文嘉、周士琴、张连登、张绍勋、胡秀正、杨建章、马伯凌、赵义军、梁桂贞、李梅青、崔华、王印章、方桐、何玉琦、李世曹(?)(原文字迹不清——笔者注)、陈永铮。

从秩序册上看,体育会有表演和田径赛。表演项目有:劳卫二级操、劳卫三级操和腰鼓。

竞赛项目有:劳卫三级组60公尺、劳卫二级组100公尺、劳卫三级组200公尺负重赛、劳卫二级组200公尺负重赛、劳卫三级组800公尺异程接力、劳卫二级组800公尺异程接力、劳卫三级组500公尺竞走、劳卫二级组500公尺竞走、匍匐前进30公尺(三级)、匍匐前进30公尺(二级)。

田赛项目有:爬绳(三级)、爬绳(二级)、铅球(三级)、铅球(二级)、跳高(三级)、跳高(二级)、手榴弹掷远(三级)、手榴弹掷远(二级)、跳远(三级)、跳远(二级)。

关于这次体育大会的情况尚未发现其他资料。

此后在女附中体育档案中出现"劳卫制"的用语是在1953年9月"高中二年级体育课教材进度表"中,在"准备活动"中列有"一级劳卫制体操""二级劳卫制体操"的字样。

在女附中全面开展"劳卫制"工作的是1954年11月由体育组

---

120 彭文(女),1949年5月—1951年8月任女附中校长。

制订的"师大女附中开展劳卫制计划"。该计划一改往日手写计划的情况，用铅字油印，竖排版。这份计划详细规定了女附中实施劳卫制的情况，内容分为：任务、本校参加劳卫制锻炼的报名办法（含级别和报名条件）、报名日期（1954年11月11日-14日）、报名手续、本校劳卫制锻炼领导机构、测验期限、奖励、锻炼办法、项目标准的完成步骤等。其中的"任务"规定：

一、根据北京市劳卫制预备级在初中制订体育锻炼办法，以组织广大同学自觉的、有组织地进行经常的体育锻炼，促进学生身体的全面发展，逐步提高技术水平和增强体质，并培养勇敢、刚毅、机智、集体主义精神等优秀品质，争取达到预备级标准。

二、自高中一年级起，凡身体强健的学生，有一定的体育锻炼之基础在自愿的原则下，可参加中央制订的劳卫制一级标准，经常的、系统的进行有恒的体育锻炼，以不断提高运动技术水平和对劳卫制的正确认识。通过具体项目的锻炼，培养青年们把艰苦奋斗的精神和顽强的性格贯彻到实际行动中，使每一个参加者通过劳卫制的锻炼成为健壮、勇敢、坚毅、乐观、品学兼优、德才兼备的合乎祖国规格要求的人才，成为祖国的积极建设者和坚强的保卫者。

由于劳卫制分为"一级和预备级"，女附中的学生"高中同学参加劳卫制一级。初中二、三年级同学参加劳卫制预备级。（项目标准参考新体育或学校印发表格。）"对经测验合格者，"劳卫制一级测验及格者，由中央体委发给证书及奖章。预备级测验达到及格与优秀者，由市体委发给证章。""锻炼办法"是"每周活动三次，每次一节课，每班至少活动二次最多可到四次。每次以班为单位划分小组，由班干事与锻炼小组长带领进行活动，教师各班轮流辅导。"

在劳卫制开展不到一年后的1955年7月2日，女附中做了"劳卫制工作总结"。从这份总结中可以看到女附中推行劳卫制的情况，具体的做法是：

1. "以开展劳卫制作为学校体育工作的中心任务进行"

初中推行劳卫制预备级，高中推行一级。我们是把正课与课外任务有机地联系起来，以劳卫制为教材的中心内容，通过体育正课，保证学生在劳卫制的基础上得到身体的全面训练，逐步使学生达到劳卫制的标准，而同时又必需（须）通过课外锻炼牢固的掌握熟练技巧来发挥学生创造优秀的成绩与提高运动技术水平。

2. 体育正课与课外活动与劳卫制相互配合

通过教学明确目的，全面地掌握了教材，在锻炼知识技能获得了巩固以后，才能充分地发挥学生身体的力量、速度、灵巧、耐力这四大因素的不断增强和体质促渐（进）增强，因此劳卫制在正课的教材中是占主要地位，应围绕劳卫制为中心，课内一系列的各项教材最终目的是达到劳卫制的标准。

在课外活动中，我们还需要在劳卫制的基础上进一步发展提高各项运动技能，发挥同学们的创造精神，培养新型的优秀人才，使青年意识到锻炼自己成为身体强健，具有科学知识和高度的劳动能力是德才兼备的积极建设共产主义坚强战士。

贯彻在课内课外，把学校的体育正课和课外活动贯穿成为一个工作，有机联系的整体。我们在课外活动，小型竞赛，单项竞赛运动会，都是围绕这劳卫制来进行工作。

3. 在制订教学计划时为劳卫制打下基础

我们是围绕劳卫制一级的内容和要求，根据本校具体情况，制订教材各项标准为劳卫制打下良好的基础。例如在单项竞赛中 400 公尺跑成绩一般的都在 1 分 20 秒-1 分 30 秒，占全体人数 90%，在劳卫制测验的成绩就上升到 1 分 10 秒-1 分 20 秒的人数占 18%。

在 80 公尺跳绳跑、跳远、俯卧撑、跳高等项目上也是这样做的。

4. 时间分配

把全年劳卫制工作分为了三个阶段。在行政青年团的领导下，教导处、卫生室、体育组、学生会、少先队的配合工作和协助之下我们举办了冬季竞赛（第一阶段）。在春季搞越野，集体全校性的及有时间因下雪没举行，有些班单独组织了行军（第二阶段）。在四月举行全校劳动卫国体育大会（第三阶段）。后来上月进行了劳卫制测验，分二边为一阶段，分期测完，最后还有一部分保留在十月以前测完。

5. 参加人数与成绩

我校本年度参加劳卫制人数全体共1072人，中途因参干离校、与中途有病不能参加者81人，已参加测验人数为991人，占全校人数1/2强，初一年级不参加，优秀及格共461人，占全校人数45%[121]。现未测及不及格为530人，占全体人数55%。[122] 具体统计如下[123]：

参加预备级统计表如下：

组别	优秀		及格		不及格		参加人数
	人数	比率	人数	比率	人数	比率	
第一组	43	25.2%	97	57%	30	17.6%	170
第二组	17	9.8%	91	52.9%	64	37.2%	172
第三组	5	17.2%	21	72.4%	3	10.3%	29
总计	65	17.5%	209	56.3%	97	26.1%	371

参加劳卫制一级统计表如下：

组别	及格		不及格和未测验		参加人数
	人数	比率	人数	比率	
第一组	62	74.6%	21	25.3%	83
第二组	138	25.6%	399	74.3%	537
总计	200	32.2%	420	67.7%	620

谈到对劳卫制的认识，总结中写道：

我们深深地体会到劳卫制作为我国体育制度的基础，是我国青年全面发展教育中不可缺少的重要的一环，也是社会主义建设的物

---

121 此处统计可能有误，或根据后来情况统计的。此处"优秀及格共461人"，应占全校参加人数的46.5%。另按照原文件提供的下列表格统计，"优秀与及格"人数应为474人，占全校参加人数的47.8%。——笔者

122 此处统计可能有误，或根据后来情况统计的。按照原文件提供的下列表格统计，"未测与不及格"人数应为517人，占全校参加人数的52.1%。——笔者

123 统计中的比率为笔者所加，其余均为原件中的内容。

质力量的源泉。应该及时的、正确的在人民群众、青年群众中广泛的开展起来。劳卫制的锻炼具有鲜明的爱国主义思想，通过锻炼，使青年增强体质，提高劳动能力，发展智育，而且培养许多具有社会主义道德品质，勇敢机智，组织性、纪律性，集体主义和坚韧、艰苦奋斗的革命精神，为社会主义劳动生产与国防建设而服务。这就是我们工作的指标。

以上就是女附中推行劳卫制的情况。该总结中还提到，"教师也积极地卷入了活跃的热潮进行工作"。因为天气炎热，老师们早上六点就来到操场进行辅导和测验，体育教师们付出的辛勤劳动可想而知。

提到女附中劳卫制情况的还有1956年9月"北京实验中学三年工作规划（草案）"[124]。在这个规划中："高三、初三年级毕业生到1958年达到劳卫制锻炼标准的占90%。"至于这一规划是否实现尚未发现资料。

1960年中国发生严重自然灾害，中苏关系破裂。这时起中国的学习体育才真正进入到1949年以后的第一次的低谷，"劳卫制"活动也随之停止了，1964年改为《青少年体育锻炼标准》。从此"劳卫制"在中国退出了历史舞台。[125]

2007年，1957届毕业生王锐玲将她获得的中华人民共和国体育运动委员会制发的"准备劳动与卫国"体育制度"证明书"捐赠给母校。

---

124 根据1955年10月15日教育部（55）中教林字第一五一号通知，女附中校名改为"北京实验中学"，并由教育部直管，是唯一的一所部属中学。参见袁爱俊主编：《北京师范大学附属实验中学校史（1917—2007）》，武汉：长江文艺出版社，2007年9月，第112页。"北京实验中学三年工作规划（草案）"见该书第115页。

125 曾桓辉："新中国成立后推行劳卫制的历史研究"，载于《体育文化导论》，2005年第2期，第74页。

三、1956年《中学体育教学大纲》

1953年是我国国民经济发展第一个五年计划的第一年,中共中央政治局召开会议,专门讨论了第一个五年计划期间的教育工作。根据中央精神,1954年国家体委、高教部、教育部、共青团中央联合发出指示,号召开展群众性的体育活动,推行"劳卫制",着手试行体育正课改革。如前所述,1953年教育部已组织专家翻译了苏联十年制学校体育教学大纲,并组织各地的体育教师学习和推广。

在这种背景下,1954年教育部抽调部分专家组建了全国统一中小学体育教学大纲编订组,在调查研究和总结我国体育教学经验的基础上,以苏联中小学体育教学大纲为蓝本,编订了中小学体育教学大纲。1956年教育部正式公布了这套全国统一通用的《小学体育教学大纲》(1956年3月)和《中学体育教学大纲》(1956年5月)[126],这也是新中国颁布的第一套体育教学大纲。这标志着我国以苏联为参考模式的学校体育理论体系的初步形成[127]。

该大纲对体育教育定位是:中小学体育教育"是全面发展教育的一个组成部分"。大纲用"目的和任务"的提法取代了"目标和基本目标"的提法。中学体育教育的目的是"培养学生成为全面发展的社会主义建设者和保卫者"。中学体育教育的基本任务是:

1) 锻炼身体,增进健康,促进身体的正常发育;
2) 教授学生本大纲中所规定的体操、游戏和各种主要竞技运动的知识与技能,并在教学过程中发展学生身体的素质(灵敏、迅速、力量和耐久力等);
3) 培养学生具有爱国主义思想、爱好劳动、集体主义精神、自觉的纪律及坚毅、勇敢、机敏、乐观等共产主义的品质;

---

126 《小学体育教学大纲》《中学体育教学大纲》,见课程教材研究所编:《20世纪中国中小学课程标准·教学大纲汇编——体育卷》,北京:人民教育出版社,2001年,第37-74页,第459—519页。
127 张细谦:"当代中国学校体育思想的发展与演变",载于《广东教育学院学报》,2000年,第20卷第5期,第140页。

4) 学校教育必须和卫生结合，逐渐养成学生在学习、生活和工作中个人与公共卫生的习惯；
5) 培养学生爱好体操、游戏竞技运动的兴趣和经常自觉参加锻炼身体的习惯。[128]

该大纲提出，"体育教育的结果，应使学生掌握大纲内所规定的各项练习的知识与技能，获得身体的全面训练，并保证初中学生毕业前达到'劳动和卫国'体育制度少年级的及格标准，高中学生毕业前达到'劳动和卫国'体育制度一级的及格标准。"[129] 从而确定了以"劳卫制"标准作为中学体育教育的结果评价标准，使学校体育也基本纳入全国性的体育锻炼达标活动之中。

为贯彻大纲，教育部于1956年7月专门组织了"全国中等学校体育教学大纲学习会"。会上教育部韦副部长讲话，"这个大纲是根据我国中等学校培育年轻一代成为全面发展的社会主义社会的积极建设者和保卫者认为而制订的。……我们必须有计划、有步骤地贯彻实行国家的体育教学大纲"。[130] 1957年，人民教育出版社还出版了与这套大纲相配套的《小学体育教学参考书》和《中学体育教学参考书》。这套参考书根据体育教学大纲，详细介绍分析了教材内容、教学要点、教学步骤方法，并且向全国中小学体育教师介绍了体育教学理论方面的基础知识，使中小学体育教学大纲得到了具体的贯彻和落实。[131]

关于女附中与1956年5月的《中学体育教学大纲》有关的情况，遗憾的是，由于1957年—1959年女附中体育档案的缺失，笔者在现有的档案中并未找到任何有关该大纲的信息，只找到几份1956年的体育档案：娄金洲"1955—1956年教学工作总结"、张婉容1956年

---

[128] 课程教材研究所：《20世纪中国中小学课程标准.教学大纲汇编·体育卷》，北京：人民教育出版社，2001年3月版。转引自韩印华："新中国学校体育目标体系的研究"，华南师范大学硕士论文，2004年，第12页。
[129] 王华倬："论我国近现代中小学体育课程的发展演变及其历史经验"，北京体育大学博士论文，2003年，第76页。
[130] 同前注，第77页。
[131] 同前注，第77页。

4月28日"实验课小结"、1956年7月1日体育组教研组的"体育组工作总结"、1956年5月29日张婉容"北京实验中学体育观摩教学教案"和1956年蒋瑞轩"初中二年级体育教学工作计划"。这几份文件均未提到教育部的《中学体育教学大纲》。从这几份文件中仅可看到女附中1956年体育工作情况。

1. 体院体育理论研究生到女附中开展科学研究工作,并协助改革体育课。

娄金洲"1955—1956年教学工作总结"中提道:"今年开学不久体院体育理论研究生到我校进行科学研究工作,并协助改革体育课,通过此次工作对我们帮助很大,明确很多原则性上的问题,要提高学生体质,技能,就必须加强课的密度及运动量,使学生在一课的四十五分钟内能有计划的不浪费一分一秒时间来进行操练。"

2. 女附中成立体育协会,主要负责课外体育活动。

在1956年7月1日体育组教研组的"体育组工作总结"中提道:"本期在教育部的指导之下,在第四周建立了体育协会,以改进课外体育活动:组织有篮球运动部、田径运动部、体操运动部,和一般身体训练部是以锻炼小组为单位进行劳卫制锻炼,"体协"在各运动部的活动大致如下:本期活动:体操——39次;田径——30次;篮球——30次;国防——12次"。

3. 女附中学生1956年的体育成绩较1955年有了提高。

"体育组工作总结"中还有一份成绩单,将1956年的成绩与1955年进行了比较,可以发现在几个项目上学生成绩都有了提高。

初中组		高中组	
1956年	1955年	1956年	1955年
60公尺:9秒1	9秒5	100公尺:14秒5	14秒8
跳远:4.13公尺	3.68公尺	跳远:4.19公尺	3.79公尺
垒球:43.50公尺	41.20公尺	跳高:1.28公尺	1.26公尺
手榴弹:——	31.60公尺	手榴弹:33.79公尺	33.13公尺
		俯卧撑:30次	

4. "体育组工作总结"中有一份体育组截止到 1956 年 7 月 8 日的工作表：

本期组内已完成的各项工作内容表（体育教研组 1956 年 7 月 1 日）

编号	工作内容	完成日期	负责人及有关部门
1	实验课	3 月 18-22 日	体育学院研究生及张婉容
2	体协建立	4 月 12 日	赵校长
3	体育教育实习	4 月 23—5 月 19 日	体育学院与赵校长
4	体育工作报告	4 月 23 日	张婉容
5	观摩课	4 月 23 日	张婉容高一三班
6	班主任报告	4 月 25 日	董淑兰
7	全校运动会	4 月 12 日	实习队与教研组
8	实习生公开课	5 月 17 日	体育学校彭婉儿（？）
9	福建代表团参观课	5 月 29 日	高一六、初二四、张婉容、蒋瑞轩
10	福建代表团观摩课	6 月 1 日	高一六、初二四、张婉容、蒋瑞轩
11	福建代表团座谈会	6 月 1 日	教研组
12	提高教学质量学习	6 月 10 日	教研组
13	劳卫制测验	6 月 7 日—30 日	各级教师
14	各班评分工作完成	6 月 23 日	各级教师
15	总结本期工作	6 月 25 日—7 月 8 日	各级教师

从这份表格中可以看到，1956 年上半年女附中在体育教学方面开了"实验课""观摩课"，接待了体育学院的实习，接待了福建代表团，还召开了全校的运动会。根据这些内容推断，当时女附中的体育教学工作开展正常、紧张而有序，应该是做得比较好的。

虽然目前档案缺乏对女附中贯彻执行《中学体育教学大纲》的内容，但从现有档案资料看，女附中的体育教学与教育部大纲的内容基本一致。这点可以从教学内容上得到印证。

教育部大纲中中学体育教材包括基本教材和补充教材两部分：基本教材是全国中学必须贯彻执行的教材，补充教材是为适应地区气候不同、各地中学体育发展不平衡或其他条件不同而编订的。基本教材分为体操、田径、游戏三大项。各年级教材包括队列练习和体操队形练习.一般发展和准备性练习，悬垂、支撑、攀登、爬越、平衡、技巧练习、搬运重物，走，跑，跳跃，投掷，游戏等类。

体操包括：队列联系和体操的队形练习（如初中：徒手操、跳跃、小球和打球、实心球、体操棒、体操凳、肋木、对抗和角力、舞蹈）、一般发展和准备联系、悬垂、支撑、攀登、爬越、跳跃、平衡、技巧练习、投掷（初中）、搬运重物（初中）。

田径包括：走和跑、跳跃、投掷。

补充教材有：体操、田径、游泳、速度滑冰；游戏（初二以上）；滑雪；如高三女：1.在18度的斜坡上用以前学过的各种方法滑行、上坡、滑下，停止和转弯。2.在坎坷不平的地区滑行四公里。[132]

蒋瑞轩1956年"初中二年级体育教学工作计划"中所列的课程内容有：

体操包括：基本动作和体操队形变换、垫上前滚翻后滚翻、肩背倒立、跪跳起高跳下、双杠：中侧撑分腿骑坐一腿由杠间摆动转体1/2成外侧坐俯撑推杠下、跳箱、爬绳、平衡木、单杠。

田径包括：两分钟慢跑、400公尺（5分：1分50秒；4分：1分57秒；3分：2分5秒）、垒球掷远、用一定的步子走完60公尺、快走各种姿势起跑、蹲踞式起跑、疾跑60公尺、迈步式跳远（从140公分处起跳跳过50公分高）、推实心球、6磅铅球、蹲踞式跳远。

球类：篮球

游戏：篮球游戏、夺旗、传球游戏、圆周接力右邻的人、障碍接力赛跑（爬过120公分跳箱，跨过150公分的壕沟）、50公尺迎面接力、转动目标、简易足球、集体舞。

一般性练习的动作包括：走与跑、跳跃、投掷、悬垂、支撑、攀登、爬越、平衡、其他。

这仅仅是一个学期的体育计划，全年计划应该还有更多的内容。由此看来，女附中的体育教学计划与《中学体育教学大纲》的要求差

---

132 同前注，第76页。

别并不大。

本节小结

1949年以后，苏联体育理论对我国学校体育思想产生了极大的影响。最集中的表现就是仿照苏联模式推广实行了"准备劳动与卫国制度"，即"劳卫制"用《劳卫制》代替了学校体育任务和要求。在1956年发布了《小学体育教学大纲》和《中学体育教学大纲》，该大纲是以苏联中小学体育教学大纲为蓝本编订的。

此外，苏联体育理论对我国学校体育教育思想的影响表现，首先是在认识上。在上世纪50年代到60年代"体育是共产主义教育的手段"存在于当时的各种教科书、专著中，并被教育界广泛接受。

其次，以体育的"工具论"为模式，并继承1949年前革命根据地的学校体育为阶级斗争和革命战争服务的思想，确立了学校体育为无产阶级政治服务，为生产建设和国防建设服务的方向，"锻炼身体，建设祖国，锻炼身体，保卫祖国"成为学校体育最响亮的口号。

第三，引进了体育教学原则、教学法原理等，制定全国体育教学大纲，重视传授体育知识、技能和提高身体素质，强调体育教学的计划性和教学过程的组织性、纪律性[133]。

这一阶段，女附中的体育教育教学也进入了"苏联模式"。女附中的体育档案记载了向苏联学习的情况。

1953年，女附中的体育教师结构发生了变化。8月从北师大体育系毕业的董淑兰、娄金洲来到女附中，刘伯奇老师离开女附中到师大体育系，后任师大体育系主任。高树芸调入团市委。1953年张婉容任体育教研组组长。

这一时期，女附中体育教育中还应该记载下来的一件事是1955年的第一届工人体育运动大会，女附中接受了在开幕式上表演团体

---

[133] 王则删：《学校体育理论与研究》，北京：北京体育大学出版社，1995年。转引自鲁国斌："新中国学校体育思想发展的阶段特征"，载于《怀化学院学报》，2006年第8期，第102页。

操的任务。

学校体育教研组组长张婉容老师接到任务后利用暑假编写出了一套韵律体操,由音乐教师李晋媛配了乐谱。这套体操采取的是舞蹈动作,有十种图案,也就是十节集体造型,每种动作各有四八拍。从入场到结束,每走一步,每个动作,每次队形变换,都按音乐节奏进行。全部时间为三十多分钟。

9月开学后开始排练。全校学生除病号外几乎都参加了,有一千二百多人。学校领导和各级教师、职工给予大力支持。由于只有一个月的操练时间,每天又只能利用课余的两个小时进行,时间紧,而且每一个动作都要从头学起,任务相当艰巨。[134]

在紧张的排练过程中让女附中师生备受鼓舞的是,贺龙元帅和陈毅元帅率领着国家体委荣高棠、朱德宝等同志来看望大家。"顿时全场沸腾了,学生们高兴得又跳又叫,一下子跑拢来把两位老帅给包围了。两位老帅也高高举起手来,高兴地向学生们致意。"

陈毅元帅向同学们讲了话,贺龙元帅还和张婉容老师握手,询问排练的情况。"两位老帅亲切教诲鼓舞着人们的心。张婉容向老帅们表示一定不辜负中央领导的期望,尽最大的努力把体操排练好,请两位元帅放心。"

运动会是在北京先农坛体育场举行的,在表演中,学生们穿着天蓝色的运动衫,白长裤、白运动鞋,显得鲜明、朴素。她们从进场到出场,各种队形和动作的变换,都整整齐齐,圆满地完成了这次表演任务。

在团体操表演后,学校党支部书记告诉大家说国务院打来了电话,两位老帅说团体操表演的很好,毛主席看了很高兴,群众也欢迎,还拍了电影,并向教师和学生们表示慰问。[135]

---

134 白肇杰:"两位老帅和团体操表演",载于《体育文史》,1984年Z1期,第54页。
135 同前注,第55页。

第四节

社会主义建设时期女附中的体育教育（1957—1966）

五十年代末至六十年代中期，是我国开始全面建设社会主义的重要历史时期。1956年9月中国共产党第八次全国代表大会指出：社会主义制度在我国已经基本建立，"我们国内的主要矛盾，已经是人民对于建立先进的工业国的要求同落后的农业国的现实之间的矛盾，已经是人民对于经济文化迅速发展的需要同当前经济文化不能满足人民需要之间的矛盾。"[136] 全国人民主要任务是集中力量发展社会生产力，实行国家工业化，逐步满足人民日益增长的物质和文化需要。

在党的八大精神指引下，党和国家的工作重点开始转移到发展国民经济和文化教育上来。但是，"这十年中，党的工作在指导方针上有过严重失误，经历了曲折的发展过程"[137]。各种"左"的错误对教育事业产生了很大干扰，使得学校的体育教育也经历了曲折的发展。

一、教育方针及"大跃进"对体育教育的影响

1957年2月，毛泽东在《关于正确处理人民内部矛盾的问题》的报告中明确指出："我们的教育方针，应该使受教育者在德育、智育、体育几方面都得到发展，成为有社会主义觉悟的有文化的劳动

---

136 "中国共产党第八次全国代表大会关于政治报告的决议"（一九五六年九月二十七日中国共产党第八次全国代表大会通过），载于《人民日报》，1956年9月28日。
137 1981年6月27日中国共产党十一届中央委员会第六次全体会议通过的《关于建国以来党的若干历史问题的决议》第17段。见《人民网》，http://cpc.people.com.cn/GB/64162/71380/71387/71588/4854598.html，访问时间2017年5月28日。

者"[138]。社会主义建设时期教育方针的提出,说明毛泽东改变了新中国成立以来他一直强调的学校教育要"注意健康第一,学习第二"的思想,体现了毛泽东"全面发展"的教育思想。教育方针从根本上明确了社会主义时期教育的性质和任务,对体育教育的发展也产生了重要的影响。

值得注意的是,教育方针中的"三育"并非新的提法。早在1952年3月,教育部颁发的《中学暂行规程(草案)》中规定的中学教育的任务中提到了"四育",即:"中学应对学生实施智育、德育、体育、美育等全面发展的教育。"[139] 教育方针中的"三育"将"美育"排除在外,保留了其他"三育","体育"为其中之一,与"德育""智育"并列。这就强调了体育是全面发展教育中不可缺少的重要组成部分,对学校体育地位的确立起到了重要的指导作用和推动作用,同时也使这一时期的学校体育目的任务直接面向生产建设、国防建设和政治需要服务。

毛泽东的指示发表后,在全国教育界掀起了贯彻落实教育方针的热潮,体育课程设置和课时安排在各级各类学校得到了保证。苏竞存在《人民教育》上撰文专门谈到了"体育":

这一指示,使学校教育的任务更为明确了。体育是学校教育的一个重要组成部分,它不仅是教学计划中的一门课程,同时还有许多课外、校外体育活动,是青少年主要的文化活动之一;它不仅可以用来增进学生的健康,促进我们身体的全面发展,并且可以培养他们的品德和意志,是对学生进行共产主义教育的一种重要手段。

学校体育贯彻教育方针所要完成的具体任务是什么呢?就是:促进学生身体的正常发育,增进健康;促进身体机能(内部和外部表现的)的全面发展,掌握身体活动的(也是劳动和卫国所需要的)基本技

---

138 毛泽东:"关于正确处理人民内部矛盾的问题"(1957年2月27日),《毛泽东著作选读》(下卷),北京:人民出版社,1986年8月,第781页。
139 《教育文献法令汇编》(1949—1952),第14页,转引自高奇主编:《中国现代教育史》,北京:北京师范大学出版社,1985年,第295页。

能和必要的体育、卫生知识;通过体育培养学生爱国主义和集体主义的精神,坚毅、勇敢、刻苦、耐劳等优良品质,并养成经常锻炼的习惯和卫生习惯。[140]

苏竞存还认为,这些任务是通过下列措施来完成的:1.体育课;2.早操和课外运动;3.假日和假期的体育活动;4.学校保健工作。如果按照这一思路发展下去,会调动起体育教育工作者的积极性,促进学校的各项体育工作。但"大跃进"的到来,以及随之而来的教育改革,很快使学校的体育教育受到了影响。

"大跃进"运动是指1958年至1960年间,中国共产党在全国范围内开展的极"左"路线的运动,是在中共八届三中全会及其以后不断地错误批判1956年反冒进的基础上发动起来的,是"左"倾冒进的产物。高指标、瞎指挥、浮夸风和"共产风"为主要标志的大跃进不仅对我国经济带来巨大的灾难,而且对我国体育事业也带来了影响。[141]

1958年5月,党的八大二次会议制定了"鼓足干劲,力争上游,多快好省地建设社会主义"总路线后,全国迅速掀起了工、农业生产"大跃进"的高潮,这一高潮很快就波及教育领域。1958年9月,中共中央、国务院在《关于教育工作的指示》中提出:"党的教育工作方针,是教育为无产阶级政治服务,教育与生产劳动相结合;为实现这个方针,教育工作必须由党来领导。"[142]这样,教育的目的就非常清楚了,教育要为"无产阶级政治服务",其中的"无产阶级政治"是指中国共产党的理论、路线、方针和政策等。

在这一大背景下,大跃进很快在学校体育中就有了影响。1958年10月,国家体委和教育部联合在徐州联合召开了"全国中、小学体

---

140 苏竞存:"学校体育怎样贯彻教育方针",载于《人民教育》,1958年第5期,第18页。
141 牟善武等:"揭示大跃进对我国体育的影响",载于《当代体育科技》,2014年第22期,第185页。
142 何东昌:《中华人民共和国重要教育文献》(1949—1975年),海口:海南出版社,1998年,第859页。

育工作经验交流会",总结交流各地"体育大跃进"的经验,提出:"要紧跟全国工农业大跃进的形势,争取更大的跃进。年底以前,在中学实现除病残外100%的学生分别达到'劳卫制'一级、二级、等级运动员和普通射手的标准(即四红)","在小学实现除病残外100%的学生分别达到'劳卫制'少年级和少年级运动员的标准(即双红)"。明确要求"在12月底以前,全国基本上普及'四红',在'四红'的基础上培养三级运动员多面手,全面进行锻炼,进而培养二级运动员,并产生一级运动员和运动健将,为大放'卫星'打基础。青少年是实现全面发展和培养体育运动多面手最好的对象,各省、市、县要根据具体情况,统一安排,制定规划。"[143]这种不切实际的高指标倾向,既违背了学校体育工作的一般规律,也在一定程度上损害了学生的健康。[144]

在"大跃进"的运动中,女附中于1958年8月编制了"北京实验中学全校跃进规划"(1958—59年1卷)。该规划在第三项"主要措施"中的"体育卫生方面"规定:"高中学生按健康状况和运动水平分班教学。成立业余体育学校,培养60%等级运动员。普遍开展劳卫制锻炼。开展国防体育活动。"[145]

在1959年编写的《北京实验中学简况》[146]中,没有任何与体育教育有关的内容,有的是大量与劳动有关的内容。该简况谈到:"在1958年大跃进的年代,学校大力贯彻了'教育为无产阶级政治服务,教育与生产劳动相结合'的方针。学生不仅努力学习书本知识,生产劳动也成为学生经常不可缺少的活动。根据上级的指示和我们的实际工作经验,劳动已正式列入课程。"

根据该简况,"劳动"正式列入了学校课程,学生下乡参加了秋

---

143 王华倬:"论我国近现代中小学体育课程的发展演变及其历史经验",北京体育大学博士论文,2003年,第80页。
144 李秀梅:"新中国初期学校体育改革回顾",载于《体育文化导刊》,2001年第1期,第62页。
145 袁爱俊主编:《北京师范大学附属实验中学校史(1917—2007)》,武汉:长江文艺出版社,2007年9月,第120页。
146 同前注,第122—124页。

收,还参加炼钢、到工厂参加劳动。学校还与广播事业局北京服务部协作,"在学校建立了3个车间,加上学校原有的机工车间,共4个车间,……这四个车间包括了装制扩音机、电子示波机等无线电仪器的生产的主要过程。"

至于劳动占用的时间,1959年的"简况"并未提及。笔者从学校档案中查到的1960年2月"北京实验中学简况"中提道:"在生产劳动时间安排上,采取了集中与分散相结合的原则。除毕业班外,初一每周分散劳动6小时,其他年级每学期集中劳动2周,每周分散劳动2小时,并组织2—4天参加农业劳动。"

在这种情况下,如何保证体育课的正常进行呢?这份简况谈到,"在时间安排上,学校保证每天下午有半小时体育锻炼时间,隔周有一次2小时体育运动时间。"

根据国家1958年颁布的《1958—1959学年度中学教学计划》;1958年颁布的《初中课程安排表》和1959年5月发布的《国务院关于全日制学校的教学、劳动和生活安排的规定》,对体育课程的规定如下[147]:

课程教学计划	对体育课程的有关规定
1958年—1959学年度中学教学计划	包括体育课共15门。其中体力劳动未安排固定学时,但规定初高中各年级每学年劳动14—28天。体育每周2学时,中学六年每周共12学时、每年共404学时。
1958年:《初中课程安排表》	体育课程安排未做变动。
1959年《国务院关于全日制学校的教学、劳动和生活安排的规定》	除上体育课外,学生的体育活动要和军事训练、劳卫制锻炼结合起来在课外进行,不要占用上课时间。学校训练体育选手应在课余时间进行。中学生每周的劳动时间,高中学生一般规定为八小时,最多不超过十小时;初中学生一般规定为六小时,最多不超过八小时。

---

[147] 参见课程教材研究所编:《20世纪中国中小学课程标准·教学大纲汇编——课程(教学)计划卷》,北京:人民教育出版社,2001年,第264—302页。转引自王华倬:"论我国近现代中小学体育课程的发展演变及其历史经验",北京体育大学博士论文,2003年,第79页。

从以上三个文件看，体育课程一直被给予了应有的重视，中学每学年均设置体育必修课，体育课学时每周2学时，除体育课外，强调早操和课间操在体育课程中的重要作用，并要求坚持早操和课间操。

从女附中1960年"简况"中的情况看，"每天下午有半小时体育锻炼时间，隔周有一次2小时体育运动时间"，与上述文件中规定的每周2学时的体育课还是有差距的。

另外，在女附中的档案中有一份1960年4月21日存档的"两年来的北京实验中学"的文件，其中提道：

> 社会主义建设总路线颁布后，学生们也被大跃进的形势所鼓舞，前后参加劳动的43000多人次，做了约21700个劳动日。学生们在劳动中受到了锻炼，热爱劳动的情感日增，他们不再轻视体力劳动，不再嫌脏怕累，要为祖国的社会主义建设而战。

这份材料笼统地讲到了劳动人次和劳动日，没有提供更多更具体的数据。

当时，由于片面强调"教育与生产劳动相结合"，普遍出现了"以劳动代替体育""以军训代替体育"的情况。为此，苏竞存谈到："（关于体育与生产劳动相结合的问题）我们也必须防止另一方面的想法，就是把体力劳动跟体育混淆起来，认为有了体力劳动就可以不需要体育了。这也是错误的。体力劳动虽然具有一定的锻炼身体的作用，但是，它和体育并不是一回事。"[148]女附中当时是否出现了"以劳动代替体育"的情况，由于资料的缺乏笔者很难下结论，只能说发现有这种倾向。

这一阶段出现的"四红、双红""以劳动代替体育""以军训代替体育"使学校的体育教育受到了影响，阻碍了体育课程教学理论与实践的发展。

---

148 苏竞存："学校体育怎样贯彻教育方针"，载于《人民教育》，1958年第5期，封三。

二、1961年中学体育大纲

从1958年开始,学校体育出现了大发展的趋势,但在后来"大跃进"的浮夸风中发生了偏离,一度曾出现1956年全国统一的体育教学大纲受到严厉批判而被迫停止使用的情况,学生的健康和体质下降。再加上1959年至1961年我国连续三年遭遇的自然灾害,使人民生活遇到了极大的困难,学校中的体育教育几乎瘫痪,学生的体质和健康状况严重不良,也直接影响了体育课程教学的发展。

1960年冬,党中央和毛泽东同志开始纠正农村工作中的"左"倾错误,并且决定对国民经济实行"调整、巩固、充实、提高"的方针。[149]教育事业的调整和改革也从这一时期开始了。

1960年刊登在《上海体育学院学报》上的一篇文章"在中学体育教育工作中,怎样才算贯彻了党的教育方针"的文章中谈到:

正确完满地解决了教育方针中对体育所提出的下列各项具体任务是贯彻党的教育方针的具体标志:

1. 增强健康,正确全面地发展学生的身体。
2. 发展学生的身体素质,掌握生活中必需的知识和技能。
3. 提高学生的运动技术水平。
4. 培养学生的共产主义道德、意志品质。
5. 培养学生的组织能力和独立工作能力。[150]

作者还认为,只有正确地完成上述任务,才能实现我国的体育是为"增强人民体质,为生产劳动和国防建设服务"这一根本任务,才能符合教育方针所提出的要求。这篇文章表明,对"增强人民体质"作为体育任务的认识已经逐渐形成。

---

149 1981年6月27日中国共产党十一届中央委员会第六次全体会议通过的《关于建国以来党的若干历史问题的决议》。见《人民网》,http://cpc.people.com.cn/GB/64162/71380/71387/71588/4854598.html,访问时间2017年5月28日。
150 钱耀庭:"在中学体育教学工作中怎样贯彻党的教育方针",载于《上海体育学院学报》,1960年第1期,第1页。

50年代末，在全国范围内兴起了以总结建国几年来的经验为基础，从理论上认识苏联经验，反思苏联教训的社会政治思潮。中苏关系的恶化使得这种思潮有所发展。在学校体育教育方面，也开始总结学习苏联的经验和教训，并逐渐摆脱"苏联模式"，试图建立自己的体育教育理论体系。

始于1961年的"体育课是以发展身体素质为主，还是以传授运动技能为主"的讨论[151]，不仅体现了理论研讨对学校体育思想的积极作用，而且还促进了学校体育教学大纲的修订以及管理办法的出台。

正是在这种背景下，1961年，教育部重新制订颁布了十年制《小学体育教材》和《中学体育教材》[152]（教师用书）。虽然名为"体育教材"，但其内容和结构实为一套新的"体育教学大纲"，这个"大纲"是同教材合订为一本颁发的。[153]这也是新中国成立后的第二部《中学体育大纲》。

这部大纲突出强调了体育的目的是"增强学生体质，并通过体育向学生进行共产主义教育，使学生能更好地学习、参加生产劳动和准备保卫祖国"。为达到这一目的，大纲中提出了四项基本任务：

1. 促进学生身体的正常发育和机能的发展，增强身体对寒冷、炎热等自然环境的适应能力；

2. 促进学生劳动、保卫祖国和日常生活中所需要的身体基本活

---

151 《体育报》和《文汇报》从1961年9月展开了"体育课教学应该以发展身体素质，还是以传授知识技能为主"的讨论。此前，《体育报》从1960年12月22日开辟了"教学笔谈"专栏，为这场讨论创造了争鸣的园地。这一次讨论于1962年1月底告一段落。这场讨论的结果是多种观点相持不下。这些观点可以概括为：以发展身体素质为主；以传授知识技能为主；两者不能划分主次，要紧密结合起来；主次的划分不确定，视具体情况而定；以增强体质为主；政治思想教育最重要。通过这场讨论体育教育界开始逐步澄清了一些片面认识。参见李秀梅："新中国初期学校体育改革回顾"，载于《体育文化导刊》，2002年第2期，第62页。

152 课程教材研究所：《20世纪中国中小学课程标准·教学大纲汇编·体育卷》，北京：人民教育出版社，2001年3月，第75—90页，第520—553页。

153 王华倬："论我国近现代中小学体育课程的发展演变及其历史经验"，北京体育大学博士论文，2003年，第81页。

动能力和身体素质的全面发展；

3. 使学生认识体育的重要意义，具有基本的体育知识和锻炼身体的技能，养成锻炼身体的习惯，并要提高部分运动基础较好的学生的运动技术水平，以进一步增强他们的体质；

4. 通过体育，教育学生热爱党、热爱祖国、热爱劳动，培养他们勇敢、坚毅、朝气蓬勃、服从组织、遵守纪律和集体主义等共产主义道德和优良品质。

从大纲的基本任务上看，对增强体质设立了目标内容，包括了促进身体正常发育，促进身体机能，基本活动能力和身体素质的全面发展，增强身体对冷热等自然环境的适应能力，这与现行的体质概念已相差无几。

就教材体系和内容，大纲规定：中学教材分基本教材和选用教材，基本教材内容与体操、田径、武术、游戏（球类）、体育基础知识五大项。选用教材供各地、各校根据具体条件灵活第选用其中的某些教材。基本教材与选用教材的所占总授课时数分别是 80% 和 20%。值得注意的是，这套大纲中将武术列入中小学体育教材。

这部大纲的颁布标志着学校体育课程已经开始脱离苏联模式而开始有了自己的特色。也表明学校体育教育中以增强学生体质为主的目标体系的确立。

关于 1961 年中学体育大纲的执行等相关情况，笔者掌握的女附中体育档案中并没有这方面的内容。但是笔者找到的一份体育教研组写于 1961 年 1 月 30 日的"体育教学工作总结"（以下简称"总结"）中提到，女附中（1960 年）"接受了师大新大纲的实验任务"。从这份总结的内容来看，笔者认为极有可能是在教育部正式颁布这套体育大纲之前，女附中作为试点学校试行了这套大纲。因为在这份总结中多处体现了这部大纲的基本精神和内容。具体表现在：

1. "总结"中多次出现了 1961 年大纲中体育教育的目的"增强学生体质，并通过体育向学生进行共产主义教育，使学生能更好地学习、参加生产劳动和准备保卫祖国"。"总结"在一开始时提道："在教学实践中，必须与生产劳动相结合，为国防服务。我们通过九年一贯制大纲的学习和实验，我们教师在思想上逐步明确了教学目的任务，进而贯彻到教学实际活动中去，与当前生产斗争和政治斗争结合起来。首先必须贯彻以增强体质为中心，加强共产主义教育，密切联系生产力与国防实际。这是坚定不移的方向，教师要报新大纲这根红线，贯彻渗透到每一课时，每一环节去，归根结底，决定于教师的教学思想改造和世界观的改造。"

2. 大纲中提出的四项基本任务之一是"促进学生身体的正常发育和机能的发展，增强身体对寒冷、炎热等自然环境的适应能力"。"总结"中写道："体育课的教材紧密的联系生产与国防实际，最主要的手段是全面发展学生的身体素质，增加身体健康就能提高劳动能力，能机智勇敢的掌握和适应一个艰苦困难的环境。"

3. 在课程内容方面，加入了武术。"总结"中谈到："这学期在实验中首先通过课堂教学普及长拳，课内外密切结合，以群众运动的方式，大力开展武术、剑术、长拳、太极拳，以及武术的基本功。以促进学生身体素质的增强和发展。武术能充分发展人体各部器官机能的内在潜力。我们在课内除用一般发展的操练以外，主教材以前或者作为主教材也有时放在结束部分以前，调剂运动的强度。这些都以当时课的目的任务来决定武术的位置和时间比重。这机动的处理教材为了是更符合青少年的特征和实际。"

4. 课程内容中加入了"体育基础知识"。"总结"中提道："我们在增强体质方面除了在课内外普及武术以外，在教学内容教材教法以及组织措施上，都很重视素质发展和基本知识的训练，在跑跳教材方面首先进行身体全面练习，专门练习，与变速条件的作业等等有利技术的迅速形成。（原文如此——笔者注）过去我们对多方面发展学生的身体素质和加强基本知识训练也是重视不够。"

5. 在发展身体素质与传授运动技能关系的问题上，"总结"谈到："增强体质与掌握运动技能紧密结合，这是不可分割的统一整体是相互促进，互相制约的辩证关系，只有在增强体质的基础上全面的发展身体素质，才能更快更好在掌握运动技能。身体素质的增强是形成运动技能的物质基础。在掌握运动技能的活动中，也是促进体质增强的有效手段。所以我们采用各种不同的多样的练习进行全面的身体训练，增强体质和素质的发展，以促进运动技能的迅速形成。"通过课堂实践，"说明了大纲指示的增强体质与掌握运动技能紧密结合是完全正确的。"

6. 在通过体育对学生进行共产主义道德和优良品质教育方面，"总结"中谈到："通过教材加强共产主义教育；讲清教材的目的任务，与实用意义和价值，启发学生的积极性，学习工人阶级对待劳动艰苦奋斗的精神，以克服学习上的困难。在活动中培养学生团结互助、协作，热爱集体，热爱劳动的集体服务的崇高品质，在分组竞赛中注意培养学生自觉在遵守规则和纪律加强组织观念，通过安装器材，保管等培养学生树立劳动观点。"

以上内容表明，女附中的"总结"与教育部大纲的内容高度相似。女附中很可能在教育部大纲正式颁布之前，就已经开始试行该大纲。

"总结"中还提到了在增强体质与掌握运动技能紧密结合方面的具体例子。由于教师的努力，想了各种办法丰富体育课的教学内容和训练方法，以增强学生的体质，提高她们的运动技能，使得成绩有了显著提高：

在初二（6年级）级过去没有做过4分钟以上的越野跑，这次除病号以外，全班同学在大雪天围绕校园作5分钟越野跑以后，同学们普遍反映并不累，感到舒适。高二（9年级）级（同样）也是这样，越野跑有5分钟达到1千多公尺以上，也没有人感到紧张和过度疲劳的现象，成绩普遍有所提高。

在初三（7年级）进行俯卧式跳高以前，我们采用单足跳、双足跳，连续的立定跳远、跳台阶、跳实心球、跳绳等辅助练习，加强基本知识训练和发展腿部力量……通过这一系列的各种练习和多样的变换条件作业，上（完）五节课再测验时，初三各班的俯卧式（跳高）都达到1—1.25米的成绩。获得5分的有21-23人，95公分以内的有22人获得4分，90公分以下3分的没有，也没有发生其他事故。

此外,"总结"中还谈到,在实验大纲的过程中,在课内做到"三抓",课外做到"三要"。课内"三抓"是:"1.抓共产主义道德品质教育通过课堂教学结合教材进行。2.抓精讲多练——重点难点讲清讲透正确直观的示范,适当加大课的运动量和密度。3.抓全面训练——课内全面组织教材发展身体素质是增强体质体能关键。"

课外"三要"是:1.要发展身体素质与提高运动技术同时并举;2.要课内外相互结合,互相促进,在普及的基础上达到提高,课外复习正课所学的知识技能,基础好的学生参加运动队提高,组织多样竞赛经常化。3.要改进学生健康,普及武术,体弱生参加太极拳、长拳和剑术,病号学生参加体育课教材上有区别,贯彻因材施教。

从"总结"中可以看到,在当时女附中体育教师的积极性得到了充分的调动。"这学期在接受师大实验任务以来,我们的体育教学工作是有了很大的改进和新的气象"。他们感到"我们的第一步已经初步取得了成绩,方向已经明确,这就更鼓舞着我们前进的勇气。"

另据女附中体育教师夏克若在"青春活力的校园体育"一文中的记忆:"当时教育部集中了全国知名的专家和学者,集中编写各种新的教学大纲和教材。编写体育课教材的是以王占春[154]为首的五人小组,把我校作为新大纲和教材的实验基地。例如前滚翻这个体操教材几个课时能完成,放在哪个年级教授合适等等,许多教材是在我校实验总结的。"

夏老师的回忆表明,女附中有很大可能是 1961 年这部体育大纲的试点学校。

---

154 王占春是我国著名学校体育专家。历任过国家督学、全国中小学教材审查委员会委员、中国教育学会体育研究会副理事长、中国体育科学学会常务理事、人民教育出版社编审等职。他主持编写了新中国成立以来的七套《中小学体育教学大纲》和《体育教材》。是新中国学校体育与体育课程教材建设的重要奠基人之一。著有《王占春教育文集:学校体育的实践与研究》,北京:人民教育出版社,2009 年 12 月。

三、体育课中的政治思想教育

1953年第4期的《人民教育》上刊登了苏竞存的文章："怎样在体育课中贯彻政治思想教育"。[155] 文章写道：

> 在体育课中进行思想和品质的教育，最重要的是教师必须对于教学的目的与政治任务的关系有明确的认识和分析。因此，一个体育教师，便必须经常关心国家的国防、经济、文化的建设和抗美援朝的情况，以及和平运动等国际时事的发展，便必须经常注意报纸上登载的志愿军的英勇事迹、各种建设中完成艰巨工作需要强健体格的事实等等，这些对于完成体育教学的任务——培养青年一代成为热爱祖国，体格强健，能够实际参加劳动和保卫祖国的人——有着直接的联系。

政治思想教育的概念在不同时期有不同的提法和内容。现在来说，政治思想教育的内容可以包括思想教育、政治教育、道德教育、心理教育和民主法治教育。当时的政治思想教育包含哪些内容，从苏文的内容看，作者认为政治思想教育的内容包括了"思想和品质教育""对教学目的与政治任务的关系有明确的认识"，以及"组织性、纪律性、友爱互助、爱护公共财物"等都属于体育课上政治思想教育的内容。具体到体育课如何贯彻这些，作者提出了几种方式：

> 在教授学生爬绳、单杠、双杠等运动时，向学生说明所学的运动主要的是发达上肢肌肉、增强握力和臂力的方法。同时就可以适当地结合到登高英雄杨连弟能够爬多高，由于他政治觉悟高，并且臂力也强，才能完成很多艰巨的任务；

> 或者举出某大学学建筑工程的同学到东北去实习时，要沿着很高的直梯爬上屋顶去工作，当时他们感到，如果在学校里没有相当的臂力的训练，爬不上去，就不可能完成这一任务；或者告诉学生一个

---

[155] 苏竞存："怎样在体育课中贯彻政治思想教育"，载于《人民教育》，1953年第4期。

航空员的握力需要在三十公斤以上，坦克车战士单手拉力需要在四十公斤以上。对于女学生，还可以把女航空员、女火车司机、女拖拉机手、女铲土机手如何训练自己的臂力，才能驾驶这些机器的事实告诉她们。

在教授竞走、奔跑、跳跃、爬越、负重等运动时，可谈到人民解放军和志愿军追击敌人时行军的速度；以及上甘岭战役中，担任后勤的战士一个人能背负二百斤弹粮，克服许多困难送到前线等很多英勇的事实；

也可以谈到地质、水利和铁路等工程技术人员，在跋山涉水采矿、勘察或测量时所需要的步行、负重（背负仪器等）和耐久的能力，以及克服种种困难的精神。在教授投掷运动时，可结合到手榴弹必须掷出二十公尺以上，才没有炸伤自己的危险，我们的志愿军战士一个人能一气连掷出百多个手榴弹，而且掷得很远，并能准确地杀伤敌人。总之，必须将所学习的和学生将来参加劳动和保卫祖国的具体需要的事实结合起来。

在教授集体的游戏和竞技运动时，可以通过合作的重要性来进行个人与集体关系的教育，以培养集体主义的精神。在教授接力竞跑时，可以说到现在资本主义国家的进步青年和运动员，如何用'和平接力跑'来从事于宣传和平与反对侵略战争的斗争。[156]

这种将体育课教学与"政治"机械地联系起来的方法，在女附中的体育档案资料中也可以找到。如在体育教研组 1961 年 1 月 30 日的"体育教学工作总结"中写道，为了培养学生的劳动观念：

在传实心球的接力游戏时，我们就向学生贯彻以农业为基础的方针教育，向学生提出："把地头的白菜运回合作社去，要求稳而快，不要掉到地下，损失社员的财产。哪一队能最先出色地完成任务，就评为先进生产队。"学生们就即时的活跃了起来，情绪很高。人人都

---

[156] 苏竞存："怎样在体育课中贯彻政治思想教育"，载于《人民教育》，1953 年第 4 期，第 55、56 页。

争先恐后，鼓足了干劲，跑—运—传，积极支援农业第一线，把这个教材作象征性游戏，向学生进行思想教育，内容简单形式活泼，而能联系实际，使人人鼓足干劲，个个争上游的活跃气氛。

我们在进行障碍跑教材时，通过匍匐前进，越过障碍投弹，结合战斗的实际情况，向学生提出：'瞄准狠狠地打击敌人，攻破敌人的堡垒等。'在作网状地带匍匐前进时，学生小心翼翼地贴着地爬，不敢暴露目标，爬过高台跳下时，同学们表现出非常英勇、迅速、果断，顽强的越过了障碍，就是鞋子掉了，也勇往直前，不停地坚持跑完以后再回去穿鞋，通过这样的教材培养学生的坚强勇敢，克服困难的革命品质和意志。

上述内容体现了那个时代政治思想教育的特点。这些特点背后反映的是对体育本质的认识。

在对体育的本质认识方面，从新中国建立初期的"苏联模式"到后来"苏联模式"的本土化，我们认识体育的本质，往往把体育简单归结为上层建筑，强调体育的政治职能和阶级属性。其中，体育属于上层建筑范畴，是我国体育理论界对苏联体育思想的发展。[157]

典型的例子是1963年版的《体育理论》。该书第一章"体育的本质"认为："体育是社会文化教育的一个组成部分，是在人类长期的生产劳动过程中产生和发展起来的。它属于上层建筑的范畴，为一定的政治和经济服务"。随后，又把我国体育的社会职能确定为"为生产劳动和国防建设服务，为无产阶级政治服务"。[158]

另外，我国五六十年代的学校体育教育的目的基本上都是用教育目的来代替的，后来的学校体育目的和体育教学目标中对培养"什么样的人"的词语表述，也大都来自于教育目的或目标中的相关表述。如五六十年代常用的"劳动者"。

---

[157] 陈融："新中国体育思想发展的阶段特征"，载于《体育文史》，1999年第1期，第6页。

[158] 转引自陈融："新中国体育思想发展的阶段特征"，载于《体育文史》，1999年第1期，第6页。

劳动教育和国防教育观念对我国这一阶段的学校体育教育影响也很深，学校体育教育的目的任务直接面向社会主义建设和保卫祖国服务。因此，在教学中，体育课上教员教育学生的方法很自然的就是"搬白菜""匍匐前进""投手榴弹""攻敌人堡垒"。等等。

这些就是那个时代体育课贯彻的"政治思想教育"方法，是那个时代的特点。

本节小结

1957 年，党的"三育"（德育、智育、体育）"两有"（有社会主义觉悟的有文化的劳动者）教育方针提出，全国掀起了学习教育方针的热潮，也给学校体育教育的发展带来了契机。但随后出现的"大跃进"和"高指标、瞎指挥、浮夸风"使得学校体育的发展偏离了方向。女附中的体育课程也出现了"以劳动代替体育"的倾向。

党中央于 1960 年提出了"调整、改革、巩固、提高"的方针，教育部于 1961 年颁布了新中国第二部体育教学大纲。这部大纲突出强调了学校体育目的是"增强学生体质，向学生进行共产主义教育，使他们更好地学习、参加生产劳动和准备保卫祖国"；并提出了体育教学的四项基本任务。这套大纲的颁布标志着体育课程已经开始脱离苏联模式而开始有了自己的特色。

笔者未发现女附中执行这套大纲的资料，但目前的资料表明女附中有可能在大纲颁布之前就作为试点试行了这套大纲。

在体育的本质问题上，由于把体育简单归结为上层建筑，强调体育的政治职能和阶级属性，因此，从五十年代初以来，体育课中如何贯彻政治思想教育一直是学校体育教育中探讨的一个问题。《人民教育》上也刊文介绍了一些作法。女附中的体育档案对此也有反映。

1963 年教育部相继出台了《高教 60 条》《中学 50 条》《小学 40 条》等管理规定，规范了当时的学校体育各项工作。1964 年 8 月《关于中小学的健康状况和改进学校体育、卫生工作的报告》要求学校上好"两课"（每周两节体育课），坚持做好"两操"（早操和课间操），安排好"两活动"（每周两次课外活动）。

女附中"学校工作三年规划（草案）（1964—1966 年）"第三部分为"改进体育卫生工作"，其中谈到："开展群众性的体育活动，保证每天上下午各有二十分钟的活动时间，以便养成锻炼习惯，从积极方面来增强学生的健康。"并且要"改建操场"。

1966 年 1 月，教育部进一步明确：体育要坚持每天的早操或课间操，保证每周的两节体育课和两次课外体育活动，形成了"两课、两操、两活动"为框架的学校体育格局。课余训练与竞赛也取得了新成绩，如北京市在部分中、小学中重点建立田径、乒乓球、足球、排球四个项目的业余训练点，有两千多名学生接受了较系统的业余训练。[159]

截止的 1966 年"文革"开始前，我国的学校体育教育经历了曲折之后逐步走上正轨，体育课和课外活动逐步规范，学生的体质有了提高。女附中学生的情况亦如此。

以下是女附中体育档案中保存的《1964 年女附中学生身高、体重、胸围与北京市对照表》：

年龄（岁）	身高（厘米）		体重（公斤）		胸围（厘米）	
	女附中	北京市	女附中	北京市	女附中	北京市
13	154.4	150.06	43.9	39.20	75.3	69.46
14	156.2	153.42	47.2	42.84	77.1	72.32
15	158.2	155.78	49.3	46.24	79.4	74.52
16	159.5	156.76	51.8	48.38	80.7	75.46
17	158.6	157.34	53.3	50.12	81.7	76.81
18	158.5	156.98	53.5	50.94	82.0	76.99

表中的数据表明，在 1964 年女附中学生的体质情况明显好于北京市的平均水平。在师资方面，六十年代，年轻的体育老师夏克若、胡雅文来到了女附中。

---

159 李晋裕、腾子敬、李永亮主编：《学校体育史》，海口：海南出版社，2000 年，第 79 页。

第五节

女附中的体育运动成绩

女附中自创立以来就重视体育教育，并逐渐建立了良好的体育运动传统，在多个项目上取得过优异的成绩。因年代久远，运动队留下的书面资料不多，以下内容多依据的是老师及校友的记忆。

一、排球

排球是女附中的传统项目，普及程度相当高，开展也很早。现在可以找到女附中最早打排球的照片是 1924 年的[160]，女附中在 1934 年就组织了排球队。[161]

孙昌龄校友在校期间，同学们自发组织了排球队，冠名"冈底斯排球队"，战胜过师大体育系，并在北京的女生圈子里找不到对手，经常赢得"性别大战"。1950 年，她们自己报名参加了全国女排选拔赛华北赛区的比赛，对手有师大体育系队，辅仁大学队等等。"冈底斯女队逐渐被社会承认，逢重大节日或重要活动，只要有排球表演赛，冈底斯必是参赛一方。在文化宫有过两次表演赛：一次是 1951 年的五四青年节，对方是首届国家女排。另一次是十一，对方是辅仁大学。"[162]

1960 年暑假，为参加全国少年排球赛，由北京什刹海青少年业余体校组建了北京市少年排球队。女附中初二的张林娜、梁健分别作

---

[160] 该照片见名誉主编：蔡晓东、程风春、袁爱俊，执行主编：杨文芝、张文亮、谢微微：《尚体育人 铸魂立德》，北京：北京体育大学出版社，2012 年 7 月版，第 108 页。

[161] 见 1934 年 4 月"国立北平师范大学附中北校参加春季排球赛队员合影"。袁爱俊主编：《北京师范大学附属实验中学校史（1917—2007）》，武汉：长江文艺出版社，2007 年 9 月版，第 55 页。

[162] 见孙昌龄："沧海桑田女附中"，来源于网络 http://www.360doc.com/content/10/1108/15/43333_67641344.shtml，访问时间 2017 年 5 月 31 日。

为北京市女少二队和女少三队的队员参加了在张家口举行的全国少年排球锦标赛赛。

1961年，原北京女少三队的王健华也考入女附中高中。此时加上初中的潘伟，女附中排球队中已有四名什刹海业余体校的学员。1963年加上初中的常济、隋迎秋，女附中排球队已羽翼丰满。这一年女附中第一次组队参加了北京市排球甲级联赛（成人赛，六人制），是参赛队伍中唯一的一支中学生队伍。这次比赛，女附中排球队获得了甲级队称号。此时高中的4名队员已是国家二级运动员。

1964年北京市排球甲级联赛于5月份举行，女附中请什刹海体校的林鹤亭教练指导排球队。女附中排球队再以少年身份参加了成人的6人制比赛，负于清华大学、体育学院、师专队，获得了第4名。

1964年排球队中三名高三的主力队员梁健、张林娜、王健华全部以优秀的成绩考入清华大学。1965年潘伟也以优秀的成绩考入清华。女附中的4名主力进入清华使清华女排成为继清华男篮后的一支强队。

1964年春季，女附中排球队连克北京女三中、女六中等诸多强手，获得北京市少年9人排球赛（17岁以下）冠军，因此取得了代表北京参加8月份在沈阳举办的全国少年9人排球锦标赛的资格。

1964年8月1日至14日，国家体委在沈阳举办"十一单位少年9人排球锦标赛"如期举行，女附中排球队代表北京市少年女排参加，并且取得了冠军。女附中排球队是参赛球队中平均年龄最小的队，平均年龄只有14岁多，而且还是球龄最短的队，队中有5人学习排球还不到一年。比赛中，女附中队以优异的表现还获得了风格奖。

根据保存下来的"比赛程序册"，参加这次比赛的领队是：聂梦麟、刘凤兰；教练是：林鹤亭、董淑兰；运动员有：常济、那春雨、胡小平、隋迎秋、叶芳、王洪俊、董盈、杨友莉、邹本鸣、张小京、陈明至、张彦龄。

1965年8月于在延吉举行了第二届全国少年排球锦标赛，女附中排球队以上届冠军的身份参加，并获得延吉赛区第一名（当年分为南北两个赛区）。

1965年比赛结束后，国家体委决定此后将取消9人排球赛，青少年也改打6人排球。此后，6人排球在女附中普及。由于女附中排球队水平较高，在北京市的中学女队中几乎没有对手，所以经常与专业队或中学的男子球队进行友谊比赛。

担任过女附中排球队教练的还有什刹海体校的平聪敏。

二、舢板

五六十年代，女附中曾经有一支活跃在各个年级的运动队，大家都习惯上称"舢板队"。舢板是女附中的另一传统优势项目，舢板队曾经是女附中的骄傲。其实，她的全称应该是"航海多项运动队"。"划舢板"的学名是其中的"荡桨"，只是航海多项运动中的一项。

"航海多项"是由荡桨、驶帆、综合游泳、利用绳索渡河、攀登系艇杆、撇缆、结绳、手旗通讯、射击、拔河等多种航海实用技术组成综合比赛的体育竞技项目。这项运动当时属于国防体育运动项目，1952年在我国沿江河湖海的大中城市开始开展，而且是第一届（1959年）全运会的比赛项目。[163]

女附中的舢板队成立于1953年。

据记载，1959年北京市"航海多项"的比赛女子为七个项目：2000公尺荡桨、1000公尺荡桨、绳结、手旗通讯、射击、游泳、拔河。[164]

当时的舢板按学生年龄、身体特点分大小两种尺寸，即常称的"大舨儿"和"小舨儿"。初中生划船桨小的小舢板，高中生则划大舢板。早期的还有单人艇和双人艇，双人艇为双人双桨。1955年双人艇由4桨改为6桨，船体不变，后面加舵。跟大舢板的建制一样，

---

163 姚远："新中国第一届全运会趣闻"，载于《福建党史月刊》，2014年第3期，第27页。
164 曹永选："简讯"，载于《北京体院》，1959年第5期，第6页。

叫少年舢板。现在这种舢板已经不多见了。

女附中大舢板队的训练项目包括：驶帆、荡桨、游泳、射击、手旗通讯、结绳；小舢板队的训练项目为：荡桨、手旗通讯、结绳；后增加了游泳、射击、投手榴弹。以下是简单的介绍。

1. 荡桨

荡桨的船只为海军专用舢板，桨一般长约4米，很重，因为木头中间是灌了铅的。大、小舢板比赛使用的都是由6名桨手1名舵手操纵的船只，共有三排座位。舵手站在船尾，面向船只前进方向；舵手右侧为右舷，从前至后三名队员面向舵手而坐，分别为1号、3号、5号；舵手左侧为左舷，从前至后三名队员分别为2号、4号、6号。船桨架在桨叉上，桨手握住桨柄，靠船舷为正手，另一只手为反手。划桨时双脚蹬前坐板，身体向前推送，使桨叶以45度角入水，然后利用大腿前蹬和腰腹的力量使桨叶克服水的阻力，给船只以前进的动力，桨叶在划行终点以135度角出水。

比赛距离有1000米、500米两种，一般采用活动起航和半程折返。对这两点的把握是比赛成绩好坏的关键，因此也就成为训练中的技术重点。

比赛中贯穿平桨、竖桨、致敬等海军礼仪动作。

荡桨是速度和耐力的比拼，对队员体能要求极高，包括腰腹、双臂、腿部力量。荡桨同时也是技术要求极高的运动，划桨的频率、桨入水的角度、入水的深浅以及活动起航和半程折返，这些都需要反复练习，多次配合才能完成。荡桨也是集体项目，要求动作整齐划一、步调一致，因此对全队的协同性要求很高。

2. 手旗通讯

比赛由4人参加：第一人负责念通讯内容，女附中队员不用翻成汉语拼音字母而直接读汉字；第二人立即挥动手旗把汉字按字母发出，速度越快越好；第三人在50米开外看着手旗信号念出字母；第四人在身后将这些拼音字母还原为一句话，写好后跑步交给裁判。

当年女附中队员们将以上每个环节都练到炉火纯青的地步，成绩远超其他学校。

据1963年的《文字改革》杂志记载：（1963年）10月2日，北京市航海俱乐部在什刹海体育场举行了"北京市首届航海手旗通讯竞赛会"。从全市64个大、中、小学校选拔出来的五百多名运动员参加了比赛。"最后是中学组的比赛。北京八中和师范大学女附中分别获得男、女第一名，航空学院附中和气象学校获得男子组第二、第三名，北京101中学和六十六中学获得女子组第二、第三名"。[165]

3. 结绳

海军在舰船上为抵御风浪，用绳固定物体时都采用特殊结法，其功效是受力越大越牢固。当年队员们练习的绳结有：平结、络结（桶结）、丁香结、拖木结、渔人结、单套结、缩帆结、小艇结、缩绳结、八字结。

不论荡桨、手旗通讯、结绳，平时的训练是基础。队员们每天早晨要进行体能锻炼：长跑、仰卧起坐、俯卧撑、蛙跳、引体向上；课间休息十分钟则快速练习旗语和打绳结，每周两次下午课后去后海练舢板；暑假到颐和园集中训练；每次比赛前要增加次数进行强化训练。

可以想象这样一种枯燥、艰苦的运动对于这些女中学生来讲是一种怎样的锻炼。艰苦的训练换来的是比赛中的累累硕果。

据女附中体育档案1960年4月2日的"两年来的北京实验中学"中记载："1959年我校多项航海竞赛连获三年的全市冠军"。

1963年10月，女附中队获北京市航海多项运动竞赛会中等学校女子组总分第一、女子少年组总分第一。10月23日，《北京晚报》报道"航海多项竞赛中学工厂组结束"中报道"师大女附中蝉联五届女子少年组冠军称号"，并且提道："从1956年起，师大女附中都

---

165 苏全贵："北京市举行汉语拼音手旗通讯竞赛会"，载于《文字改革》，1963年，第11—12期，第28页。

向北京市航海代表队输送优秀队员。"[166]

据当时的舢板队队员回忆,女附中获得的冠军有:

1954年获得北京市大舢板冠军;

1956年获得北京市小舢板冠军;

1957—1959年大小舢板连续三年均获得冠军;

1963、1964年小舢板获两次冠军。

算起来,20世纪五六十年代,女附中大、小舢板队共获得十次北京市冠军,并因连续三年获得北京市冠军,把两座奖杯永远留在了女附中。

负责舢板队的体育老师是娄金洲和刘嘉瑞。

"航海多项"在现在的学校体育中已经消失了,只作为海军战士体能方面的一种训练项目。但女附中"舢板队"的辉煌成绩长久地留在人们的记忆中。

三、综合项目

女附中在以下这些运动项目中也曾取得过优异的成绩。

自行车

1958年12月,学生毕克茜获西城区中学生1958年自行车比赛1500公尺第二名(3分49秒1),吴孟娴获第三名(3分50秒5),张敏良获第五(3分57秒)。孙金桂获3000公尺第一名(6分53秒6),郭庶英获第二名(7分17秒8)。林梅梅获5000公尺第一名(12分27秒2),张敏获第二名(12分28秒3)。我校获女子组第一名(35分)。[167]

越野赛

在西城区中学生1958年越野赛女子800公尺比赛中,女附中学生周如玲获第一名(2分32秒4),于力南获第二名(2分32秒5),

---

[166] 袁爱俊主编:《北京师范大学附属实验中学校史(1917—2007)》,第136页。
[167] 同前注,第121页。

王文衡获第五（2分46秒5），张敏获第七（2分48秒7）。[168]

田径、体操

1963年5月，春季中学生田径运动会，女附中获女子甲组总分第一，女子乙组总分第三，女子丙组总分第二。西城区中学生体操比赛上，女附中高中组获总分第一，初中组获总分第三。[169]负责体操队的是娄金洲老师。负责田径队的是夏克若老师。

乒乓球

1963年12月5日，《北京晚报》刊文——"市乒乓球赛中的'红领巾'"，报道女附中孙晓红同学（14岁）在全市乒乓球赛中取得女子单打第一名。陆汝耀为第三名。[170]负责乒乓球队的是胡雅文老师。

篮球

女附中校篮球队获1958年三好五爱杯篮球比赛女子青年组第二、女子少年组第三名。[171]

另外，五六十年代，女附中经常接受大型团体活动的任务。如1955年的第一届工人体育运动大会，女附中接受了在开幕式上表演团体操的任务；在1965年第二届全国运动会上参加表演团体操《祖国万岁》。1964年10月1日庆祝国庆十五周年的游行中，由女附中350名学生（女生）与北京八中350名学生（男生）共同组成体育大军中的"游泳步伐队"，走过天安门城楼，接受党和国家领导人的检阅。1965年再次接受此项任务。[172]

总之，女附中在课外体育活动方面成绩是非常突出的，她们在排球、航海多项、乒乓球、篮球、田径等项目上都曾取得过优异的运动成绩。

168　同前注，第121页。
169　同前注，第135页。
170　同前注，第136页。
171　同前注，第121页。
172　同前注，第136页。

四、女附中开展体育活动的条件

女附中在体育运动方面取得的成绩已如前述。开展体育活动需要一定的条件,如场地、设备器材,以及运动员。上世纪五六十年代,受经济、技术等方面的限制,当时的条件无法与今天相比。比如,当时女附中没有室内的体育馆,没有塑胶跑道,当时的操场就是平整一点的土地,设备器材也很简陋。1959年9月的"北京实验中学简况"中对"体育设备"的记载是这样的:

（1）篮球架两付

（2）铁双杠三个

（3）平衡木三个

（4）跳箱6个

（5）跳马2个

（6）鞍马1个

（7）联合器械架一个

（8）平梯一个

（9）单杠4个

（10）肋木三组

（11）排球柱二付

（12）跳高架二付

（13）体操垫10块

操场：面积3000平方米

这就是那时女附中体育设备的全部家当。

在女附中1963年所做的"全面卫生学调查报告"（1962年9月—1963年7月）中提到女附中"体育场面积4225平方米,平均每名学生占2.5平方米。目前认为中学运动场面积3000—8000即可,女附中之运动场大小合乎要求。"

由于女附中地处北京繁华的西单商业区,运动场地无法与有大操场的北京四中相比。但因为是女校,对女生的开展体育活动还是够用的。好在当时北京有一些青少年业余体校可供运动队训练，业余体校的教练还可以帮助指导运动队。如排球队到什刹海体校训练；舢板队要到后海；田径队去官园体校；乒乓球队去少年宫。

值得一提的是当时运动队队员的选拔和培养。

五六十年代没有"特长生"制度，所有运动队中的队员全部从普通的在校生中选拔。基本的作法是在初一学生进校，各种运动队就开始"招新"。所有热爱该项目、愿意参加训练的学生达到一定的身体条件都可以报名参加。以排球队为例，凡身高 1 米 58 以上的学生均可报名。体测时老师看看弹跳、反应就决定了谁可以入选。笔者当时的身高只有 1 米 53，因跳得高反应快，也被挑上了。被挑上的学生即可开始接受排球的系统训练，训练不需缴纳任何费用。这些学生的排球都是"零基础"，不过没关系。每周三次（两次下午下课后，周六下午半天）到体校的训练，寒暑假的集中训练，她们很快就学会了排球的基本技术。

女附中的运动队还有一个特点就是队员的学习成绩普遍都很好，不会有人因为参加运动耽误学习的。排球队几位队员考上清华大学就是例子，舢板队队员考上知名高校的也很多。请注意，当时没有"特长生"，她们都是靠自己的学习成绩考上的。

在青少年时代接受了比较系统的体育专业的训练对于这些女附中的学生来说，是一段宝贵而快乐的经历。不仅增强了她们的体质，而且在意志品质，心理承受方面都十分有益。

五、与卫生所配合，作好学生健康工作

为了学生们的健康，女附中在体育教育方面的工作，经常是与校卫生所配合完成的。

在体育组 1953 年 9 月 2 日制订的"1953 年度上学期（九月）体育工作计划及教学实施大纲"中就提道："与医务所建立联系进行有计划、有目的的健康检查，并且进行结构的研究，体弱的学生上课时分别对待，在体育锻炼中巩固学生的健康。""主动经常与医务所建

立联系，研究有关学生的健康问题和处理。""健康检查情况与医务所联系工作由张婉容负责，及掌握组内全部工作的运行与各有关方面联系。"

为了做好学生的健康工作，尤其是照顾到女生的生理特点，女附中在1963年3月11日制订的"体育健康工作条例"中，针对学生的不同情况做了如下规定：

一、任务：

为了改进学生的健康状况和增强体质，广泛开展多项体育运动，按不同的身体情况分别对待，（制订）不同的要求和规定。

措施：

1.身体健康的同学，每天规定参加课间操，住校生参加早操，每周至少参加4次课外锻炼。内容：（1）一般锻炼，劳卫制或身体基本练习；（2）专项运动队的提高练习。

2.体弱学生，患有较重的心脏病、肺病、重肠胃病、关节炎、高血压，不能参加体育锻炼，一律要参加课间操和游戏性的活动。

3.一般比较轻的慢性病者，可以按情况免剧烈运动，但要参加体育课的练习做运动量小的操练。

4.例假正常的学生参加课间操和轻微活动，有例假不正常现象者可以暂停体育活动，必须有医生证明。

5.病重初愈期间可暂免体育，等健康完全恢复后，再参加体育活动，应有医生证明。

另外，女附中也非常注重学生在体育活动中的安全问题，除了在课堂上做好必要的保护外，学校还专门制订有关的规章制度，做好安全工作。以下是1960年3月11日学校的"学生体育活动安全制度"。其中规定：

体育活动前作好准备活动，锻炼后须作整理活动，在锻炼过程中要先由缓而急，由简单到复杂，逐渐增加运动量，不要急于求成或蛮干，应有长期的正常锻炼的恒心习惯和坚强的意志，严格正确掌握运动规律。操练时，要求姿势正确。

……

主要运动锻炼时服装通宽，冬天穿绒衣、毛衣或小棉袄，夏天一律穿短运动裤。不得穿皮鞋上场，不得带围巾、口罩。……

办公室（刘永珍同志）、教导处（张焕文同志）、体育组（张婉容同志）组成一小组每月全面检查一次体育设备安全情况。

由于学校重视安全教育工作，体育课和课外活动中很少发生学生的伤害事故。

校卫生所除了配合体育组外，担负着全校学生的卫生健康工作。1956年"本校卫生所的工作总结（1955年9月-1956年7月）"中写道了对传染病的管理的情况：

1. 学校有病号疗养室十余间，有病床25张，有传染性的病号及时隔离。

2. 长期肺病号17人均住在疗养室内。

3. 今年五月间我校学生发生流行性感冒一次，重者32人，轻者373人，均做到及时隔离。临时开辟游艺室做隔离室，历十六日即痊愈。

4. 我校有营养灶，患病者吃营养伙食，肺病号的饭厅和普通病号的饭厅是分开的。

5. 全校举行体格检查二次，每次计1924人。进行肺部透视一次计1624人。

从这段文字中可以看到卫生所的工作情况，既周到，又科学。值得注意的是，长期以来卫生所只有一名叫刘杰的校医和一名护士。据笔者所知，刘大夫是一位医术精湛、认真负责的医生。他在女附中工作多年，一直干到退休，把自己的大部分精力都贡献给了这所学校。

结　语

　　女附中自 1917 年创建以来截止到 1966 年在体育教育上走过的道路，基本就是中国中学体育教育这一段历史的缩影。中国社会的政治变革、经济发展、文化思想、教育制度上的所有变化，几乎都会在体育教育中显现出来。这里的每一次变化不仅为学校体育教育的变革与发展提供了契机，甚至促进学校体育教育在一次又一次的蜕变后前行。

　　回顾女附中这五十年来体育教育的变迁，不仅是对此做一总结，更重要的是通过女附中这一个案，对中学的体育教育尤其是对女生的体育教育做一梳理和研究，为现在和未来中国学校体育教育的持续健康发展提供一些经验和借鉴。

　　本文通过对女附中这一时期体育教育历史进行回顾、梳理、研究和分析，就这一历史阶段该校的体育教育的特点归纳总结如下。

　　1. 女附中自 1917 年建立之后，在体育教育方面逐渐完成了从"体操"到"体育"的改变。女附中校友会于 1922 年至 1929 年主办的《辟才杂志》，较全面地记录了女附中当时开展体育活动的情况。

　　1928 年 5 月，第一次全国教育会议通过《整顿中华民国学校系统案》，即《戊辰学制》。此后教育部又进行了五次课程标准的修订，使得体育课程受到重视。女附中在体育课程上也执行了此标准。

　　女附中 1932 年的"学则"和"训育方针"中体现了对教育本质的追求以及对体育教育的重视，这些奠定了这所学校体育教育的基础，使得体育教育成为这所学校的传统。

　　2. 1949 年之后，中国进入社会主义改造和建设时期。起着临时宪法作用的《共同纲领》提出"国家提倡国民体育"。"国民体育"面临的任务是"为人民的健康、新民主主义的建设和人民的国防而发展体育"。这是改造旧教育，发展新中国教育事业的根本方针，为建立新中国的体育教育指明了方向。"批美学苏"也在中国教育领域开始了。

新中国政府的国家领导人十分重视学生的身体健康，1951年毛泽东主席明确提出了"健康第一"的方针。1952年，毛泽东题词"发展体育运动，增强人民体质"，至此，"健康第一"的学校体育思想正式确立。

女附中保存的体育教学档案体现了这一阶段的体育教育情况，与当时的主流思想是一致的。

3. 1949年以后，苏联体育理论对我国学校体育思想产生了极大的影响。最集中的表现就是仿照苏联模式推广实行了"准备劳动与卫国制度"，即"劳卫制"，用《劳卫制》代替了学校体育任务和要求。

苏联体育理论对我国学校体育教育思想的影响表现在诸多方面，如认为："体育是共产主义教育的手段"，并以体育的"工具论"为模式，继承1949年前革命根据地的学校体育为阶级斗争和革命战争服务的思想，确立了学校体育为无产阶级政治服务，为生产建设和国防建设服务的方向，"锻炼身体，建设祖国，锻炼身体，保卫祖国"成为学校体育最响亮的口号。

这一阶段，女附中的体育教育教学也进入了"苏联模式"。

4. 1957年，党的教育方针提出，即："我们的教育方针，应该使受教育者在德育、智育、体育几方面都得到发展，成为有社会主义觉悟的有文化的劳动者"。这一方针的提出，说明毛泽东改变了新中国成立以来他一直强调的学校教育要"注意健康第一，学习第二"的思想，体现了毛泽东"全面发展"的教育思想。这给学校体育教育的发展带来了契机。但随后出现的"大跃进"和"高指标、瞎指挥、浮夸风"使得学校体育的发展偏离了方向。女附中的体育课程也出现了"以劳动代替体育"的倾向。

5. 党中央于1960年提出了"调整、改革、巩固、提高"的方针，教育部于1961年颁布了新中国第二部体育教学大纲，突出强调了学校体育目的是"增强学生体质，向学生进行共产主义教育，使他们更好地学习、参加生产劳动和准备保卫祖国"；并提出了体育教学的四项基本任务。这套大纲的颁布标志着体育课程已经开始脱离苏联模式而开始有了自己的特色。

目前的资料表明女附中有可能在大纲颁布之前就作为试点试行了这套大纲。

6. 在体育的本质问题上，由于把体育简单归结为上层建筑，强调体育的政治职能和阶级属性，因此，从五十年代初以来，体育课中如何贯彻政治思想教育一直是学校体育教育中探讨是一个问题。女附中的体育档案对此也有反映。

1963 年教育部相继出台了《高教 60 条》《中学 50 条》《小学 40 条》等管理规定，规范了当时的学校体育各项工作。女附中在"学校工作三年规划（草案）（1964—1966 年）"中专门制订了"改进体育卫生工作"的内容。

截止的 1966 年"文革"开始前，我国的学校体育教育逐步走上正轨，体育课和课外活动逐步规范，学生的体质有了提高。女附中的情况清楚地表明了这一点。

7. 具体谈到体育教育在女附中的情况，笔者认为还有如下特点：

1）女附中自建校以来就重视体育，"不专重智力发育，并重体格锻炼，勤苦耐劳"。在教学内容、教学方法、教学方式方面，他们在学校体育尤其是在女生体育教育方面都走在了国内中学女生体育教学的前列。

2）在"体教结合"方面，女附中当时的做法也值得今天借鉴。"体教结合"是加强学校体育工作，推动素质教育，促进青少年训练，为国家培养和造就高素质劳动者和优秀体育后备人才的一种举措。当年女附中对学生的体育教育，使她们热爱体育，学到了锻炼身体的基本技能，通过锻炼和训练使她们理解了体育的真谛。体育在她们青少年时期奠定了良好的健康的身体基础，对她们的意志品质、心理承受能力，甚至人际关系，都打下了很好的基础。这种基础使她们受益一生。

3）谈到女附中取得成就的原因，不得不提的就是重点中学制度。该制度起源于新中国建立初期的 1953 年，女附中是中国首批重点中学之一。此后在 1957 年、1961 年、1963 年都被北京市列为重点中学。[173]重点中学与普通中学相比，获得了更多的教育资源。尤其是在师资配备、设备条件、体育器材方面都较普通中学更为优越。这里，笔者不讨论这项制度的利弊，但女附中无疑是受益者。

最后，在回顾了女附中体育教育走过的道路后，必须要提到的就是那些为过去的女附中，今天的实验中学的体育教育作出过贡献的老师们。由于他们的无私奉献、辛勤付出，这才有了北京师范大学附属实验中学今天引以为自豪的成就。可以说，今天实验中学的体育运动成绩的基础是经过了几代人的努力一点一点打下来的。所以，笔者在这里要再次写下这些老师们的名字：

华慕杰、彭修、陈瑞麟、张英、鹿笃根、刘伯奇、高树芸、孙秀艳、吴宗武、邓逸真、张婉容、董淑兰、娄金洲、刘嘉瑞、夏克若、胡雅文。还有那些可能没有留下名字的老师们。

向这些老师们致敬！永远记住他们。

郝新平　校

---

[173] 参见隋子辉："无产阶级政治指导下的北京市中小学教育——1949—1966"，首都师范大学博士论文，2012年，第66—68页。另可参见傅禄建："对我国重点中学发展历史的考察"，载于《教育评论》，1994年第4期，第28页。

第五章

音乐课的集体记忆（1949—1966）

吴德棻 等

前 言

（初到女附中的吴德棻先生，黎模先 提供）

女附中时代的音乐教室在学校很边缘的地方，当年是一个平房小院里的西厢房，离教学楼挺远的，隔着一片小操场。小操场再早是一个果园，当小毛桃坐果的季节，树下已爬满了草莓。音乐虽是副科，也是初中学生的一门必修课啊，每星期上一堂。大家记忆中，只有一位老师授课，她叫吴德棻，芬字在木上，这芳香之木的优雅、清淡绵绵不绝，熏陶了一批又一批学生的身心。

把吴老师留在记忆里的多是"老三届"的学生，如今也都进入了暮年。再往前翻，竟然找到了1950年的资料，原来那时吴老师就是女附中的音乐老师了。她出身世家，是北京师范大学老校长黎锦熙的儿媳，黎锦熙当过毛泽东主席的老师，胞弟黎锦晖是中国流行音乐的奠基人、著名音乐家。吴德棻老师从这样的家庭走出来，成为一个音乐教育工作者。她在学校最东头的那间老房子里，教每一届学生学会唱歌，学会识谱，更重要的是，在心里埋下了艺术的种子。

我们不知道，1950年还有一位解放区育才中学来的名叫江雪的老师，她是学校的管理人员，同时也兼高年级的音乐课。江老师是革命的文艺工作者，她认为音乐与政治的关系方面，需给建立一个明确的阶级的观点。她很强调声乐的民族性、阶级性问题。"什么是美呢？它是存在着阶级性的。如小资产阶级认为软绵绵的、娇滴滴的、做作的为美，而无产阶级对美的看法却是健康的、有生命力的、自然的。"让同学们初步建立对音乐课上的民族性、阶级性的认识，是江老师的职责。江老师在女附中工作时间不长就调走了，但是她的有关"音乐有阶级性"的观点，影响的时间很长。当然我们都知道，音乐有阶级性的观点并不是江老师发明的。

当《国际歌》的旋律响起来，全世界无产阶级都会热血沸腾。同样，贝多芬的《英雄交响曲》也一样让全世界无产者心潮澎湃。音乐是情感的流动，是发自心灵的声音。音乐是无国界的艺术，不朽的旋律属于全人类。今天，我们都是这样认识的。

冯敬兰于 2017 年 4 月 2 日

第一节

音乐课教学总结

本学期音乐课教学总结（1950.1.18）　　江 雪

关于计划完成方面

原定计划是唱歌与讲乐理常识各占总时间的一半，但因中途请假快及两个月，所以没按原计划进行。这是这学期音乐教学的一大缺点。高年级的音乐课，本应在乐理及音乐常识方面再提高一步，尤其是音乐与政治的关系方面，需给建立一个明确的阶级的观点。这方面过去同学之间是极不明确的，有多数同学根本不重视，有个别较为爱好者，也多半是为艺术而艺术的观点。

在唱歌数量方面超过原计划（原计划唱五个，实际上唱了七八个）。共唱了：《青年战歌》《金色的浮云》《红旗的歌》《前进人民解放军》《国际歌》《工厂日夜忙》《民主青年进行曲》《巧尔斯之歌》等。超过的原因，就是唱歌占去了一部分原准备讲乐理的时间。

音乐课如何结合思想教育

高一三个班的同学，据了解她们过去对于音乐方面的认识是模糊的。大多数同学只是唱唱歌子闹闹玩而已，没有什么明确的想法，也不会把它当作一回事。有少数较爱好的同学存在浓厚的小资产阶级的"自我欣赏"感，无原则的崇拜西洋的一套，受了为艺术而艺术观点的影响。另外，同学们大多数不知如何发声，因此唱歌时声音感到憋闷在喉咙里出不来。所以我就先从这方面着手，开学后第二周，在各班来谈发声问题，着重发声中的能联系到的声乐民族性、阶级性的问题。在这个问题里，除了说明发声中的呼吸法、喉杂音必须禁忌等外，我就开始让同学们明确一个观念，就是什么是美的观念。

什么是美呢？它是存在着阶级性的。如小资产阶级认为软绵绵的、娇滴滴的、做作的为美，而无产阶级对美的看法却是健康的、有生命力的、自然的。那么发声方面也是同样。有人认为捏着嗓子并使声音发抖，以为就是学到西洋的发声了，这就是美了，拿它去唱着发泄个人感情的或者充满幻想的、回忆的、哀怨的，总言之是无病呻吟的歌曲，就是多么高尚的艺术了。但无产阶级的艺术观点却相反，认为唱歌中声音发出来应该是自然的，是充满健康有力的，这样才是真正的美。

通过这些问题举出实例，如唱流行歌曲的，和农民唱小调，和战士的歌曲等，让同学们初步建立对音乐课上的民族性、阶级性的认识。现在，同学们已经敢于放开嗓子把声音唱出来，不至于完全闷在喉咙里了。虽然唱的还不够好，但只要加强练习，将来会好起来的，并且再也没有人去学装着外国电影明星派地捏着嗓子学发抖了。当然，我们现在要注意另一偏向的产生，就是直着嗓子乱喊，产生喉音、噪音，这对于声带，对于真正音乐的美，是绝对不允许的。

通过谈发声问题进行思想教育外，这星期还进行过介绍革命音乐家冼星海、聂耳同志的生平进行教育。星海同志之所以后来得到发展，是因为他参加了革命，受着党的教育，才真正地发挥了他的才能，写出《黄河大合唱》等有名的创作。聂耳同志一生为大众工作，用他的音乐创作为当时民族的危机的号角，唤起并组织民众，执行党当时的主张要抗日救亡。他是中国人民大众的歌手，但当时学院派的"音乐家"们都嘲笑聂耳同志没进过专门学校学习，认为他没有他们的所谓"修养"，进而攻击聂耳同志的创作。但是学院派的"音乐家"却是对民族危机贡献了什么呢？这就是阶级立场不同的缘故。同学们，很多人对这两位革命作曲家是开始不甚了解的，过去从来没有听说过，这次的讲解是起了一定作用的。

以上就是这十周的教学过程中，我认为较好的收获。但是这还不够，还需要在下学期的音乐教学中加强和注意以下几个方面，那么音乐教学工作就会更好一点。

一、要着重讲讲音乐概论问题中音乐起源的问题。过去这方面，同学中学习很少，甚至没有。必须明确"音乐起源于什么"的观念，怎样来以音乐产生于劳动的无产阶级学说，来代替资产阶级的音乐产生于宗教的理论。

二、要继续介绍革命音乐家，如吕骥、贺绿汀等来联系音乐中的思想教育。

三、要使同学们在发声方面提高一步，要经常练声，练习腹部呼吸法。

四、要在视唱练习方面提高一步，并给予简单的作曲知识。

五、要加强指挥的练习，把握初级指挥技术。

另外，提出一个问题研究：就是高二、高三是否就不要音乐课的问题。我认为，高二、高三仍需要有音乐教育。高二、高三如认为是普通教育的话，则音乐也是必要的，并且这学期高二及高三都有同学提出过要求增加音乐课。

音乐教学目的（1950.10）　　音乐组

总目的

在于使学生具备音乐知识和对于音乐的兴趣，并培养学生的阶级情感和集体主义精神。

初中一年级

（一）培养正确的发音与听音，建立初步简谱、视唱的技能与初步音乐常识。

（二）培养爱好欣赏音乐的兴趣，并陶冶活泼、愉快、勇敢、健康的情感。

（三）通过选材、集体歌唱，教育、培养学生友爱的与集体主义的精神。

初中二年级

（一）继续提高正确的发音与听音，并能分别各种乐器之音色，建立一般乐理常识。（二）培养爱好音乐的兴趣，能欣赏普通名歌曲。

（三）通过音乐教育进行思想教育，使能对广大群众起宣传、广播的作用。

初中三年级

（一）学会认识五线谱乐理和唱五线谱的歌曲，并能唱简单合唱。

（二）提高音乐水平，能掌握一定的技术（唱歌或乐器）。

（三）通过音乐教育培养同学们集体主义精神。

高中一年级

（一）在技术与理论上均提高一步，着重练耳、视唱、指挥技术的学习。

（二）提高欣赏能力，增强音乐知识（简单的音乐发展史，名音乐家及作品）。（三）介绍革命音乐家，认清音乐上的阶级观点。

摘自 1950 年 10 月《师大女附中各科教学目的（草案）》

说明：1949 年秋季开学后，女附中各科任课老师均按原有教授经验，自己制订 1949 学年度本科的教学计划（包括教学目的、教学方法和教学计划），并于 1950 年 2 月、6 月分别做了上下学期的教学总结。1950 年暑假，各学科教员在一年教学实践的基础上，讨论制订了本学科的教学目的。10 月，学校印制出《师大女附中各科教学目的（草案）》（1950.10），在教育部尚未颁布教学大纲的情况下，要求 1950 学年度各科教员暂按此草案执行。

第二节

吴德棻老师谈音乐教学

音乐课教学总结（1950.1.20）

许多人都认为，音乐是门轻松课，夹在这些繁重课程中是为的调剂精神的，比不了其他课程重要，因此非常轻视。这次做总结，还有人这样问我："你们音乐课也做总结？"

其实，音乐对思想教育是最特殊最有效的一种工具，因音乐最能感动人，使思想情绪起变化；根据歌词曲调使人会激动起来，或悲观消沉。音乐的传播效力很大，我们常在大街小巷中听到三轮车夫或没入学的孩子们大声唱着"没有共产党就没有新中国"，他们完全是听就会的，所以有意无意中，音乐会起很大的宣传作用。

因此选教材都是含有教育意义的。材料方面解放歌曲虽很多，但不见得全适于做中学教材，简短些的歌，一堂可学会五六个，但中学生们需要变化多、复杂些的，因此感到我们的歌曲材料有些缺乏，不及苏联的歌曲材料丰富。所以这学期所选的歌曲，苏联的占了多一半。

一、各班学习概况

同一级中各班的程度不同，有的班一个歌一堂就可以学会，有的需要两三堂。要根据各班的情形进行教学，不能采取同一个方法。

各班程度不同兴趣也相异，进度快的班喜欢多有些欣赏、音乐常识及音乐家的故事等，进度慢的只想快点学歌少讲别的。

初一（1）、初一（2）：

班长负责，全班很能遵守纪律。大部分人发音欠准，但不是急切短时间内所能纠正的，必须跟着钢琴，多练音阶，逐渐养成能正确发音。

初一（3）：

上课情绪散漫，注意力不集中，时时需要用鼓励或刺激的话使她们振作。

初一（4）、初一（5）、初一（6）：

各班程度较齐，上音乐课都很感兴趣，秩序良好，对于唱歌中间休息的时间，听音乐故事及欣赏特别高兴。

初二（1）至（8）班：

初二各班的意见，多要求下学期多做乐理练习，这是个好现象。普通上音乐课的学生，最不喜欢乐理。我在这学期做过两次乐理练习，结果测验出她们的程度。好多人感到自己乐理不够熟悉，于是希望下星期再多几次练习，我的计划也是如此。下学期要做到每个人凡是简谱的歌都要自己会唱，而且能记谱（听见一个歌就会记下来）。

各班上课的秩序不如初一。除去初二（7）、初二（8）纪律良好外，初二（1）、初二（3）、初二（4）秩序稍差。原因并不是她们不喜欢上这门课，或反对我而不好好上，讲的话她们都听，对乐理也很用心，就是太活泼即随便些。我觉得她们是情绪高而不是不好好学习，所以总不肯严厉的管束打击她们。希望各班小组长级任先生，帮我发动她们自觉的力量，把上课秩序改好。

初三学五线谱也是准备升学的一个条件，初三毕业后有的入专科学校，假使入音乐系，必须经过考试五线谱乐理。所以有五线谱常识是初中学生应具备的条件。歌曲原谱大多数全是五线谱，认识五线谱才任何歌曲全会唱，否则必须要等人翻成简谱才能学各种乐器。有了五线谱基础，才能进一步学和声、学作曲等。

初三（3）班的上课秩序如何改变好的？

这个班平常上课秩序最不好。有一天下课后，有个同学和我谈起，说我："应当了解同学们的心理，使大家好好上课，因为有些同学很喜欢音乐，可是堂上纪律这样坏，她们对音乐的兴趣都减少了。先生最好不要下了课就走，要和同学们多联系联系感情才好。"

我听了她的话，又是感动又是羞愧，因为她的态度非常恳切而且热诚。另外几个同学说我太好说话，应当严厉些。

我知道光采取严厉的态度不会有好结果，反而使同学对我更起反感。我仔细检讨一下她们所以不好好上课的原因是因为：

1. 她们把音乐看做不重要的课程，认为只是消遣调剂精神的，学了音乐没有什么用处。

2. 我不该有一次讲了一些不是她们现在程度所能了解的乐理，于是她们说我讲乐理没有系统。

3. 因为她们上课情形不好，就对她们也采取冷漠不关心的态度，当然她们对我不会起好感。

根据这几种原因来努力纠正改善上课的情形。首先让她们认识音乐能起很大的作用。我给她们讲了几个将音乐应用到政治军事上得到胜利成功的例子。

一个是齐桓公出兵孤竹山打蛮子，山路很难走，行进得非常慢，恐怕在预订的日期内到不了目的地。丞相管仲编了一首上山歌、一首下山歌，使士兵们应和的唱得非常起劲，而忘记了疲劳，结果很快的达到了目的地。

另一个是张良利用思乡曲，使项羽的兵都因想家而士气消沉，三三两两地全开了小差跑回家乡，剩下孤孤单单的楚霸王，力拔山兮气盖世的英雄好汉，凭他一个人又能干出啥事来呢？结果自刎在乌江边。

古人已经知道运用音乐到政治军事方面，我们现在更加要充分运用它到革命、生产、工作上去，激起大家对革命的热情，对工厂、农村增加人们对生产劳动的情绪。

我最近在杂志上见到一篇中学生写的文章，题目是《我需要学音乐》，这个学生平时在学校中对美术、音乐课很不注意，她认为学了没有什么用。去年暑假她回家乡去，群众的干部要她出来画壁画、教唱歌，可是她哪样也不行，不肯答应。村干部和她的家里人不相信她不会，他们认为一个中学生，在学校里整天就是学习，而且各门都应该学，唱歌图画怎么能不会呢！若不出来做，大家都说她不肯为村里做点事儿。出来做呢，真做不了。急得她不敢再在家里，就跑到姥姥村上去住。这时自己深悔音乐图画没有好好学。在姥姥家住了没几天，她便回到学校，找到她们的音乐老师要求补习音乐。因为她若不把音乐学好，寒假也不敢回家。这对于她是个很严重的问题。

同学们听到我给她们说到这里，都呆了，因为我说这并不是我编出来的，这是一个事实。然后她们谈到上课的情况很不好，我们要设法改良。我先向她们检讨自己的错误，表示一定改正，也向她们提了一些意见，要她们保持上课的秩序。我们今天就作为是一个新的开始，共同改变上课的情形。她们一致说："好！"在我眼前，她们一个个变得非常可爱，一直到学期终了，她们始终坚守着诺言，保持良好的秩序。

二、我所采用的方法

1. 如何帮助落后的同学

因唱歌是集体性的，一两个程度差的便会影响全体。比如齐唱时，一两个人把拍子或音唱错，教员不能分辨出来是哪个唱错的，于是让全班再唱，是不是耽误全体的时间。所以特别要注意落后的学生。先用乐理测验（并非枯燥的考问，用记谱的方法，我击拍唱一短歌，她们用笔在纸上记下来。她们对这样的练习很感兴味），测验结果分别出个人对乐理的认识程度。选出音乐干事（每小组一人），音乐干事的练习由我改，其余的交给各组音乐干事改。为使音乐干事了解她这组各人的程度，特别帮助落后的，使全班程度向上拉齐。我把程度差的名字记下来，随时考问提醒她注意。

有的人对音符、拍子都认识，但不会连起来唱，原因是缺少单独自己练习识谱,在堂上总是跟着别人唱,自己没用过心。这样的学生我给她们留下寒假作业,让她们在寒假中完全靠自己练会一首歌,开学时唱给我听。

2. 记分的方法

以前音乐分数由考唱来决定,分数多少根据嗓音好坏,如此很不公平。有的人对乐理很用心,唱得一点没错,但因声音不好受了天然限制,如何努力分数也到不了九十分,因此对音乐感到灰心,兴趣减少,也不想再努力了。嗓音好的人,认为自己一定得好分,于是对乐理反而不太注意,结果唱得很不准确。

所以我打音乐分是如此来评定的:乐理和唱歌分数各占50%,考唱时以80分为基础:

(1) 拍子及音准,有一个错扣2分。

(2) 声音大小,要全班都能听见,否则扣分。如此鼓励每个人把声音发出来。

(3) 强弱记号,按照一定的规律及强弱表情记号,表现完全的加10分。

(4) 声音好的(圆润、清亮),由1分加到10分不等。

按照这个标准计分,只要声音全班能听见,拍子及音准没有错,有强弱表情,即使嗓音不大好,也可得90分以上。但如果拍子有两个错,再没有强弱表情,连80分都难得到。

三、课外活动

1. 歌咏组

一部、二部的课外歌咏时间冲突,所以不能两部兼顾,只负责二部的歌咏组。参加的人为各班选出来的,每班2名至4名,共40人左右。每星期练习两个钟头,共练了五个歌。

(1) 一切为了胜利

(2) 新中国的青年(二部合唱)

(3) (原稿空白——编者说明)

(4) 斯大林颂

(5) 人不犯我，我不犯人（二部合唱）

2. 钢琴组

报名的人数很多，选出 24 人：一部 12 人（有 10 人是学过一年以上的），二部 12 人（其中 10 人系初学，2 人学过）。

在课余时间教 24 人钢琴是个尝试，因钢琴是个别学习。初学者每人需半小时，已学者一小时，如此 24 人一周至少 12 小时以上。课外时间学生们还有政治学习及开小组会等，在分配时间上是有困难的。于是采用小先生的办法，学过二年程度较高的 8 人为甲组作为小先生，再分成乙组 8 人。甲组间隔一周来学一次，乙组及丙组每隔一周跟我学，一周同小先生学。如此我每周教琴 4 小时，24 人轮流教到。

第一周，甲组同我学，乙组、丙组停一周（自己练习）。

第二周，乙组同我学，丙组同甲组（小先生）学。

第三周，甲组同我学，乙组、丙组停一周（自己练习）。

第四周，丙组同我学，乙组同甲组（小先生）学。照此轮流。

四、两个意见

1. 对教导处及事务科的意见

一部的音乐教室座椅多有损坏，人数多的班（初三一、初三三）便不够用，学生上课时临时要从外边搬椅子（有的自己搬，有的向我发脾气），影响上课秩序。我向丁主任提过一次，但一直到学期终了仍未补齐。二部的音乐教室椅子有几排是修理过的，开学时够用，但因不牢固又都坏了，现在在后排的学生有好几个是站着上课，坐在前面的也常有跌跟头的危险。请事务科先生检查一下。

2. 对工友的意见

二部管教员休息室的老郭，对管理、打钟的事不大适合，常常误点晚五分钟是常事，有一次（某个星期六上午第二节）下课钟晚打了一刻钟……希望注意，否则上下课不按时，等于用教员开玩笑。

音乐组总结（1953.6.25）

一、教学中的新尝试及问题

对于发声方法，过去是任其自然发声，但有的学生已达变声期，不能像童声时期唱得那样高，于是拼命喊。最近看到苏联小学音乐课程提纲里，写着要保护儿童的声带，尤其应当注意变声期的儿童，不要让他唱时过分用力。又到女一中去观摩音乐课，看到他们注意发声训练，不要学生大喊，声音很和谐。现在我们也注意学生的发音、音阶的练习，用平唱的方法使学生直接模仿。初三的学生多半已过了变声期，声音能够一致，效果较好。初二的学生，有的还是童音，有的正在变声期，所以不能一致，效果不如初三。

二、音乐教材系统性的问题

音乐课的乐理、音程、视唱，可以有计划、有系统的排列，但歌曲因有时间性，不能事先全部排定。因此乐理和歌曲，虽然尽量能结合起来，但有的仍然不能硬性的结合。比如，给初三讲装饰音，其中主要的装饰音在现在的歌曲里不能每种都碰到，为了她们毕业以后见到知道如何应用（初三以后没有音乐课了），所以把其中主要的装饰音给她们讲，但不见得和正进行的歌曲能够结合。这样乐理和歌曲虽得脱节，但是不是和现在歌曲结合不上就不用教给她们呢？若不教给她们，也许有人会说："为什么你们的学生不懂这些符号？"或者是学生将来碰到这种符号时，会说："学了半天音乐，怎么不知道这些玩意儿是干吗的？"

三、学生学习有何优点、缺点

为了培养学生独立唱谱的能力，常留作业（短歌），要她们课下自己练会。初三的同学多能重视，抽查时一般都经过练习准备的。初二的学生对音乐课外作业重视不够，抽查时还常发现课下没有练习。

四、课外活动的成绩

钢琴组活动的情况：我和钢琴组的学生找不出共同的时间，就利用中午 1-2 时。后改夏季时间，有了午睡，不许弹琴。又因试教工作、团体会议等，我不能参加指导……有的组员，尤其是准备将来专门学艺术和音乐的，学习很努力，积极性挺高。但有的放弃了，还给她的时间没有来练，没有什么进步。而很多想参加到钢琴组里来的，因为名额限制进不来。同学们看到钢琴常空着，很感不平。因此钢琴组需要调整。期末检查成绩不好的，要退出钢琴组，有了空额才能吸收新的组员。吸收时还要注意她的目的，尽量照顾将来准备专门学音乐、艺术的人才。

五、对文艺活动开展上有何意见

高中的课程规定，每周一小时音乐活动，每人必须参加。但据了解，因时间没规定，没有实行。下学期如何开展？应有计划，要保证时间，不应任其自流。歌咏比赛会开会的时间，我们正在音乐教室业务学习，歌咏会的时间变动也没有通知我们，因此没能参加。像这种全校性的音乐活动，音乐教师应参与协助计划及指导，教导处及学生会在最初计划时应请音乐教师参加商议。整个的文艺活动，因时间没保证，开展得都不够好。红领巾歌咏团，也因没有时间不能很好地活动。请一定要规定出一个音乐活动的时间，而且保证在这时间内没有别的活动。工会的歌咏也是组织不起来，召集了半天结果来了一两个人，歌曲谁都爱唱，但是你要开互助组会，我要写总结，他要布置时事学习，谁都有事，归根到底还是时间没有保证。因此，我们要向行政要求："要有保证的音乐活动时间。"

六、音乐组需要添置的唱片柜

大礼堂和音乐教室，需要配钢琴钥匙和锁。

音乐课没有全部采用新教材的原因（1954.7）

中学音乐水平究竟应达到怎样的标准？在中学应当以学简谱为主还是五线谱为主？这个问题在北京中学教师里面意见是很有分歧的，有的主张单学简谱，为的把简谱学精，五线谱可以根本不学；有的主张若要学好五线谱，简谱就不要学，不然两样都学不好；有的赞成两样都学，但以简谱为主，简谱学两年（初一、初二），五线谱学一年（初三）；有的赞成两样都学，以五线谱为主，简谱学一年，五线谱学两年（初二、初三）。

现在正在学习提高质量、研究教材，这个问题应当提出研究，明确下来的。

目前，北京中学音乐水平很不一致，过去有参考教材，主要是歌选或视唱练习曲，但没有很好的系统性及视唱和歌曲的结合性，各校采用了根据自己学校水平任意选用，有的大部分或全部采用，也有采用一些和全部不用的。从去年编成有系统的初一、初二、初三3本教材来看，内容较为丰富，包括发声练习、视唱曲、歌曲、欣赏等。根据大部分学校的水平，初一、初二用简谱，初三用五线谱，实际上五线谱用一年的时间是学不完的，而且歌曲不和五线谱结合也是不合理的。

上学期，我校音乐课除初一全部采用初一教材，初二、初三没有按照教材学。我们是简谱、五线谱都教，以五线谱为主，简谱学一年。与目前流行歌本多为简谱，为实用大众化，但五线谱为现今乐谱中比较最完全的，是有国际性的，学生可以独立掌握（不需要旁人翻成简谱才会），而且是进一步学习音乐理论的基础，各种主要乐器钢琴、提琴、管乐器的基本。有了五线谱这把钥匙，才能走入广泛音乐之门。所以我们采用从初二便开始学五线谱，而且结合唱五线谱简单歌曲，对初二来说比较适合，因初三需要唱二部或三部较复杂的歌曲，若在初三才开始学五线谱、唱简单五线谱歌，对她们不合适。若五线谱不和歌曲结合，歌曲仍用简谱，使理论不联合实际，不能使学生掌握好。

我校音乐课所以从初二起没全部按照教材进行，便是以上原因。

音乐教学组 1954 年 7 月

如何帮助音乐课程度差的同学（1954.7）

音乐课学生的水平不容易一致，从初一起，因各小学上来的程度不齐，但若从乐谱知识认识上，对于差的同学还可以以小组互助、个别多加练习、补习和补考等来补救。比较困难的是对于发音不准的同学，这样的同学有的很努力、认真，在乐理上得 5 分，但因唱音不准，怕别的同学听见哄笑，因此就越加不敢唱、不爱唱；对于这样的同学，久已想如何在课外来帮助？但这是需要长时间。因自己在方法上没有把握，怕学生会感到费出很多时间，结果见不出效果。因此，一直没有信心来做。

但自从五级分实行以来，对每个学生个别检查较严，学生自己有了需要纠正的要求，所以在上星期，我利用中午 1 点到 2 点的时间，分配每一班中发音特别不准的同学，每次四五人用琴来帮助她们练习音阶、音程及视唱歌曲。因为人多，每人每周只能轮到一次，还需要她们另外自己结合口琴来练，结果她们觉得需要花费时间很多，又不能很快见到效果，便成了一种负担。实行以来，对于有些学生，如三七班王奇钧、二九班刘维孔等等，纠正她们的发音，因此她们也比较高兴练习。但对有些像三六班的马某某，用钢琴或用声音带着她练来练去，始终也不见效，恐怕她的声带有毛病。

以后，因夏季中午有午睡，中午一切活动停止，另外，又不易每天找出我和她们的共同时间，又感到给她们造成负担，影响别的功课或身体，便停止了。这个试验可以说是失败的。

下学期我要变更方法，帮助的人数不可以多，将钢琴排出一部分时间给她们，请她们自己弹着琴跟琴练习，从音阶开始每周要三次，时间每次不超过十分钟。这样可能不会使学生感到是负担，经过一段时间可能会有效果。

1954 年 7 月

第三节

同学们谈音乐课

吴老师把副科都教出了彩

1966届初三（4）班　张　蒂　贾群芳　许晓鸣　朱新青

在我们的记忆里，音乐课是那样难忘又愉快。每周一节的音乐课，都是在我们期盼中到来的。一是因为在去音乐教室的路上，会经过挺旧但很有趣的平房院，可以在那里开心地玩上一小遭：寻摸曾经的猪圈、兔笼，再蹦蹦跳跳地穿过满是花草树木的园地；二是音乐课没有那么严格的考试和作业，有的是总端坐在琴前等着我们上课的全校唯一的音乐老师——"贝多芬"。这个名字可是我们根据她的形象、水准"量身而定"的呀！

"贝多芬"和我们音乐老师的名字听上去很相似——吴德棻。时隔50余年，张蒂记忆里的吴老师，依然清晰：

骑个二八弯梁女式旧自行车，好像住在广宁伯街附近。上学的路上我常见她，一辆老车，一个布兜，一身朴素……"文革"学校大乱以后，许多老师挨批挨斗。可我每次看见她的时候，并不强壮的她，神情却永远淡然宁静，目光永远清晰单纯，许是神圣的音乐在她心头永驻，给她定力！

在学校时，我们和吴老师的接触似乎只是在音乐课上，对她的情况知之不多。没想到张蒂道出了她和吴老师的一段故事：

当年要初中毕业了，我准备考军艺。选哪首歌适合我呢？于是吴老师帮我选曲子。记得选的歌是《大顶子山高又高》。吴老师一句句地反复教我试唱，她弹琴铿锵悦耳，我童音高亢嘹亮。因为我当时年纪小，还没变声，虽未被军艺录取，但吴老师辅导我的情景，还历历在目，终身不忘：后面小院飘荡出的我俩声情交融的优美和弦，镶嵌在我的心里。此后，我终生喜欢音乐并与音乐为伴的坚实基础，是吴老师帮我奠定的。感谢她，恩师！

贾群芳琴拉得好，是我们班的音乐积极分子。她回忆说：

女附中的学生文艺素养普遍比较高，这与音乐老师的培养和熏陶密不可分。我们下乡时的内蒙建设兵团宣传队队员聚会的时候，照相时女附中（包括69届的）的校友站了一大排！音乐课给我留下了美好的回忆。那时我住校，晚上有时跳进音乐教室的窗户去弹钢琴，记得练的曲子是"刘志丹"。女附中的老师都非常敬业，按说副科的音乐课在一般人的眼里就是唱唱而已，可我们的音乐课可是有板有眼。我记得吴老师的两件事。刚入学后，老师哼曲子、唱歌，让大家记谱，咱班好像只有我和陈真瑞全对了（自吹上了）。另一事：为了提高大家学习音乐的兴趣，吴老师让每个同学自己作词作曲，老师挑选好的点评讲解。这让我们脑洞大开，也许有人的音乐爱好就从这时开始，点评作品的那节课谁都不会忘记，有趣以致乐喷。不知谁编的第一句是：酸菜（俄语"太阳"）……还有好几个版本的"手榴弹威力大……"，记得不知是谁的作品，唱起来就是：手榴—弹，威力—大。吴老师对大家的作品进行通俗易懂的讲解分析，让我们得到自作词曲的启蒙和体验到音乐带来的乐趣。那时的老师教学生真是挖空心思，副科都教出了彩！

朱新青的记性真好，她还清楚地记得陈真瑞曾经写过的一首歌，是学习刘文学的。在班里的微信群里，她唱得字正腔圆，抑扬顿挫。大家听后，感慨万千。贾群芳受邀立刻就默写出来，不愧是吴老师的高徒。

上音乐课，是我们特别快乐的时光。在课堂上可以偶尔低头轻声地说说话聊聊天，特别放松。这时，吴老师特别宽容，好像视而不见，仍旧兴趣盎然一丝不苟地边弹琴，边用美声唱法耐心地教我们唱歌。尤其对没有音乐特长的学生，她从来不责怪批评，不发怒，但她总是鼓励好学的或者是学得好的同学。面对这么好的老师，就只有好好学

第五章 音乐课的集体记忆（1949—1966）

习的份了。

好像我们到了初二，开始分高声部、低声部演唱歌曲了。一到这个时候，我们的兴致就高了起来，每个人都坚守岗位，绝不敢随波逐流。吴老师还教学识谱，后来我们拿起新歌篇，基本就能一次唱下来，陈真瑞识谱能力最强。后来我们还学了五线谱。班里的音乐大腕有好几个，晓鸣、群芳，能拉会弹，尤其晓鸣，人家有童子功啊！记得"文革"中，全班同学一边敲着桌子一边唱着一曲曲那时流行的二部合唱，真是"天翻地覆慨而慷"啊！我们对音乐的喜爱，不能不说是当年在音乐课上吴老师对我们的培养，以至离校多年，我们在一次次的聚会时，好像不唱唱歌，就不能尽兴似的。

吴德菜先生

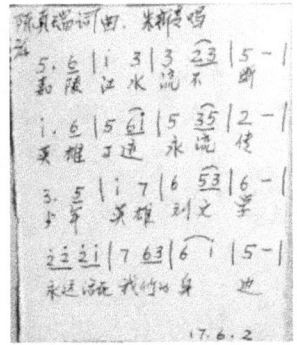

记得2012年在卞校长塑像安放仪式结束时，来自四面八方、届别不同的老校友，没有经过练习，一起高唱卞校长生前最喜欢的《在太行山上》时，居然那样和谐流畅，难怪校外的人们说：女附中的学生歌也唱得这样好！

提起音乐课，不能不说晓鸣。现在仍然在为残疾人服务、奔忙的她，这样"回忆我的音乐老师"：

学校的音乐课教室在学校的一隅，独立的小院让我们能够放声歌唱又不干扰学校的教学。最让人印象深刻的是教音乐的吴老师：她略带颤音的美声女高音婉转动听，这绝不是一朝一夕就能练就；在钢琴上为我们即兴伴奏挥洒自如，每个和声都准确到位，也应该得益于训练有素的专业功底。让我这个从中央音乐学院附属音乐小学接受过专业训练的学生惊叹：普通中学里，还有这么高水平的音乐老师！

让我们爱上音乐课的原因还有，老师会根据同学们不同的嗓音条件和基础水平，为我们创造出更多接触音乐的机会：比如教会大家认识简谱和五线谱，开设试唱练耳课，考验大家对音符高低和节奏的敏感，鼓励我们每个同学都即兴作曲，指导我们编排音乐剧，同学们一说起上音乐课，就兴奋不已。

记得那年老师选了我和另外班级的三个同学去参加中央人民广播电台的新年音乐会，我们合唱了一首湖南民歌，歌名已经想不起来，只记得第一句是湖南话的"全世界的人这样多……"

当年上中央台的新年晚会，一点不亚于如今上了央视春晚。老师全程陪着我们，帮着我们拿衣服，叮嘱我们别紧张，现在还依稀记得晚会绚烂的灯光和高高的舞台，我们抹着的大红脸蛋和穿着小蓝花的民族服装。"这是别有特色的民族风格"，在听电台重播时，我自豪地对妈妈说。正是吴老师的点点栽培，让我从此爱上了歌唱。音乐课多样化的教学方式和因人施教的悉心指导，让我们一生受益！（牛立整理编校）

让音乐滋润人们的心灵——回忆吴德棻老师

1967届高中（2）班　雷　隆

我是1961年进入师大女附中，到1969年离校去插队，初中高中总计七年零七个月。恢复高考时我考进了北京大学历史系，这辈子见过的好老师数不胜数，但至今让年近古稀的我念念不忘的还是初中时教我们音乐课的吴德棻老师。

记得刚上初一不久，我们去学校东头平房的音乐教室学了第一首歌《打靶归来》，只见一位三十多岁，中等身材、皮肤白皙戴着眼镜的老师走上讲台，她说话柔声细语十分和气，而且弹得一手好钢琴。第一节课教《打靶归来》时，吴老师开始教我们简谱基本乐理知识。此后几节课也是学生听着钢琴，看着歌篇儿独立学唱，这比小学的音乐课可以说是上了一个高台阶，因为当年小学音乐不是必修课，有些学校没有音乐老师或者没有伴奏的风琴,常常是老师教一句,学生跟一句。喜欢唱歌的人大多数是听广播看电影学会的。吴老师给我们的是正规的音乐教育。她教的音乐知识融汇在我们一生接触的音乐中。

对吴德菜老师的音乐教学独特之处,我认为有以下几点:

1. 不随大流,坚持美声唱法

在当年大唱革命歌曲的年代,高亢嘹亮的民歌唱法是声乐界的绝对主流,普通老百姓很少接触到美声唱法。吴老师柔柔的美美的嗓音,随着悠扬的钢琴声在音乐教室回荡。她从来不强调自己是科学的美声唱法,相反总是低调做人,谦虚地说自己嗓音条件不好,多年后学生们自然都明白,每个人嗓音条件不同,吴老师的唱法属于西洋音乐。美声唱法合唱团讲轻声高位,要音色统一,必须要用这种唱法。吴老师按照最美最科学的唱法,潜移默化地把我们带进美声的圣殿。对其他音乐的唱法,吴老师也给予鼓励。比如我们初三(4)班王明珍有甜美的民歌嗓音,吴老师推选她和张圆圆在全校演出藏族民歌《逛新城》。

2. 把音乐之美,灌入每个学生的心田

为了让嗓音条件差的学生懂音乐、爱音乐,吴老师还开了音乐欣赏课,比如我们听过德国民歌《猎人合唱》、中国民歌《牧歌》、瑶族长鼓舞曲《瑶山夜歌》。她会用简明语言阐述歌曲表现的是什么,它美在哪里,这样上过吴老师的音乐课的人都慢慢学会欣赏音乐,爱上音乐。人的一生,酸甜苦辣九曲十八弯,与音乐为伴的人终身不孤独。

3. 丰富的音乐熏陶,大大提高了学生们的音乐素养

我们那个年代的学生都有很强的集体主义观念,逢年过节的文艺演出歌咏比赛,全班绝大多数同学都会满腔热情地投入其中,像初中我们班表演的新疆歌舞《撒拉姆毛主席》,高中班表演的越南舞

《竹竿舞》等。为了集体的荣誉,大家在课外一遍一遍地练习。在音乐伴奏曲目挑选等方面,吴老师也都付出许多心血,本人初中是学校红领巾合唱团的,当年我们排练演唱歌曲时,吴老师特意请景山北京市少年宫合唱团的钟维国老师来指导。经过短短一两次的辅导,整个合唱团的水平有了明显提升。我们不但拿到全市比赛第一名,而且这些合唱团员们像一粒种子,都成了班级歌咏活动的骨干。有了吴老师给我们打下的乐理基础和音乐熏陶,女附中学生的整体音乐素养,无论过去还是现在,都是出类拔萃的。

4. 超前的音乐教育,带给我终生的快乐

我作为年近七旬的老人,退休后的生活让我最快乐的就是合唱团的歌咏活动,歌友们大多数都是高中以上学历,可很多爱唱却不识谱。

我不由回忆起在女附中的最后一节音乐课,老师说你们会简谱就可以自己学唱新歌了。还有一种五线谱是世界通用的,大多数人将来一辈子可能用不上五线谱,但喜欢乐器的人要学某种乐器时,那就需要五线谱的知识。即使不会简谱,会五线谱更好。所以最后的音乐课,我要给同学们讲讲五线谱。于是她回过身在黑板上画了一个漂亮的五线谱高音谱号,从下加一线即 C 调"1"开始讲起,也许因为是最后一课吧,大家都聚精会神地听着老师的每一句话。很快大家就掌握了五线谱的基础知识。

多年以后,"文革"开始了。1969 年我去云南插队,临行前在菜市口委托行买了一架半旧的手风琴。对着一排排黑白键,吴老师教过的五线谱知识涌上心头。在插队的日子里,有音乐的陪伴,最苦闷的日子也变得有光彩了。

退休后我成了公园合唱团的主力,多次参加合唱比赛,还参加过人民大会堂的演出。以后自己又带了两个合唱团,给更多人带来了欢乐。虽然组织合唱活动花费了我不少时间,占用了我很多精力,但我觉得是送人欢乐手留余香。十年坚持歌唱,使我快乐使我年轻使我幸福!而这一切应归功于音乐老师吴德棻。吴老师,我知道您现在一定

在天堂上，穿着美丽的白纱裙，弹着琴和天使们一起歌唱。有一天您的学生们也会在那最圣洁的地方围绕着您，在您的带领下与您一起歌唱。

结　语

吴老师在 1950 年的一份工作总结中说过："许多人都认为，音乐是门轻松课，夹在这些繁重课程中是为的调剂精神的，比不了其他课程重要，因此非常轻视。"于是，她通过日复一日、年复一年的耐心努力，一辈子就做着一件事，就是让轻视的人们看见，音乐对精神的塑造是多么重要，就是让懵懂的孩子们懂得，她们长大的过程里，音乐对心灵的滋养一点儿也不可缺少。

江雪老师走后的十几年里，音乐课就只有吴德棻老师一人独守了。她是孤独的，但音乐让她的世界永远开放。如今，吴老师也早已离去。当过吴德棻老师学生的校友，都会怀念她，感谢她。

2017 年 4 月 2 日

牛　立　编校

第六章

师大女附中劳动教育一瞥

刘 进

前 言

　　劳动创造了世界。劳动教育是教育的重要主题。教育从生产劳动的需要中产生，之后又经历了和劳动长期严重分离的漫长过程。到了近现代，社会又开始重视教育与生产劳动的结合。对此，世界各国不乏尝试和探索之举，取得成功经验推动社会发展的也不在少数。

　　对于中国来说，历史悠久又在近代落伍，劳心劳力者分离的影响深入社会和人心。所以，教育与生产劳动相结合之路自然会更为艰难，更加跌宕曲折。

　　师大女附中是一所百年老校，同样经历了这条曲折的路，由于学校具有"实验"的性质，所以更具典型意义。本文意以一个中学为例，去反映在新中国建国初期的十几年间，教育与生产劳动相结合的实践，对民国时期的劳动教育也有所涉及。这些原始记录已成为历史的足迹，可以为探求劳动教育的经验和教训提供一些真实的样本。

第一节

民国时期女附中劳动教育点滴

【提要】 1917年建校,17门课程中包括手工、家事、缝纫、园艺四门;学校以"勤慎"二字为校训,校歌歌词有"我们努力读书和做工";1932年,校则要点中提到"预备升学兼培养职业能力"。华北育才中学教育学生"生产自养,读书不能脱离劳动";培育新人的目标为"德智体全面发展""能动手动脑"。

因为有关民国时期女附中的资料非常有限,关于劳动教育的更是少之又少,在此,只能根据已看到的原始资料做些点滴的记录。

中国社会在劳动技能的传授上,长期依靠的是师徒或父子间的言传身教,与学校教育处于分离状态。到了近代,国力积弱,西风东渐,知识分子的观念首先起了变化。王国维说教育的宗旨"在使人为完全之人物",主张教育应分为智育、德育、美育、体育四部分,而人的能力要发达且调和,即真、善、美三个方面的调和[1]。蔡元培主张的是"军国民教育、实利主义教育、公民道德教育、世界观教育、美感教育"五育并举[2]。他们说的教育,都是大教育观,并非只是读书之意。到了民国初年,教育部颁行了一系列的教育法令、规程,使知识分子的教育理想多多少少能落到实处,其中劳动教育被纳入课程体系,就是一个重要的体现。

1912年,教育部《中学校令实施细则》规定的课程设置是:修身、算学、国文、历史、地理、外国文、物理、化学、博物、图画、体操、手工、乐歌、法制经济,女子中学校加设家事、缝纫、园艺。当时,很多中学堂因实际情况并未完全执行这一规定。而女附中主任

---

1 王国维:《论教育之宗旨》,《教育世界》,1903年。
2 蔡元培:《对于新教育之意见》,《教育杂志》,1912年2月。

欧阳晓澜先生,在建校之始便为 79 位第一届学生开齐了所有的 17 门课程,其中手工、家事、缝纫、园艺四门课程均和劳动职业教育有关[3]。当时,学校要求"理化博物史地家事园艺等科均分组实习","设图书室以供课外浏览","并定期旅行采集动植物矿物标本","或参观名胜古迹学校工厂农场等处以资考证"[4]。

这些选择和实施措施,无不与创校确定的校训"勤慎"关联。校训的解释列在"训育"之下:"向取积极训练主义以'勤慎'二字为校训,取勤则不匮慎则寡过之义。每日于上课前十五分钟时举行朝会练习早操之外,并施以相当之训话。平日须著制服以洁朴整齐为尚,不许佩带珍饰。遇学行兼优者,于学年之末给予奖状或奖章,成绩之佳者随时揭示,之所以供众览,兼寓表扬之意也。"[5]

这里"勤"不单指个人的"勤劳"行为,更多的是指学校师生整体的"积极"的"训练主义",当然包括了对劳动的肯定和尊重。1919 年 4 月,学校召开首届运动会,主席台前悬挂的条幅"运臂习勤光阴足惜,动心忍性筋骨先劳"[6],也透着"勤慎"二字的精神。

除了校训,校歌歌词把"我们努力读书和做工"[7]作为结尾,更体现了脑力和体力不可偏废的教育追求,以及对劳动的尊重。

1931 年 7 月,学校正式归属国立北平师范大学,"师大女附中"校名始定。1932 年,时任师大校长黎锦熙为女附中题写校训"勤肃信毅",学校重定校则,其要项为:1. 培养健康身体;2. 发展基本知

---

3 袁爱俊主编:《北京师范大学附属实验中学校史(1917—2007)》,长江文艺出版社,2007 年 9 月版,第 4 页。
4 《国立北京女子师范大学概略》,民国十五年七月,总务处编订,第 56 页。
5 同上。校训解释中的标点为笔者所加。
6 见学校校史展览的照片。
7 校歌写于 1920 年,程伯庐作词、冯亚雄谱曲。抗战时期,西迁教师回忆了校歌的词曲,并誊写传抄,歌词全文为:"附中,正正堂堂本校风,我们莫忘了勤、慎、诚、勇。你是个海,含真理无穷,你是个神,愿人生大同。附中,太阳照着你笑容,我们努力读书和做工。"1932 年,黎锦熙为女附中题写的校训是"勤肃信毅"。西迁时,校长方永蒸为城固中学题写的校训"勤慎诚勇"和歌词中的校训相同。但是,这三个校训变化的确切时间和缘由已无从知晓。

能；3.培植高尚品格；4.养成良善公民，增进社会效率；5.预备升学兼培养职业能力；6.实验中等教育之新进展。

校则要点是强调学校的教育目的，是要造就对社会有用的一员，对于学生不仅以其智识之优劣为前提，而且要以其脱离学校生活走入社会后，是否能发挥其所学运用于实际为要务[8]。除了健康身体的基础和高尚品格、良善公民的根本之外，基本知能、预备升学兼培养职业能力这两点，体现了学校要求本校的教育要和职业技能相结合的要旨，以使毕业生都能发挥其长，为社会的实际需要服务。

从以下师生的记录，可反映校则之精神。

1933年入学的甲班：

本着课外活动的原则，大家都加倍的努力。于是在自治会之外又增加了学术研究股：共分国文组、英文组、数学组、理化组、史地组、时事讨论组、习字组、工艺美术组等等，每人至少加入两组"。第二年，便有大多数的同学提议着旅行和参观，于是自来水公司，电灯公司，西山，颐和园以及远足天然博物院，全班中，仿佛每个人即有一个伟大的希望，光明的前途，因此"愿求活知识，不愿读死书"成了大家的口号。

1935年，高三甲班学生毕业前写的《别了母校》中说：

我们要把我们投入时代的波中去，我们要读书，我们也要经验！读书和生活是吻合的，理论和实践也绝不能分离讲，我们在我们生命的旅路里，举起更坚实更勇敢的步伐向前吧，"努力地做一个健全的时代的女儿"[9]！

1943年，高中甲班学生毕业纪念册中的大事记中，记有民国三十年"二月二十日，劳作开始刻化学印""九月十三日：赴操场掘地，口中喊着劳工神圣"；民国三十一年"四月二十九日，虽当次非常时期，本班仍经营商业，同学谭寿玲君代售风景照片，雷资纯君代售墨

---

8 《国立北京女子师范大学概略》，民国十五年七月，总务处编订，第3页。
9 《师附一九三五甲班纪念册》，学校校史展藏书。

水,全班同学皆担任招揽主顾,向先生兜售。"

在她们给先生的特写中还记有先生们是如何教导她们的:"社会是这样的……钻进去,再改造……投入大众的群中,求知是其次,知识充足,身体健康而只能独善其身的人,是半分人,我们要德智体美群,五育并进是完善的人。""先生常对我们作精神讲话……先生教学方法,不重书本而重精神,以'明白'作教学目的,并要我们有野蛮人的身体,文明人的脑筋,当时曾受一般同学热烈欢迎。"

还记有先生们的嘱托,其中马芳吾先生说:"我不敢希望你们个个都成就一番伟大的事业,个个都成为数一数二的伟人,但我愿你们毕业之后,利用你们的聪明与智能,努力做人,做人就要工作,入大学也好,做事也好,处家庭也好,只要办什么像什么","最后,希望你们记住我的话:'干什么就像干什么,挺起胸膛,要担当起责任来,简单说三个字就是顶得住!'"[10]

抗日战争爆发后,北平师大附中北校(即原师大女附中)的部分师生,随同师大附中南校(即原师大附中)等几所中学和大学,历尽千辛万苦,西迁至陕西汉中。迁校途中"主任方永蒸等12人都同学生一起步行","师生穿的一律是去冬做的黑色斜纹布制服,吃的是稻米稠粥加咸菜,甘苦与共,出入相顾,师生愈加亲近。晚上学生们总愿意请一位老师跟他们同住。直到行军完结,没有中途告病的。八个稚弱女生,和男同学一样翻山越岭,没有掉队。"当时,魏庚人老师"把附中旧校歌谱写出来……印发给学生。在一次纪念周上,特别将校歌教给学生,并嘱咐他们:'要维护正正堂堂的本校风,莫忘了校训:勤慎诚勇。'附中在北平的物质设备什么也没有带来,唯有这校训与校歌是我们带来的传家宝。……附中的校风在抗战的岁月里,始终没有褪色。"[11]

1949年5月9日,女附中与华北育才中学女生部合并,用胡志

---

10 以上三段引文均引自《师范大学附属中学高中毕业纪念册》,民国三十二年,学校校史展藏书。
11 赵慈庚:《难忘西迁》,《远去的女附中》,2017年7月,第467、468页。

涛副校长的话来说,"这一天,我校的历史翻开了新的一页":

（华北育才中学,简称育才中学）是"一所在解放战争炮火洗礼下诞生和成长的革命学校""在动荡的环境中,育才中学始终坚持以育人为中心,抓紧对学生的教育和教学。战局紧张的时候,学校就要转移,为躲开敌机搜索扫射,常常夜行军,太阳落山背起行装出发,跋山涉水,天一亮就宿营。行军中要求学生严守纪律,锻炼意志,宿营后自己搭炕、打草、铺炕,遵守三大纪律八项注意""学校还经常教育学生生产自养,读书不能脱离劳动。师生在课余要开荒播种,要纺织捻线,生活极为艰苦,常以粥拌野菜。"虽然如此困难,教师还是"想尽一切办法,搜罗书籍供学生阅读,讲课都很认真准备,精心编写教案,发扬民主教学,随时听取学生的意见。在育才学校,尊师爱生蔚然成风。"[12]

在战争状态下的解放区中学教育,主要是培养干部和教育儿童,直接或间接地为战争服务,不可能有统一的制度规定。1948年,迎着新中国成立的曙光,在东北和华北的解放区,开始了教育正规化的探索。1948年9月,第98号《人民日报》的头版头条刊登了一个"本报特讯"消息——"纠正过去偏向　确定今后方针　华北开中等教育会议""为确保加重文化课,会议明确规定,文化课要占90%,政治课只占10%;全年实际上课时间不少于36周,每周上课时间不少于24小时,自习时间以18至20小时为原则;学生停课参加各种社会活动、生产、演剧,3天以上者,须经主管机关批准。"[13]

1950年2月,并校后的首任校长彭文曾有如下记录:"并校不久,摘录传达了1948年河北（华北）中等学校教育会议上胡乔木、周扬同志的讲话精神,和会议制订的教育、教学方针、任务。如学校教育为传授革命的、科学的知识场所,培养德智体全面发展、能动手

12　北京师范大学附属实验中学校史编写组：《革命摇篮育英才——北京师范大学附属实验中学校史简介（1917—1987）》1986年。袁爱俊主编：《北京师范大学附属实验中学校史（1917—-2007)》第82页。

13　本报记者俞水：《革故鼎新迎曙光》，《中国教育报》，2011年6月7日。

动脑的新人、教学中心、教师主导作用、校长负责制、党支部的保证作用等等。为教师指出努力方向。"培育新人的目标除"德智体全面发展"外，更有"能动手动脑"与之并列。为此，并校之后，一直要求教员在教学活动中要"联系教学和学生实际"[14]。

第二节

学校计划（1951—1965）中关于劳动教育的内容

【提要】 女附中工作计划（总结）中历年都有劳动教育的内容，从1955年开始，实施"基本生产技术教育"；1957年颁布了教育方针，1958年大跃进，直到1960年，学校的劳动教育一直处于高潮。

1921年7月，毛泽东、何叔衡等在长沙创办湖南自修大学时，就立下"改造现实社会"的办学宗旨，并特别规定："本大学学友为破除文弱之习惯，图脑力与体力之平均发展，并求知识与劳力两阶级之接近，应注意劳动。"可以说，此后的几十年以来，劳动教育始终是学校教育的一个主题。新中国成立后的17年，这个主题的分量一直很重。

1949年《中国人民政治协商会议共同纲领》在第五章"文化教育政策"中规定"全体国民公德"的"五爱"是"爱祖国、爱人民、爱劳动、爱科学、爱护公共财物"。1950年《中学暂行教学计划（草案）》提出："生产劳动应有计划地配合正课进行"；同年2月，教育部副部长钱俊瑞在《改革旧教育，建设新教育》报告中要求："实行教育与生产结合，在各级学校加强科学技术教育。"从女附中1951—1965年学校工作计划（总结）中看出，历年都有劳动教育的

14　彭文：《师大女附中的一段校史》，彭文子女提供资料。

内容，尤其是从 1955 年开始，"基本生产技术教育"深入了六个学科；1957 年党的教育方针颁布后，紧接着是 1958 年的大跃进，直到 1960 年，学校的劳动教育一直处于高潮；1962 年，教育部对学校学生劳动时间作了明确规定后，劳动教育按规定贯彻执行。现把历年学校工作计划（总结）中关于劳动教育的内容简要摘记如下。

1950 年提出："本学期我校决定试行劳动卫国制。"[15]

1952 年提出："要培养学生将来能担负起建设祖国的任务，必须从现在起、从日常的实际行动中培养她们""热爱劳动，热爱劳动人民，珍惜劳动人民劳动成果。"[16]

1953 年，学习过渡时期的总路线，以及根据全国中等教育会议精神制订的中学教育的任务为："以国家过渡时期的总路线精神教育学生，把他们培养成为全面发展的社会主义建设者和保卫者"。据此提出："学生的思想政治教育在于进行爱国主义教育和培养共产主义道德的基础上，主要着重在劳动教育、集体主义教育和纪律、礼貌教育。"同时还提出："加强进行劳动教育：在思想品德上培养同学成为热爱劳动、尊重劳动人民的新型的人"，并指出劳动教育中的问题是："从劳动本质上来进行教育注意不够，在这个问题上，我们教育的目的不够明确，所以同学方面就存在这样的现象：崇敬劳动模范，但自己就不愿意成为一个工人，连技术学校都不愿意进，回家帮助父母做家庭工作认为是可耻的事，这……不是个别现象。"[17]

1954 年提出："培养学生社会主义劳动观点以及对劳动的自觉、积极态度，并使之贯彻到言行中去。"[18]

1955 年提出："重视在日常生活行动中培养学生社会主义劳动观点以及对劳动的自觉、积极、踏实的态度，和对劳动的光荣感。"[19]

---

15 《师大女附中 1950 学年度下学期教育大纲》，1951 年 3 月。校档案室资料。
16 《1952 学年度上学期工作计划大纲》，1952 年 9 月 9 日。校档案室资料。
17 《1953 学年度上学期工作计划纲要总结》，1954 年 2 月。校档案室资料。
18 《1954 学年上学期工作计划》，1954 年 9 月。校档案室资料。
19 《1954 学年下学期工作计划》，1955 年 1 月 21 日。校档案室资料。

同年，还提出"贯彻全面发展教育方针是取得了一定的成绩。在教学工作中……增加了'基本生产技术教育'的因素。……数学、物理、化学、博物、地理、制图六科应有计划的积累试行《基本生产技术教育》材料，以备下学期研究和总结。"[20]

1956年提出："一九五六年是争取第一个五年计划提前完成的关键年。它要求全国人民紧张地工作，创造性的劳动，把社会主义事业进行得又多又快又好又省。""大力进行基本生产技能教育：物理、生物、化学、地理、数学、制图六科教师应深入钻研教材，挖掘基本生产技术教育因素，密切联系当前工农业生产实际进行教学。建立实习工厂和实验园地，重点试设教学工厂实习课及实验园地实习课；充分利用现有物质条件，争取多方面的援助，师生亲自动手制作教具。""继续贯彻学生守则教育，树立'一切为了社会主义'的学习思想，培养学生热爱劳动、刻苦钻研、谦虚礼貌、整洁文明的优良作风，重视时事教育，培养学生经常关心国家大事，关心世界人民的和平事业，分清敌友，站稳阶级立场。"[21]

同年，还提出："开展基本生产技术教育方面：初步建立了物质基础，如实验园地、教学实习工厂、地理园的一部分；教师基本上掌握了金木工、汽车、园地实习课的技术，学习了基本生产技术教育有关的理论；在此基础上，有二十个班开设了金木工、汽车、动物饲养和园地等实习课；课外科技、制作小组的活动质量有了显著的提高。""组织生产参观和公益劳动，如参观工厂、农业社、建设工程，组织参加慰问军属，公共服务等，使学生从实际活动中受到教育，并组织学生与先进生产者、革命家会面，培养学生更深切的劳动和革命情感。"[22]

1957年，"毛主席又给我们明确的指示：'我们的教育方针，应该使受教育者在德育、智育、体育几方面都得到发展，成为有社会

---

20 《1955学年第一学期工作计划》，1955年9月。校档案室资料。
21 《1955—1956学年度下学期工作计划》，1956年2月23日。校档案室资料。
22 《1956—1957学年度上学期工作计划（北京实验中学）》，1956年9月。校档案室资料。

主义觉悟,有文化的劳动者。'"因此,提出劳动教育为学校思想教育工作的两个重点之一:"劳动教育,特别是体力劳动习惯的锻炼和培养:通过系统的思想工作和有计划地参加实际体力劳动,树立学生的劳动观点,培养体力,热爱劳动和尊重劳动人民的情感,进一步明确学习目的,并养成艰苦朴素的作风。学校首先为学生参加适当的体力劳动创造条件,保证每人每天平均劳动半个小时,每周总计体力劳动时间不超过三小时(初一、初二可规定为两小时)。劳动内容以不妨碍学生身心健康并按学生的年级和体力体能特点分别安排。"对团队工作提出要求:"创造多种多样的方式方法,向团队员和同学进行劳动教育;团委会应整顿科技小组,加强领导与检查;队委会应重新组织万能手小组,倡导小五年计划。"对学生会工作也提出要求:"组织同学参加义务性的工农业生产劳动,本学期利用假日可举办一至二次。""改进、和加强校值日生工作,发挥校值日生对学校工作的助手作用。"另外,对宿委会工作和改进学校环境卫生也提出了多项具体要求。[23]

1957年,为贯彻教育方针,北京市教育局发布对修订教学计划的说明意见,修订原则的第一条即为"大力加强对学生的社会主义思想教育和生产劳动教育",要求学校"每周劳动时间为半天,生产劳动课可利用此时间。""为了达到上述要求,适当减少历史、地理和生物的授课时数。"[24]根据北京市教育局的要求,学校制定了《组织学生参加体力劳动的具体措施》,对学生参加校内外体力劳动做了详细的规定。[25]

1958年学校制定了《北京实验中学全校跃进计划》,要求学生"热爱劳动,立志做劳动者,全心全意为人民服务"。"初中要掌握全部金木工工具使用和修理技术,会识图、制草图","高中机、钳工连续学习三年达到三级工标准,一般学生达到二级工标准"。毕业

---

23 《1957—1958学年度第一学期工作计划(北京实验中学)》,1957年9月。校档案室资料。
24 《北京市教育局对修订教学计划的说明意见(油印件)》。校档案室资料。
25 《组织学生参加体力劳动的具体措施》,1957年。校档案室资料。

生指标的第一条为"高、初三毕业生全部能符合高一级学校或参加工农业生产的要求"。[26]

1959年2月,学校对前一年工作做了如下概述:"1958年是全民全面大跃进的一年,在教育事业上许多方面呈现出崭新的面貌。我们学校同样也有着很大的变化:学生政治思想面貌有很大变化,通过轰轰烈烈的生产劳动,学生受到锻炼。劳动中,不怕脏,不怕累,积极热情肯干,对劳动人民的看法、情感,也不再是疏远,而是亲切的了。学生初步地学习了党的教育方针,明确自己应是一个什么样的学生。学习方面一般有所提高。在身体健康方面,不少学生由于参加生产劳动,体力的增长也有所提高。全体教师在党的领导下,还是认真、负责积极地贯彻党的教育方针,同时也积极参加生产劳动。在教学工作中,教育方针得到体现,教师在劳动中不仅自己的思想、体力得到一些锻炼,初步体会知识应与实际结合,同时密切了师生关系。在这些方面我们有不少的成绩与收获。"同时,提出的工作要点中,有关劳动的内容为:"提高教师的马列主义和毛泽东思想理论水平,又适当参加体力劳动,不断进行自我改造,提高觉悟""必须注意在生产劳动中加强思想教育""生产劳动的内容,组织形式要妥善安排,逐渐使生产劳动经常化、制度化,并使生产劳动内容更好地结合教学。"对在教学方面对如何贯彻教育与生产劳动相结合,以及生产劳动方面如何组织学生参加,并尽力争取劳动内容与教学内容结合上,都提出了具体的办法和措施。最重要的,并得到落实的措施是,学校与广播事业局服务部挂钩,成立厂校协作委员会,由服务部在学校建立了变压器、装配、钳工三个车间,为生产劳动在学校经常化、制度化创造了条件。[27]

1959年9月,学校计划中写到"学生们生龙活虎地学习、劳动,她们一天天地成长起来",要"继续巩固提高生产劳动的技术水平和

---

26 《北京实验中学全校跃进计划(1958年9月—1959年9月)》。校档案室资料。

27 《1958—1959学年度第二学期工作计划》,1959年2月—7月18日。校档案室资料。

思想教育，特别注意新生的操作训练和分散劳动中的思想教育"，对各年级学生都要"重点进行劳动观点、劳动纪律及安全教育"，"切实保证安全"。要求"数理化教师尽可能抽出一定时间下车间了解学生劳动的具体内容、机器设备和工具使用情况，便于使教学与生产劳动更具体的结合"，"物理教研组在本年度内编写出装配车间的技术课教材"。[28]

1960年2月，学校计划提出"进一步深入并加强劳动中的思想品德教育"。本学期"向学生作三次有关生产劳动的报告""车间师傅、工人做两次关于教育方针的报告"；学生"劳动后应写小结"，要求组织"劳动班会"，"通过劳动收益分配，进行一次共产主义教育"；"班主任尽可能跟班劳动""经常检查学生劳动手册"；"数理化教师结合学生生产劳动内容，编写习题，在集中劳动周内发给学生"；"由师傅负责的技术课，有关的车间教师必须听课并详细记录，以后会同师傅及理科教师共同整理编写出教材。"[29]

1960年5月，北师大普通教育改革办公室草拟的《教育计划》提出"我们主张经常劳动与集中劳动相结合。除每周经常劳动外，每年另有集中劳动：五、六年级1—2周。七至九年级2—3周。各地可根据国务院规定和各地不同条件具体安排。"[30]

1960年9月，学校计划写道："一年来，全国文教工作和工农业一样，不断持续跃进。我校工作也获得了一定的进步和成绩。师生的政治思想觉悟提高了；劳动也相应增多，大家在劳动中受到了锻炼和教育，学生学习质量和健康状况也有所进步。"本年度我校的任务是："在党的领导下，继续全面贯彻党的教育方针，坚决进行教学改革，以四个适当为原则，大胆试验，勇于创造革新，踏踏实实稳步向前，为办好共产主义的学校，培养革命的第二代而努力。为完成这项艰巨任务，必须加强党支部对各项工作的领导，充分调动师生员工一

---

28 《1959—1960学年度第一学期工作计划》，1959年9月。校档案室资料。
29 《1959—1960学年度第二学期工作计划》，1960年2月。校档案室资料。
30 《普通教育全日制九年一贯制参考性教育计划（修订草案）》，北京师范大学普通教育改革办公室草拟，1960年5月25日。校档案室资料。

切积极因素，坚决贯彻中央关于劳逸结合的指示。"并提出："大力加强劳动教育"。"教育学生养成'从小劳动，天天劳动'的习惯，培养学生把劳动看作人类第一需要""劳动中应有目的地进行阶级观点、劳动观点和共产主义品德教育""树立'以农业为基础'的思想"；"适当增多劳动""各班分片包干，负责管理校内菜田""建立农业基地。本期应管好秋菜；积肥翻地，准备春耕；适当发展养猪养鸡事业。"[31]

1962年，提出"加强劳动教育，注意解决分散劳动中的教育问题""生产劳动按集中与分散相结合原则安排，本学期各班参加一次集中劳动，每周2—3节分散劳动""高中争取在本校车间安排集中劳动，如活源不足，和初中同样参加农业劳动"，继续"劳动收益分配的办法并进行分配"。[32]

1962年4月，教育部发出"关于全日制中、小学教学计划的通知"，要求中小学"以教学为主，妥善安排学习、劳动和假期的时间"，"城市全日制中学应该保证全年教学时间九个月（三十九周）；劳动一个月"。[33]

1963年10月，学校计划首先是对大好形势的肯定："一九六三学年开始了。目前，我国人民在三面红旗的正确指引下，已经克服了严重地自然灾害所带来的暂时困难，国民经济开始全面好转；国际上，亚非、拉美的民族民主革命蓬勃发展，反帝反修的队伍日益壮大，我们的朋友遍于全世界。"提出："教育工作应该紧紧跟上时代的脚步，为培养革命的接班人而贡献力量""要全面正确地贯彻党的教育方针，认真执行中学工作条例（草案），积极稳步地提高教育质量"，具体任务是："继续加强基础学科的基础知识教学和基本技能训练；加强国内外形势教育，特别是阶级和阶级斗争教育，为农业服

---

31 《1960—1961学年度第一学期工作计划》，1960年9月。校档案室资料。
32 《1962—1963学年度第一学期工作计划（师大女附中）》，1962年9月。校档案室资料。
33 教育部文件《关于全日制中、小学教学计划的通知》，1962年4月27日。校档案室资料。

务的教育；大力提高教师的政治业务水平；在勤俭节约的原则下，改善和充实学校设备。"[34]

1963年7月，教育部要求："为了使中小学教育更好地为农业为基础、以工业为主导的发展国民经济的总方针服务，必须对学生假期为农业服务的思想教育，加强生产知识的教学，并且使他们学得一定的生产技能。小学六年级开设生产常识课，初三年级开设生产知识课，高三年级开设农业科学技术知识选修课。全日制小学和初中的生产常识课和生产知识课，一般应该讲授农业生产知识"，要求"全年劳动时间一个月。如果将全年劳动时间全部分散安排或部分分散安排在上课时间以内，应该相应地减少每周的上课时数和增加每学年的上课周数，以保证规定的各科教学总时数。"[35]

1963年，北师大对附属中学提出要求，其中关于劳动的内容是："在低年级即开始教育学生以正确态度对待升学和参加劳动，使他们认识到，升学或参加劳动（特别是参加农业生产劳动）同样是光荣的""各校初中一、二年级在近郊区附近参加力所能及的劳动，初三以上均应下公社集中劳动，条件许可时，应分散住到社员家，与社员同吃同住同劳动。在劳动过程中，根据学生思想上存在的问题进行阶级教育和农业为基础的教育，以及其他道德品质的教育。"[36]

1964年2月，学校提出："加强劳动教育树立为农业服务的思想，教育初、高三毕业生正确对待升学就业问题""认真组织学生参加劳动""研究如何对高、初三学生进行升学就业教育（开1-2次会）"。[37]

1964年9月，学校工作要点中，阶级教育和劳动教育占了很大比重："通过社会活动及劳动，加强阶级教育和劳动教育""加强劳

---

34 《1963学年度学校工作计划（师大女附中）》，1963年10月。校档案室资料。
35 《关于实行全日制中小学新教学计划（草案）的通知》（63）教普教刘字第800号，1963年7月31日。校档案室资料。
36 《北京师范大学对附属中学 1963—1964 学年度教学工作的几点意见（草案）》，1963年。校档案室资料。
37 《1963年度第二学期学生思想政治教育工作计划》，1964年2月。校档案室资料。

动教育，树立为农业服务的思想，端正学生对体力劳动的态度。对毕业班加强升学就业的教育，做到'一颗红心，多种准备'""组织学生参加农业劳动，劳动过程中学习主席著作""平时要抓紧校内外公益劳动。全校设劳动光荣榜。"[38]

1965年2月，学校要求"通过社会活动、下乡劳动、班团队等活动，加强阶级教育和劳动教育""端正学生对体力劳动的态度，树立为农业服务的思想。对毕业生加强升学就业教育，做到'一颗红心，多种准备'"；"提高教师的政治业务水平"，要求教师"参加体力劳动：（1）随学生下乡参加农业生产劳动两周。（2）每周有半日参加体力劳动。"[39]

第三节

劳动教育 17 例

【提要】 1.复兴门外的校办农场（1949）；2.初中开设劳作课（1949）；3.制定教学目的草案和教员心得（1950）；4.卞仲耘老师给学生的讲话（1954）；5.实施基本生产技术教育计划（1955）；6.教育方针提出后，组织学生参加体力劳动的措施（1957）；7.毛泽东给王桂芹日记写了批语（1957）；8.关于市内养猪的一点建议（1957）；9.北京实验中学全校跃进规划（1958）；10.与广播事业局生产服务部挂钩，在校建立生产车间（1959）；11.国务院二办来校开座谈会（1959）；12.高三毕业生下乡劳动总结、《劳动》（第二期）（1960）；13.贯彻劳逸结合情况（1961）；14.各年级生产活动的安排（1962）；15.学校下乡劳动小结（1964）；16.从学生与教职工的合影看出的（1965）；17.学校工作三年规划中关于劳动的内容（1964）。

---

[38] 《1964—1965学年度学校工作计划要点》，1964年9月。校档案室资料。
[39] 《1964—1965学年度第二学期工作计划要点》，1965年2月。校档案室资料。

第六章 师大女附中劳动教育一瞥

从上节 1951—1965 年学校工作计划（总结）中，可以看出女附中贯彻上级指示、开展劳动教育的大致脉络。本节仅按时序举出其中的一些实例。

1. 复兴门外的校办农场（1949）

1950 年上半年，女附中全校学生为 1091 人。当年"4 月，学生 914 人参加生产劳动"，"9 月……在复兴门外建立校办农场，占地 20 亩，学生分批去劳动锻炼"。[40]

1967 年的一张大字报也提到了校办农场："1949 年，发扬了老解放区教育的光荣传统，在校内校外建立了劳动基地，师生定期分班去劳动，并开展劳动建校。"[41]

1950 年 8 月，学校"在校长领导下，成立全校生产委员会，由行政、党团、工会、学生会负责人及学生代表组成。生产委员会设常务委员会，主持日常生产、领导计划工作""设主任、副主任各一人，领导推动工作。农场场长一人，组长一人。领导执行生产工作，及管理农场工作同志生活事项。6 个工友在农场工作""各班选出生产干事，负责联系有关工作，按教导处所排日程轮流到农场劳动"。[42]

1950 年前后，为解决学生生活问题，北京城里中学兴办农场的不在少数。这种做法得到了北京市生产委员会的鼓励，各校也仿照市里，在校长的领导下成立了学校的生产委员会。

1950 年 10 月 5 日，校长彭文、副校长苏灵扬给北京师范大学林校长报告学校简况，其中第五个问题"生产工作"汇报的就是校办农场的情况和问题："我校生产丰收量迄今已达 5 万余斤菜蔬，适当改善了同学们的生活。现在存在的问题是：1. 虫患很严重，现正尽力消灭

---

40 袁爱俊主编：《北京师范大学附属实验中学校史（1917—2007）》，第 88、89、90 页。
41 《解放》《肯登攀》《众志成城》《放眼量》大事记编写小组，《北京师大女附中 17 年来两条路线斗争大事记（初稿）》，文革大字报，1967 年 6 月。2015 年，范世涛在北京旧书市场搜集了该大字报的手抄件。
42 《师大女附中生产情况总结》，1950 年 8 月 25 日。学校档案室资料。

中。如虫害不能战胜,将大大影响秋季的收获,而学生伙食之改善主要是依靠秋季。2. 我校住宿生仅占三分之一,走读生占多数,生产所得平均分配(指走、住读生)是分散了力量,走读生拿回一点菜去不能改善他全家的生活,而住宿生由走读生的牵扯,也不能真正达到改善生活的目的。现在我们拟将生产改为主要是用来改善住宿生生活,走读生中有家庭特别困难者可以参加,如此缩小范围,将能达到改善学生生活的目的。"[43] "1952年,旧市委、旧市教育局勒令取消学校劳动基地,我校执行了这一决定"。[44]

2. 初中开设劳作课(1949)

1949学年度,女附中为初中开设每周一小时的劳作课,劳作课分为手工课、园艺学和缝纫课。劳作课由王文祉、李淑贞担任教员。以下内容摘要均来自他们1949年、1950年的教学计划以及教学总结[45]。

王文祉(初一、初二手工课)教学计划摘要:"手工课使学生知道劳动创造世界,与将来建国(建设国家)有很大用处。今年的劳作课主要是由无而有、由有而充实,打下劳作室的设备和劳作课的基础。让学生先学用工具及简单金、木工的做法。用罐头盒做小茶杯,做霸王鞭,做手巾挂、铁丝笔架,钉木箱盖,练习刨木板、锯木头,通过做木工简单家具(小凳、补袜板等),打毛线、做棉鞋、缝棉衣,做焊工,做模型。"

李淑贞(初二园艺学)教学计划摘要:"启发劳动兴趣、培养劳动技能。第一学期正值秋冬两季不能实习,只能讲授园艺知识:园土、施肥、育苗、移苗、修整等各种园艺管理方法。第二学期正是春夏两季,与上学期理论配合实习栽种。"

---

43 彭文、苏灵扬:《给师大林校长和傅、丁教务长关于开学以来情况的简要报告》,1950年10月5日。学校档案室资料。
44 同注41。
45 王文祉、李淑贞的教学计划(1949.9)和教学总结(1950.2,1950.6)。学校档案室资料。

李淑贞（初三缝纫课）教学计划摘要："在于启发学生的劳动兴趣，培养其劳动技能。教学生本身所需衣物的剪裁法及毛线的编织法，皆以简单适用着手，以后再逐步提高其技能。缝纫机有限，采用分组练习的方法。第一学期进度：1—4周：学习鞋（单、棉）或其他物件（儿童鞋帽等）的制作；5—8周：学习衣服裁缝法；9—12周：毛线编织，以儿童衣物为主；13—16周：毛线编织，以成人衣物为主。"

王文祉教学总结（1950.1）摘要："我……对于每一个学生都是喜爱她们，尤其是小的学生，觉得她们都是新中国的主人翁，愿意把所学的所知道的尽量教给她们。因为自己的方法少，总觉得对不起这些小孩子。收获：在劳作课，是从无到有，从轻视劳动到重视劳动，从没有兴趣到有兴趣，配合了……体育课、物理课……组织学生制作各种成品，如球拍子、修桌椅、修电匣子等……"

李淑贞教学总结（1950.1）摘要："本学期的教学计划已完成部分为衣服的制作及毛线的编织，关于剪裁部分未能完成。……教学方法，完全以个别指导来解决问题。因为是根据同学的需要制作衣物，所以教材不加以限定。做的衣物虽不一致，大多是同学实际应用的东西，如衣服、鞋、帽、袜等。只时间太少，所作的成品不多。初三（2）班的同学，为帮助寒苦同学的学费，曾组织生产互助组，在学习毛线编织的时候，替人家织了许多毛线衣服，换得的手工费，不但解决了十余同学的学费，还将剩余的钱替同学买应用的书籍。这种勤劳互助的精神是值得表扬的。初三（4）班是供给制的学生，无材料制作，为克服这种困难，即将这一班的教学计划改变完全以练习缝纫机为主，很少的一部分时间教以毛线编织，这是她们发了毛线之后才开始……所遇困难是本校缝纫机只有四架，其中有三架不能应用须要修理，只有一架维持练习……现在四架机器都已康复了，希望每架机器上至少有一个梭子一个针，上课时都安装起来，便于学习……"

王文祉教学总结（1950.6）摘要："木工钉接、胶接、榫接都做了，只有制图没有做。成品完全是根据各方面的需要，如名册夹子、画轴、拖鞋等。"

李淑贞教学总结（1950.6）摘要："初三（3）班的劳作教学，完全以练习缝纫机为主……关于剪裁的方法，即没有时间进行。初三（4）班因上学期已有经验，这学期进步较快，多数同学可以制作衣物。初三（5）班、初二（5）班的印染学习占了全部的时间……同学们对印染颇感兴趣，替学校制作两套沙发垫布、六个桌布外，同学们自己也印染了不少东西，如枕套、书包、手巾等。教学方法：1. 刻版——先以刻好的版示范，再用印好的几个样子观摩，然后讲刻版及油印的方法以及应注意的地方。2. 被染物之处理——新旧布之处理法。3. 印染——染料之配合，以及助染剂的使用方法，工作过程中应注意的地方。4. 染后处理。染后处理，在全部工作中占重要的地位，先引起注意，减少工作失败。"

3. 制定教学目的草案、教员心得（1950）

1949年新旧交替之时，没有统一的教学大纲，学校还要照常运转，所以各科教员只能根据个人的理解订出1949学年度的教学计划。经过一学年的教学实践，1950年暑期，各教学组讨论了各学科的教学目的，10月，形成了《师大女附中各科教学目的草案》[46]。学校决定在未接到上级通知前，暂时按此草案进行教学。

该草案中，不少学科的教学目的中，都有"劳动教育"的内容：

政治：高一高二，社会发展史，第一条，使学生明确认识"劳动创造世界"的真理，从而初步建立劳动观点和群众观点……

史地：总目的，运用历史唯物主义的观点，系统地揭示史实，培养学生历史唯物主义的基本观点，用以掌握历史知识及革命的经验教训，并养成新道德品质与国际主义精神。这里，新道德品质之一为"爱劳动"。

体育：第五条，培养学生爱好劳动的习惯，建立正确的劳动观点。

劳作：木工，第二条，培养学生对劳动和创作的兴趣。金工，第

---

[46] 《师大女附中各科教学目的草案》，1950年10月。学校档案室资料。以下所引学科教学目的均出自该《草案》。

二条，继续培养学生对劳动创造的兴趣，并建立正确的劳动观点。

政治教员高先炳先生是这样给初二、初三学生讲授有关劳动的内容的。先讲了"劳动对新中国建设的重要性"，然后告诉学生们："新的劳动感情就是热爱劳动，热爱劳动人民，爱护公共财物。新的劳动态度（包括工作与学习态度）就是亲身参加劳动，建立自觉的劳动态度（激发工作的主动性、创造性），养成有计划的、不跳跃的、不松懈的劳动习惯。"

高先炳先生说："讲劳动感情、劳动态度时，我更用她们的事例来说明问题和加以批判，如……用小刀削桌边、不肯动脑筋想问题、考试前的紧张与考试后的松懈等（是不对的），并说明只有热爱劳动，才能真正热爱劳动人民，转变自己的阶级立场。"这种联系学生实际的方法很有效果："柯同学说，我从来不会体会工人们的感情。有一次，我把滴（窗）纸搞破了，工友老赵'唉'了一声。我知道自己不对，但我想你'唉'什么呢？又不要你花钱。这次的政治课有很大的影响，我知道了很多，比如，我真正明白了，劳动人民是历史的主人，我知道了劳动创造了科学文化，我真正建立起了新的劳动感情，更重要的，我比以前爱护公共财产，我知道我以前的劳动态度不对……""周同学说，从前只知道劳动是伟大光荣的，但没有真正认识到。看劳动人民穿得破破烂烂的就看不起，觉得他们什么也不懂。因此在行动上我表现得不好。比如在电车上遇见了穿得比较脏的工人，农民，我是不愿和他们坐在一起的。……听了课……我真的认识到，劳动是伟大的，以后表现好了，像值日啊、生产啊，我都很愿意干。有时想在课桌上摩擦铅笔尖，一想不应该，这是劳动成果！"[47]

4. 卞仲耘老师给学生的讲话（1954）

1953年，新中国开始实行第一个五年计划。1954年春季开学后，教导处副主任卞仲耘老师给学生做了多次有关劳动教育的讲话。

---

[47] 高先炳：《政治课教学总结》，1950年6月18日。学校档案室资料。

1954年3月5日给全体团员的讲话：

一、提高觉悟，提高政治思想水平。在日常生活中，有意识地培养自己的工人阶级品质……培养自己成为一个有理想的人，无产阶级自觉战士。在思想上要具有社会主义型的青年性格，即勇敢、单纯、开朗、活泼。

二、加强组织观念。依靠组织，关心集体，热爱集体，更重要的是信任和支持组织，这样才能使得我们组织更壮大、更坚强、更巩固。

三、树立社会主义的劳动观点。1.培养自己成为自觉的社会主义劳动战士，要有持久顽强的劳动态度，学习文化知识、科学知识、历史知识都不是轻而易举的事情，是需要经过艰苦复杂的长期的劳动过程。2.有目的劳动，才能有刻苦钻研的精神、精通技术的人才，他是时刻为着实现一个理想、一个目标，在劳动着……3.劳动的全面观点，日常劳动、具体劳动和建设社会主义联系起来……劳动创造了人类的幸福，所谓体力劳动和脑力劳动之分是资产阶级所遗留的文化高低之分。今天我们这个时代，劳动是无限创造的，许多伟大的成就都是从日常的、手工的、细小的工作创作起来的，如郝建秀同志，保育员、售货员等。我们要善于为实现这个前途而进行日常的劳动，谁劳动多，谁就最对社会有贡献，谁就最幸福。[48]

1954年3月9日，对壁报编辑的讲话："本学期思想教育"的中心任务是"劳动教育：划清剥削与劳动的界限，培养同学刻苦钻研和独立思考能力，热心为集体服务和公共劳动的新品质。在日常生活中，培养学生整洁、勤劳的生活习惯。"[49]

1954年3月12日，给全体中队委、小队长的讲话：要"养成良好的劳动习惯，做一个有益于社会的人。整洁、勤劳的习惯，理发，

---

[48] 卞仲耘 1954 年讲话本：《纪念斯大林同志逝世周年给全体团员的讲话》，1954 年 3 月 5 日。校史展资料。

[49] 卞仲耘 1954年讲话本：《对壁报编辑的讲话》，1954 年 3 月 9 日。校史展资料。

指甲，洗澡，公共劳动"等。[50]

1954年3月15日，给高一、高二学生讲话："中学生是明天社会主义的建设者，伟大而艰辛的社会主义建设事业是要依靠千百万英勇劳动人民共同创造出来的"。"生活上有意义、愉快、幸福"，要"提高自己的共产主义道德品质，使自己知识更加充实，对祖国对人民更有益"。"严重剥削、轻视劳动、不劳而获是资本主义道德的标准""依靠他人生活……是可耻的""个人对社会应尽光荣义务"。所以，"喜欢念书，但不喜欢体力劳动""把劳动分成贵贱""看不起普通的劳动人民""希望社会主义快到来，但是不懂得自己应该努力建设"都是不正确的思想。"社会主义和共产主义把劳动看成是对社会的光荣的职责""热爱劳动是共产主义的品德，艰辛劳动才有幸福生活"。所以我们要"树立持久顽强的劳动态度……在平时、平常的小事情中，天天锻炼自己，才能把自己培养成为一个在必要时真正能在严格的考验面前坚持下去的人。"现在"学生基本劳动是学习"，"勤奋踏实的学习，是对祖国对人民严重的责任"，而只有"积极参加体力劳动""培养良好的劳动习惯"才能"成为自觉革命的社会主义劳动者"。[51]

给高一（3）团分支讲话："党员是特殊材料制造成的，青年团是党的后备军。共产主义建设者目标就是建设社会主义的"。我们要有"革命的乐观主义——信心和毅力"，"善于处理平凡的工作"，"不要单纯追求书本知识"，要"扩大自己的眼界，多接触实践，从劳动中培养自己劳动情感和兴趣"，"用学习和工作来锻炼自己成为一个无产阶级的战士。"[52]

1954年4月6日，教育部、高教部联合发出"对高中毕业生进

50　卞仲耘1954年讲话本：《给全体中队委、小队长的讲话》，1954年3月12日。校史展资料。

51　卞仲耘1954年讲话本：《给高一、高二学生讲劳动教育》，1954年3月15日。校史展资料。

52　卞仲耘1954年讲话本：《给高一（3）团分支的讲话》，1954年3月。校史展资料。

行关于升学的思想教育的通知",强调指出高中毕业生"应该是,以国家在过渡时期的总路线的精神……为参加祖国社会主义建设而升学,完成各类学校招生任务……","要使学生树立社会主义的劳动观点。使学生懂得:社会主义社会是千百万人民的劳动所创造的;为了建设社会主义,一切劳动都是光荣的;社会职业只不过是劳动上的分工,它们之间是没有什么高低贵贱之分的。只有过寄生剥削生活才是可耻的。同时,要指出,社会主义的崇高原则就是'各尽所能,按劳取酬';指出:那种在考虑自己职业时企图'少劳多获'和轻视体力劳动的观点,以及怕苦、怕累、怕困难的想法,是不正确的。如有的学生怕吃苦、怕受累不愿学地质采矿,或不愿意学习师范、政法等错误思想,是应该适当批判的。"[53]

5. 实施基本生产技术教育计划(1955)

1954年,苏联专家麦尔托克夫来京宣传综合技术[54]。1955年1月号《人民教育》刊登了斯卡特金的《列宁论综合技术教育》。之后,一些中学(如良乡中学)包括我校就开始了综合技术教育的尝试。

1955年秋季,我校(实验中学)制订了实施基本生产技术教育计划(1955年度):"为进一步贯彻全面发展的教育方针,使教学密切结合生产更好地完成中学教育任务,我校决定本年度内有计划地实施基本生产技术教育。基本生产技术教育的任务是使学生了解一切生产过程的基本原理,并使他们获得使用简单的生产工具的技能。因此,在物理、化学、生物、数学、制图、地理六科应密切结合市场实际进行教学。"实施途径包括课堂教学、实行作业、课外研究小组、参观等各方面[55]。

---

53 中央人民政府教育部部长张奚若、中央人民政府高等教育部部长马叙伦联合签发:《对高中毕业生进行关于升学的思想教育的通知》,中央人民政府教育部人杨字第129号、中央人民政府高等教育部高师人柳字第128号。1954年4月6日。学校档案室资料。
54 《我校实施基本生产技术教育简况》,1956年。学校档案室资料。
55 《实验中学实施基本生产技术教育计划(1955年度)》,1955年。学校档案室资料。

这些内容，和 1955 年 9 月 24 日卞仲耘老师记录教育部董纯才副部长的讲话精神[56]，以及教育部 1955 年 10 月 22 日部务会议文件《关于 1955—1956 学年度中学实施基本生产技术教育的指示》[57] 的精神，完全相符。11 月 11 日，教育部中学司和我校六科教师座谈基本生产技术教育的必要性和可能性，及实施条件途径和问题、困难；同一天，北京市教育局、市团委、市科委三家联合发出《关于举办北京市中等学校学生科学技术作品展览会的通知》，要求参展作品 12 月底交市团委中学部。11 月 12 日，我校去良乡中学，参观教材与基本生产技术教育的结合以及课堂教学的形式，还有课外活动的规模和设计等情况[58]。1955 年 12 月，"教育部派出'中国中小学教师访苏代表团'前往苏联考察实行综合技术教育的作用。我校教导主任白耀是代表团成员。回校后推行苏联实行综合技术教育的经验，在各年级实行'基本生产技术'教育，开设实习课。"[59]

56　卞仲耘 1955 年报告本：《董纯才部长，基本生产技术教育》，1955 年 9 月 24 日。校史展资料。记录内容有："当前生产的发展，要求教育为社会生产服务"，而"今天我们教育，实际上还没有摆脱资产阶级的影响，劳动教育还没有结合生产进行，还是从思想上来进行"，"基本生产技术教育，与专业教育要区别，即在普通学校进行基本生产知识的训练"，"要确立教学与生产结合的原则、基本生产知识的原则，来教育学生，改造教育，改造教学"，"要结合中国实际运用到我们国家的工农业生产"，"高初中毕业生，70%左右要参加生产"，要"给毕业的学生进行基本生产知识技能的准备和必要的训练"。

57　教育部部务会议文件《关于 1955—1956 学年度中学实施基本生产技术教育的指示》，1955 年 10 月 22 日。学校档案室资料。文件称"基本生产技术教育（即综合技术教育）是全面发展教育的一个组成部分，其任务是使学生了解一切生产过程的基本原理，并使他们获得运用简单的生产工具的技能。""中学教育的任务是培养社会主义社会全面发展的成员，是培养建设社会主义的后备力量。"教育的主要缺点是"教育与生产脱节，学生不仅缺乏劳动观点，并且还缺少基本的生产知识和技能。"所以"物理、化学、生物、数学、制图、地理六科的教学应当密切结合生产实际进行。""有领导地开展各科课外研究小组活动"，每周授课时数可增加两小时。

58　卞仲耘：1955 年基本生产技术教育本。校史展资料。

59　《解放》《肯登攀》《众志成城》《放眼量》大事记编写小组：《北京师大女附中 17 年来两条路线斗争大事记（初稿）》，文革大字报，1967 年 6 月。2015 年，范世涛在北京旧书市场搜集了该大字报的手抄件。

1956年初，教育部中学司召开基本生产技术教育座谈会，讨论实施基本生产技术教育的草案，如《关于中学实施基本生产技术教育的指示（草案）》《中学实验园地工作暂行条例（草案）》等[60]。会上，林副部长作了报告，侯司长肯定了半年来一些学校工作的初步经验，说这些经验即使不完整，但是很宝贵的，对推广起到的作用很大[61]。卞仲耘老师1955年的基本生产技术教育记录本反映出，1955学年的第一学期，全校师生以极大的热情实施基本生产技术教育计划。[62]

1956年，学校给外校介绍了如下实施基本生产技术教育的简况：

两年来（1956前后），我校在教学中贯彻并开展实习的情况：
1. 教学中联系生产（讲解科学原理，联系生产中的应用；对生产原理深入阐明；补充材料，扩大科学技术眼界；激发学生科学技术思维）；

60　1956年7月17日，教育部发出《关于1956—1957学年度中小学实施基本生产技术教育的通知》。1956年7月23日，教育部颁发试行《中学实验园地工作暂行条例（草案）》。

61　见学校档案室资料。林副部长说，基本生产技术教育是中国教育史上的创举。教育部的方案，是根据各地的经验作为材料写出来的，这次会上要多提意见，弄得更成熟一些。现在中国有四千多所中学，发展很不平衡，准备1956年到1957年暑假，为开始年度。

62　卞仲耘：1955年基本生产技术教育本。校史展资料。例如：11月18日，物理组关于基本生产技术教育的内容：1.动力工程，机械工业——原理部分，机器构造和原理，电气原理，液体、气体加工；2.使用简单工具和机械；3.物理实验；4.使用书籍及图表的内容。方法：1.通过课堂教授；2.通过实验、作业评分；3.家庭实验作业；4.参观，熟悉生产设备及生产过程；5.课外活动；6.重点实验总结经验（高三年级结合质量检查）；7.通过课外小组（把钟表和自行车合并成机械小组，和汽车组小组合并）。教师学习内容，木工工具，金属工具的学习，在本校工厂进行。车床的使用，到成方街汽车修配厂。电动机器的安装、拆卸（内燃机，电动机，到大木库）。五年计划的学习，自学。课外研究小组的校外辅导员：北大，清华，地质，农大，北电、师大，工厂，国防体育部，海军。对高二高三的学生进行电动机内燃机安装拆卸的训练。11月24日，教研组领导的课外活动小组，已有八百个学生参加。初一初二的万能手活动。12月22日，召开六科教研组长会，宣布阶段工作，讨论课外研究小组，确定具体工作日程，确定预算购置情况。1956年1月9号，向教育部汇报基本生产技术教育的有关问题（六科教学和课外研究小组）。

2. 通过实验培养学生使用仪器工具技能（工具、仪器，计算、测量、绘图）；3. 布置有关基本生产技术技能的作业（解决实际生产问题，技能）；4. 生产参观；5. 课外活动（课外研究小组，班、校专题晚会）。学科情况：化学，橡胶的制造（电影《橡胶制造》，参观橡胶厂）、发生炉煤气（绘制汽车煤气发生炉的构造）、农药灭鼠、黄铜联系灭火机、坚铝联系飞机模型、活性炭在制糖业中的应用、介绍苏联利用垃圾制造甲烷以及焊接、肥皂、人造丝等，学习未知物的鉴定技能，组织课外小组制碱和石油分馏；物理，学习电动机、发动机、水泵、水坝设计；生物，学习消灭棉蚜虫、猪瘟疫苗、淡水养鱼、人工孵化、养殖饲料、新疆细毛羊等，介绍米丘林学说的正确性、水稻在我国的分布、如何利用小块地种白菜、萝卜。和红旗生产合作社联系，学习番茄整枝、苦瓜捆枝技术。贯彻基教的第三个途径是开展课外科技研究活动，全校 42 个班中，参加小组共 833 人。课外小组按年龄特点分为：学科小组（数学）、技术小组（电影小组）、制作小组、专业小组、自愿结合小组。小组辅导员有教师、本校职工、校外辅导员和各专业大学教员，还有工农业生产合作社社员、科研机关人员以及家长和学生积极分子。[63]

1957 年 9 月，《人民教育》第 9 期文章提道："现在全国绝大多数高中，由于还缺乏实行综合技术教育的机械等设备，一般停止实习课，但不是说我们可以忽视基本生产技术教育，可以忽视业余劳动。"[64] 这句话，反映出绝大多数中学实施基本生产技术教育时的困境。

6. 教育方针提出后，组织学生参加体力劳动的措施（1957）

1957 年 2 月 27 日，毛泽东在扩大的最高国务会议上做《关于正

---

63 《我校实施基本生产技术教育简况》，1956 年。学校档案室资料。
64 《认真学习、大力贯彻毛主席提出的教育方针》，《人民教育》，1957 年第 9 期。

确处理人民内部矛盾的问题》的报告，提出"我们的教育方针，应该使受教育者在德育、智育、体育几方面都得到发展，成为有社会主义觉悟的有文化的劳动者。"3月7日，毛泽东和七省市教育厅局长座谈中小学教育改革与发展问题。3月12日，毛泽东在中共全国宣传工作会议上讲话，指出：没有知识分子，我们的事情就不能做好，所以我们要好好地团结他们。知识分子也是劳动者。

之后，学校制定了《组织学生参加体力劳动的具体措施》（实施计划），要求学校各种组织和班级，根据实施计划的精神和措施，订出各组织和各班级的切实可行的具体详细计划。其中，组织学生参加校内外体力劳动的措施规定如下：

一、校内劳动

1. 生活料理方面：（1）自己管理学习环境的卫生工作，每天打扫走廊和公共场所，以班为单位分区负责（分配表另附）。（2）住宿生每天清扫寝室和周围环境，贯彻分区保洁的原则，以评选优秀室的办法来鼓励劳动出色的集体，并要求住宿生一律由自己洗涤脱换的衣服，逐步学会补衣袜被褥等物。（3）组织在校入全伙的同学帮助伙房和担任食堂的清洁卫生工作，按桌序轮流帮厨，以下午课后帮助晚餐的炊事劳动为主；食堂的清洁值日，也应按桌序轮流担任，每桌一天，依次排列。

2. 课外活动方面：（1）组织学生参加学校一些临时性的力所能及的体力劳动，如劈木材，美化学习环境，洗涤学校的窗帘椅套桌布，冬天生火，夏季浇花等活动。（2）初一初二同学在金木工实习课的基础上，成立万能手小组为学校制作修理适用的家具。（3）生物教研组与少先队共同配合，组织初中学生成立植物小组和动物饲养小组，进行菜蔬农作物培育和家禽猪兔的饲养劳动。

3. 科学技术小组活动方面：（1）整顿加强科技活动，着重建立有实际操作内容的小组，积极开展活动，并加强在活动中的思想教育工作。（2）建立缝纫小组，培养学生合理使用布料和拆旧改新的实际操作能力。

二、校外劳动

1. 工农业生产方面的义务劳动：本学期组织两次全校性的义务劳动，按年级分批参加，在九月下旬和十月上旬组织第一次农业劳动，与近郊农业合作社联系，组织同学参加秋收劳动。十一月份再组织第二次劳动（农村或工厂）。规定每一个同学至少参加一次（特殊病弱者例外）。

2. 服务性行业的义务劳动：在暑假活动的基础上，各种组织应继续大力倡导同学参加服务性行业的义务劳动，如戏院、电影院、公园收票员、百货公司售货员、清扫员、邮递员、服务员等工作，由各班或团队基层组织自动联系，本学期每人平均一到二次，寒假期间可组织较长时间的服务劳动。各有关组织在联系后应分别取得班主任或团队组织同意，参加后应将情况和表现汇报团队组织。

3. 少先队尚可组织队员为附近军属服务劳动，如为军属清扫、洗衣等工作。

三、家务劳动

班主任与家长密切取得联系，在以培养学生的独立生活能力和热爱劳动的习惯的原则下，要求家长给学生以参加家务劳动的机会，并随时反映情况，进行教育。[65]

7. 毛泽东给王桂芹日记写批语后的推动（1957）

1956年7月，刘少奇的晚辈刘维孔在我校高中毕业，在刘少奇的鼓励下，她回乡当了一名普通农民。[66]

1957年，毛泽东主席为我校高三学生王桂芹的回乡日记[67]写了批语："每年暑假回乡一次，极为有益。此文写的很好。住半个月不够，最好住一个月。"批语教导学生，不要脱离劳动，不要脱离劳动人民，

---

65 《组织学生参加体力劳动的具体措施》，1957年。学校档案室资料。
66 王民培：《同学的故事》，《远去的女附中》，2017年8月，110页。
67 王桂芹日记写于1957年暑期回乡，根据她本人的回忆文章，毛泽东对日记的批示应该是1957年10月下旬。

成为当时学校贯彻革命教育方针，加强劳动实践教育的巨大推动力量。

王桂芹说，当时她的"日记在同学中争相传阅……然后，进行了热烈的讨论"，直到"1958年1月还有人给我写条子"希望借阅。后来，"这些日记和毛主席的批语以《假期回乡日记》为题刊登在了《中国青年》1958年第四期上"。之后"我的日记还被作为中学语文教材让中学生学习"。[68]

学校一直鼓励学生写日记，王桂芹的日记无疑又起了推动作用。1957年秋季，高二年级某团支部第二团小组的日记[69]中，有不少关于劳动的内容：

1957.9.25

下午开了小组讨论会，先谈了一下劳动的心得和感受，然后又讨论了小组的活动内容，图书馆的工作应认真作好，千万不能半途而废，除参加农业劳动外还可以组织一些经常性的义务劳动，如作售货员、卖票员、列车员……

1957.10.19

看苏联"一个集体农庄"的电影……他们那种幸福的生活是经过长期的努力的斗争（25年）才取得的。咱们现在的农村还是很落后的。我更体会到农村很需要有文化的农民。有人说高中毕业到农村是屈才，请看在这个集体农庄有多少大学生啊！可见这是不愿意参加农业劳动的借口。

1957.10.20

今天下午义务劳动，是打扫汽车教室的垃圾，按值日组分，因此劳动中很有秩序。

1957.11.20

"保尔·柯察金"好极了！它就像一团火燃烧在我们心里。尤其

---

68 王桂芹：《最珍贵、最美好的回忆——毛主席批阅我的日记》，《人物》，1999年第12期。
69 高二某班第二团小组的日记，1957年。校史展资料。

是筑路那段描写的具体极了，当时的艰苦……那个逃兵多卑鄙啊！这是败类！……我希望我们组还可以把"钢铁是怎样炼成的"讨论讨论，争取做一个保尔吧！

1957.12.6

明天晚上咱们分支和三里河农业社分支委举行一次联合团日互相了解。星期日还有义务劳动。

1957.12.10

下午7点在三里河农业社与他们支部的共青团员们开了一个小型的联欢会……小刘同志讲她初中毕业后参加农业生产的经过。一开始，思想应不免有些波折，不安心……一个来月以后就好了，干活不是那么费劲了，她越来越爱社了，越来越喜欢农业生产，她说假如现在让我离开社，到别的什么部门工作，我不答应！会上，我们也介绍了同学们对农业生产认识的转变，并决心当祖国需要时，就毫不犹豫地投入农业生产！第二天，星期日一大早，我们就又去三里河农业社义务劳动了。

1957.12.12

天还很黑，满天的星斗。早晨四点四十五分，住校生都起床了，因为电车外，很多同学都是背着行李走到前门车站，一路上又说又笑，非常兴奋激动。六点四十分火车从前门车站出发不到一小时就到了长辛店，……穿过长辛店市镇要翻过两个山坡，二十多里路的负重行军很愉快轻松，谁相信有二十里路。我们所去的是赵辛店乡红五月农业社。上午副社长李振和同志向我们做了一个内容非常丰富的报告，报告分五部分：（一）社里具体情况；（二）合作化的优越性；（三）解放前后生活对比；（四）粮食统购统销；（五）社会主义两条道路的斗争。同学都作了详细的笔记。中午吃饭，吃的是窝头、白薯、炒白菜。总之，到农民家后第一个感觉，就是我的思想落后了，对农村的影响（印象）落后于现实了。

1958.1.11

今天我们分支贴出了关于勤俭办校的大字报，大字报既然是我们写的，所以我们以后一定要保证切实做到不要说空话。

8. 关于市内养猪的一点建议（1957）

1957年3月28日，我校以北京实验中学办公室的名义，给北京市公共卫生局、北京市园林局、北京日报人民来信组负责同志去信，寄上我校"关于市内养猪的一点建议"，希望考虑刊发并答复。该建议主要内容如下：

市内不准养猪的决定，是在美帝侵朝发动细菌战争时开始的。这一决定在当时具有头等重要的意义，因而是适时的也是必要的。

主要因为养猪处于不易保持卫生清洁，易于传染病菌。现在环境改变了，过去的情况已经不再存在，……市内不准养猪的决定，实有重新加以考虑、修正的必要。当然，不养猪对环境卫生上具有一定的作用，我们认为这种消极的限制，不如改为积极的管理。……定出具体的卫生标准，那么卫生问题是可以得到解决的。

据我们了解，关于卫生方面，养猪并不比养兔坏，养兔处所的气味远不及养猪处所的气味好（这是实际经验告诉我们的，因教学上的需要，我校也在养兔）。市内现准养兔，也就可以准许养猪。当然养猪要具有一定的条件，如饲养处所、饲料、专人管理等。关于饲料问题，在我校就不成问题。我校有一千四百余人吃饭，在不增添饲料的情况下，我们利用每日的淘米水、米汤、菜根、菜头就足以解决五口猪的饲料问题……每年就可以获得600斤肉，可值480元。这样做不但解决了一部分肉食问题，并可以为社会主义建设增加一笔财富。最提倡生产节约，鼓励饲养生猪的今天，是值得一个考虑的问题。

在学校里来说，却另有作用价值较大的一方面。从教学上看，我们现在开展基本生产技术教育和劳动教育，目的在培养学生掌握生产技术并培养劳动习惯。为使理论联系实际，我们不仅设立了机器实习工厂，同时也开辟了实验园地和生物饲养所。在农业动物方面，我们只有鸡、鸭和兔，这些动物在农业动物上都无代表性价值，而猪则有代表性。猪不仅可供学生观察，通过对猪的饲养，可以锻炼同学生产劳动和掌握猪的生活习惯。为此，我们常常带着学生跑到很远的农场去进行观察，但实际收获都很少，而花费的时间却很多，因而浪费了学生的学习时间。这种价值又不是用数字所能代表的。

本市机关、团体和学校，具有养猪条件的当然不止我们一校，如果能够在不妨碍卫生条件下允许他们养猪，当有一个很可观的较多收益。因此，我们建议对市内养猪问题重新给予考虑和修正。[70]

我们没有看到有关部门对该建议的批复，但从学校其他资料看出，如清洁区的划分有"打扫猪圈"的内容，学校当年就解决了在校养猪问题，这不仅为生物课教学和课外小组活动提供了方便，还改善了食堂伙食，尤其是在三年困难时期起了重要作用。

9. 北京实验中学全校跃进规划（1958）

1958年上半年，北京市制定的"中学教学计划（草案）"对劳动时间做了明确规定：1. 每周劳动时间为半天，生产劳动课可利用此时间。2. 郊区农业生物学每周共三节，其中2/3的时间是课内讲授，1/3的时间是生产实习（利用生产劳动课时间）。一节生产劳动课时间作为农业生产实习，无实验园地的学校，农业生产实习可集中在假期进行。

1958年8月上旬，毛泽东视察河北、河南、山东农村，提倡大办人民公社，与总路线、大跃进并称三面红旗。全国各地各行各业积极响应。8月17日至30日，中共中央在北戴河举行政治局扩大会议，确定大炼钢铁，1958年要生产钢1070万吨，比上一年翻一番。

为响应中央号召，实验中学编制了1958—1959年的跃进规划。跃进规划要求学生建立共产主义世界观人生观中"热爱劳动，立志做劳动者，全心全意为人民服务"，还制定了如下措施、指标。

针对不同年级，提出了一年内在生产劳动方面达到的指标：1. 初中要掌握全部金木工工具使用和修理技术，会识图、制草图。学会照明电路的安装检查，组装小型变压器和电动机，管理农村有线广播网；2. 高中机、钳工连续学习三年达到三级工标准，一般学生达到二

---

[70]《关于市内养猪的一点建议》及有关报告，1957年。学校档案馆资料。

级工标准。一年半了解汽车、涡轮机构造原理,掌握二级保养技术,培养出二十名三级驾驶员。会修理简单仪表,检修变压器、电动机,会装五灯外差收音机,部分学生能装扩大器,并能管理小型发电站;高、初三毕业生全部能符合高一级学校或参加工农业生产的要求。

在教学改革方面和劳动有关的措施是:2. 各科教学要结合生产实际、阶级斗争实际和学生实际,坚决克服教条主义和形式主义,在改革教材教法方面共总结经验 100 篇;5. 生物教学密切结合农业生产,农业生产试验田明年争取亩产小麦 15 万斤;6. 化学教学密切结合工业生产,结合教材建立化工车间 11 个。

行政管理方面,和劳动有关的措施和目标是:1. 勤俭办学,一年内行政费自给自足;4. 苦战一年,积累资金。(1)要增添六台车床、电锯、电铇等。(2)添置锻工、铸工设备。(3)建立火力发电站。(4)争取一年后自己制造车床。1958 年自制十台铸字机,59 学年度开始自制车床、电动机。

规划指出:学校执行党委领导下的校务委员会制,校务委员会为全校的权力机关。下设四个小组:政治思想教育小组,教学改革小组,生产劳动小组,卫生健康小组;要求全校教职工中左派人数达到 70%。全校教师在自己的教学工作中,作到能正确地贯彻教育为政治服务,教育与生产劳动相结合的方针。在一年之内,每个教师争取能做政治思想工作,学习一种生产技术,熟悉相近或有关科目的教材。教职员一年内要参加生产劳动十天,每天开展课间操,开展群众性体育锻炼。

在"三面红旗"鼓舞下,我校学生到农村深翻土地,在城市大炼钢铁,口号是亩产 6000 斤。10 月,我校完成了上级下达大炼钢铁的任务,10 月 28 日,创造了炼钢卫星。11 月,整理《战歌一百首——实验中学学生为"实现四本账"而作》。[71]

---

[71] 袁爱俊主编:《北京师范大学附属实验中学校史(1917—2007)》,第 119—122 页。北京实验中学全校跃进计划,1958 年 8 月。校档案馆资料。"四本账"是当时西城区党委提出的工业大放卫星的跃进口号。

10. 与广播事业局生产服务部挂钩，在校建立生产车间（1959）

学校为了把学生的劳动安排好，想尽一切办法调查研究、对外联系，最后认为广播事业局生产服务部适合学生实际情况：工种多、与教学配合紧密，无过重的体力劳动；产品较高级、细致又多样化。最后取得服务部的支持，来我校建立生产车间。

1959 年 2 月的工作计划中写明"与广播事业局服务部挂钩，成立厂校协作委员会。由服务部先搬来变压器、装配、钳工三个车间。逐步根据教学需要增设其他车间，供学生或教师参加生产劳动，以利于教学结合。""成立生产劳动研究小组，由汪玉冰同志负责。成员：物、理、化、生教研组长、车间教师、工会生产部""研究学生生产劳动内容是否能与教学结合，以及如何改进各年级生产劳动内容。""争取车间师傅与技术员的协助，结合车间劳动内容及理科教学内容，编写各车间技术课教材，提高车间现有技术课的质量"。[72]

1959 年 7 月，广播事业局生产服务部来校成立了和他们厂一样的全套车间：机工车间、钳工车间、变压器车间、装配车间和电镀车间。其中机工车间是我校保留并加以整顿的车间，电镀车间是为方便我校理化教师进行研究工作设立的，无固定学生去参加劳动，其余三个车间是广播事业局来我校设立的，为方便工作，成立厂校协作委员会和生产劳动委员会。车间每天可以有四个班参加劳动，车间教师制定了管理制度：1.考勤；2.每天写车间日志；3.参加生活检查会；4.进行安全检查；5.每周车间教师的例会。[73]

1959 年 6 月，变压器工作车间的总结中说："学生们一般来说都是热爱劳动的，但在劳动的同时，还要上技术课，还要留作业，这些是她们来车间劳动前没有想到的""学生来车间劳动，不单纯是干

---

[72]《1958—1959 学年度第二学期工作计划（1959 年 2 月—7 月 18 日）》。校档案室资料。

[73]《北京实验中学 1958 年度下学期生产劳动总结汇报》，1959 年 7 月。校档案室资料。

活了，而是贯彻党的教育方针"，要学生学会工作有始有终和条理性，学会尊重别人的劳动成果，重视质量问题和遵守劳动纪律。"学生参加车间劳动的同时，由师傅和教师上技术课的内容约占80%都和生产实际相结合"；"据1959年6月11日统计，第一至第八周集中劳动，初二初三年级，来变压器车间劳动的共有八个班，实际出席1078人次，劳动天数47天，工资按每次0.40元计，共计431.20元。另外还有初二三和初二七班来车间进行分散劳动，996人次，工资398.40元。高一一高一五在变压器车间集中劳动2173人次，工资869.20元。"学生有劳动工资，是因为她们生产的成品直接服务于市场。[74]

各年级生产情况均有表格记录。以下表格是初二、初三年级一学期劳动情况统计。[75]

初二年级和初三年级参加车间生产产品数量统计表 1959.6.12

产品名称	数量	产品名称	数量
音频振荡电视变压器嵌铁	420只	100瓦高压嵌铁	50只
音频振荡扼制圈嵌铁	500只	100瓦输出嵌铁	50只
绕制音频振荡扼制圈	200只	100瓦高压巧克嵌铁	50只
50瓦高压嵌铁	25只	100瓦低压巧克嵌铁	50只
50瓦输出嵌铁	50只	高100瓦夹板	200付
50瓦扼制圈嵌铁	50只	刷漆	200只
作音频振荡领圈	500付	焊线头	200只
作50瓦高压领圈	50付	50瓦变压器刷漆	150只
作50瓦输出领圈	50付	50瓦变压器焊线头	150只
作50瓦巧克领圈	50付	刷线头	150只
作50瓦高压焊片	50个		
作50瓦输出焊片	50个		
作50瓦巧克焊片	50个		
高50瓦夹子（高压）	50个		
高50瓦夹子（输出）	50个		
高50瓦夹子（巧克）	50个		
高音频振荡巧克机夹	500个		
高音频振荡电视夹板	100个		

74　张宝清：《变压器车间工作总结》，1959年6月。校档案室资料。
75　同上。

注：1.除去集中劳动同学每天有 9 人参加绕产品外，分散劳动每日 8 人学习。2.产品数量没有包括去木工车间和冲压车间的劳动成果。3.废品无有，返工情况倒有，但也无法做出正确估计。4.高一同学产品数量也列入此表（集中每周 4 人）。

1960 年 4 月，学校订出建立劳动基地规划，基地规模比去年有所扩大：1. 木工车间：除有技工 5—10 人外，能容纳学生 45—50 人。2. 金、钳工车间：除有技工 10 人外，能容纳学生 50-75 人。3. 机工车间：除有技工 5—10 人外，能容纳学生 45—50 人。4. 电工车间：除有技工 10 人外，能容纳学生 45—50 人。除以上四个基本车间外，还要建设几个辅助车间：5. 喷漆、烤漆车间：有技工 8 人。6. 电镀车间：有技工 1 人。7. 锻工及热处理车间：有技工 3 人。技术力量及管理人员有加强：1. 机械工程师、电气工程师各 1—2 人。2. 机工师傅 5 人，徒工 10 人；木工师傅 5 人，徒工 10 人；钳工师傅 5 人，徒工 20 人；电工师傅 5 人，徒工 10 人。3. 行政管理人员约 10—20 人。计划边生产边充实设备，计划在三年内能生产变压器和电动机，并使之纳入国家计划。[76]

11. 国务院二办来校开座谈会（1959）

1959 年 7 月，北京市规定中学的劳动时间是初一、初二每周 6 小时，初三每 3 小时，高一、高二每周 8 小时，高三每周 4 小时。生产技术知识原则上在劳动时间内讲授。[77]

1959 年 8 月 11 日，国务院二办致函我校拟来校座谈教学、劳动等情况。13 日，二办徐迈进副主任、教育组长武振声等同志来校主持座谈会。[78] 我校向二办汇报的内容如下：

---

76 《北京实验中学建立劳动基地规划》，1960 年 4 月。校档案室资料。
77 《北京市 1959—1960 学年度中学教学计划说明（1959 年 7 月）》，北京市西城区教育局（59）区教办字第 42 号。校档案室资料。
78 《国务院二办给我校的来信和座谈会题目（1959.8.11）》，学校汇报提纲（1959.8.13）。校档案室资料。座谈会题目：1. 本学期教学、劳动、课外活动的安排情况。2. 中小学每周增加一定的经常劳动以后，在课程安排（周全校共 39 个班，高中 20 个，初中 19 个，毕业班初高中各 6 个。住校生 532 人，食堂入伙人员 1700 多人，教师 77 人。

全学期 22 周，授课时间 16 周多，劳动两周，温课复习 3 周多。

高三初三完全按照教育局的教学计划安排进行，每天授课各年级绝不能超过 6 节课。劳动情况：

1. 劳动内容。校内劳动：初一在园地劳动，初二到高二在车间劳动（钳工，变压器，机工，装配车间）。校外劳动：广播事业局服务部，高三高二进行装配、钳工。

2. 劳动的组织形式。初一为分散劳动，其他年级都是集中劳动。初三以上是分段集中，初三、高三一学期轮流劳动一周，平时做些清扫工作，高一、高二一学期轮流劳动两周，平时做清扫工作。

3. 劳动与教学的结合。劳动有两个目的，一个是锻炼，一个是和教学结合，在车间劳动，可以适当和教学结合，像装配车间的变压器等，可以和物理教学结合，还有电学力学，几何算术训练也可以结合。劳动以后，学生的实验好做了、手巧了，解题快了，但时间安排上还有矛盾。星期日绝不搞活动，有专人来控制。

去年工作中的一些体会：

安排的好与不好，关键是在教学计划与劳动的问题。如果分散劳动教学计划不变，肯定会说学生的负担重。如果教学计划不变，以 16 周来计算，而实际时间增加了劳动，学生负担不至于过重。

教师的负担，如果根据教育局的要求，语文老师教两个班，18 节课，讲一个头，时间安排的好，负担不重。如果是 8 节课，两个头，尤其是文史科，负担较重。如果教三个班的语文，作文很多，负担就重。总体来看，我校语文教师的负担重。政治课负担也重，要教 6 个班。政治课教材变动太多，造成了负担重。教材不要变动太大，有教

学时、每天上课时数、主科和一般课程的安排、讲授和自习时间的配合）、教学进度、师生负担等方面，有什么新的改变和问题？3. 根据去年的经验，要进一步提高中小学的教学质量，有什么问题和意见？4. 有些中小学师资、招生、设备等条件较好，有些中小学全部或大部学生住宿，这样的学校教学质量可否提得更高一些？

师参考材料，负担就不重。

12. 高三毕业生下乡劳动总结、《劳动》(第二期)(1960)

1960年高考结束后，按照市区委指示，组织高三毕业生下乡劳动，去东郊和平人民公社。第一批学生129人，教师11人，第二批学生137人，教师5人。队伍到达当天，后勤人员查看水源厕所后即开始整理扩大厕所，挖坑、垒墙、平地。劳逸结合贯彻在劳动内容及合理调配中。

劳动期间共拔草146亩，抬草22亩，割韭菜13.1亩，整理韭菜苗30畦，清理西红柿杆19亩，西红柿秧10亩，间萝卜苗40亩，拔西红柿秧2畦，堆草垛3垛，摘辣椒400多斤，摘茄子700多斤，播种萝卜4亩，清理病葡萄20.5亩，葡萄剪枝80棵，施化肥166亩，平地平畦10亩，垫田埂15亩，挖渠290米，修水沟245米，修垄沟96米，垫水沟埂126米，修排水沟400米，清理鸭圈15个，垫鸭圈土16车，修围墙72米。劳动后老师问学生："谁报考的农业机械化学院？"有人即答："我。"还有学生把田间除草当作一个研究项目。此外，公社借给学校20亩地种大白菜，解决我校部分吃菜问题。[79]

1960年11月出刊的《劳动》（第二期），编者的话说："'教育的目的，是培养有社会主义觉悟的有文化的劳动者。'这期办于1960年11月的《劳动》小报，是当时开展教育方针学习活动以及学生在学工学农中改造思想的生动反映。"

摘自陆定一代表中共中央国务院在全国文教群英会上的祝词中的一段话位于刊首："一切社会财富，都必须经过人的体力劳动才能创造出来。过去如此，现在如此，将来也是如此。剥削阶级贱视体力劳动和体力劳动者。我们要把体力劳动看作人类生活的第一需要。我

---

[79] 《师大女附中高三毕业生下乡劳动总结汇报》，1960年8月17日。校档案室资料。

们要使全国人民，成为有社会主义觉悟的，有文化的劳动者。"

小报中先生的话："一周的工业劳动时间是短促的，但如何通过劳动改造我们的思想，提高认识，培养自己成为党和教育方针所要求的有社会主义觉悟有文化的劳动者，这是我们劳动中重要的一环。经过教育方针的学习，同学们挖出了自己轻视体力劳动、重视脑力劳动的种种错误想法，认清了作一个有社会主义觉悟，能劳动的知识分子的道路。就是一条，白专道路，是行不通的。决心要时常以教育方针的标准要求自己……使我们真正成为合乎党的教育方针所要求的又红又专的劳动者！"

小报中师傅的话："工人、农民是否需要文化？知识分子当工人是否有些大材小用？我觉得不管做什么工作，理论和实际是分不开的。光有理论而不去实际操作是空虚的，光有实际没有理论在工作上要遇到很多困难。比如很平常的每天都要使用锤子、锉，都需要有理论。锤子柄的长短与力有什么关系？是什么作用？使用锉如何锉得平等等都需要有理论根据。就拿我本身来说，在过去由于家庭贫困没有上过学，因此文化程度很低，工作起来遇到很多困难，完全得靠自己摸索去做，在工作中找经验，其他工种也是一样……所以党一再号召我们向科学文化进军，也就是让我们多懂一些知识，加速社会主义建设。"

小报中也有学生的"活思想"和教育方针学习的收获、体会："我心里不愿意长期从事农业劳动，作一辈子农民。因此，平时也就认为劳动不需要那么多知识，觉得自己念了多年的书，从事农业劳动是不可能的。我愿意的是成为一个能劳动的知识分子就行了。这种思想的产生，是因为在我脑子里还存在着'万般皆下品，唯有读书高'的资产阶级思想，认为体力劳动是最简单的，而脑力劳动是复杂、伟大的，把劳动分成了等级"，"共产主义社会是要求每个人都有高度觉悟，高度文化，人人都是劳动者。到那时，三大差别完全消灭了，人人能文能武，当然就根本不存在能劳动的知识分子这类人了。人人都是共产主义劳动者，各人从事不同事业，只是根据社会建设分工不同。我们的教育方针就是要求培养这种体脑完全结合的真正共产主义劳动者"。"我一定听党的话,一旦党号召我去农村,我将欢欣鼓舞,踏踏实实地在农村干一辈子,成为一个新型的农民,向邢燕子学习。"[80]

13. 贯彻劳逸结合情况（1961）

自从中央和市委发出劳逸结合的指示以后,我校在区党委和师大的领导下,坚决贯彻了这个指示,从教学,生产劳动,政治思想教育,生活健康等方面认真地进行了工作安排。

把每周上课、自习、劳动时间控制在43个课时之内,控制作业负担,消灭作业负担过重的现象。教师改进教法,既减少了学时又提高了质量。比如,初一、初二,基本上讲完了过去初二到高一学习的几何知识,仅用了过去1/4的时间,从期末成绩看,效果也很好。

在生产劳动方面,我校是1959年以来,加强了和广播设备修配厂的联系,该工程我校设立了绕制、装配、钳工等车间,学生参加了扩大器、示波器等制作,并能联系实际的运用所学的物理,数学,化学等知识,在全国开展技术革新和技术革命的高潮中,学生也投身到这个运动中来。我校高二二班,在一周的集中劳动时间内,就提出了14项合理化建议,其中如何制作剥线板,提高了工效20倍。

结合进行"以农业为基础"的思想教育,我们组织了各年级学生参加农业生产劳动,1960年一年中,我们组织了3860人次参加劳动,月做了28260个劳动日,学生学会了整地、平菜窖、修渠、施肥、果树整枝等生产技术,并注意了在劳动中进行思想教育。比如在大兴农场劳动,开展了调查访问活动,由于访问了贫农,并了解到富裕中农的情况,使学生深刻体会到,什么阶级说什么话。结合劳动也进行了艰苦朴素的教育。每次劳动中,我们都注意了,按不同体力分配不同工种,按照季节特点,学生年龄特点,制定劳动的作息时间,也注意在劳动中,伙食的改善定量的调整。比如,1960年10月,高一的学生下乡劳动两周,因为注意贯彻劳逸结合的精神,每天安排8

---

80 《劳动（第二期）》,1960年11月30日。校史展资料。

小时劳动，10 小时睡觉，还有读报、文艺活动时间，虽然仅仅劳动了 14 天，学生的体重普遍增加。这一年级共 296 人，下乡前体重平均是 46.91 公斤，下乡后，平均是 49.16 公斤，平均增长 2.25 公斤。

为了使学生真正有劳有逸，学校也积极安排了各种课外活动，成立了无线电，原子能，地质，医学，科技活动小组十九个，并成立了舞蹈团，话剧团和合唱团开展文艺活动。

在贯彻劳逸结合精神中，学校非常重视搞生活搞健康水平。1960 年，我校在和平公社借地种了大白菜、萝卜，收获了 9 万多斤，又在学校养猪 10 头，养鸡 40 只，保证了师生吃菜的供应，改善了伙食。学校成立了两个工作组，下伙房帮厨，李天义校长亲自下伙房，抓数量，提高质量。从 1960 年以来，能做到主要的炊具机械化，切菜机提高效率 20 倍，减轻了炊事员的体力负担，每顿饭后碗筷均消毒，对保证同学健康起到很大作用。

1960 年以来，对有月经病的学生都进行了彻底检查，对部分同学进行了治疗，对患有慢性病的老师和同学，在暑假里参加了慢病快治疗，疗效很好，其中有 14 个肺结核病号，完全硬结。1959 年，毕业生中，肺病 9 人，已有 7 人恢复健康。

1960 年，我校被评为北京市和全国文教战线上的先进单位。[81]

14. 各年级生产活动的安排（1962）

1962 年 3 月，学校对各年级生产活动做了详细的安排。[82]

一、分散劳动

中一年级：校内十边地、园地农业劳动

中二年级：1. 中二（1）、二（2）、二（3）猪圈清洁管理工作

2. 中二（4）、二（5）、二（6）暂时安排砸核桃

初三年级：卫生保洁工作（安排见另表）

---

81 《贯彻劳逸结合情况》，1961 年 2 月 21 日。校档案室资料。
82 本节以下内容均引自《北京师大女附中关于各年级生产活动的安排》，1962 年 3 月。校档案室资料。

1. 每星期一至五，按分配地区进行劳动。
2. 星期二重班时，其中一班，做校内公益劳动或砸核桃。

高二年级：卫生保洁工作（安排见另表）。

高三年级：

1. 每星期一至五，伙房两个小组（帮厨，卫生，包括小伙房）。
2. 星期五重班时，其中有一班做校内公益劳动。

二、集中劳动

本学期只安排高一和高二两个年级，每班连续劳动一周，在本校工厂。安排如下：

周别	年级	工种		
第三周	高二（1）	机工	钳工	木工
第四周	高二（2）	12人	28人	10人
第五周	高二（3）	12人	28人	10人
第六周	高二（4）	12人	28人	10人
第七周	高二（5）	12人	28人	10人
第八周	高二（6）	12人	28人	10人
第九周	高一（1）	12人	28人	10人
第十周	高一（2）	12人	28人	10人
第十一周	高一（3）	12人	28人	10人
第十二周	高一（4）	12人	28人	10人
第十三周	高一（5）	12人	28人	10人
第十四周	高一（6）	12人	28人	10人

注：1. 工种人数分配，暂按每班50人计算。2. 每天劳动时间，上午8:20—11:50，下午2:00—5:30（上下午各有20分钟休息）。3. 星期三下午用一节时间小结，星期六下午总结。（生产劳动办公室1962.3.5）

全校学生劳动重新调整，分为：分区保洁、校内公益劳动和集中劳动三个方面，自第九周开始。具体日程和分区见下表：

一、公益劳动

周别＼星期	一	二	三	四	五
第十周	初三（1）	初三（5）	初三（2）	初三（3）	高三（5）
第十一周	高三（1）	高三（6）	高三（4）	高三（2）	高三（3）
第十二周	高二（2）	初三（6）	高二（5）	高二（6）	初三（4）
第十三周	高一（5）	高一（3）	高一（1）	高一（2）	高一（6）
第十四周	中二（5）	中二（6）	中二（4）	高二（4）	高一（1）
第十五周	中一（4）	高一（4）	中一（5）	高二（3）	高二（3）
第十六周	高二（2）	中一（2）	高二（5）	中一（1）	高二（1）
第十七周	高一（5）	高一（3）	高一（1）	中一（6）	高一（6）
第十八周	高一（2）	高一（4）	高二（6）	高二（4）	

说明：1. 全校分区保洁归班，每天有一个班参加校内公益劳动两节课。

2. 高一和高二年级循环两次。

3. 本表按以前各班劳动时间排定。

4. 宿舍保洁由各班适当安排人力，具体分工由宿委会负责。

二、集中劳动

周别	班级	地点
第九周	高一（1）	工厂
第十周	高一（3）	工厂
第十二周	高一（2）	工厂
第十三周	高一（4）	工厂
第十四周	高一（5）	工厂
第十五周	高一（6）	工厂

说明：根据行政会议决定，第十一周集中劳动暂停一周。

三、分区保洁表

班级	教室（每天扫除二次）	环境卫生（每天早晨上课前清扫一次）	公共场所（每天下午清扫一次，大扫除时彻底做）
中一（1）	本班教室	北楼下西边走廊（到台阶外面）	花房，北楼后女厕所
中一（2）	本班教室	中一（1）门前至中一（2）后门走廊及北面台阶下	车棚二个（教师和学生）
中一（3）	本班教室	中一（3）门前至中一（4）后门走廊及北面台阶下	园地东边平房
中一（4）	本班教室	北楼下东边走廊（到台阶外面）	少年之家
中一（5）	本班教室	中一（5）前门至中一（6）后门及对面窗户	阅览室
中一（6）	本班教室	北楼上东头走廊及东边楼梯	锅炉房饮水室
中二（1）	本班教室	北楼上西头走廊、楼梯及窗户	音乐教室
中二（2）	本班教室	中二（1）前门至中二（4）后门及窗户	南三楼楼梯、走廊
中二（3）	本班教室	西大门内北边院子	
中二（4）	本班教室	北楼后院子	西头空屋、南三楼空屋
中二（5）	本班教室	中二（5）前门至高二（6）后门走廊	化学实验室
中二（6）	本班教室	南楼下东头走廊（至两边门口台阶下）	南楼下饮水室，南楼下东头女厕所
初三（1）	本班教室	南楼上西头走廊及楼梯	图书馆
初三（2）	本班教室	初三（1）前门至初三（4）后门走廊	美术教室
初三（3）	本班教室	松墙两边走廊	
初三（4）	本班教室	南楼东边院子	物理阶梯教室
初三（5）	本班教室	南楼上东头北边走廊及楼梯	
初三（6）	本班教室	初三（5）前门至初三（6）后门走廊	
高一（1）	本班教室	南楼下西头走廊及南北门台阶下	礼堂
高一（2）	本班教室	东楼北边院子，体育器械室前院子	体育器械室
高一（3）	本班教室	工厂院子	园地东南角厕所、化学器械室

高一（4）	本班教室	园地东、南走道	南楼下教员休息室及北边屋子
高一（5）	本班教室	园地西（东楼后）走道及北走道	物理仪器室及北边空屋
高一（6）	本班教室	小操场东、南走道	园地东北角厕所
高二（1）	本班教室	小操场西、北走道	高三物理实验室
高二（2）	本班教室	实验室间两条走道	学生会办公室、高三化学实验室
高二（3）	本班教室	大操场西边、东边走道	
高二（4）	本班教室	大操场南边走道	化学阶梯教室、西大门北边女厕所
高二（5）	本班教室	大操场北边走道	西大门会客室
高二（6）	本班教室	图书馆及音乐教室院子	高中化学实验室
高三（1）	本班教室	东三楼走廊	东三楼生物实验室
高三（2）	本班教室	东三楼两边楼梯	东三楼会议室
高三（3）	本班教室	东楼下女厕所	
高三（4）	本班教室	东楼下走廊	东三楼北头女厕所
高三（5）	本班教室	东二楼两边楼梯及南、东楼相连的走廊	东二楼南头女厕所
高三（6）	本班教室	东二楼走廊及东楼楼梯	东二楼北头厕所

15. 学校下乡劳动小结（1964）

我校从 10 月 8 日到 28 日组织了两批下乡劳动。

第一批是 10 月 8 日动员，9 日下乡，22 日返校，共 14 天。地点是红星人民公社、中捷人民公社两个地方。去的年级是初二、高一、高三（两个班）（红星），初一、高二（中捷）。活茬是割水稻、抢白薯、摘棉花、捡花生、剥玉米、捡豆子等内容。

第二批是 10 月 15 日动员，16 日下乡，28 日返校，共 14 天。地点是南口农场第五分场，去的年级是初三、中三、中四实验班、高三（四个班）。活茬是果树扩坑换土。

这次下乡劳动有以下两个特点：

1. 是集中劳动有史以来规模较大的一次。

由于全校同学在同一时间都下乡劳动，这就基本上解决了教师因其他年级有课不能下乡劳动的特点，这次全校教师除年老体弱外，基本上都做到了跟学生劳动。

2.思想教育一般地做到了，从实际出发因地制宜。

南口农场虽见不到农民，但知识青年较多，吃住劳动条件集中，活茬较重。我们从这个实际情况出发，集中解决了学生对体力劳动农业劳动的认识（具体要求是：怎样对待脑体差别？农业劳动，工农群众）。我们除利用四个晚上（7-9点）敞开思想自觉革命外，还有四个晚上听取了厂长、知识青年（经变云、齐学劳、刘士信、赵毅）四个报告。

此外，看了两个电影，举行两场球赛（篮球、乒乓球），一次联欢。

这里基本做到了四个结合：

（1）抓劳动与整思想结合。

（2）听报告与敞开思想结合。

（3）劳动与文娱活动结合。

（4）民兵训练（军事化）与劳动结合。

中捷与红星的特点是，同学和农民接近机会较多（大多数同学分散居住在农民家，但吃住劳动条件分散，领导教师力量也分散。师生分散在十个村）。活茬一般说来比南口农场要轻一些，从这样的情况出发，我们集中解决了阶级教育和对农业劳动、农民的看法。

在这里我们一般的做到了抓劳动与抓思想、听报告及联系学生思想，劳动与文娱活动等结合起来。具体做法是请生产队大队书记、队长和派出所所长讲农村的生产情况和阶级斗争，组织访贫问苦，讲村史、家史，与知识青年座谈或听报告、组织调查小组（中捷）、参观、小组讨论、学毛选、生活检查会、联欢等活动。

这次劳动的主要收获，总的说来有以下几点（具体事例略）：

1.对社会主义革命和建设的艰巨性有了一些切身体会。

2.对阶级斗争增加了一些感性知识。

3.体会到劳动最容易暴露思想，解决问题也快。

4.进一步认识到知识青年在农村是大有可为的。

收获虽然很大，但问题仍然不少。如对阶级斗争仍感抽象，在农村干一辈子还想不通,害怕艰苦、图安逸思想还没有彻底解决。这些问题都是带有根本性的问题,不是一两次劳动能彻底解决的,这是人生观世界观问题,需要长期做工作。

附:劳动中学生自觉革命材料若干份(略)。[83]

16. 从学生与教职工的合影看出的(1965)

1958年5月3日,邓颖超等与女附中从教30年以上的教职工合影,9位老教职工在前排入座

1963年5月5日,在一张为庆祝学校9位从事教育工作30年以上的教职工拍摄的老照片中,数学教师关秉衡和王明夏、语文教师赵静园、物理教师刘希璞、化学教师谢莹、写字课教师邓逸真、实验室管理员钱德福、会计李宝忱、老校工许占魁等9位老教职工端坐在第一排,莅会的领导及嘉宾们站在后面,见证了女附中尊重老教职工的传统。

当年,能够出现这样的场面在情理之中,因为这是校领导和老师身体力行的价值取向:教育学生热爱劳动、热爱劳动人民;在劳动时,除了学习劳动技能,还要学会尊重劳动者和平等待人。

---

83 《师大女附中下乡劳动小结》,1964年11月。校档案室资料。

郭莲莲（64届高中）在校6年，她除了感谢充满爱心的老师们外，还特别对"那些尽心尽职像家人般关爱我们的员工"表示由衷的感谢。她说传达室校工许大爷"关切的眼神一直留在了我的记忆中"；她夸管理宿舍的王婶（王大妈）教她们缝纫，"是位好的缝纫师傅呢"；对炊事班的刘班长他们，在三年困难时期"为了我们这些正在长身体的半大姑娘能尽量吃饱，他们真是绞尽脑汁想办法""尽心尽力地为全校师生服务"，我们都发自内心地感谢。[84]

像郭莲莲这样的感谢，常会体现在学校五六十年代学生的集体照中。毕业时，学生们不但请来校领导和老师，还会请来校工们，让他们都在前排就座合影。

这张学生毕业照，在前排就座的有7位教职员工，其中校工有3位

这张1958年的学生毕业照，在前排就座的18位教职员工中，有6位校工

84　郭莲莲：《点滴之中见师生情》，实验中学百年校庆征文公众号，2017年3月25日。

这张1965年的学生毕业照,在前排就座的14位教职员工中,有8位校工

17. 学校工作三年规划中关于劳动的内容(1964)

学校工作三年规划中写道:"为了全面、正确地贯彻党的教育方针,调动起一切积极因素办好革命化的学校,并使工作更处于主动,精益求精,摸索各方面工作的经验,我们认为有必要制定一个三年工作的规划。规划内容分为五部分:一、加强学生思想政治教育,二、提高教学质量,三、改进体育卫生教育,四、培养红专队伍,五、学校规模、设备及修建。"

在规划第一部分加强学生思想政治教育中,指出的努力方向是:"树立'革命热情高,团结友爱好,谦虚好学,俭朴勤劳'的校风,按照党的教育方针要求,高初中毕业生在升学和参加劳动,特别是农业劳动的问题上,能服从国家的需要。指出的教育重点是:阶级教育、革命传统和革命前途教育、劳动教育,特别是为农业服务教育。指出的教育原则、方法是:针对中学生特点,活学活用解放军政治思想工作经验。指出的主要措施是:1.每年组织一次教育方针的学习。2.按照教育方针,围绕教育重点,针对初高中和毕业班特点,以阶级教育为纲，系统地进行思想政治教育，积累资料并总结经验……初三：怎样做一个合格的初中毕业生（着重进行劳动教育和为农业服务的思想教育，正确对待毕业和升学问题，教育并帮助学生合理安排学习生活）……高三：怎样做一个合格的高中毕业生（着重进行个人前途与国家关系的教育，正确对待升学和就业的问题，特别是参加农业劳动的问题。教育学生按照"三好"要求，合理安排学习生活）3.加强劳动教育：（1）坚持初三以上一年一个月下乡参加农业劳动的制度。劳动前必须组织学习，劳动后有总结，并给学生做出劳动鉴定（写入成绩册）。（2）初一、初二参加校内校外公益劳动，总时数必须达到一年一个月的规定。（3）建立经常的批评表扬制度，设"劳动光荣榜"。表扬劳动中的好人好事。（4）重视宿舍生活劳动和家务劳动。（5）农基课要密切联系实际，多实践，多组织参观。（6）与公社、农林场建立联系。"

在第四部分培养红专队伍中，指出："培养一支又红又专的教师队伍，是办好社会主义学校的基本保证。教师的提高必须是又红又专的方向。只有成为革命的教师才能担负起培养革命后代的任务。而且要求教师按照中学工作条例草案规定，实行参加体力劳动制度；有条件的教师轮流参加农村社会主义教育运动；寒暑假适当组织工农业参观访问。"[85]

结　语

从我校劳动教育溯源和建国后中学劳动教育的一些事例来看，如果教育忽视和劳动教育相结合，则无法培养出脑体结合的健康的人；如果忽视社会发展的需要和实际，把"教育和劳动相结合"政治化、运动化，则会事与愿违、产生恶果。这条路如何走？这不只是教育而且是社会都应该思考的问题。

---

85 《学校工作三年规划（草案）（1964—1966年）》，校档案室资料。

劳动教育是人生的第一教育。热爱劳动是人最基本的品质,好逸恶劳是人应去除的恶习。陶行知一生主张生活教育,提出"生活即教育"。胡志涛校长以《生活教育论》为书名把她和丁丁老师的教育文章结集成册,她认为"'生活教育'是一门科学",是"专门研究人的健康成长的科学"。她说,在师大女附中工作时,我"仍然坚持这种贴近生活、关心集体、工学结合的工作作风",是"按'生活教育'理论办学施教的,学生的学习生活朝气蓬勃,德、智、体、美、劳都得到了发展。"[86]

几十年过去了,教育应该如何和劳动相结合?现今,我们的学校通过什么样的途径,才能使学生朝气蓬勃,在德、智、体、美、劳几个方面都得到均衡的发展呢?

附 "文革"中上山下乡人数统计及通信地址(1973)

1968年,在校的初中和高中生已滞留三届(1966、1967、1968年三届)。1968年上半年开始有少数学生分配到工厂当工人,到房山当小学老师,还有去锡盟当牧民的。1968年12月,毛泽东"知识青年到农村去,接受贫下中农的再教育,很有必要"的指示发出后,开始了大规模的上山下乡运动。学校的分配办公室也忙碌起来。

以下是我校(共青团总支总结)的"插队、插场、兵团(1966—1973)"[87]人数统计表,其中"(1966—1973)"应该是指的届别。为什么要在1973年做统计?是不是与毛泽东给李庆霖回信有关?均无处得知。

---

86 胡志涛、丁丁:《生活教育论》,安徽教育出版社,1996年6月。自序,第1、2页。
87 《插队、插场、兵团(1966—1973)》,1973年。校档案室资料。

插队、插场、兵团（1966—1973）

山西（山阴）：249

内蒙（武川）：150（插队）147（兵团）

陕西：延长134，延安3

吉林（镇赉）：99

云南（陇川）：52

黑龙江（密山、宝清、甘南）：535

嫩江：16

延庆：361

顺义：80

大兴：1

通县：1

插场：小汤山苗圃2，官厅水库管理处23，北郊农场29

延庆农场4

转校插队：12

农村户口回乡：12

城市户口回原籍：95

（以上）插队1800、插场58、兵团147，合计2005

还有一份一五〇中学[88]总支委会"给插队知识青年通信地址"[89]，从中能看出当年学校分配学生插队地区更细致的分布。

给插队知识青年通信地址

一、内蒙建设兵团

一师：一、二、三、四、五、六、七、八团；

二师：十一、十二至二十团；

---

88 1971年11月26日至1977年7月，女附中改为隶属北京市西城区领导，更名为北京市一五〇中学。

89 "给插队知识青年通信地址"，1973年。校档案室资料。

三师：二十一至二十六团；

四师：三十一至三十四团；

六师：五十一至五十五团；

五十七团，师直属军马场。（注：往哪团去信都行）

二、内蒙古自治区

乌盟地区：武川县、土旗、四子王旗、察右中旗、凉城县、商都县、达茂旗、丰镇县。

锡盟地区：东乌旗、西乌旗、阿巴嘎旗、阿巴哈纳尔旗。

巴盟地区：杭锦后旗、临河、磴口。

三、辽宁省

巴林左旗、巴林右旗、敖汉旗、克旗、赤峰。

四、吉林省

白城地区：长陵、大安县、镇赉县、扶余县、前郭县、洮安县、突泉县、通榆县、迁安县。

哲盟地区：科右中旗、扎鲁特旗、库伦旗、科左中旗、奈曼旗、开鲁县。

五、黑龙江建设兵团

六、云南建设兵团

七、宁夏建设兵团

八、陕西省延安地区

九、山西省

十、河北省

附注：

详细地址不了解的，可寄到省、地、县、公社知识青年上山下乡办公室，或生产建设兵团师团政治处代转。

中共青年团北京一五〇中学总支委会

1973 年 12 月 20 日

牛 立 编校

第七章

新旧巨变时期（1949—1950 学年）的女附中教学概况

刘　进

前　言

1949—1950 学年，是女附中和华北育才、文华女中并校后的第一个学年，也是女附中发展历程中关键的一年。北平和平解放后，老女附中的接管和并校顺利进行，在新旧交替的复杂局面中，学校工作照常有序地运转并推陈出新。为了理解这个历史节点，我们需要先了解 1949 年前后的北平和女附中，再通过阅读教员的教学计划、教学总结，来了解当时学校的教学概况。

第一节

1949 年前后的北平和女附中

【提要】 1.北平的和平解放；2.女附中接管前后；3.北平和平解放后和建国初期党的文化教育政策；4.《师大女附中 1949 年工作总结》对学校情况的描述。

1. 北平的和平解放

1948年11月，辽沈战役取胜。为了迎接北平解放，做好接管北平的准备工作，12月13日，中央军委任命叶剑英为北平市军事管制委员会（军管会）主任，下设物资和文化两个委员会负责具体接管工作。12月21日，北平军管会即成立了由钱俊瑞等11人为委员的文化接管委员会（文管会），钱俊瑞为主任。1949年2月4日，又增加了田汉等7位委员。[1] 叶剑英对文管会干部说，只有继续提高我们的文化，新社会的建设才有保障。

1949年1月，解放战争迅速发展，国民党华北"剿总"司令傅作义接受了和谈条件，我方与傅方于19日草签了《关于北平和平解放问题的协议书》。22日傅作义在《协议书》上签字，傅军开始出城，准备接受改编。27日，叶剑英给两千多接管北平的干部做了关于如何进行和平接管的报告，强调在接管中一定要严守纪律，使北平这个文化故都完整无损地回到人民手中。31日，人民解放军入城接管防务。至此北平宣告和平解放。[2]

2月1日，北平联合办事处正式成立，由中共代表4人（叶剑英、陶铸、戎子和、徐冰）、国民党代表3人（郭宗汾、焦实斋、周北峰）共7人组成，叶剑英为主任。[3] 所有接管人员进行接管工作时，必须持有军管会和北平联合办事处的命令。[4]

2月3日，人民解放军举行了盛大的入城仪式。

2月12日，中共北平市委、市政府在天安门前举行有二十余万人参加的盛大集会，庆祝北平和平解放。各方面的和平接管工作顺利有序地展开。

---

1 文管会的18位委员是：钱俊瑞、沙可夫、马彦祥、李伯钊、艾青、光未然、尹达、徐迈进、张宗麟、范长江、侯俊岩、田汉、胡愈之、吴晗、楚图南、翦伯赞、周建人、安娥。见汤家玉：《1949：叶剑英与北平》，载《北京党史》2016年1月12日。
2 梅佳：《北平联合办事处成立始末》，载《光明日报》1999年2月1日。
3 汤家玉：《1949：叶剑英与北平》，《北京党史》，2016年1月12日。
4 同上。

3月23日，毛泽东率中共中央离开西柏坡，24日到达涿州，叶剑英到车站迎接，向中央汇报了接收和治理北平的情况，毛听了叶的介绍后说："战史上见不到的，咱们今天见到了，这是傅作义将军的功劳，他带了一个好头。这样做，对国家对人民对他们自己都有好处。"[5]

2. 女附中接管前后

北平的和平解放和顺利被接管，是在党中央领导下根据地党组织和北平地下党协同作战的结果。女附中也不例外。

1948年6月，女附中除教员中有地下党员外，在校学生中还有14位地下党员及民主青年联盟员一百余人，这些进步师生成为迎接北平解放和护校工作的骨干。[6]

当时，我校的接管工作进展得比较顺利，采用的模式为整体接管，同时在教育制度上除旧布新。

1949年1月10日、2月17日，叶剑英委派文管会钱俊瑞等人到北平师大接洽联络和实地调研，2月27日，即宣布正式接管北平师大及4所附校，学校工作由原代校长负责。[7]

女附中作为北平师大附属学校之一，接管后的工作也仍由原校长石砳磊留守和全面负责。

2月3日，女附中召开教职员联席会议，会议主席石砳磊报告了"关于本校由去岁军队借驻以来至解放后各情形""关于本校师生员工联席会组成经过情形""关于参加2月2日北平市教职员代表大会会议经过及应办各事项"等，"希望诸位先生仍本过去服务精神，各守岗位为国尽力"。[8]

---

5 李键：《红墙纪事》，中国言实出版社，1997；《1949年的首都大接管》，《北京市场报》，1999年9月9日。
6 袁爱俊主编：《北京师范大学附属实验中学校史（1917—2007）》，长江文艺出版社，2007年，第75页。
7 同上，第79页。
8 1949年2月3日女附中教职员联席会议记录，校档案室。

2月17日，召开校务会议，会议主席石砳磊报告了"关于梯子胡同房屋本校呈请拨用后业经北平军事管制委员会派员视察的经过情形"。会议形成决议之一是"取消公民、童子军两科，教员同时解聘"。[9]

3月23日，据第一次临时校务委员会会议记录，会议主席石砳磊报告了"关于文管会拟定育才中学与师大两附中合并计划及办法经过情形"；关于文管会令成立"育才、附中合并事务临时办事处"，并"决议公推总务主任王友石先生代表"，接洽办理华北育才中学女生部与女附中合并事宜。[10]

华北育才中学由晋冀鲁豫的行知学校与晋察冀边区的联中合并组成，名誉校长周扬，校长郝人初，副校长彭文。其学生来源是中央及华北各机关供给制的干部子弟。[11]"育才中学原来在阜平陈南庄，3月奉命迁京，5月9日奉令将男女生分别合并于男女附中。"[12]

5月9日，女附中（时称一部，当时校址在辟才胡同57号）和育才中学女生部（时称二部，当时校址在旧刑部街20号）举行了合并仪式，彭文任校长，原留守校长石砳磊当日卸任，并移交学校各件表册。[13]

据1949年3月5日统计记载，女附中计有班级17个，在校学生653人。并校后5月19日的统计，各年级注册学生共计855人，教职工85名。[14] 在短短的几个月内，学校规模迅速扩大。5月14日，召开了并校后第一次全体教职员学习会，54人与会，彭文为会议主席，"摘要传达华北局宣传部周部长在中等教育会议席上报告内容"，讨论了校内的具体问题及决定了如何选举并校后参加校务会议教师

9　1949年2月17日女附中校务会议记录，校档案室。
10　1949年3月23日，女附中第一次临时校务委员会会议记录，校档案室。
11　袁爱俊主编：《北京师范大学附属实验中学校史（1917—2007）》第75—76页。
12　1949年女附中工作总结，校档案室资料。
13　袁爱俊主编：《北京师范大学附属实验中学校史（1917—2007）》，第80页。
14　同上，第79、81页。

第七章 新旧巨变时期（1949—1950 学年）的女附中教学概况

代表的具体办法。[15]

5月27日，召开并校后的第一次校务会，会议主席彭文报告了十几项内容，明确了现校务会议的性质以及学校一部、二部开展工作的具体事项。[16]

6月10日，彭文主持召开招生委员会成立会议，讨论决定了学校秋季招生简章及报名、考试、录取等事项。[17]

6月28日，北平市人民政府教育局函请接管私立文华女子中学。7月21日女附中和文华女中交接完成。[18]

是年秋季完成了新生招生和文华学生考试入学的工作后，"本期全体学生1091人，高初中6个年级，共27个班，包括原女附中、原育才、原文华和新生4个部分的同学。"[19]

9月24日，苏灵扬任副校长。[20]

9月27日，中国人民政治协商会议决定定都北平，改称北京，北平师范大学及其附属中小学相应改成北京师范大学附属中小学。[21]

10月1日，在天安门举行开国大典，新中国诞生。女附中从10月31日起，开始实行早升旗，晚降旗的制度，到校工作人员及学生全体参加。[22]

从1950年开始，学校实行一长制，即校长负责制。[23]

5月5日，校长彭文、副校长苏灵扬为庆祝学校建校33周年发出举行校庆仪式的《布告》。5月9日，举办了并校后的第一次校庆活动，除举办成绩展览、体育表演、科技展览、放映电影外，还招待同学家长、校友和各界人士参观。[24]

15　1949年5月14日，女附中第一次全体教职员学习会记录，校档案室。
16　1949年5月27日，女附中第一次校务会记录，校档案室。
17　1949年6月10日，女附中招生委员会成立会议记录，校档案室。
18　见校档案室资料。
19　1949年女附中工作总结，校档案室资料。
20　袁爱俊主编：《北京师范大学附属实验中学校史（1917—2007）》，第85页。
21　同上，第86页。
22　同上，第87页。
23　同上，第89页。
24　同上，第89-90页。

5月，还拟定了《北京师范大学附属女子中学规程草案》，明确指出了革命学校的方向，也指出了教学以理论与实际相一致的原则，规定为了发挥教师的积极性及创造性，改造旧的不合适的教育方式，把一种学科或性质相近的几种学科的教师组成各种教学研究小组，民主选举正副组长。[25]

3. 北平和平解放后和建国初期党的文化教育政策

北平和平解放后，军管会即提出了对中小学校的接管要求和教育政策。叶剑英曾多次视察学校、召开会议，阐述政策。

1949年3月上旬，对于接管中等学校，叶剑英提出，市政府对各中小学采取先维持原状，按时开学，再有步骤地进行接管与改革。改革先从行政方面着手进行。对中小学教育，他提出，要对教育方针、行政领导、课程内容、教师队伍各个方面进行改革。关于教育方针，必须坚持新民主主义；关于教育内容，应当是民族的、科学的、大众的；废除旧教育制度，建立新民主主义教育制度；实行课程改革，废除党义、公民等反动课程，停止使用旧教材，采用新教材。[26]

1949年4月25日，人民解放军公布的《约法八章》中明确要求，解放军要保护一切教育文化机关及其教职员人身不受侵犯。6月6日，叶剑英出席了北平市中小学教职员代表会议，并发表讲话，对中小学教育工作者提出了3点要求：第一，要给予新一代科学的，而不是愚昧落后的教育；第二，要用新道德教育新一代；第三，要努力帮助农民及其子弟提高文化水平。他还要求中小学教育工作者加强自身的学习，努力提高教育能力和水平。[27]

为了团结并改造旧教师，市政府协助教联筹委会举办各种讲座、座谈，成立政治、国文、历史等学科的研究组织，并举办暑期学习会，将中小学教员集中起来进行短期培训、学习。1949年9月29日，中

---

25 同上，第90页。
26 汤家玉：《1949：叶剑英与北平》，《北京党史》，2016年1月12日。
27 同上。

国人民政治协商会议第一届全体会议在北平举行,这次会议通过了《中国人民政治协商会议共同纲领》(简称《共同纲领》)。《共同纲领》的第五章内容为"文化教育政策",对共和国教育作出了以下规定:"中华人民共和国的文化教育为民族的、科学的、大众的文化教育。人民政府的文化教育工作,应以提高人民文化水平,培养国家建设人才,发展为人民服务的思想为主要任务。人民政府应有计划有步骤地改革旧的教育制度、教育内容和教学法。""中华人民共和国的教育方法为理论与实践一致。"公民的道德标准,即"爱祖国、爱人民、爱劳动、爱科学、爱护公共财物",提倡"五爱"作为中华人民共和国全体公民,特别是青少年公德教育的内容。[28]

为了落实《共同纲领》,尽快建立新的教育体制,1949年12月23日,教育部在北京召开了新中国第一次全国教育工作会议。新中国首任教育部部长马叙伦在会议上指出:"中国的旧教育是帝国主义、封建主义和官僚资本主义统治下的产物,是旧政治旧经济的一种反映……对于旧教育不能不作根本的改革。"[29] 因此,对旧教育的改造,成为最为紧迫的任务。为了改革旧教育,1949年10月,中央人民政府出版总署设立了编审局,集中了老解放区和开明书店、中华书局的部分编辑开始编审文史教材,拉开了新中国编辑中小学教材的序幕。1950年12月,出版总署和教育部共同组建了叶圣陶任社长的人民教育出版社,共有三十多名编辑,选择了当时使用较好的教材加以修订或重编,并于1951年秋季起,陆续供应了第一套全国通用的中小学教材。[30]

---

28 本报记者柴葳:《开天辟地育新生》,《中国教育报》,2011年6月14日。
29 《1949新中国教育方针提出》,《南方教育时报》,2014年3月14日。
30 《60年教育出版纪事之一:教材非从中小学抓起不可》,《中国教育新闻网》,2009年11月5日。

4.《师大女附中一九四九年工作总结》对学校情况的描述[31]

《师大女附中一九四九年工作总结》(简称《总结》),对1949年秋季开学后,学校进入1949—1950学年的第一学期的情况有详细的描述,这些描述能够帮助我们了解当时学校现状,从而加深对1949—1950学年的教员、教学组的教学计划和教学总结的理解。

《总结》对学生情况的介绍：

本期全体学生1091人,高初中6个年级,共27个班,包括原女附中、原育才、原文华和新生4个部分的同学(实际新生也是复杂,各方面来的都有)。原女附中的同学,功课一般的较好,用功,死扣书本。原育才的认识较好,理科较差。原文华的学习观点和基础都差。新生因为入学考试较严格,功课一般的还整齐。按年级划分为两部：初三以上13个班,在校部上课,以下14个班在二部上课。

《总结》对教员情况的介绍：

全体教员专任和兼任共70位,原女附中的28位,原育才的16位,原文华的6位,新聘请的20位。其中大部分教员都是在北京执教10年上下,旧的教学经验一般都比较丰富,经过暑期学习,开始树立了新的观念。新聘请的教员20位,其中4位是老区来的,6位是新毕业经过暑期学习的。27位级师,除原育才和老区的6位外,都是第一次做新的级师工作,对工作不摸头。

当时女附中一般的情况是教职员不知怎样做才对,对工作不敢负责,不安心。学生误解民主,表现的自由散漫。

这样揉杂起来较大规模的学校,要完成教好学好的中心任务,团结是个大问题,而绝大部分新级师和新教员工作上的帮助,老教师的改进,学生学习态度的端正和学习方法的改善,课外活动的展开,便成为师生共同努力的方向。学期开始,我们在全体师生中进行了一切

---

31 《1949年女附中工作总结》,校档案室资料。本部分所有引文均出自该总结。

为教好学好而努力的宣传教育工作。

《总结》提到学校为保证完成教好学好的几点经验：

教员和大部分同学都经过了暑期培训和暑期学习，使师生们在共同为教好学好而努力的过程中，逐渐建立了正确的师生关系。……同学们一般的达到了团结……教员们逐渐的认识到在政治上业务上提高自己是人民教师的责任了。行政上对教师的团结是在尊重教师们，便利教师们教学。一切通过思想自觉，适当地进行批评与自我批评，和在具体帮助下进行这一工作的。……教师们都自愿的"要求进步""丰富自己"。初步打下了团结互助的基础和建立批评与自我批评的作风，给本期改进工作，铺平了道路。

明确了级师的主要工作：是思想领导、了解同学、联系本班任课教员、批改日记四项。……工作手册制：每位级师由学校发给一本手册，记载班上情况、问题和处理办法。全体教员按学科性质，共成立8个学科小组，通过这个组织，实现了对教员的帮助、领导。为了更好地配合学习，成立了文学、数学、理化、自然、美术、乐器等小组，歌咏队，和各班的篮球队。本期工作，基本上是胜利完成了。这是和负责同志深入领导，正确的执行了党的政策，特别是教师们的认真负责，同学们的自觉努力和党团、总务部门的配合分不开的。

第二节

1949—1950 学年的教学计划[32]

【提要】 1. 政治；2. 国文；3. 数学；4. 理化博物；5. 史地；6. 外国语；7. 体育；8. 音美劳。

---

32 本部分表格中所有内容，均摘自女附中 1949 学年（上下学期）教员个人或教学组撰写的教学计划，校档案室资料。

5月9日并校后，为了迎接大变动后的第一个新学年，学校对教员进行了暑假培训，学习了新民主主义教育是民族的、科学的、大众的，原有的课程内容和教学方法都必须进行改革；认识了在还不可能有新教材的情况下，每一位教员都要忠于职守，克服困难，教好自己所承担的课程，为新中国培养所需人才。

之后，有的教员在8月份就写出了1949学年第一学期的教学计划，大多数教员则是在10月完成的。这学期各学科的教学计划，虽其详略不一，但认真程度却很一致，内容包括科目、任课年级、选用教材及教学目的、教学方法、教学内容等。校领导在很多教学计划上画有红铅笔的重点，或写有建议、批示。从这些大量存档的教学计划中，可以看出当时教员的工作量不但很饱满，而且不少人承担了同学科不同年级的教学任务，还有不少跨学科任教的情况。1949学年第二学期的教学计划存档较少，写的也较简单。

当时，学校和教员面临的情况是原有课程需要改革，又没有新大纲、新教材。尤其是政治、国文、史地等学科，更是青黄不接、困难很大。在这种情况下，教员所写的教学计划，甚至是教学组写的教学计划，必然都带有很强的个人特色，除了上级的明确要求之外，计划中反映的基本是教员本人对本学科的理解和经验。这是只有在特殊的历史节点才会呈现的情况。

到了1950年秋季，彭文校长、苏灵扬副校长在给师大林校长的报告中才说明，学校已"初步确定了各科的教学目的，此教学目的是经各教学组在假期中几次讨论后草就的，在教育部未统一规定各科教学目的之前，我们预备就暂时按照我们所定的标准来做。"[33]也就是说，这时1950学年度教学计划已从教员个人对本学科的理解和经验改变为各教学组讨论确定的标准。

下面，依据本校《各科教学目的（草案）》（1950年10月拟定）中的学科排序，采用表格摘要的方法，以求全面、简洁、清晰地展现

---

33 彭文、苏灵扬给北京师范大学林校长和傅、丁教务长的《关于开学以来情况的简要报告》（1950年10月），校档案室资料。

出 1949—1950 学年全校每个教员教学计划中的主要内容。

1. 政治

1949—1950 学年政治课教员教学计划情况简表

姓名	任课情况	教材	教学目的（简要）	教学方法（简要）	教学计划内容（简要）	
					上学期	下学期
胡志涛	初一、初二（各一个班）		树立革命观点、情感，国际主义精神，爱祖国、人民	课堂讲述课外指导	时事（25%）革命故事（75%）	1.革命人物的故事 2.中苏友好同盟互助条约和中国长春铁路、旅大及贷款等协定
高先炳	初二（共8个班）		培养群众观点和新爱国主义，激励上进心和革命情绪，建立劳动观点和阶级观点	将实际和学生思想联系的课堂教授结合漫话、课外活动参观、影剧、展览会和辅导	名人传记革命历史苏联建设时事课外阅读	1.中国革命、共同纲领、国民新公德 2.中苏友好同盟互助条约和中国长春铁路、旅大及贷款等协定
丁丁	初三、高三（各一个班）	社会发展史提纲（艾思奇）	了解人类历史发展的规律和中国革命的必然道路	讲授、讨论、复习、测验（改进）	从猿到人、5种生产方式、社会主义革命和新民主主义革命、国家与政治、社会的思想意识	1.社会发展史 2.中苏友好同盟互助条约和中国长春铁路、旅大及贷款等协定
周力	初三	中国革命读本	了解中国现状与中国革命的任务，建立革命的人生观，热爱新国家，将来为人民服务	课堂讲授、提问、讨论，自学和做自学笔记，配合实际情况和时事问题	第一编，半殖民地半封建的旧中国；第二编，新民主主义的革命	1.中国革命读本 2.中苏友好同盟互助条约和中国长春铁路、旅大及贷款等协定
王庚	高一	中国革命读本	建立正确的劳动观点、阶级观点、群众观点，以及唯物主义观点，为新民主主义建设服务	阅读、讨论，根据学生提出问题作报告	中国革命（任务、对象与动力，中国共产党）	1.中国革命读本 2.中苏友好同盟互助条约和中国长春铁路、旅大及贷款等协定

王庚	高二	政治经济学			政治经济学（重点放在资本主义社会）	1.政治经济学 2.中苏友好同盟互助条约和中国长春铁路、旅大及贷款等协定
刘漠	高三（二个班）	社会发展史		单元讲授、课外讨论、时事报告，办学习问答栏，期末思想总结式的讨论（结合鉴定）	社会发展史（共五节）	1.中苏友好同盟互助条约和中国长春铁路、旅大及贷款等协定 2.人民政协共同纲领

说明：（1）本表收入了6位教员的教学计划。（2）教学总结存档中另有教员情况为：政治科专任与兼任教员共有8位；卞仲耘期中请假后，由苏灵扬代课；白堤担任初一两个班的课；第二学期，因胡志涛生病，由张键接她初二、初一各一个班的课。

2. 国文

1949—1950学年国文教员教学计划情况简表

姓名	任课情况	教材	教学目的（简要）	教学方法（简要）	教学计划内容（简要）	
					上学期	下学期
无姓名	初一	中等国文第一册	国文为一切文化学科的基础，并为树立新人生观改造旧意识的有力武器。要增进学生阅读能力，提高她们思想	精讲，采用启发式或自学式。预习、查字典。学生试读、试讲，讨论、评议，教员总结	选授教材21课，另选补充教材	
无姓名	初二	初中国文第三册	使学生获得知识，并逐渐具备无产阶级思想及观察、分析、处理问题能力	讲解同时注重思想内容和技巧，注意教观察事物方法，讨论式，结合学生实际和优缺点	选授教材19篇，另选补充教材多篇，计25—30篇	
无姓名	初三	中等国文第五册	国文首先应该配合政治课进行思想教育，通过国文课达到政治上的一定要求	讲课注意全班水平，突出重点和实践应用，要有灵活性，鼓励学生的积极创造精神	选授教材18篇，另从各册教材选写作、应用课文11篇。选补充教材2篇	

姓名	任课情况	教材	教学目的	教学方法	教学计划内容	
胡立	高一	高中国文	提高表达能力及阅读能力；建立正确观点，激发革命情绪；介绍各种题材、文学理论及古今中外的作者	预习；讲授；整理抄写；阅读报告；小组讨论；朗诵对话；课外阅读	新华书店出版之高中国文24篇为基本教材，另外添选报章杂志材料	
马芳吾	高二	高中国文第三册	所选每篇课文，均有其具体目的		教科书17篇，其未出版前先补充活页：陶行知、刘伯承、论通讯员的写作和修养，另有细读课外读物13篇	
韩文佑	高二高三		能写通顺论说文，能阅读相当程度的理论书籍，培养学生的文学兴趣	以自学辅导为主，斟酌试用小组讨论	高二高三没有适当的课本，暂选活页，课外阅读，充分利用图书馆	
徐绪昌	高三			采用启发自动和注入式教学优点外，收集有关书报材料、参考书介绍给学生，把日记当作读书笔记和杂感，朗诵会、演讲会和办壁报	因教材关系，无法有详密的计划	

说明：（1）本表收入7位教员的教学计划，其中3位初中任课教员没有写姓名。（2）7位教员的教学计划均未写明日期，据内容判断，计划应写于1949—1950学年上学期开学后不久。（3）在1949—1950学年所有学科中，只有国文缺下学期教学计划和各学期的教学总结。

3. 数学

1949—1950学年数学教员教学计划情况简表

姓名	任课情况	教材	教学目的（简要）	教学方法（简要）	教学计划内容（简要）	
					上学期	下学期
李振纯	初中	算术	1)研究各种事物间数量的相互关系的性质和各种计算的方法，再把它们运用到解决实际问题中去；2)培养学生	启发式、讨论式和讲演式相辅而行	以新华书店的算术为主，以中华书局、算学丛刻社的算术为补充。重点：绪论、整数和小数四	比及比例、指数统计、求积、开

姓名	年级	科目	教学目的	教学方法	教材	教学内容
			唯物地了解世界及形成辩证唯物论的世界观		则、非十进复名数、整数的性质、分数四则	方、代数简方程易解和的法应用
徐蕙英	初中算术	算术	1)培养日常生活上物质、数量计算的基本能力；2)发展学生思考、分析、推理、判断等能力，建立研究科学之初步基础	堂上除讲授外，注重启发、问答和自学辅导，利用小组互助互勉和小组挑战，实行短时间抽考、速算比赛，对易犯错误要反复练习，临时测验和定期考查结合，训练整齐、心细、耐心习惯，提倡自动学习，鼓励学习兴趣，一扫依赖、虚伪之积弊	以新华书店的算术为主，以中华书局、算学丛刻社的算术为补充。以计算熟练为中心，明了基本观念，注重实际问题，获得新方法，学习内容为：绪论、整数和小数四则、非十进复名数、整数的性质、分数四则	比及比例、指和计开积代方、数简方易程解的法应用
田大猷	初中算术	算术	巩固小学算学的基础学习基本方法与运算道理，熟练掌握其演算技能，以作为学习其他科学的工具	了解和检查学生的实际程度，有计划、有方法、有步骤做好教学方案和教授，建立自动学习"打开脑筋"，利用小组，提倡互助，去除不好的习惯		比与例、数指统和计求积简代基方数本法运算
田大猷	初二代数			单元教学法：课前要有充分预备，编订每课教案，了解学生程度及问题，确当讲述要纲，举例简单、明晰，发现问题，矫正错误，启发思想	文字初步的运算、简易方程、正负数、多项式基本运算、一元一次方程、联立方程、一次函数的图解、续多项式基本运算、分解因式、最高公因式和最低公倍式、分式	
关秉衡	初二代数		1)使学生了解算术与代数的关系，知道代数符号和利用公式的普遍性，以及用代数式解应用	第一堂课师生共同商讨学习计划；平时上课据前次习题结果提出问题，由同学口答或	简易方程式、正负数、多项式和基本运算、一元一次方程式、一次函数、分解因	

			题；2）培养学生的推理能力，解决日常问题，建立学习高深数学的基础	板演，全班共同订正。由启发式兼讲演式的方法逐步解析归纳，直到全班透彻明了	式、方式等，重点在求函数的值和公式的计算	
张国珩	初二代数		1）代数是继续算术做进一步研究，解决算术中难解决及不解决之问题；2）训练灵活和有系统的思想；3）做高等代数之准备；4）备理化等科学之应用	多用启发式，使儿童多用心思学习、理解，不要死记，明白了道理，自然能做习题和实际应用	1）两个班：初中代数教本（开明版），讲第一至第十一章，重点为负数、方程式和分解因式；2）一个班：代数（商务版），讲第十至十七章，重点为分式方程、开方、根式方程、比例及对数的应用	
田大猷	初三代数				女二班：第八章分式方程、第九章乘方与开方、第十章无理根、虚根和根式方程、第十一章比、比例、变数法、第十二章初等级数	
张国珩	初三平面几何	平面几何学	1）使同学彻底了解点线面的基本概念；2）研究平面几何图形的各种关系，进而解决实际问题，为学习理工科建立基础；3）培养思考与判断能力	用眼前的事物引起几何观念，用折纸法配合实验，使同学认识几何的基本定义、公理、定理，以为推理根据；用问答法和启发式引出定理内容、证法	以《三S平面几何》为主，参考东北书店上册。直线与直线形、平行线、不等线与不等角、四边形、多边形定理、共点线、圆、度量法	
田大猷	初三平面几何				女一班：第七章圆、第八章比例相似形、第九章面积	
于宗英	初三平面几何	平面几何学	1）建立同学点线面的一般基本观念；2）并使同学彻底了解平面图形的各种关系与性质，进而联系并解决实际问题，以培养同学的思考与判断力，并	基本公理、定义、定理用讲演法以介绍；普通定理及难题用问答法以启发，引导同学自行思考、自动研究，而最后归纳之，以作出明确	以《三S平面几何》为主。直线与直线形、圆和作图题	

			为学习理工科奠定初步基础	结论		
李振纯	初三平面几何	平面几何学	1）彻底了解点线面的基本观点；2）研究平面几何图形的各种性质，为学习理工科建立基础；3）培养推理、判断和分析的能力	上课时首先用分析法讨论上次所留习题；讲定义要画图形、举实例；讲定理首先画图形，由同学研究图上所看到的关系，再做分析并归纳为定理；单元复习，重在找出联系	以《三S平面几何》为主，参考师大附中及开明版本。比例、相似多边形；多边形的面积；正多边形、圆的度量	
王卓亭	高一平面几何		1）使学生了解一切物质"数""量""形""位置"的联系性；2）学会精密分析问题、处理问题的方法及不同方法的不同角度	多提示证法，多举例题，归纳同类问题，集中讲解；照顾全班水平，讲授方法，留有思考余地；按组批阅作业，一组批阅一本，讨论纠正一般错误	讲解"数""量""形""位置"；学"分析""证明""讨论"；了解"分析与综合法"及"归纳与演绎法"的不可分性；了解数学各科目间的关联	
张玉寿	高一三角			课前预习；课上讲授照顾全班成绩水平，优、差在堂下有限度照顾；学生组成学习小组；作业全交，不全批改，以使学生将易犯错误不重犯为原则	三角函数、解简易三角方程及应用、解任意三角形、较繁的乘除及乘方和开方	
张玉寿	高二代数			课前预习；课上讲授照顾全班成绩水平，优、差在堂下有限度照顾；学生组成学习小组；作业全交，不全批改，以使学生将易犯错误不重犯为原则	二项式定理、二次方程、高次方程及高次联立方程、有理数与无理数、实数与虚数、不等式、定项级数等	
王笑房	高二立体几何		学习推理方法，认识几何基本观念和客观存在的关系及实用价值	根据学生程度及意见，把握适当进度及教学方法，利用模型、挂图及实物，启发学生并讨论问题，批阅作业并将不适当处在班上提出纠正	正多面体、圆柱、圆锥、球、球面三角形、极三角形、球面形之量法、旋转面、球的面积和体积	

姓名	任课情况	教材	教学目的（简要）	教学方法（简要）	教学计划内容（简要）	
					上学期	下学期
王明夏	高三	汉译范式大代数	1) 培养学生具有所学数学水平、能力；2) 认识形数关系及中学数学相互间的关系；3) 衔接初中数学，有敏捷的计算能力和作图技能	针对学生存在问题和心理深入浅出把问题讲解明白；与各科课程配合取得联系，且配合社会活动进行教学；着重课堂教学，配合小组活动，启发其自觉性与积极性。准备预习、课堂讲授、辅导自学	用汉译范式大代数重点教学，依据普通中学数理化精简座谈会记录,删去7部分内容。代数以方程论为中心，解析几何以圆锥曲线为中心，并注意两者之间的关系	

说明：（1）本表收入了11位数学教员的教学计划。（2）除了表中的11位教员外,在教学总结中出现的还有以下2位教员：刘希璞（1949—1950年度下学期任初三平面几何）、王绍颜（任高一平面几何）。

4. 理化博物

1949—1950学年物理教员教学计划情况简表

姓名	任课情况	教材	教学目的（简要）	教学方法（简要）	教学计划内容（简要）	
					上学期	下学期
马瑶琴		初中物理学	1) 认识物理基本原理、定律,利用其解释自然现象；2) 启发学生的学习兴趣,训练理解思考力；3) 为高中学习奠定基础,了解科学应为大众服务	课堂讲授,利用自学辅导加以启发,实验验证	初中物理学（中华版）绪论、运动和力,热和温度及热量、声学	
刘希璞	高二	高中物理学上册	1) 学高中物理,是把研究的水平提高,与实际生活配合起来；2) 与各科尤其是数学、化学联系起来,做学术上的研究；3) 照顾升学也重要的	利用启发的讲授,多用双方讨论的机会；注重纲领,教材前后联系、课外计算题	高中物理学上册（中国科学图书仪器公司）力学	
刘希璞	高三	高中物理学第	1) 学高中物理,是把研究的水平提高,与实际生活配	利用启发的讲授,多用双方讨论的机会；注重	先讲高中物理上册（世界书局）中的热学、	

| | | 二册 | 合起来；2)与各科尤其是数学、化学联系起来，做学术上的研究；3)照顾升学也重要的 | 纲领，教材前后联系、课外计算题 | 音学，然后讲高中物理学第二册（中国科学图书仪器公司）光学 | |

说明：(1)本表收入了2位物理教员的教学计划。(2)在教学总结中出现的还有物理教员萧家驷（高二、高三），教材采用的是严济慈所编高中物理上下两册。

1949—1950学年化学教员教学计划情况简表

姓名	任课情况	教材	教学目的（简要）	教学方法（简要）	教学计划内容（简要）	
					上学期	下学期
谢莹		初中化学	1)使学生了解普通化学常识，2)培养学生对自然现象观察及学习的兴趣，3)注重普通物质的简单制法、重要性质及重要用途，4)使学生得到研究化学工具，以便深造	1)启发式与讲授式并用，2)实验采用示教法，3)课外复习及作业，利用分组讨论法	初中化学（华北新华书局）。绪论、火及氧、水及净水法、氢、空气、基本化学概念、食盐及盐酸、卤素、臭氧及硫的同素体、亚硫酸及硫酸、硫化氢及二氧化硫、氨及氮的氧化物、硝酸、化学计算法、碳及其氧化物、矽及硼	
马秀卿		初中化学	1)使学生了解普通化学常识，2)培养学生对自然现象观察及学习的兴趣，3)注重普通物质的简单制法、重要性质及重要用途，4)使学生得到研究化学工具，以便深造	1)启发式与讲授式并用，2)实验采用示教法，3)课外复习及作业，利用分组讨论法	初中化学（华北新华书局）。绪论、火及氧、水及净水法、氢、空气、基本化学概念、食盐及盐酸、卤素、臭氧及硫的同素体、亚硫酸及硫酸、硫化氢及二氧化硫、氨及氮的氧化物、硝酸、化学计算法、碳及其氧化物、矽及硼	

第七章 新旧巨变时期（1949—1950学年）的女附中教学概况

姓名	任课情况	教材	教学目的（简要）	教学方法（简要）	教学计划内容（简要）	
高同恩	高二	更新高中化学	1）增进普通化学常识，2）使学生彻底明了化学基本原理及学说内容，3）养成学生实验的兴趣和技能，4）注重物质的重要制法性质及用途，重视化学计算	1）启发式与讲授式并用，2）实验由学生自动先生辅导，3）课外复习及作题利用分组讨论法	更新高中化学（王箴，商务）。绪论、氧、臭氧与氢、氢与水、水与过氧化氢、原子、分子、分子式方程式、碳、碳及其氧化物、气体、液体、固体、氮、稀有气体、空气	
高同恩	高三	更新高中化学	1）增进普通化学常识，2）使学生彻底明了化学基本原理及学说内容，3）养成学生实验的兴趣和技能，4）注重物质的重要制法性质及用途，重视化学计算	1）启发式与讲授式并用，2）实验由学生自动先生辅导，3）课外复习及作题利用分组讨论法	更新高中化学（王箴，商务版）。卤素、周期律、硫、氮、化学平衡、磷族元素、碳氢化合物、燃料、有机化合物	

说明：（1）本表收入了3位化学教员的教学计划。（2）在教学总结中还有化学教员钟书勤（初二）、刘希璞（初二）。（3）刘希璞写明选用的教材为初中化学下册（开明版）。

1949—1950学年博物教员教学计划情况简表

姓名	任课情况	教材	教学目的（简要）	教学方法（简要）	教学计划内容（简要）	
					上学期	下学期
刘彩祥 刘恕	初一植物学		明了一般植物的形态、简单构造、类别、生活现象、与环境的关系及与人生的利害关系，养成有爱护有益植物、除去有害植物的能力，及爱好自然界、研究植物的兴趣	启发自觉和演讲并用，视学生情况灵活运用、随时改进，实验采用示例法，课外复习作题及分组讨论，介绍课外读物及问答、抽考、单元考	绪论、野生植物和栽培植物、植物的基本构造、种子和它的萌发、根，植物从土壤中吸收养料、叶。有机物质的形成	
刘彩祥	初一博		明了一般植物的形态和简单构造、认识应用植物与	启发自觉和演讲并用，视学生情况灵活运用、随时改	植物体大要及基本构造，根、茎、叶、花与果	

	物科植物学		生活的关系，知道动植物之间的关系及与其他科学的相互关系，联系实际观察、学习理论知识，为其将来深造或就业基础	进，实验采用示例法，课外复习作题及分组讨论，介绍课外读物及问答、抽考、单元考	实、种子，种子植物，菌藻、苔藓、蕨类植物	
刘彩祥	初一动物学		了解各类动物的形态、简单构造、类别、生活现象及与人生的利害关系，养成学生有爱护有益动物及捕杀除去有害动物的能力，及爱好自然界、研究动物的兴趣	启发自觉和演讲并用，偏重启发式，由一般到特殊，由已知到未知，示范实验和指导相结合，校外参观，采集和制作标本，养成手、脑、耳、眼的同时并用，介绍课外读物	绪论、原生动物、海绵动物、腔肠动物、蠕形动物、棘皮动物、软体动物、节足动物、脊椎动物	
赵汝英	初一动物学		了解各类动物的形态、简单构造、类别、生活现象及与人生的利害关系，养成学生有爱护有益动物、捕杀有害动物的能力，及爱好自然界、研究动物的兴趣	启发自觉和演讲并用，偏重启发式，由一般到特殊，由已知到未知，示范实验和指导相结合，校外参观，采集标本	绪论、原生动物、海绵动物、腔肠动物、蠕形动物、棘皮动物、软体动物、节足动物、脊椎动物	
	初中生理卫生		破除迷信，保持健康，避免疾病，养成卫生习惯	以启发自觉和演讲并用。演讲式和讨论式。	绪论、运动、消化、呼吸、循环、公共卫生	
董玉振	初中生理卫生		保持健康与避免疾病和养成卫生习惯	以启发自觉和演讲并用。演讲式和讨论式。	生理卫生：绪论、运动、消化、呼吸、循环、公共卫生	
赵汝英	高中生物		1)明了生物，认识生物学与国计民生的关系，2)明了生物的一般现象，纠正迷信思想，3)对自然界发生爱好，学习知识，做升学就业之基础	1)启发与讲授并用，2)实验使学生自动先生辅导，3)郊外采集标本，观察自然现象；作农村访问，认识农作物	导言、细胞、多细胞植物、种植和利用、病害和防除、原生质、单细胞生物	
翟毓	高中	复兴	1)准备升学及专门研究学术之基	1)启发与讲授并用，2)实验使学生	复兴高中生物学（陈桢，商务	

涛	生物	高中生物学	础,2)使学生明了生物学对国计民生之关系,3)争取学生对生物学的认识,使之对自然界发生兴趣与爱好	自动先生辅导	版)。绪论、细胞之形体、种子植物、植物生理部分、原生质、细胞生理、细胞分裂部分、生命现象特征、菌类、苔藓与羊齿	

说明：（1）本表收入了5位博物教员的教学计划。（2）在教学总结中，刘彩祥写明选用的教材为初中博物学（开明版）；赵汝英写明初一生理卫生选用的是林英、文彬的合编本，高中生物选用的是高中生物学，1950年1月，师大生物系把教材提纲发给各校，让按此提纲教授课程。

5. 史地

1949—1950学年史地科历史教员教学计划情况简表

姓名	任课情况	教材	教学目的（简要）	教学方法（简要）	教学计划内容（简要）	
					上学期	下学期
丁塞	初一		培养学生正确的辩证唯物主义史观，通过史实培养学生伟大的国际主义与爱国主义情感	充分备课，学生预习；课前提问，有重点感情充沛地讲课，并做总结；留作业，并及时批改	鸦片战争前——北洋军阀统治时期	
丁塞	一班（年纪不详）			同上	世界史：古代文明发源地、资产阶级民主革命、帝国主义争夺殖民地的战争、苏联十月革命	
丁塞	二班（年级不详）	中国通史			西周——唐朝	
丁塞	三班（年级不详）				国共合作破裂——卢沟桥事变与全面抗战；地球生物与人类，氏族公社——夏殷、西周	

教师	班级	教材	教学目的	教学方法	教学内容	
高文鸾	初二一、三、四班	中国历史课本（叶蠖生编）初中中国近代史上册（华大历史研究所编）	使同学了解中国历史发展情况及近百年来变迁与性质；使同学掌握历史法则作为革命斗争之武器，努力于建设新民主主义新社会	准备：写讲述提纲，让同学预习；课堂提出启发性问题，让同学回答，重点讲述，每单元做总结；课后，让同学作答题，重点讨论，协助同学绘制历史图表	南宋——明清，鸦片战争——辛亥革命	
高文鸾	初二七、八、班	中国历史课本（叶蠖生编）	使同学了解中国社会发展情况，明确今后努力方向；我们是劳动人民的子孙，要学习祖先创造文化的经验，准备创造更辉煌的新历史	同上	原始人类——五代十国，鸦片战争——辛亥革命。辅助教材：中国通史简编（范文澜）、中国通史讲话（陈怀白）、二千年间（蒲韧编）	
高文鸾	初二二、六、班（原文华班）	中国历史课本（叶蠖生编）	同上	同上	隋唐——中日甲午战争 辅助教材：中国通史简编（范文澜）、中国通史讲话（陈怀白）、二千年间（蒲韧编）	
贾善长	初三	初中外国历史课本（华北联合出版社）	使学生明了人类历史发展的规律以及阶级斗争的过程，并注意外国史和中国史的联系和不忘本国民族活动在世界文化之地位，激发热爱祖国的情绪	上课前学生预习，上课后做简短启发式发问，必须把握一个重心，使学生练习制作历史图表，指定学生阅读参考书	埃及与巴比伦——法国大革命	
贾善长	高一	高中中国历史（上册）	使学生明了历史发展的规律以及阶级斗争的过程，并吸取历史经验，以加强人民革命的信心	上课前学生预习，上课后做简短启发式发问，必须把握一个重心，使学生练习制作历史图表，每章总结，必要时举	原始公社、甲骨文发现——三国	

姓名	任课	教材	教学目的（简要）	教学方法（简要）	教学计划内容（简要）	
刘锡毅	高二		使学生认识人类社会发展的规律，培养劳动观点、阶级观点、历史唯物主义观点，认识中国近百年社会发展规律，革命的经验教训，认识只有新民主主义是唯一适合中国革命需要的，培养学生对无产阶级领导政权的祖国和中央人民政府自觉热烈的爱	行讨论会,指定学生阅读参考书 充分备课,重要问题要尽量发挥,注意理论的研讨,纠正死读死记,引用现实材料,组织各种实际考察参观,批评一切非唯物史观的错误理论	中国近百年史	
刘锡毅	高三		使学生认识人类社会发展的规律，了解世界各国历史发展的具体情况及特点，学习其经验教训，培养劳动观点、阶级观点、历史唯物主义观点，培养学生对无产阶级领导政权的祖国和中央人民政府自觉热烈的爱	同上	史前史——资产阶级革命 中国近百年史	

1949—1950学年史地科地理教员教学计划情况简表

姓名	任课	教材	教学目的（简要）	教学方法（简要）	教学计划内容（简要）	
					上学期	下学期
王一青	初一初二	自编讲义	了解华北解放区，新民主主义建设必定胜利之物质基础，了解初步自然地理知识，熟记主要内容	以审慎的态度按定规进行，尽量做出教案，注意学习方法，作业以绘出简图为主，配合学生会、级任、政治教员，与军事学习相结合	参考书：开明初中本国地理课本、附中初中本国地理提纲、师大地理系本国地理提纲、伪国订本初中本国地理课本、解放前各大报纸材料	
张致恭	初一初	开明版初中本	使学生系统了解本国地理的基本知识，培养起爱	教学方法要照顾学生的兴趣及接受能力，并设法巩固新知	在华东新华版课本未出前，暂用开明版，吸取报章新材	

教师	班级	教材	目的	方法	内容	
	二	国地理课本	护国家的愿望及改变自然环境的决心	识。每一小单元，学生画地图一幅。初一与同仁联合编印讲义，初二听写或板书纲要并绘略图	料，编制纲要讲本国地理，侧重自然地理，与政治经济联系	
高文莺	初二五班，原文华班	本国地理纲要（师大地理系）		自编简单教材，同学自备地图；课堂上先绘地图，指图按自然基础、经济发展重点讲述，生疏字词预先写在黑板上，课后做复习题，让同学绘图	按王一青计划，由京津讲起，然后华北各省、西北各省顺序进行	
张致恭	高一	暂以商务版《复兴高中本国地理》为参考	以研究人民经济生活的配备为目标，了解在新民主主义时期如何配备。培养适应自然、利用自然及改造自然的能力，激发热爱祖国、团结苏联与各新民主主义国家，反对帝国主义侵略的思想	听写或板书纲要，边讲边写，并绘略图；照顾学生的兴趣及接受能力；教学要联系实际；培养主动学习和互助学习的精神；教学合一，教学相长	以高中本国地理为参考书，随时采取报纸杂志新材料及各种地学书籍，偏重政治地理、经济地理，并和人类征服自然相联系	
刘锡毅	高二		使学生了解并熟悉本国各种地理条件及各条件间的相互关系和影响，只有在无产阶级领导的人民民主专政下，各种地理条件才有条件充分改造和发展的前途，同时也将成为实现新民主主义、建设新中国的丰富的物质基础	充分准备材料，发挥重要问题；注意各种地理条件的相互关系和影响，纠正孤立的死记知识；讲解帝、封及官僚资本主义压迫剥削下本国地理条件不能充分利用和发展的情况；与新民主主义建设和中央人民政府政策的关系；批评错误的观点和认识	华北地带、蒙新地带	
杨建章	初三高二高三		使学生彻底明了本国地理状况与新中国经济建设的根本方针，以养成爱祖国、爱人民、爱劳动等之基本观点，与利用自然、改造	充分利用地图及统计图表为学习之参考；以照片、模型、仪器为学习之考证；教员随讲随写，学生随听随记；使学生利用野外旅行和各种参观；讲授前提示单	初三：地球、时区和经度、五带四季和纬度、气象和气候、七大洲和三大洋 高二：华北平原、山东丘陵、黄土高原、东南丘陵、江南丘陵、长江平原	

第七章 新旧巨变时期（1949—1950学年）的女附中教学概况

| | | | 自然之能力，以培养新中国之建设人才；使学生明了世界地理状况，认识包围我国的资本主义国家和中国合作的新民主主义国家之国际关系，以及中国目前的国际地位 | 元重点，讲完后留习题；高中随时介绍有关学习材料为课外作业的参考资料；教材务须切合学生程度，使大多数学生明了；学生之疑难问题，尽量利用课外时间详细解答 | 高三：亚洲、东欧、苏联 | |

说明：（1）以上两表收入了8位史地教员的教学计划。（2）教学计划基本写于1949年10月和1950年4—6月。（3）除了表中的8位教员外，在教学总结中还有以下历史教员出现：张守常（1949年度下学期任初一、初三、高二课），刘景春（未说明时间和所担任年级），教员樊景贤（初一，未说明时间）。

6. 外国语

1949—1950学年英语教员教学计划情况简表

姓名	任课	教材	教学目的（简要）	教学方法（简要）	教学计划内容（简要）	
					上学期	下学期
温世昌	初二	读本	使学生了解及运用浅近英语	发动学生主动性，发音、拼写、造句、翻译切实讲解，反复练习	国民英语读本第三册（陆步青，世界书局）选学部分	
丁蕙琳	初二	读本	培养学生听说看写简单英语能力	实行"自学辅导法"，以小组讨论方式推进学生主动学习，教员从旁辅导，听取意见，随时改进	国民英语读本第三册（陆步青，世界书局）选授学生有兴趣并能实用的课文15课	
吴文金	高一丙丁	读本	重点放在英语读写能力，听说放在其次。增加生字500个	大体采取"自学辅导法"，了解学习情况，帮助程度低的学生	高中英语读本第一册（林汉达，世界书局）讲授15课；实验高级英文法（邓达澄，商务）授毕名词、代词；	
阎述蕆	高一	读本	加强英语听说读写能力；着重纯正英语训练及应用；着重造句法及字	严格执行：自学辅导，学生试读试讲，教师范读范讲；讲三课，命学生总复习，四讲默写及问答；了解学生	高中英语读本第一册（林汉达，世界书局）讲授15课；实验高级英文法（邓达澄，商务）讲授 noun 与	

姓名	任课	教材	教学目的（简要）	教学方法（简要）	教学计划内容（简要）上学期	下学期
			之变化；增读250个生字而能运用	情况，及时改进；补充实用生字以与现实联系	Pronoun 两章；课外选材；造句及翻译隔周一次	
阎述箴	高二	读本	加强英语听说读写能力；着重纯正英语训练及应用；着重造句法及字之变化；增读250个生字而能运用	严格执行：自学辅导，学生试读试讲，教师范读范讲；讲三课，命学生总复习，四讲默写及问答；了解学生情况，及时改进	高中英语读本第二册（林汉达，世界书局）讲授12课；实验高级英文法（邓达澄，商务）授完 Verb 全部；课外选材；作文及翻译	
赵德先	高二	读本	增进阅读英文书籍的能力；会做简短作文及翻译。重点为增进阅读能力	难的：学生查生字预习；课上由学生先读先讲，先生再改正错误、补充，将常用生字及成语提出，反复造句练习。易的：预习；学生分组讨论学习；先生集中各组问题讲解	读本选用九课，补充读物在论人民民主专政和新政协筹备会开幕词中选讲一篇	
赵德先	高三	读本	增进阅读英文书籍的能力；会作简短作文及翻译	同上	读本选用七课，补充读物在论人民民主专政和新政协筹备会开幕词中选讲一篇	

说明：（1）本表收入了5位1949学年上学期英语教员的教学计划（2）据英语教学总结（其中有3位未写姓名），本表中没有列入的教员有：朱经兰（初三）、陈澂荣（初二）。

1949—1950学年俄语教员教学计划情况简表

姓名	任课	教材	教学目的（简要）	教学方法（简要）	教学计划内容（简要）	
					上学期	下学期
崔华		读本	在毛泽东的旗帜下，为新民主主义教育努力奋斗；教学俄语发音是基本工作，按初中生认字标准1000个计划进行	课堂教学，分小组学习、讨论，相互观摩，班与班之间进行比赛	俄文读本（贺青）选十余课	

说明：（1）本表收入了一位俄语教员的教学计划（2）本表中没有列入的教员还有秦巴洛瓦（初一）。

7. 体育

1949—1950 学年体育教员教学计划情况简表

姓名	任课情况	教材	教学目的（简要）	教学方法（简要）	教学计划内容（简要）	
					上学期	下学期
刘伯奇	初二		1）把分散的个人的活动方式，变为集体的群众性的。2）从实际行动中，培养学生重视团体的观念，增强组织性、纪律性。3）一切活动为了健康，把体育活动变成一种重要的生活习惯。	1）不管哪项运动，力求普遍、深入，务使每个同学都能得到实际活动的机会，获得一定程度的效果。2）一切活动必须有计划、有步骤、实事求是地认真执行。3）随时照顾到学习情绪低落的同学。4）一切设施经学生实际需要出发。	内堂讲解、体格检查、田径运动、韵律活动、篮球运动、测验。课外活动：篮球比赛、娱乐晚会、体育表演、旅行、爬山。	
吴宗武			1）锻炼学生有健康的体格和充沛的精力。2）培养学生忍耐、坚强、勇敢、互助、合作、坚定的品质和勇往直前战胜困难充满信心的积极精神。3）启发学生的机动智慧和创造性	通过体育活动结合思想教育，启发学生自动之精神，奖励有天才的学生向上发展，学习苏联，创造适合中国学校环境的体育。依准备运动、主运动、整理运动的一般教学原则。每一教程师生共同检讨利弊以求改进	内课，体格检查，跳远，五十米跑，秧歌舞及改正操，霸王鞭及接力，健身操，丹麦操，篮球传球，俄国舞，篮球投篮	
孙秀艳			1）锻炼体格使身心发育健全，以作振兴人民之准备。2）从集体运动中培养耐劳、自治、英勇、合作、守纪律及其他为人民服务的品德。3）养成生活上所需要之运动技能，4）养成优美正确之姿势。5）改进身体发育不良姿势。6）养成娱乐运动为娱乐之习惯	当以兴趣为主，以游戏类集体活动进行集体学习，随时用适当方法考查学生运动成绩。成绩考核：健康情况20%；技能测验20%；运动精神20%；出勤情况20%；体育常识及卫生习惯20%	内堂讲解（何谓体育、体育之目的与意义、体育实施方针、球类规则、各项运动之史略），体格检查，田径运动，韵律运动，篮球运动课外活动：按学生兴趣组织各种运动队，争取下课后有一小时活动和对内外的比赛机会	

姓名					
高树芸		1)锻炼身体以训练生活上所应具备的体能。2)培养公民道德,发扬团体精神。3)训练国防上及生活上之基本技能。4)养成卫生习惯及普通卫生注意之态度。5)养成团结互相友爱的精神。6)养成良好体育道德,	1)使每一位学生智能均衡发展,且能获得适当的训练及提起每人兴趣,竭力避免少数选手而忽略大众之流弊。2)课程按学生目前与将来需要选定,使其普遍化。3)各年级课程皆有一定进度,教材预先编定,务实学生获得有系统之学习与知识。4)时时改正学生对体育之错误认识与见解。5)意学生课余时间运动,使其在课外活动增长技术及智识,勿使在兴奋时养成野蛮行为及态度。6)随时随地注意学生行为、精神习惯和品格及纪律等,以矫正过去认为体育是可以随随便便自由散漫的课程的错误认识。7)管理方面采用辅导、感化、鼓励、劝导的方法,使其养成自治、自动、自律的精神与习惯。8)教学中随时给予理论讲述,使能了解体育真正意义而获得正确观念。成绩考核:体育正课(技术及常识)40%;运动精神20%;出席情况20%;品行20%	课程进度表:第一周内堂讲解(一周)。第二周体格检查(一周)。第三周—六周田径赛(四周)。第七周—十周舞蹈(四周)。第十一周—十五周篮球(四周)课外活动:1)随季节组成各种队(1)舞蹈队(2)田径队(3)技巧队(4)篮球队等,学生自由报名。2)比赛:按季节举办之。3)体育表演会:校庆日可做表演,如舞蹈、技巧等。4)运动会:每学年举行一次,促使每人都参加项目。5)野外集团活动:每年春秋两季,如旅行等。	

说明:(1)本表收入了3位体育教员的教学计划,其中2位教员没有写任课年级。(2)教员高树芸写的是体育《教学计划实施大纲》,既是代表体育学科的,也代表他自己的,所以部分内容也列入本表。

8. 音美劳

1949—1950学年音乐教员教学计划情况简表

姓名	任课	教材	教学目的(简要)	教学方法(简要)	教学计划内容(简要)	
					上学期	下学期

第七章 新旧巨变时期（1949—1950学年）的女附中教学概况

吴德棻	初一		课堂50分钟内的时间分配：基本练唱音阶5分钟，唱歌20分钟，乐理或常识或欣赏15分钟，唱歌10分钟	乐理或常识或欣赏的内容：简谱概要、原始时代音乐的起源、标题音乐、音阶（长调、短调）、中国古代音乐、主调及复调音乐、每小节拍子强弱、中国近代音乐家、纯粹音乐。歌曲：团结就是力量、体育进行曲、世界民主青年进行曲。复习：国歌、农歌、野战兵团、一切为了胜利、铁路工人之歌、共产国际进行曲	
吴德棻	初二		课堂50分钟内的时间分配：基本练唱音阶5分钟，唱歌20分钟，乐理或常识或欣赏15分钟，唱歌10分钟	乐理或常识或欣赏的内容：简谱概要、原始时代音乐的起源、标题音乐、音阶、中国古代音乐、主调及复调音乐、杂记号、中国近代音乐家。歌曲：体育进行曲、世界民主青年进行曲、国歌、祖国进行曲（二部合唱）、我爱新中国（二部合唱）、工人进行曲、共产国际进行曲	
江雪	高一	普通乐理简谱识谱	乐理和常识以讲授为主，记笔记；指挥讲实际指挥常识，轮流练习指挥；每节课唱20分钟，休息10分钟后再唱。印好视唱材料，帮助同学视唱能力提高。选出领唱，领导练习后再合。	教材：普通乐理（萧友梅）、简谱识谱（向隅）。选择苏联歌曲和解放歌曲，齐唱以较复杂的进行曲并二部及简单三部等配合之。	

说明：本表收入了2位音乐教员的教学计划。

1949—1950学年美术教员教学计划情况简表

姓名	任课情况	教材	教学目的（简要）	教学方法（简要）	教学计划内容（简要）	
					上学期	下学期
杨秀珍	初一初二	写实与实用图案	要以结合实际生活、加强对劳动认识为出发点的领导学生，使学生知道新的美的观点	1)要用启发式领导方法，使学生自动的作，不要压迫与威胁，并且要依靠学生（优良）与进步学生，起带头作用。2)要用批评与	初一：适合图案，年画临摹 初二：适合图案，年画临摹，写生，创造画	

姓名	任课情况	教材	教学目的（简要）	教学方法（简要）	教学计划内容（简要）	
					上学期	下学期
				自我批评的方式来纠正学生在学习中的错误，要用民主集中制的方式来评定学生成绩		
王文社	初二		启发学生对美术发生兴趣，了解美术对于建国的重要性		美术与人生的关系，人的画法，临摹（人），静物写生，写生习作（人），美术字及习作，图案画、报头、贺年片	
吴咸			使学生1）懂得为人民服务的新美术与旧美术的不同。2）知道美术的效用。3）知道美术创作方法及技术方法的基本知识，并使其达到一定的表现能力	以实习为主，在实习中辅以讲授名作示例及集体观摩；一学期出墙报画2-3次，内容与实际密切结合；在教授写生时，采取与劳动生产及创作内容有关的教材为练习对象	根据学生程度与接受能力的区别，内容可由浅入深，由简单到复杂，由临摹到写生，由课堂到室外，由漫写到速写，由静物写生到动物写生为原则	
庄言	高二 高三		新民主主义的美术。新旧美术的不同。为什么要画人，而且是劳动的人。美术为什么要服务于政治。美术的各种方法		讲解新民主主义美术。几何形状写生，临摹画（列宁），欣赏苏联绘画，自由画，美术字，人体分部写生，封面及报楣设计，临摹或写生人像，自由创作	

说明：本表收入了4位美术教员的教学计划。

1949—1950学年劳作教员教学计划情况简表

姓名	任课情况	教材	教学目的（简要）	教学方法（简要）	教学计划内容（简要）	
					上学期	下学期
王文社	初一初二		手工课（劳作）使学生知道劳动创造世界，与将来建国有很大用处	今年的劳作课主要是由无而有、由有而充实，打下劳作室的设备和劳作课的基础。先学用工具及简单	为什么要学劳作，布置教室（劳作室），用罐头盒做小茶杯，做霸王鞭，做手巾挂、铁丝笔架，钉木箱盖，练习刨木板、锯木头，通做木工简单家具（小	

			金木工的做法	凳、补袜板等），打毛线、做棉鞋、缝棉衣，做焊工、做模型	
李淑贞	初二	园艺学（劳作）：启发劳动兴趣、培养劳动技能		（每周一小时，全年32小时）第一学期正值秋冬两季不能实习只能讲授园艺知识；园土、施肥、育苗、移至、修整等园艺管理方法	第二学期正是春夏两季，与上学期理论配合实习栽种
李淑贞	初三	缝纫科，在于启发学生的劳动兴趣，培养其劳动技能	教学生本身所需衣物的剪裁法及毛线的编织法，皆以简单适用着手，以后再逐步提高其技能。缝纫机有限，采用分组练习的方法	（每周一小时，全年32小时）第一学期：1—4周：学习鞋（单、棉）或其他物件（儿童鞋帽等）的制作；5—8周：学习衣服裁缝法；9—12周：毛线编织，以儿童衣物为主；13—16周：毛线编织，以成人衣物为主	

说明：本表收入了2位劳作教员的教学计划。

第三节

1949—1950 学年的教学总结

【提要】 1. 教学思想与教学态度；2. 对课程的理解；3. 教学内容；4. 教学经验、教学方法；5. 教学效果；6. 问题与建议。

1949学年上学期的教员、教学组教学总结，大部分于1950年1月完成；下学期的则于1950年6月完成。在这上百份总结中，除了学科教育涉及的词汇外，出现频率较高的词汇有：联系实际、教育思想、思想教育、新民主主义教育、人民教师、旧思想、消除雇佣观念、听课、集体相互听课、教学小组、互助、征求学生意见、课外活动、民主、批判和自我批评，等等。

这些词汇的出现，反映了新旧交替时对教员思想的影响和对旧教育的改造。

张承先在回忆建国初期的教育建设时，说到对华北的新解放区旧教育的接管和改造过程，实行了"维持原有学校，逐步加以必要与可能的改良"的总方针，采取先接管、接收和接办，然后逐步加以改造的办法。在顺利接管、维持现状、加以改良的基础上，贯彻了第一次全国教育会议提出的"坚持改造，逐步实现"的方针。在老区教育与新区教育的"会师"中，积极推行了老区的教育经验，并在改造旧教育中，积极争取、团结、教育和改造知识分子。不仅从制度上改革了国民党时期遗留下来的旧教育，而且也从思想上实现了对旧知识分子的团结和改造，从而创立了民族的、科学的、大众的新民主主义的新教育。[34]

从教员们的教学总结中，可以看出，在新旧交替之时，教员的小组业务学习和政治学习成为常态，课外活动繁多；学生人数半年内激增四百余人达1091人，每个教员都必须课时饱满，一周授课约三四十节左右，不少人跨年级任教或跨科任教，因为校区分散，有时还不得不一下课就赶往另一个校区上课……除了活动多、课时饱满外，还有繁杂的级师（班主任）工作，很多从未担任过级师的教员也得上岗担任级师，而且十分认真对待。教授高一英语的吴文金先生，第一节课就让学生填写调查表，"填表40人中，本校初中保送10人，考取11人；文华3人；其余16人来自6所教会学校（辅仁、贝满、唐山淑德、盛新、光华）的11人，女一、女二、女三、天津女师附中、大中各一人。"[35]

忙碌下来，大家感受着新气象，感到"自从解放以来，一切的事情跟过去完全不一样。踏上工作积极精神旺盛的路，时光感觉过得真

---

34 张承先：《张承先回忆录：我亲历的党的宣传和教育工作》，人民教育出版社，2003年6月；柴葳：《教育奠基中国：1949教育新生新中国教育起步》，《新闻中心—中国网》，2009年9月17日。

35 吴文金（英语教员）：高一英语（教学总结），1950年1月，校档案室资料。

快"[36]"自觉得彼此之间无隔阂、感情很融洽、能迅速整齐地响应学校号召,大家都能互助、精诚团结"[37]"感觉女附中好似一个温暖的大家庭,平日各自努力工作,很自然埋头苦干,努力钻研,没有一点旧社会的习气"。[38]"这学期的教学工作取得了相当的效果……我的新认识是:女附中已经走上了学习正规,稳步前进。我的新感觉是乐观愉快。"[39]在常常觉得时间不够用的同时,也提出了如何保证备课时间的问题。

对当时学校情况,1949年女附中工作总结是这样描述的,全校师生"没有松懈","建立了革命的学习生活次序,安定了全体工作人员的工作情绪,成为当时华北四个次(秩)序最好的一个学校""打下女附中发展的前途"。[40]

为举办并校后的第一个校庆日庆祝活动,全校师生齐心合力积极筹办。1950年5月5日,校长彭文、副校长苏灵扬联名发出校庆《布告》,决定"举行成绩展览暨科学体育表演,招待我校同学家长、校友和各界人士参观"。[41]阎述箴先生在总结中写了他的校庆日感受:"五九校庆,展览学生平时作业,使家长及各界人士认识了学生的真实成绩,老老实实,实事求是,新民主主义教育之异于旧教育也就在此。三天的会期,轰动了不少观众,备受好评,寄予期望。我校全体同志,非但不敢自骄,反有如履薄冰之感。因此,我们对于学生平时作业,应经常的加以检查,并细心的、负责的予以批改,这是我们应有的作风,我们诚实的态度,绝不是以争取'模范学校'之美名为目的也。""学生学习情绪的高涨,深深影响了我教学的情绪。为了要做到'教好学好',我要再加紧学习,钻研业务,夫如是,才配

---

36 丁蕙琳(英语教员):初二英语(教学总结),1950年1月,校档案室资料。
37 理化博物教学小组总结,1950年6月,校档案室资料。
38 樊景贤(史地教员):教学总结,1950年6月,校档案室资料。
39 吴文金(英语教员):高一、高二英语(教学总结),1950年6月,校档案室资料。
40 1949年女附中工作总结,校档案室资料。
41 袁爱俊主编:《北京师范大学附属实验中学校史(1917—2007)》,第89页。

做一个'人民教师'。"[42]

女附中 1949 年工作总结是这样评价总结工作的,"这次工作总结,教师们都是认真的,实事求是的。初步具备了工作者的研究精神,表现了教育科学工作者好的品质。"[43]

的确,从教学总结中可以看出女附中教员为人师表的方方面面,如自尊自强,正直勤勉,爱校爱生,热爱本学科教学工作并有深刻理解,业务水平扎实精湛,教学经验丰富多彩。可以说,教员各有特色,都是良师,既代表了学校的传统,也展示了学校的未来。

这里,我们只能摘取少量总结的原文,分为教学思想与教学态度、对课程的理解、教学内容、教学方法与教学经验、教学效果、问题与建议 6 部分,以进行片段式的展现。

1. 教学思想与教学态度

史地组总结了四点教学态度:[44]

(1) 消除雇佣观念

过去……只以多兼课为光荣,从不想教功课有什么效果。自北京解放并参加暑期学习后,大家的认识和态度有了基本的转变……秋季开学以后,我们都辞退外面兼课,把全副精力和力量集中在女附中,消除了雇佣观点,树立了全心全意为人民服务的工作态度,目的在提高我们的工作效果,为培养新的青年一代而努力,为新民主主义而奋斗。

(2) 相互学习

除老区来的同志以外,我们以前有浓厚的小资产阶级意识思想,不屑于向人学习,遇到不懂的问题总以请教别人为耻,教学生坚持己见,从不肯承认自己有错误。但在新社会的改造下和老区同志的帮助

42　阎述箴(英语教员):高一、高二英语(教学总结),1950 年 6 月,校档案室资料。
43　1949 年女附中工作总结,校档案室资料。
44　史地组教学总结,1950 年 1 月,学校档案室资料。

中，我们已能虚心地向人学习自己所不明白的问题，从不断的相互学习和研究中，确实提高了自己的政治认识和工作效果。

杨建章同志在自己的教学总结里写道："彭校长在第一次史地学科会上说：联系实际千万不要勉强，政治修养不够，勉强联系就要生硬。"

（3）实事求是

由于态度的转变，我们不再马虎敷衍，在工作上，我们是用实事求是的精神帮助同学获得知识。在高文鸾同志给同学复习中日甲午战争失败的原因时，小组内曾热烈地讨论。彭校长说："应强调说明当时满清虽然是进行反侵略的战争，但是满清政府对于本国人民是进行阶级的民族的双重压迫，和人民是对立的，凡是不能结合群众力量的必要失败。"她接受这个意见就到课堂上向同学重新强调的说明了这一点。王一青同志讲西藏把班禅、达赖同样骂作是反对派，小组讨论时，大家告诉他，班禅早已声明拥护我们的人民政府了，他承认忽略了报上的消息，马上给学生更正。

（4）建立批评制度

A. 接受同学的意见。

B. 开展批评和自我批评。

数学组对教学态度的总结是：（1）教学态度不用过于严肃，要温和，有耐心，感情充沛。（2）接受学生反映，不用自以为对的教法。（3）表扬学生的进步，使变为自觉的努力。（4）对学生有限度的多鼓励，增加其学习信心。（5）课外多与学生联系，了解其生活及学习情况与困难。（6）多与级任、班长、小组长取得联系。（7）为帮助成绩较差学生，堂上对他们多问问题，堂下另提时间讲解照顾，发动小组互助。（8）不生硬的与政治思想名词联系。（9）师生间建立感情，使学生认识了考试的真实意义，打消学生视数学为困难科目的观念。（10）取消学生对数学狭义实用的要求，培养他们为学习自然科学的基础和训练思考的工具。[45]

王明夏先生认为："一阶段有一阶段的教材、内容、重点，照顾成绩差的学生能没有限度吗？现在的学生对先生的要求应该'高'，但是'高'应该是'质'的提高。无原则、无限度的照顾差的同学对于全班进度、教师质量、时间有什么用处呢？"[46]

对新生的教学小组，史地组是这样定位的："是在教导处领导下，推行教学工作的工具"，"是改进教学、互相督促、互相帮助的重要机构"，在彭校长、丁主任亲自参加的情况下，促进了"相互听课""集体听课"，现在还存在着"工作缺乏全盘计划与深刻考虑"的问题。[47]

数学组介绍了他们组开展教学小组的情况："本期召开了九次小组会，经常交流经验，推行领导的号召。同仁们改变了教学观点，不用主观教学方法，针对全班成绩水平，不硬性的只顾进度，偏向优等生，也照顾设法提高成绩较差的同学了。"[48]

张玉寿先生对小组开展听课的体会是："互相听课，可以提高教学方法……互相听课时期，普遍的情况都感到紧张、不自然。说来亦奇怪，外人来校参观都不感觉紧张，同事熟人却会如此。每个人都说改变了常态，不太满意。但我看来，个人有个人的长处。"[49]

关秉衡先生谈到互助对他的帮助：

以前我教了这么多年书，就没听说过互助这一说，我自己常想，我教书的方法，除去毕业时的参观实习那点片段的学习外，也就是自己由于书报、杂志上琢磨着改进些。……那时的教育当局，并没有这样的领导，互相观摩是绝对不可能的……所以在这20多年，我是摸索在黑暗中的，自己也不知道自己是好是坏的教育的。

自从去年我们学习小组中成立了互助组，我们可以互相听课，可

---

[45] 数学组教学总结，1950年1月，学校档案室资料。
[46] 王明夏（数学教员）：教学总结，1950年1月，学校档案室资料。
[47] 史地组教学总结，1950年1月，学校档案室资料。
[48] 数学组教学总结，1950年1月，学校档案室资料。
[49] 张玉寿（数学教员）：教学总结，1950年1月，学校档案室资料。

以到校外听课,互相观摩的目的达到了。学习了别人的教法,别人也替我改正了错误。比方前次听课,王明夏告诉我,那一小时教的教材太多,恐怕学生消化不了,我以后自然就该妥善的分配教材了。尤其是个人的互助,同年级教课的张国珩,我们都是有什么说什么的人,经常要谈进度、教法、考查成绩、帮助成绩稍差的同学的各种方法。我自己疑惑我自己的教法不好时,我就大胆去问她,她一定把她用的好方法告诉我,她觉得有点问题也来和我谈。我们都是知无不言、言无不尽的,再融合了我们自己原有的方法,使得教法更加巧妙了。这样的互助使得我感觉很快乐,很有兴趣。[50]

外国语教学小组对小组和教学态度的总结:

本学期开学之始,由本校领导方面,组织各教学小组,外国语教学小组因之成立,在这一学期中它在教学上起了相当的作用,因为从一种各自为政、毫无联系的教学,进而成为一种有组织而互相观摩的教学,对于学生和教师,两有帮助。

同仁教学态度,一般的是提高了一步,其最显著的有以下几点:

(1)重视业务,实事求是。(2)负起责任,没有雇佣观念。(3)要求进步,丰富自己。(4)放弃主观主义,而走群众路线。(5)重视学生反映,厉行自我检讨。(6)接受同仁善意的批评与帮助,修正自己的教学方法。(7)分析批判课文的内容,树立学生的正确的观念。[51]

对"批判和联系实际"问题,史地组总结的概要如下:

(1)批判和联系实际的重要。

(2)怎样才能做好批判和联系实际?

A.教师必须了解批判和联系实际的重要性。B.不断地加强政治理论修养,提高政治思想水平,是做好批判和联系实际的基本条件。要认真地参考和研究有关本科的新的书籍,经常阅读和研究现实材料。C.不断加强和提高基本政治理论的研究和修养……并且能把这

---

50 关秉衡(数学教员):初二年级代数总结,1950年6月,学校档案室资料。
51 外国语教学小组教学总结,1950年1月,学校档案室资料。

些基本问题和原则,……和所讲授的具体的历史事实密切联系起来、融会贯通,……更好地完成批判和联系实际,更好地进行政治思想教育。

(3)半年来,我们如何进行了批判和联系实际?

A. 开始时,我们或者没有正确的了解批判和联系实际的重要性,或者是不敢大胆的去作,或者是做得不很好,但是经过校长的指示,同志间的互相批评和研究,尤其是我们本身经历过了教学上政治思想上的斗争,不断努力提高自己的政治理论水平,逐渐地克服了许多缺点和错误,进行了批判和联系实际。B. 我们批判和联系实际集中在几个中心问题上:培养热爱祖国的思想,拥护无产阶级和共产党,认识人民政府的各种政策和制度,培养国际主义思想,建立劳动观点、尊重劳动人民,建立阶级观点,指导同学用辩证法、唯物论去分析问题,

史实里取得的教训,提高同学自己政治思想的修养。我们半年来所进行的批判和联系实际,无疑的都取得相当成绩……[52]

王明夏先生对人民教师的体会:

六六教师节[53]的会餐和晚会感到作一位人民教师是很光荣而且是值得骄傲的。解放一年余来的思想的确各方面都提高了。记得去年六六,我感情上似乎受到一种压迫,当时也莫测其因。那时解放不久,对人们的言谈作风上不加批判、不加分析,似乎解放前的一切都是要不得的,解放后哪样都是好的。现在思想作风逐步提高。我们固然不要回忆过去,也不应看作一切过去都是不好的,应在过去教书匠

---

52 史地组教学总结,1950年1月,学校档案室资料。
53 民国"六六教师节"起源于民间,是中国近现代教育家邰爽秋(1897—1976)倡导的。1931年,他联合南京教育界人士程其保、李清悚等人发起倡议,定每年的6月6日为教师节,得到南京、上海教育界数百人的响应,并于6月6日在南京中央大学致知堂集会,举行第一个"教师节"庆祝仪式,发表《教师节宣言》,议定6月6日为教师节。之后,全国各地闻风响应,但国民党政府对此"未便照准"。虽然如此,每年6月6日这天,各大城市的教师都集会庆祝,并举办各种活动以示纪念。

的基础上扬弃为人民教师。[54]

阎述箴先生讲了自己在教学态度上转变：

我做了20年的教师，因为生活的负担，总是存在"出卖钟点"的观点，更加以各校当局和学生的捧场，又养成了"自以为是"的作风，偶一不和，拂袖而去，从不向人低头，更谈不到检讨自己，积习已深，良用惋惜！今夏经过暑期学习，本学期又得我校领导上的帮助，才恍然大悟，觉今是而昨非了。自本学期起，决心做一人民教师，实事求是，根据各班学生的反映。我知道我是一个"自负""热心"的教师了……[55]

吴文金先生的体会如下：

个人担任教学工作虽已20余年，但是一向犯了主观主义的弊病，只顾到中学的课程标准，大学的招生标准，而不顾到学生的基础如何，学生对于我所讲授的能否接受。并且还犯了"孤立地看问题"的弊病，到了一个阶段便考试，不问学生有无其他功课要温习，有无课外活动要顾到，所以一向是费力大而收获小。

现在初步的学习了马列主义毛泽东思想，知道了无论做什么工作，应当第一注重"具体事实的具体分析"，应当"按照实际情况决定工作方针"，应当"走群众路线"，随时征求学生的反映，作为改进教学的张本。本学期曾经循着这个方向去努力，因为限于个人的学识能力，未能做到好处。但是就主观方面来说，这的确是一个很大的收获。[56]

朱经兰先生讲了教学思想的转变：

过去教书的人都是以雇佣观点来对付工作，拿几点钟的报酬，作几点钟的工作。虽然也愿意把书教好，把工作作好，但那是为个人的

54　王明夏（数学教员）：教学总结，1950年6月，学校档案室资料。
55　阎述箴（英语教员）：高一英语(教学总结)，1950年1月，学校档案室资料。
56　吴文金（英语教员）：高一英语(教学总结)，1950年1月，学校档案室资料。

名誉，为了更好地出售自己的钟点与劳力，事实上在为统治阶级服务，自己却总以为是超阶级的。如今则有了根本的改变。我们不再计较个人的得失，而愿意贡献出自己的全部力量。

去年12月份举行的集体互相听课，我感到很有意义，对于几位教学经验丰富的先生，我准备向他们学习，他们的态度自然，讲解的趣味化，与对于教材的熟悉，都是我愿意学习的。[57]

温世昌先生谈了自己的感受："从前以担任钟点多为荣或以不预备功课为美的错误观念，现在已经认清了。生在旧社会数十年，长期受了半殖民地及几千年封建文化的熏陶感染，思想的转变是比较困难的事……因此本人感觉处此新旧交替的时期，思想教育具有特别的重要性。"[58]

张致恭先生谈了自己争取进步的过程：

从上学期开学后，我在教学上仍然存在着旧社会带来的腐旧作风，自以为是，不重视准备功课，不注重学生接受情形。那时学生的意见是"慌张""没系统""印象浅"。从在史地教学小组上，讨论了"如何对待学生意见？""怎样引起学生兴趣？使学生观念明确、印象深刻，巩固精通？"我才开始重视教学，尤其记取了校长的话："基本态度：全心全意教课是最重要的。如果不是全心全意，就容易认为学生找麻烦、学校找麻烦，就容易怨天尤人，向困难低头。反过来说，如果是全心全意，就认为是善意的了，就争取进步了！"并且说："有立场，有观点，也是重要的。感情充沛，才能引起兴趣。"这样，由于校长的领导。同仁们的帮助，激励着我前进一步，开始做主观的努力，提高工作热情。又由于政治学习，结合了自己的教学，也开始做联系实际的尝试。所以在上学期末了，终究得到"虚心，认真负责，联系实际，能引起兴趣"的意见，各班评语深浅虽有

57　朱经兰（英语教员）：初三英语（教学总结），1950年1月，学校档案室资料。
58　温世昌（英语教员）：初二英语（教学总结），1950年6月，学校档案室资料。

差别，但方向是一致的。[59]

2. 对课程的理解

政治学习小组总结了政治课及其教学目的："政治课是一种革命宣传工作，因此我们要严肃、慎重、负责。教学目的在于建立基本的革命观点，解决思想问题，启发对现实的正确认识并培养同学丰富、健康向上的革命情感与热爱祖国、热爱人民、热爱劳动及国际主义精神。"[60]

刘漠先生的看法："今天我们的学校整个的工作就是一个政治活动，同学们的生活、学习、文娱等都是政治活动。"[61]

王明夏先生谈了数学课程的重要性：

数学这门科学是把事物的质撇开，单独将量的关系加以抽象研究。数学中研究的规律，是当作与一切具体的质都没有关系的纯量的规律来看的。正因此，它又可以普遍应用于一切事物，不因个别事物的具体的质的不同而影响它的正确性。然而，这种数学普遍适应规律的认识，并不是普遍最高真理的认识。因为这种适用性只限于量的范围，它本身是抽象的量的规律。现实事物的量，都是具体的量，是与一切定质相结合在一起来研究，才有实际的意义。但是，高中数学是高深数理化的理论基础，与日常运用毫无联系，与实际很少联得上。正因为数学有其普遍适用的规律，又是研究自然科学的基本知识，我们不能不重视它，用它来培养学生的思考方法，熟练演算作图的技能，使其于深进研究中能有所创造发明。这是数学课程中不容忽视的问题。[62]

数学组在工作计划中谈到对数学教学的认识："数学是其他自然科学的工具，又本身有其理论体系，当然在教学中应该联系实际，但

---

59 张致恭（地理教员）：地理教学总结，1950年6月，学校档案室资料。
60 政治教学小组总结，1950年2月6日，学校档案室资料。
61 刘漠（行政人员兼政治教员），教学总结，1950年1月，学校档案室资料。
62 王明夏（数学教员）：教学总结，1950年1月，学校档案室资料。

是我们不强拉硬扯的与实际联系。又为顾及学生与教师政治水平,也不强调思想教育。数学教学要训练学生整齐、简明、处理明确。"[63]

刘希璞先生谈到对几何学的认识:"几何学是教学生认识图形,主要的是锻炼思考的能力,并联系到物理的图解,再就是给三角铺平研究的道路。在进行中,不断地与这些方面联系。"[64]

张守常先生对历史课和历史教学的认识:"历史是古今中外'人的活动',所以教历史就应该把历史讲'活'了,应该努力追求讲来使学生如临其境、如见其人的境界。"[65]

刘锡毅先生谈到对历史课的理解:"历史是进行政治思想教育和联系现实最丰富最容易的课程……要着重在下面的几个问题上:(1)热爱祖国,拥护人民政府;(2)拥护无产阶级领导,拥护共产党;(3)以阶级观点分析问题、认识问题。"[66]

张致恭先生对地理教学的基本观点:"(1)掌握发展的观点;(2)掌握客观全面的观点,而不孤立去看问题;(3)注重中国的新气象,加强学生对于新中国的认识。"[67]

高树芸先生谈到了体育课的"实施目标":"(1)锻炼身体以训练生活上所应具备的体能;(2)培养公民道德,发扬团体精神;(3)训练国防上及生活上之基本技能;(4)养成卫生习惯及普通卫生注意之态度;(5)养成团结互相友爱的精神;(6)养成良好体育道德。"[68]

吴德棻先生对音乐课的理解:

许多人都认为,音乐是门轻松课,夹在这些繁重课程中是为的调剂精神的,比不了其他课程重要,因此非常轻视。这次作总结,还有

---

63 数学组计划,1950年2月,学校档案室资料。
64 刘希璞(物理、数学教员):几何学教学总结,1950年6月,学校档案室资料。
65 张守常(历史教员):历史教学总结,1950年1月,学校档案室资料。
66 刘锡毅(历史教员):历史教学总结,1950年6月,学校档案室资料。
67 张致恭(地理教员):地理教学总结,1950年6月,学校档案室资料。
68 高树芸(体育教员):教学计划实施大纲,学校档案室资料。

人向我这样问:"你们音乐课也做总结?"其实,音乐对思想教育是最特殊最有效的一种工具,因音乐最能感动人,使思想情绪起变化;根据歌词曲调使人会激动起来,或悲观消沉。[69]

江雪在音乐课中谈了发声的问题:

(我)在各班来谈发声问题,着重发声中的能联系到的声乐民族性、阶级性。在这个问题里,除了说明发声中的呼吸法、喉杂音必需禁忌等外,我就开始让同学们明确一个观念,就是什么是美的观念……它是存在着阶级性的。如小资产阶级认为软绵绵的、娇滴滴的、做作的为美,而无产阶级对美的看法却是健康的、有生命力的、自然的。那么发声方面也是同样。有人认为捏着嗓子并使声音发抖,以为就是学到西洋的发声了,这就是美了,拿它去唱着发泄个人感情的或者充满幻想的、回忆的、哀怨的,总言之是无病呻吟的歌曲,就是多么高尚的艺术了。但无产阶级的艺术观点却相反,他认为唱歌中声音发出来应该是自然的,是充满健康有力的,这样才是真正的美。当然,我们现在要注意另一偏向的产生,就是直着嗓子乱喊,产生喉音、噪音,这对于声带,对于真正音乐的美,是绝对不允许的。[70]

艺术组对课程的理解:

本学期在所有艺术课内,一个最大的特点,都结合了思想教育,都强调了艺术有它一定的阶级思想,艺术应该为工农兵服务……劳作上强调了劳动创造一切,并养成了对劳动的新的态度……缝纫课能够注意料理同学的生活,缝补、织毛品,养成她有料理生活的习惯。美术上使她们认识到新民主主义的美术,已经不再是旧的纯粹欣赏玩味的东西了,它必须有新的思想内容,让她们懂得学习美术的目的和为人民服务的新的观点。[71]

---

69 吴德莱(音乐教员):音乐课教学总结,1950年1月,学校档案室资料。
70 江雪(行政兼音乐教员):音乐课教学总结,1950年1月,学校档案室资料。
71 艺术组教学总结,1950年1月,学校档案室资料。

3. 教学内容

主要摘取政治、国文、史地的部分教学内容，以表现这3科教学内容上的变化。

高先炳先生教初二年级6个班的政治课，1949学年上学期的教学内容为：(1) 白皮书。(2) 瞿秋白。(3) 人民政协。(4) 十月革命与苏联的建设。(5) 长征故事。(6) 斯大林——世界人类的解放者。(7) 读报。[72]

刘漠先生教高三年级的政治课，1949学年下学期的教学内容为：中苏友好条约、人民政协共同纲领。[73]

高先炳先生教初二年级6个班初三年级1个班的政治课，1949学年下学期的教学内容包括：劳动对新中国建设的重要性。新的劳动感情：热爱劳动，热爱劳动人民，爱护公共财物。[74]

为参加建校33周年展览会，杨建章先生给学生布置的四个问题：

通过展览会来发挥学生集体性、创造性。给学生布置了4个问题让她们去准备：用什么方式表示出来一个可爱的伟大的祖国？怎样设计一个"苏联改造自然的伟大计划图（西伯利亚河流改道）"？怎样制造一个太阳系的模型，同时说明日月食的原因？怎样绘出"人民政府在1949年恢复全国铁路交通说明图"？[75]

赵德先生根据同学们的反映，总结选教材要注意的几点：(1) 文字要好，要容易；(2) 内容要有趣味，要有意义；(3) 描写叙述的文字要生动活泼；(4) 喜欢读文学作品；(5) 讲理论的文章，文字要……好、容易、不太长；(6) 实用的文章也应该选一些。[76]

刘伯奇先生认为教材应该多样化：

---

[72] 高先炳（政治教员）：教学总结，1950年1月20日，学校档案室资料。
[73] 刘漠（行政人员兼政治教员）：教学总结，1950年6月，学校档案室资料。
[74] 高先炳（政治教员）：教学总结，1950年6月18日，学校档案室资料。
[75] 杨建章（地理教员）：教学总结，1950年6月，学校档案室资料。
[76] 赵德先（英语教员）：高二、高三英语（教学总结），1950年6月，学校档案室资料。

第七章 新旧巨变时期（1949—1950学年）的女附中教学概况

上学期的经验告诉我，教材应该适当的多种化，单纯一样二样死板枯燥，容易把孩子们的情绪弄低。这期添了垫子，添了垒球、排球，显然她们的劲头大多啰，对各种运动的要求，一般是比较强烈的。由于这样，这学期的体育技术成绩90%的人数达到了预订的标准。[77]

因为缺少1949—1950学年国文的教学总结，所以下面摘取了1950—1951学年语文（本学年改国文为语文，有时仍用国文）的教学计划或总结的内容。

韩文佑先生列出1950—1951学年上学期的高三讲授篇目（《高中国文（第五册）》，原文未列出作者，序号为课本原来编号）：

1. 改造我们的学习；2. 列宁的科学工作方法；3. 再读谁是历史的主人；6. 改变了面貌；10. 列宁给青年的教训；15. 鲁迅杂文选集序言；16. 论"费厄泼赖"应该缓行；18. 托尔斯泰系一面俄国革命的镜子；19. 论巴尔扎克；21. 什么是英雄行为？22. 第一次行军；24. 分马；28. 廉颇外传；29. 古诗十九首；30. 乐府歌辞五首。[78]

高中语文科互助小组在1950学年上学期高二写作的总结中提道：

1. 理论性文章写过"'什么是英雄行为'的读后感""读报感想、意见"和"仇视美帝，鄙视美帝，蔑视美帝！"。同学多能应用课文或社论的提纲，渗进自己的感情；有的同学还添写上知道的美帝侮辱迫害我们的事实作例子，增加文章的鼓动力量。

2. 抗美援朝期间有关宣传的各种文字，如诵演稿、慰问信等。但没有单独练习过通讯报道，这是一个缺欠。另外一班高二却是练习写过讲演稿、活报剧、诗等类文体。[79]

马芳吾先生对1950学年下学期的教学内容总结做了总结：

---

77 刘伯奇（体育教员）：初三、初二体育教学总结，1950年6月，学校档案室资料。
78 韩文佑（语文教员）：1950年语文科计划，1950年9月，学校档案室资料。
79 高中语文科互助小组教学总结，1951年1月17日，学校档案室资料。

……如讲"药"课，说到封建统治的压迫革命……又如讲"五四杂谈"……旧礼教吃人……"一篇宣言"写国民党反动派的镇压爱国运动……"林家铺子"课让同学了解在半殖民地的经济条件下、国民党反动统治下，民族工商无法维持，农村破产，农民购买力贫乏……讲"白居易诗三首"……让同学们知道在一千一二百年前，祖国诗坛出现了一位热爱人民的诗人……"答司马谏议书"的题解，根据中国通史简编，批评王安石和司马光是新旧官僚之争……

作文题由先生出或由同学自拟，有的结合课文的题目，如读"药"后出问题：一个革命的故事。读"分马""一篇宣言""林家铺子"后，写一篇小说，题目自拟。有关时事的，如抗美援朝的宣传作品，快板、话剧、新诗等。三八妇女节，写我怎样纪念三八。此外，写报告文学，如听韩作黎同志报告后。还有关于写作的，我对日记的看法。关于劳卫制的，关于歌颂首都的。"真正的人"读后做读书笔记。以上是出题情况。

……今年开学前，语文组开会决定，每班除略读外必要精读一本，高二读《真正的人》，第一次先顺原文读一遍，读后写提纲做笔记，再精读一遍，班上讨论一次，再写总结。……除这本精读外，还有联系课文的阅读，如呐喊、彷徨、契诃夫小说集、整风文献中的几篇、叶绍钧、茅盾小说选、三国人物新论、斯大林论自我批评等。这些都与课文有关。[80]

4. 教学经验、教学方法

在教学总结中，提到最多的是教学经验和教学方法。在此，按学科顺序摘要排列如下。

政治教学小组总结：（1）课前准备要充分认真；（2）要联系同学思想实际，解决她们的思想问题；（3）堂上要多启发同学想问题……动脑筋；（4）了解对象，讲课、发问、举例时要看准对象；

---

[80] 马芳吾（语文教员）：高二（2）、（3）语文教学总结，1951年6月，学校档案室资料。

（5）要用故事来说明问题、解释理论；（6）讲课要有感情；（7）必要时用对比法；（8）课后要适当组织讨论。[81]

丁丁先生的体会："别把所有的材料全部倒给学生……（1）为着说明问题的主要精神，就不能随着自己的爱好和自己熟悉的事情讲上一大套。（2）如果用一个例子可以说明某个问题，绝不用两个例子去说明它。……让学生提问题并给她们以浅近的解答。"[82]

王庚先生对讨论会的理解："教学内容应当切合实际，教学方法应当联系实际。我们为了解决同学的思想问题，就必须了解同学，而了解的最好办法就是讨论会。在这里可以启发同学的自动性、创造性，允许大胆怀疑，自由争辩，发扬实事求是、追求真理的精神，可以把同学们的思想情况毫无保留地暴露出来。同时，通过讨论会可以解决同学的思想问题。[83]

高先炳先生的体会："用故事说明理论才能生动活泼。讲劳动感情、劳动态度时，我更用她们的事例来说明问题和加以批判，如要爱惜自己的菜秧、用小刀削桌边、不肯动脑筋想问题、考试前的紧张与考试后的松懈等，并说明只有热爱劳动，才能真正热爱劳动人民，转变自己的阶级立场。"[84]

数学组总结的教学方法：（1）先从事调查研究，了解学生情况，因材施教。（2）充分的准备。本课要用到的以前公式和定理，日常生活中名词术语，先由学生准备，或课前提示。（3）尽量由具体出发，深入浅出，由图像中找出具体关系，使学生概念明确。（4）启发学生对问题先了解其特殊关系，归纳成公式定理后，再普遍证明、普遍应用。（5）强调数学组织的严密性，逆述语不常真，提醒问题的有效范围、易犯的错误。（6）注意问题之必然结果，联系例外和

---

81 政治教学小组总结，1950年2月6日，学校档案室资料。
82 丁丁（行政人员兼政治教员）：别把所有材料全部倒给学生（教学总结），1950年1月20日，学校档案室资料。
83 王庚（行政人员兼政治教员）：教学总结，1950年1月18日，学校档案室资料。
84 高先炳（政治教员）：教学总结（初二），1950年6月18日，学校档案室资料。

推广。[85]

王明夏先生对数学课理论联系实际的看法：

关于数学课程中的理论与实践联系，暂时只能应用到课文中的理论，让学生如何在演算习题的实践中来应用。我们一定提醒他们做到下列几点：

a. 不要只记得原书中的结论和公式，而要了解这结论、公式是怎样得到的。

b. 不要只知道这问题里是怎样怎样说的，而要知道这里面为什么这样说。

c. 不要为书中所讲许多东西困惑住了，而要想明白这许多东西是如何贯串在一起的。[86]

张玉寿先生总结的教学方法：

（1）讲课时要尽量可能的由具体出发。

数学本身是抽象的，它的本质是公式定理。一切公式定理包含着丰富内容，有紧密的联系贯串，但它的构成是由具体抽出来的。所以我们讲解时可能的话，最好由具体出发，容易使学生概念明确。

（2）养成学生分析研究能力。

我们证明一个定理或公式时，最好先不把定理按部就班的给学生证出，要由特殊例子归纳出这个定理或公式来，再普遍的证明它（这方法不是任何定理公式都能用的）。为要证明它，指示学生先分析这问题，欲证明此，必先证明彼，要达到最后证明，应如何下手？要启发她们想问题，思考，使步骤简便。"为什么"这样做？"为什么"那样做？

（3）经常要提醒学生易犯的错误，纠正她的错误，最好引她自觉。

85　数学组工作总结，1950年1月，学校档案室资料。
86　王明夏（数学教员）：教学工作总结，1950年1月，学校档案室资料。

(4) 态度不要过于严肃，以致影响教学效果。[87]

张国珩先生对搞好教学的体会：(1) 全面了解情况，照顾大多数同学；(2) 帮助个别同学；(3) 纠正学习态度，培养独立做作业能力；(4) 不要"就是这样吗？"，而要"为什么？"[88]

理化生物教学小组提出的教学方法：(1) 学会和学生的交流；(2) 如何联系实际？(3) 如何引起兴趣？(4) 如何巩固既得的知识？(5) 笔记问题。[89]

于宗英先生讲述对差生应取的态度：

较差的同学是不肯接近先生的……她们常有一种自卑的心理，认为自己成绩不好，先生一定不喜欢她，不爱和她接近的。就因如此，也影响了她的学习情绪，当然更谈不上学习兴趣。她会一天天地对这科目感到生疏、憎恶或惧怕，以至于产生了放弃心理。所以我认为在教课中，我们最该关心的却是那些较差的同学。我们要尽可能地不给她们任何打击，更在教好学好的原则下，接近她，了解她，说服她、鼓励她，使她感到亲切，感到鼓舞，使她在美好的情绪下，培养她的学习兴趣。[90]

史地组对备课和引起兴趣的总结：

(1) 充分准备

……首先要掌握材料，也就是要准备充分和熟练……彭校长一再提醒："讲课要注意观点、立场、重点，这样才能善于批判、分析，也善于组织材料。""讲课一定要做到观点明确、印象深刻。"

丁塞：必须将材料自己消化，然后再用自己的话讲出来。

刘锡毅：讲一个问题前决定要给同学些什么东西，从而必须多准备多分析，使条理分明、系统"贯串"。

87　张玉寿（数学教员）：教学工作总结，1950年1月，学校档案室资料。
88　张国珩（数学教员）：初二数学总结，1950年6月，学校档案室资料。
89　理化生物教学小组总结，1950年1月，学校档案室资料。
90　于宗英（数学教员）：平面几何教学总结，1950年6月，学校档案室资料。

（2）如何引起兴趣

刘锡毅：……引起同学兴趣，才能使同学更愿意听讲、愿意研究，也能帮助印象深刻……

高文鸾：好的历史教课，应该是内容丰富、具体化、条理化、故事性强。我常试验着把自己的情感灌注到史实讲述，让同学的情感和我产生共鸣。

彭校长在小组会上说：史地课程要引起同学兴趣，一定要讲的材料有丰富的政治内容，情感沛沛，善于绘声绘色……A. 启发同学思考。……B. 利用图表、照片、实物、电影及郊外旅行……C. 写笔记……D. 简单的总结和复习题……[91]

高文鸾先生还谈到了教学活动要师生共同参与："在整个的教学活动中，教员和同学是要共同参加的，教员从准备教材至批改作业；同学从预习至做复习题。而在这个过程中，教员的教和学是一致的，教员的学和同学的学也是一致的。"我如何讲地理课：在方法上和讲授历史课近似，不过更着重的描述自然状况和经济发展。……培养每个同学对于新国家一切建设事业有一颗光明的信心。……希望同学对地理知识有一个连贯的概念。[92]

张守常先生总结里谈到备课时，搞不清楚中共一大代表是12人还是13人？于是托韩刚羽问胡华，胡华又问董老，董老不记得了。张先生就去问《中国历史课本》的编者叶蠖生，叶说还得问毛主席，结果毛也记不清楚了。张先生总结里还谈了记笔记和"教学形象化"的经验：

分条理不是一件容易的事情。笔记编写方法首先就是"拆开来，加标题"，例如辛亥革命的立宪派和革命派，课本上是平铺直叙一大片，笔记编写按：（1）领导人物，（2）组织团体，（3）阶级性（代表性），（4）政治主张，（5）进行方式。五个方面来比较就很清楚

91　史地组教学总结，1950年1月，学校档案室资料。
92　高文鸾（史地教员）：教学总结，1950年1月，学校档案室资料。

了。我这儿的所谓"教学形象化"。（1）当堂画图。首先是画地图……其次是画人物服饰与漫画……（2）形容比喻。讲起来要绘声绘色，要学谁像谁……会比喻……（3）利用电影、小说。（4）利用实物、画片。[93]

张致恭先生的体会：（要）经常考验学生对于自己教学的接受情形。[94]

外国语教学小组教学上所获得的经验：（1）根据实际情况，决定教学方针。（2）选读适合学生程度的教材。（3）透彻了解学生接受的能力。（4）注意学生所感到困难的地方，要反复地讲，慢慢地讲，多举例子讲。（5）特别提醒学生容易犯的错误。[95]

崔华先生的体会："尊师爱生""善意批评"是推动业务而又不伤感情的工具……[96]

吴德棻先生帮助落后同学的办法以及记分方法：

因唱歌是集体性的，一两个程度差的便会影响全体。……所以特别要注意落后的学生。先用乐理测验（并非枯燥的考问，用记谱的方法，我击拍唱一短歌，她们用笔在纸上记下来。她们对这样的练习很感兴味），测验结果分别出个人对乐理的认识程度。选出音乐干事（每小组一人），音乐干事的练习由我改，其余的交给各组音乐干事改。为使音乐干事了解她这组各人的程度，特别帮助落后的，使全班程度向上拉齐。我把程度差的名字记下来，随时考问提醒她注意。

记分的方法

以前音乐分数由考唱来决定，分数多少根据嗓音好坏，如此很不公平。……所以我打音乐分是如此来评定的：

乐理和唱歌分数平均各占 50%，考唱时以 80 分为基础：

93　张守常（历史教员）：初一、初三、高二历史（教学总结），1950 年月，学校档案室资料。
94　张致恭（地理教员）：教学总结，1950 年 6 月，学校档案室资料。
95　外国语教学小组总结，1950 年 1 月，学校档案室资料。
96　崔华（俄语教员）：俄语，初二（教学总结），1950 年 1 月，学校档案室资料。

1）拍子及音准，有一个错扣2分。

2）声音大小，要全班都能听见，否则扣分。如此鼓励每个人把声音发出来。

3）强弱记号，按照一定的规律及强弱表情记号，表现完全的加10分。

4）声音好的（圆润、清亮），由1分加到10分不等。按照这个标准计分，只要声音全班能听见，拍子及音准没有错，有强弱表情，即使嗓音不大好，也可得90分以上。但如果拍子有两个错，再没有强弱表情，连80分都难得到。[97]

庄言先生谈了普遍纠正与个别学习的关系：

普通中学的美术课似乎是一个特点，虽然不多说话，但却又是相当紧张的一个场面。因为一个星期一点钟、两点钟完成一个单元，这样就必须在50分钟内，做到改正三十多到四十多人的作业初稿。做到全班每个人均依次改正，当然要每个人都学的好，全班都能在一个相当的水准上，就必须做到普遍纠正、个别学习。这样有几个好处：1）你找她去改，课堂的秩序就不致紊乱。2）每个人都能得到帮助、改正（虽然只是大面上的、不够仔细和详尽的）。3）可以掌握和了解全班的和个人的学习情况，作第二次进度准备。[98]

杨秀珍先生的体会：以爱工作的心情教美术，以爱学生的心情与同学相处，如姐妹间谈话时，观察学生的思想，灌输艺术要为大众服务。[99]

李淑贞先生教授印染的方法：（1）刻版——先以刻好的版示范，再用印好的几个样子观摩，然后讲刻版及油印的方法以及应注意的地方。（2）被染物之处理——新旧布之处理法。（3）印染——染料之配合，以及助染剂的使用方法，工作过程中应注意的地方。（4）

97　吴德菜（音乐教员）：音乐课教学总结，1950年1月，学校档案室资料。
98　庄言（美术教员）：美术课教学总结，1950年1月，学校档案室资料。
99　杨秀珍（美术教员）：美术总结，1950年1月，学校档案室资料。

染后处理——染后处理,在全部工作中占重要的地位,先引起注意,减少工作失败。[100]

5. 教学效果

政治教学小组:"同学们……的思想由个人走向集体,由为学习而学习和不知为人民服务转变到为人民服务而学习……"[101]

周力先生:"这学期的政治课一般地说,同学们都感到讲的主动,有学习兴趣,过去不爱上政治课的同学说现在也爱上政治课了。"[102]

高先炳先生举例:"初二(3)班王同学:对外蒙古独立问题,我过去认为中国那么大一块地方没有了多可惜,中国地形不像秋海棠了。现在我才认识到,走到共产主义社会时是没有国家界限的,外蒙古比我们解放的早,早一天不受反动派的压迫,我们不高兴吗?"[103]

数学组:"初一(3)班学生成绩基础较差,与其他各班同一进度完全失败,……改变教学方法、态度、观点以后,成绩有显著的进步。初一(5)、(6)班由注入式教法改为启发式,学生反映有进步。初二(3)班以为起初高视了他们的成绩,采用启发式,由检查进度及学生反应,改以讲授为主。"[104]

王明夏先生:"由于学生思想上的进步,把以前大多数人视考试是先生压迫学生的武器的看法改变了,认识了考试的真实意义,要求多考了,不要监考了。"[105]

关秉衡先生:"现在先生学生都是抱着教好学好的态度,每个学生学习态度都是很好的。比方以前的学生,你想启发她,她自己不肯用脑去想,遇到难题,只想先生替她讲解,甚至替她演算出来完事。

100　李淑贞(劳作教员):劳作教学总结,1950年6月,学校档案室资料。
101　政治教学小组总结,1950年2月6日,学校档案室资料。
102　周力(行政兼政治教员):劳作教学总结,1950年6月,学校档案室资料。
103　高先炳(政治教员):初二(教学总结),1950年6月18日,学校档案室资料。
104　数学组总结,1950年1月,学校档案室资料。
105　王明夏(数学教员):教学工作总结,1950年1月,学校档案室资料。

但是现在就不然了。遇有难题,绝不愿意请先生代解,而是高兴自己去钻研,钻研出一部或全部来以后,还要拿一种道理推出其他道理来,一个应用题往往就可能想出几种解法来,一个式子的运用,也能由已知道的一种运用法,推到其他运用法。"[106]

理化生物教学小组的总结:

(1)互相听课。(刘希璞)同仁批评的优点多于缺点,这种现象也许是同仁没有把爱面子的包袱抛掉,所以批评和自我批评还没能做好。但按大体来说,批评者不算不坦白,被批评者都肯虚心接受,比较以往思想上已经进步了好多了。

(2)改变教育思想。(翟毓涛)在以往的教育者,只为谋生而教书,绝没有为人民服务的精神。教学目的多以升学为标的,很少想到为国家造就人才。现在思想转变了,也就自然而然地改变了作风。

(3)农民访问。(翟毓涛)搜集标本时,顺便访问农民,即可深知农间疾苦与伟大,又可建立她们的劳动观点。

(4)纠正个人主义。(董玉振)因为学生太重自己的成绩分数,董先生因势利诱,让学生注意组与组间的比赛,进而注意到班与班的比赛。

(5)培养学生研究科学的精神。(高同恩)科学的教学,不仅是让学生知道书上的固定知识就算完事,最要紧的还是养成她们注意大自然、研究自然现象的精神,所以对于学生发问,只要牵涉不到高深的理论,我们总要鼓励她,而给她比较满意的解答。

(6)人类能发现自然规律而不能创造规律。(钟书勤)万物的变化,都有它一定的规律,我们只能用归纳的方法发现它,而不能无中生有去创造它。我们讲定律的时候,必须指明这一点,建立学生的唯物的观点。

(7)虚心接受各方面意见,克服困难(马瑶琴)。改变主观主义,采用重点教学(马秀清)。本组中的两位马先生应该特加表扬,

---

106 关秉衡(数学教员):初二年级代数总结,1950年6月,学校档案室资料。

第七章 新旧巨变时期（1949—1950学年）的女附中教学概况

也最值得我们大家学习的。

（8）利用时机进行思想教育。这种思想教育是同仁的普遍任务。[107]

刘景春先生谈到了自己的体会：

教书不是唱独角戏。解放前的教员，尤其是史地教员，只要有一套固定的教材，讲得能动听些，在上课时使学生认为有点意思，而且不时常请假，这便是一位很好的教员了。只要在上课时大多数同学认为讲的不坏，这便是完成了任务。至于教材是否合适，进度是否完成，教学效果如何，学生方面有什么困难，这一切一切都不在教员考虑的范围之内。也难怪，一个人一星期要上四十多小时的课，如何能照顾了许多方面呢？

（1）打倒了不了解情况的盲目教学……（2）教书以来第一次接近完成进度……（3）教学方法有了进步……（4）如何坚定自己的立场掌握正确的观点呢……[108]

王文祉先生说了自己的教学收获：在劳作课，是从无到有，从轻视劳动到重视劳动，从没有兴趣到有兴趣，配合了……体育课、物理课、总务处……组织学生制作各种成品，如球拍子、修桌椅、修电匣子等……[109]

各班合造的成品如下表：

品名	件数	用途	怎样做的
霸王鞭	200	体育用	完全自造
鸡毛球拍	64	体育用	完全自造
人名牌	260	宿舍用	油饰
无线电收音机匣子	31	各教室用	与木工合造
小书架	5	图书馆用	自造
木箱	10	劳作室	自造

107　理化生物教学小组总结，1950年1月，学校档案室资料。
108　刘景春（史地教员）：教学总结，1950年6月，学校档案室资料。
109　王文祉（劳作教员）：劳作课总结，1950年1月，学校档案室资料。

各班分制的成品如下表：

品名	件数	用途	怎样做的
桌椅	桌36、椅48	各教室	修理
铁杯子	50	饮水室	改造
万花筒	12		自造
补袜板	17	自用	自造
文具钩	31	办公室	自造
手巾挂	40	住室用	自造
笔架	22		自造
小板凳	9	劳作室	自造
打老蒋	13	玩具	自造
掸子插	18	插掸子用	自造
小铁铲	21	烹饪用	自造
种花铲	6	种植用	自造
（字迹不清）	15	劳作室	自造
灯镜	21	教室用	自造

吴咸先生认为："自己满意的是介绍工人画展和参观中央美术学院和看画展……同学说：'工人能画出这样的画很觉奇怪，他们的任务是生产，而我们的任务是学习，还有美术这门课。对比起来，觉得自己实在渺小得很。'这给同学一个有力的启发……各班热烈讨论题材，画了许多表达自己新学习生活的单幅画和八九套的连环画，在校庆展览中都展出了。"[110]

杨秀珍先生："这半年在教学工作中让我认识了启发学生发挥自己的智慧，真是最好的教学方法。我在校教美术已有十几年了，可是除了素描的小部分，一向让学生临摹，认为初中学生，尤其是程度差的，就是只能临摹。……突然飞的跃进超出了我的想象……我很兴奋……同学们更兴奋……"[111]

贾善长先生谈了自己的体会："在彭校长指示讲军阀混战要说明多个背景以后，我已经注意这个问题，所以高一二学生说贾先生能接受批评，现在讲书已经加以批判了。不过我感觉做得很不够，寒假中

---

110 吴咸（美术教员）：美术课教学总结，1950年6月，学校档案室资料。
111 杨秀珍（美术教员）：美术总结，1950年6月，学校档案室资料。

第七章 新旧巨变时期（1949—1950学年）的女附中教学概况

打算把苏联学生的思想政治教育一书重新精读一遍，来医疗自己的缺点。……我愿意把'天下无难事，只怕有心人'这十个字当作座右铭。"[112]

杨建章先生的体会："我以前对这种任务，简直搞不清楚，有时对统治阶级的不满，即一般所谓正义感，但绝不起决定作用，对于一些存在问题的看法，时常受马尔萨斯人口论的影响，这就无形中为统治阶级去服务。现在我了解一个人民的地理教师，绝不能停留在山脉、河流、统计数字的讲授上，而更重要的是政治的任务与教学效果。我现在彻底认识了教地理绝不是'吃饭咒'，而是完成思想政治教育的一个工具。"[113]

张致恭先生的体会："史地小组会上，讨论了如何对待学生所提的意见，都主张要把学生意见看成是善意的，应该虚心接受，对自己有好处。这个思想渐渐地在脑筋里打通了，再不自以为是了，因为固执是进步的墙壁。后来又通过听课，抱定学习的态度，吸取了同仁们的长处来配合自己的教学。有好些人说我进步了，如果属实，动力在哪里呢？这不能不说是由于新社会的推动力，以及同仁、同学的热情帮助，当然也有个人的自觉努力。"[114]

崔华先生："解放之后，学校行政负责人一变从前的作风，'批评自我批评'的武器打倒了从前的教学态度，知道走群众路线是正确的，群众的眼光是亮的……决心在毛泽东旗帜下，为新民主主义教育而奋斗。这样才不愧为人民教师，才不虚称为'工人阶级'。"[115]

杨秀珍先生的感受："这些年，我在本校都是做的兼任教员，上课来，下课走，没有什么牵挂，而且认为理之当然，多管点事，反倒是错误。这半年不同了，我把教书认为是革命工作，是服务于人民的

---

[112] 贾善长（历史教员）：高一、初三（教学总结），1950年1月，学校档案室资料。
[113] 杨建章（地理教员）：我怎样做一个人民的地理教师，1950年1月，学校档案室资料。
[114] 张致恭（地理教员）：初一、初二、高一地理（教学总结），1950年1月，学校档案室资料。
[115] 崔华（俄语教员）：初一俄语（教学总结），1950年6月，学校档案室资料。

工作，与学校的关系不是单纯的工作与薪金的关系，与学生不仅是教与学的关系，因而我要竭尽我的能力，用可能利用的时间，把学教好，对学生爱如自己一样，同她们相处不单纯是师生，而是另有一种同志样的新的关系在里面了。这是我感觉着与原先做教员最不相同的地方。"[116]

6. 问题与建议

刘漠先生认为："现在政治教员最苦的，除了时间少时，就是不能深入下去，不了解同学的思想动态。"[117]

数学组的建议：

（1）高中三角仅一学年中每周两小时，感到时间不够，应设法补救。

（2）初中、高中代数重复处太多，应当精简、连贯。

（3）为初中学生练习板演，提议学校下期于教室中增添黑板，或另设板演教室于二部。

（4）为照顾全班学生成绩水平，完成教学进度，提议学校严订升降级制度。

（5）初一三学生基础较差，为与其他初一班进度一致，下学期的数学可否每周增加一小时？[118]

王明夏先生谈教师质的充实："教师质的充实……科学是在前进着，学生要求时时提高，教师所掌握的教材能不求充实？所以我认为，当一个好的教师应不断地前进着，要有 a. 充分的学习时间（政治学习、教材知识的充实）；b. 适当娱乐时间；c. 适当休息时间。"[119]

理化生物教学小组的建议：

---

[116] 杨秀珍（美术教员）：美术总结，1950年6月，学校档案室资料。
[117] 刘漠（行政兼政治教员）：高三政治（教学总结），1950年6月，学校档案室资料。
[118] 数学组总结，1950年1月，学校档案室资料。
[119] 王明夏（数学教员）：教学工作总结，1950年1月，学校档案室资料。

第七章 新旧巨变时期（1949—1950学年）的女附中教学概况

（1）请学校添购或建设者：1）购切片机，2）添购显微镜，3）建温室，4）辟植物园。最后一项系利用学校空地，令学生自行栽种，以利实验；

（2）改移并建设物理、化学及生物三实验室……

（3）添购理化生物及生理卫生的模型……

（4）建议学生参观工厂，以利联系实际……

（5）初中化学课本不良，下学期请勿采用该书。

（6）改革学制问题。因学制不良，高中课程矛盾丛出，请学校建议教育部，请求解决困难，根本改革学制。[120]

刘锡毅先生提出的困难：没有课本；没有参考书；进度要快……在学期开学的一个多月内，没有一本参考书（买不到），以后买到一助本，错误的观点很多，不能完全作为依据。一直到一个月前才买到一助本较适当的……[121]

王一青老师提出要商榷的问题：

（1）对新出版的参考书应慎重引用；

（2）对于如何批改作业问题。教员把每人的本子都看一遍，在事实上是有困难的；

（3）关于教员进修问题。我认为本学期政治业务学习都不深刻……每人都像一部机器，一通电就从未停息的周转着，自己很少时间看理论书……今后我觉得如何给予时间保证，及加强领导是最重要问题。其次，在业务学习上是否可以建立教学准备会制度……[122]

刘伯奇先生的感受："教材问题比较大些，总感到没东西教，新的材料少。同学常反映'光打球，没啥意思'。"[123]

刘伯奇先生的建议："（1）每天下午抽出一点钟的体育活动时间；（2）正式建立二部体育室，专人管理东西、修理东西。咱们学

---

120 理化生物教学小组总结，1950年1月，学校档案室资料。
121 刘锡毅（历史教员）：历史教学总结，1950年1月，学校档案室资料。
122 王一青（地理教员）：地理教学总结，1950年6月，学校档案室资料。
123 刘伯奇（体育教员）：体育教学总结，1950年1月，学校档案室资料。

生人数逐渐多,体育规模也大啦,我觉得这样做是有必要的。"[124]

江雪先生提出的问题:"高二、高三是否就不要音乐课的问题。我认为,高二、高三仍需要有音乐教育。高二、高三如认为是普通教育的话,则音乐也是必要的,并且这学期高二及高三都有同学提出过要求增加音乐课。"[125]

结 语

1949—1950 学年的教学计划和教学总结,是所有女附中教员在新旧社会制度交替之时教学活动的真实记录,客观地反映了这个历史节点学校的继承和变化。她既承接了女附中与文华女中原有的传统,又注入了华北育才的血液,在相互接受和碰撞中,造就了 1949 年后的新女附中。

感谢学校保存了这些教学计划和教学总结,让我们在近 70 年后得以回看当年,去感受先生们的严谨治学和正直为人。

不忘过去,就会有更好的未来。

牛 立 编校

---

124 刘伯奇(体育教员):体育教学总结,1950 年 6 月,学校档案室资料。
125 江雪(行政兼音乐教员):音乐课教学总结,1950 年 1 月,学校档案室资料。

后 记

当这部师大女附中"文革"前十七年的《教育叙事》即将出版之际,当所有的辛苦和挑战已成昨天时,我们不禁想起七年前。当时王本中老师提出,让我们写一本女附中的《教育叙事》(时间框定在1948—1968),当时真把我们难住了。是论说文还是记叙文?关于时代变迁与社会进退,我们如何评价?关于母校的教育历程与前世今生,我们又知道什么?这不是一般的挑战,是对我们学养和能力的检验。

首先要感谢王本中老师,时间已经证明了他所提建议的深谋远虑。作为女附中的老一辈校长,为了让我们树立信心,他率先行动,与时任校长蔡晓东商议沟通,开放学校的有关档案,提供远期资料,为写作创造基本条件。同时,也在这里感谢蔡晓东校长和给我们提供帮助了的老师,没有他们的指导和帮助,我们的写作将一事无成。

我们这个小组,以老三届校友为主,还有三位"文革"前考入大学的学姐,分别是:王民培、郭莲莲、高忆陵、刘进、朱晓茵、于羚、陈琨、罗治、郝新平、鲍园园、黄光光、许容、叶维丽、冯敬兰、牛立和李红云。2016年盛夏,在高年级学姐们的带领下,开始了一头水一头汗地翻拍学校的教学档案、原始资料,去图书馆、国家档案馆、北师大查阅资料,浏览相关网站,走访老师和校友,召开座谈会等等,为各科的写作准备充分的历史资料。冯敬兰、朱晓茵、罗治、李红云、刘进分别担任了语文、数学、政治、体育和劳动课的撰稿人,牛立担任了音乐一门的组稿人。郝新平和叶维丽为自印本《教育叙事》写了精彩的两篇序言。而没有参与写作的各位,都担任了文稿的校对和最初的编辑。

有些校友没有参加与本书有关的写作或编辑工作,但是她们作为被采访者，坦诚说出了她们在母校实行阶级斗争教育的严酷环境里，不堪回首的人生经历。我们特别感谢张立雄、周静、孙行玲、宋晓燕和杨正宜校友，为历史留下记忆。

作为本书作者，我们在写作过程里，不断地与老师们在往昔岁月里相遇，他们的学识、远见和品格，照亮了尘封的历史。在数万张翻拍的资料图片中，我们仔细辨认他们几十年前留下的教案和心得，那些用蘸水钢笔写的繁体字，展示了沉默的力量，一次次鼓舞着我们。有了老师们的诲人不倦，才有学生的智力开发和精进成长。他们学为人师，行为垂范，薪火相传，成为一支作风强健、能力超群的队伍。是他们奉献的心血和智慧，成就了母校的辉煌，培育了一代代优秀的学生。于是，我们尽可能把老师名单附在每一章的后面，让后辈感谢他们，让历史铭记他们。

如果说语文是一切课程的基础，是表达情感和想象力的艺术，更是时代变化的晴雨表，那么，从算术题"1+1=2"到"数学是研究空间形式和数量关系的科学"，数学早已成为现代文化的精彩华章。体育和音乐，既塑造学生的体魄，又修炼她们的灵魂。女附中对劳动课的重视，彰显了那个时代的特点。同样，贯穿六十年代的阶级斗争教育，则真实反映了社会生活的动荡和政治领域斗争的残酷，无疑是时代的一面镜子。综上所述，我们分七个章节做了回溯和记录。

《教育叙事》是我们集体回赠母校的礼物，希望时间来检验，希望历史会铭记。

作　者

2023 年 2 月

www.ingramcontent.com/pod-product-compliance
Lightning Source LLC
Chambersburg PA
CBHW052053300426
44117CB00013B/2103